HEYNE <

Das Buch
Voreilig totgesagt, drängt sich das Jahrtausendrätsel UFO in jüngster Zeit durch besonders spektakuläre Vorfälle wieder in den Brennpunkt des Interesses: In der Nacht des 22. März 2009 beobachtete ein Ehepaar nahe Temple in Texas die Landung eines untertassenförmigen Objektes, dem drei fremde Wesen entstiegen. Ein blaugrün leuchtendes Objekt, das laserartige Blitze aussandte, stürzte am 7. Januar 2009 östlich von Riyadh über der saudiarabischen Wüste ab. Die Militärs riegelten das Gebiet weiträumig ab und verhängten eine Nachrichtensperre. Am 7. Mai 2008 wurde ein kleiner Junge aus Bush in Alaska verstört inmitten einer verschneiten Wildnis aufgegriffen. Der Junge erzählte, er sei mit »seltsamen kleinen Wesen« zusammengetroffen.
Diese und andere spektakuläre, teilweise erschreckende Berichte dokumentiert Hartwig Hausdorf in seinem neuen Buch. Auf faszinierende Weise führt er vor Augen: Rund um uns ereignen sich dramatische Dinge. Wir dürfen nicht länger wegsehen!

Der Autor
Hartwig Hausdorf zählt zu den bekanntesten Forschern und Autoren auf dem Gebiet rätselhafter Fakten und Phänomene. Weltweit bekannt wurde er durch die Entdeckung der Pyramiden in China. Seine Bücher wurden bislang in 16 Sprachen übersetzt, darunter ins Englische, Italienische, Japanische und Chinesische. Mit seinem Werk »The Chinese Roswell« wurde er in den USA, wo er seit 2004 im Nachschlagewerk »Who's Who in the World« verzeichnet ist, zum feststehenden Begriff.
www.hartwighausdorf.de

Lieferbare Titel des Autors im Wilhelm Heyne Verlag:
Nicht von dieser Welt
Bizarre Wirklichkeiten
Begegnungen mit dem Unfassbaren

HARTWIG
HAUSDORF

UFOs
Sie fliegen noch immer

Neueste Fakten,
das Wissen der Geheimdienste
und die Bedrohung aus dem All

Mit 39 Abbildungen

WILHELM HEYNE VERLAG
MÜNCHEN

Bildnachweis
Fotos:
Shell Alpert: 10; Archiv Autor: 1, 21, 22, 23, 28, 29, 31, 33; Almiro Baraúna 14, 15; Brasilianische Marine: 13; Peter Brookesmith: 30; Daily Express Malaysia: 5; Departemento do Investigaçoes, Policia do São Paulo: 34, 35; La Domenica del Corriere: 20; Thomas Feiner: 6; Johannes Fiebag: 25; Fuerza Aerea de Mexico: 4; Ground Saucer Watch: 12; Reinhard Habeck: 24, 26; Carl Hart: 17; Harry King: 27; Patrick Lesueur: 16; Delbert C. Newhouse: 18, 19; H. Ragaz: 2; Sagenhafte Zeiten: 3; Josef Schedel/vfgp: 7, 8, 9; John Spencer: 32; Paul Trent: 11.

Abbildungen im Text:
Sagenhafte Zeiten: 1, 2; Anny Baguhn: 3; Steven Michalak: 4.

FSC
www.fsc.org
MIX
Papier aus verantwortungsvollen Quellen
FSC® C014496

Verlagsgruppe Random House FSC-DEU-0100
Das für dieses Buch verwendete
FSC®-zertifizierte Papier *Holmen Book Cream*
liefert Holmen Paper, Hallstavik, Schweden.

Taschenbucherstausgabe 04/2012

Umschlaggestaltung: Guter Punkt, München
Umschlagmotiv: © Markus Gann / shutterstock
Satz: Leingärtner, Nabburg
Druck und Bindung: GGP Media GmbH, Pößneck
ISBN 978-3-453-70181-6

www.heyne.de

Inhalt

Vorwort

Totgesagte leben länger

»Ich sollte hinzufügen, dass ich früher nie an UFOs geglaubt habe. Doch dieses war nach unseren jetzigen Maßstäben so unerklärlich, dass ich anfange, mir Gedanken zu machen.«

EIN UFO-ZEUGE IN EINEM BRIEF AN DR. EDWARD CONDON, LEITER DES GLEICHNAMIGEN UFO-FORSCHUNGSPROJEKTES

Liegt es in der ureigensten Natur des Menschen, Geschehnisse und Dinge grundsätzlich anzuzweifeln, sobald diese ein wenig aus dem Blickfeld des Betrachters gerückt sind? Da gibt es Zeitgenossen, die behaupten, das Mittelalter hätte in der Art, wie es unsere Geschichtsbücher beschreiben, nie stattgefunden. Und erklären gleich einmal 300 Jahre für ungeschehen und nicht existent. Vor ziemlich genau 40 Jahren, am 20. Juli 1969, landeten die ersten Menschen auf dem Mond. Nur halten heute viele diesen Meilenstein der Raumfahrt für einen Fake. Und gerade 20 Jahre nach dem Fall der Mauer, die Deutschland in zwei Staaten teilte, gibt es nicht wenige Menschen, die sich nach der alten DDR sehnen. Keine Erinnerung mehr an Todesschüsse, rigide Reisebeschränkungen und drakonische Gefängnisstrafen für den Versuch, »unerlaubt« die Republik zu verlassen.

Nun gut. Die Geschichtsbücher gehören in weiten Teilen umgeschrieben, das habe ich selbst schon gefordert. Bei der historischen Mondlandung kann man alles Mögliche unterstellen, doch sie fand statt. Vielmehr spricht einiges dafür, dass die Astronauten auch auf unserem Erdtrabanten mit dem UFO-Phänomen konfrontiert wurden. Wie so viele ihrer Kollegen aus den USA und der Sowjetunion. Und an der alten DDR war wirklich nicht alles negativ. Aber das waren drei Beispiele dafür, wie sich manches sanft aus unserem täglichen Bewusstsein ausschleicht.

Auch das UFO-Phänomen gehörte in den letzten Jahren in diese Kategorie. Überschlugen sich in den 1990er-Jahren noch alle Talkshows mit Titeln wie »Entführt von Aliens«, »Ich komme von der Venus« oder schlicht »Sind wir allein?«, so war das Thema plötzlich wie aus den Programmen geätzt. Ich erinnere mich gut an zahlreiche Talkshows, an denen ich selbst teilgenommen hatte. Wie etwa an der Sendung der im Juli 2009 völlig überraschend gestorbenen ehemaligen RTL-Frontfrau Ilona Christen. Doch mit einem Mal war alles »weg vom Fenster«, und viele glaubten, das Rätsel hätte sich von selbst erledigt.

Schon einmal hatte man versucht, das UFO-Phänomen »ad acta« zu legen. Da einigten sich am 6. Oktober 1966 die US Air Force und die Universität von Colorado darauf, einen »wissenschaftlichen Ausschuss« zu bilden. Der sollte das lästige Problem, mit dem sich die Luftwaffe nun bereits seit 20 Jahren herumschlug, studieren und bewerten. Und wahrscheinlich ein für allemal erledigen. Geleitet wurde das hierzu einberufene Komitee von Dr. Edward U. Condon, einem Physiker von bis dahin ziemlich untadeligem Ruf.

War Condon bewusst, vor welchen Karren er da gespannt wurde? Offenbar hatte das Ergebnis dieses am 9. Januar 1969 offiziell freigegebenen »Condon-Reports« schon vorab festgestanden. Mehrere Mitglieder des Ausschusses wurden rausgeworfen, weil diese sich positiv zur Existenz unbekannter Flugobjekte geäußert hatten. Obwohl mehr als 20 Prozent der hier untersuchten Fälle mit konventionellen Erklärungen nicht zu lösen waren, kam der Abschlussbericht dennoch zu einem ablehnenden Ergebnis. Weitere Untersuchungen seien nicht gerechtfertigt, hieß es. Es wurden nur 90 von 25 000 zur Verfügung stehenden, akribisch gesammelten UFO-Fällen untersucht. Das war gar nichts.

Ein falsches Etikett klebte außen auf der Untersuchung, die innen zu ganz anderen Ergebnissen kam und viele UFO-Berichte als weiterhin ungeklärt einstufen musste. Man hatte das Phänomen endlich ad acta gelegt. Glaubte man.

Aber Totgesagte leben bekanntlich länger. In den nachfolgenden Jahren »explodierte« besonders das UFO-Entführungssyndrom. Diesem widmeten sich zwischenzeitlich sogar anerkannte Wissenschaftler wie der 2004 tragisch verunglückte Harvard-Professor John E. Mack, unter anderem Träger des Pulitzer-Preises für besondere publizistische Beiträge. Dann verschwand es ein weiteres Mal aus unserem kollektiven Bewusstsein.

Um sich jetzt umso lautstärker zurückzumelden. Dass wir uns nicht falsch verstehen: Das UFO-Phänomen war nie fort gewesen! Die Medien hatten sich anderen Dingen zugewandt, wie etwa den unseligen Kriegen in Afghanistan und dem Irak oder den zunehmend heftiger werdenden Naturkatastrophen. Obwohl der Jahrtausend-Tsunami von Weihnachten 2004 auch schon wieder aus unserem Gedächtnis verschwunden ist. Wir leben in einer vergesslichen Welt mit immer kürzeren »Halbwertszeiten«.

Was das Mysterium der unbekannten Flugobjekte betrifft, gewinne ich fast den Eindruck, als hätte dieses ungemein facettenreiche Rätsel kräftig zugelegt. Beim Sichten neuen Materials kämpfte ich mich durch zahllose Fallbeispiele aus allen Kategorien. Da stürzte im Januar 2009 ein Objekt unbekannter Herkunft in der saudi-arabischen Wüste ab und irritierte die Menschen im weiten Umkreis der Halbinsel. Ein offenbar entführter kleiner Junge tauchte Anfang Mai 2008 plötzlich mitten in der Wildnis von Alaska auf und berichtete von seltsamen Erlebnissen. Und auch das schreckliche Menetekel der Verstümmelungen – an Tieren und Menschen – droht weiter an jedem Ort und auch zu jeder Zeit. Nicht alle UFO-Begegnungen enden harmlos.

Es wird immer spannender. Und ich werde den Eindruck nicht los, dass das UFO-Rätsel jetzt in eine entscheidende Phase eingetreten ist. Stehen wir nun, im 21. Jahrhundert, kurz vor der Lösung eines Rätsels, das uns das 20. nicht zu entwirren vermochte? Und was geschieht 2012 – falls hinter dem Hype um dieses schicksalhafte Jahr überhaupt etwas steckt? Aber lesen Sie selbst …

1 Die »Göttin im Overall«

Neue Entdeckungen zu einem alten Phänomen

»Eine der allergrößten Überraschungen wird die Erkenntnis sein, dass unsere irdische Wissenschaft nicht die Priorität für sich in Anspruch nehmen darf, über alles, was im Kosmos vorgeht, exakt unterrichtet zu sein.«

PROFESSOR EUGEN SÄNGER (1905–1964), RAUMFAHRTFORSCHER

Die Frage, ob wir allein sind in den unendlichen Weiten des Universums oder ob »da draußen« noch andere intelligente Lebewesen existieren, ist vermutlich so alt wie die Menschheit auf diesem Planeten selbst. Generationen von Astronomen haben sich untereinander darüber gestritten, bis im Jahre 1982 die Internationale Astronomische Union (IAU) die sogenannte »Kommission 51« gründete. Die fähigsten Köpfe aus Astronomie, Astrophysik und Exobiologie sollten die Möglichkeit außerirdischer Zivilisationen und Kontakte zu diesen untersuchen.[1] Dies geschah im Rahmen eines noch größeren Projektes, welches SETI (»Search for Extraterrestrial Intelligence«) genannt wird.[2,3]

Leider sind die SETI-Forscher – wenigstens offiziell – noch nicht fündig geworden, obwohl Radioteleskope den ganzen Himmel nach Signalen von möglicherweise außerirdischer Herkunft abgelauscht haben. Wahrscheinlich war dies der falsche Weg. Glaubt man doch nicht ernsthaft daran, dass Zivilisationen, die uns um Jahrtausende in ihrer Entwicklung vor-

aus sein dürften, mit so antiquierter Technik wie herkömmlichem Funkverkehr kommunizieren. Darum gingen die Amerikaner die Sache mit neuem Elan an. In der Nacht vom 6. auf den 7. März 2009 startete die US-Weltraumbehörde NASA eine »Delta-II«-Rakete, die das Mega-Teleskop »Kepler« ins All beförderte. Das Weltraumteleskop hat die Aufgabe, mehr als 100 000 Sterne innerhalb unseres Milchstraßensystems zu erfassen und selbige nach sie umkreisenden Planeten abzusuchen, welche Ähnlichkeit mit der Erde haben könnten. Die aktuellen Schätzungen der Astronomen gehen derzeit von mindestens 100 Milliarden Sternen alleine in unserer Galaxis aus. Da dürfte die statistische Wahrscheinlichkeit ziemlich hoch sein, zumindest auf ein paar Planeten mit erdähnlichen Voraussetzungen für organisches Leben zu stoßen.
Mit »Kepler« – benannt nach dem deutschen Astronomen Johannes Kepler (1571–1630), der die Gesetze der Planetenbewegungen entdeckte – sind die Wissenschaftler erstmals in der Lage, der Erde ähnliche Himmelskörper zu orten. Die Kosten dieses Unternehmens belaufen sich auf 550 Millionen US-Dollar, und die Gesamtdauer der Mission ist auf dreieinhalb Jahre angesetzt.[4]

Schon 350 Exoplaneten entdeckt

Das ganze Projekt basiert auf einer 95-Megapixel-Digitalkamera, die auf eine Region mit den Sternbildern Lyra (»Leier«) und Cygnus (»Schwan«) ausgerichtet ist. Dabei handelt es sich laut NASA um die stärkste Kamera, welche jemals in das Weltall befördert wurde. Mit ihr ist »Kepler« in der Lage, bereits minimale Veränderungen in der Helligkeit von Sternen festzustellen. Denn die Suche nach erdähnlichen Himmelskörpern ist alles andere als einfach. Die Planeten können nämlich nicht auf herkömmliche Weise in Augenschein genommen werden. Die Astronomen arbeiten mithilfe der »Transit-Methode«: Ein Planet, der vor seiner Sonne vorbeifliegt, verringert durch seine Masse vorübergehend die Helligkeit dieses Sterns. Genau diese Veränderung soll das Weltraumteleskop messen, erst später können Größe und Beschaffenheit des Planeten bestimmt werden.[4]

Bis dato haben die Astronomen an die 350 Planeten außerhalb unseres Sonnensystems – auch »Exoplaneten« genannt – entdeckt. Leider waren diese entweder aus Gas bestehenden Riesen-Planeten, wie Jupiter, oder aber Himmelskörper, welche entweder zu heiß oder zu kalt sind, um Leben wie wir es kennen hervorzubringen. Sie umkreisen ihre Sonnen auf zu engen oder zu weit entfernten Bahnen. Erdähnliche Welten, die ihr Zentralgestirn in »lebensfreundlichem« Abstand umkreisen, wurden bislang kaum gefunden. Aussichtsreichster Kandidat ist ein Exoplanet mit Namen »Gliese 581 c«. Auf diesem ist es zwar barbarisch kalt, theoretisch könnte er aber durch Klima-Umwandlung auf eine höhere Temperatur gebracht werden.[5] Das Ganze nennt sich auch »Terraforming« und wurde vor mehreren Jahren schon einmal in die Diskussionen gebracht, um beispielsweise den Mars für eine spätere Besiedelung durch den Menschen vorzubereiten.

So ging eine NASA-Studie mit dem Titel »Über die Bewohnbarkeit des Mars«, die schon 1976 erstellt wurde, davon aus, dass keine grundsätzlich unüberwindlichen Schranken die Besiedelung des Planeten Mars verbieten. Vorausgesetzt, unser »roter Nachbar« würde durch Terraforming erfolgreich umgewandelt. Da Mars vor allem an den Polkappen über reichlich Wasser in gefrorenem Zustand verfügt, würden bei entsprechender Erwärmung ausreichende Mengen an Sauerstoff freigegeben. Und ironischerweise wäre derselbe Treibhauseffekt, der auf der Erde längerfristig zu drastischem

Klimawechsel führen soll, der Schlüssel zur erfolgreichen Umwandlung der Marsatmosphäre.[6]
Kommen wir noch einmal kurz zurück zu den Weltraumteleskopen, mit denen die Suche nach intelligentem Leben im All wieder in den Mittelpunkt des Interesses rückt. Schon für 2013 plant die NASA den Einsatz des »James-Webb-Teleskopes«, das die dann beendete »Kepler«-Mission ersetzen soll.[5] Und die *Neue Zürcher Zeitung* weiß in ihrer Online-Ausgabe zu berichten, dass das alte Hubble-Teleskop in der Atmosphäre eines extrasolaren Planeten das lebenswichtige Gas Kohlendioxid (CO_2) entdeckt hat. Im März 2008 hatten Astrobiologen auf dem Exoplaneten mit der Bezeichnung »HD 189733 b« Methan und Wasserdampf entdeckt. Wenig später wurde dann Kohlendioxid nachgewiesen. Zwar kommt dieser Himmelskörper, der an die 63 Lichtjahre von der Erde entfernt ist und etwa die Größe des Jupiters besitzt, für Leben mit hoher Wahrscheinlichkeit nicht in Frage. Laut dem Astrobiologen Mark Swain vom Jet Propulsion Laboratory der NASA bedeutet die nunmehrige Entdeckung jenes Grundbausteins organischen Lebens, dass man leichter herausfinden kann, woraus ferne Planeten bestehen, und ob sie eventuell Leben beherbergen können.[7]

In 66 Jahren ...

Vielleicht sind jene Fremden aus dem All, nach denen wieder so forciert gesucht wird, bereits in unserer unmittelbaren Nähe – und vielleicht sind sie dies auch schon sehr lange. Bevor ich mich aber ausgiebig mit dem modernen UFO-Phänomen befasse, das sich mit all seinen rätselhaften und zum Teil erschreckenden Facetten ins neue Jahrtausend zu »retten« vermochte, werde ich noch einen Exkurs in die nicht minder geheimnisdurchwobene Vergangenheit dieses Planeten unternehmen.

Unsere Geschichte und vorangegangene prähistorische Epochen stecken voller nicht wegzudiskutierender Indizien, dass fremde Intelligenzen aus den Tiefen des Alls bereits vor recht langer Zeit den Weg zu uns gefunden haben. Dem heutigen Menschen damals schon in technologischer wie auch manch anderer Hinsicht um Jahrtausende voraus, lösten sie alle jene Probleme, die uns zur Zeit noch an der Durchführung interstellarer Weltraumflüge hindern. Skeptikern, die so gerne das Argument aus ihrem Ärmel ziehen, dass das Universum ja voller intelligenter Lebensformen stecken mag, doch aufgrund der gigantischen Entfernungen wohl nie ein Kontakt möglich sei, darf ich hier entgegenhalten, dass sie einzig eine »Momentaufnahme« unserer eigenen Möglichkeiten zum Dogma erheben. Ein Blick über den eigenen Tellerrand würde Not tun. So mussten von den ersten ungelenken Flugversuchen der Gebrüder Wilbur und Orville Wright im Jahre 1903 gerade einmal 66 Jahre ins Land gehen, bis das erste Überschallflugzeug der Welt einen regelmäßigen Passagierdienst über den Atlantik aufnahm. Ein tragisches Unglück besiegelte vor wenigen Jahren das Schicksal der »Concorde«, die man seither nur noch in einigen wenigen Luftfahrtmuseen bestaunen kann.
Das ist nur ein Beispiel dafür, was technischer Fortschritt in nur wenigen Jahrzehnten ausrichten kann. Neunmalkluge Kritiker sollten sich einmal Gedanken machen, was in 500 oder 1000 Jahren technologisch machbar sein wird, wenn allein die zivile Luftfahrt in nur 66 Jahren derartige Sprünge nach vorne unternommen hat. Und das Beispiel der Kommunikations- und vor allem der Computer-Technologie führt uns täglich vor Augen, wie ein Gerät, das heute als Nonplusultra gepriesen wird, schon morgen ein uralter Hut sein kann! Unsere Phantasie wird kläglich scheitern, wollten wir nur vorzustellen versuchen, was in vergleichsweise bescheidenen 200 Jahren möglich sein wird.

Geheimnisvolles »Steingrab« in der Ukraine

Mit weltweiten Spuren, welche auf das vorgeschichtliche Erscheinen fremder Intelligenzen aus dem Weltraum hinweisen, habe ich mich unter anderem in zwei aktuellen Büchern umfänglich beschäftigt.[8,9] Doch möchte ich meinen Lesern hier einige kaum bekannte und auch neue Beispiele präsentieren.

Auf der japanischen Insel Hokkaido hat man schon vor Jahren mehrere seltsame Zeichnungen in Höhlengräbern entdeckt. Archäologen konnten ihre Entstehung auf etwa 2000 Jahre vor Christus datieren. Eine dieser Felsmalereien zeigt eine Gestalt mit weit ausladendem Kopfschmuck, offenbar ein König oder Stammeshäuptling. Mit erhobenen Armen begrüßt er sieben runde Kugeln, welche hoch am Himmel über ihm schweben.

Etwa genauso alt wurde eine andere Zeichnung geschätzt, die gleichfalls in einer Grabhöhle auf Hokkaido zum Vorschein kam. Sechs Gestalten stehen in einer Reihe nebeneinander. Vier von ihnen halten sich an den Händen, während die übrigen zwei nach oben deuten. Über den Häuptern der Gruppe ist eine stilisierte Spirale dargestellt. Über die Bedeutung des Szenarios kann man nur spekulieren. So könnte man fragen, ob es sich dabei um die erwartungsvolle Begrüßung von Flugobjekten der »Götter«, fremder Wesen aus dem Weltraum, handelt, die sich in spiralförmiger Flugbahn auf die Erde zubewegen.[10]

Noch ungleich spektakulärer nehmen sich die Felszeichnungen und Höhlenmalereien aus, die man in einer steinzeitlichen Ausgrabungsstätte in der Ukraine gefunden hat. Etwa 150 Kilometer nördlich der Halbinsel Krim und unweit der Stadt Melitopol, am Ufer des Flusses Molotschnaja, liegt eine aus Höhlen und Ansammlungen großer Monolithen bestehende

Hügelanlage, die den Namen »Steingrab« trägt. Vor Zeiten soll diese Stätte »Bog-Gora« geheißen haben, was zu deutsch »Gottesberg« bedeutet. Bereits im 19. Jahrhundert wurde dieses Areal entdeckt, das bei Daraufsicht dem Riesenkopf eines Dinosauriers ähneln soll, doch bei uns im Westen ist die Stätte bislang unbekannt gewesen. Mehrere Expeditionen haben das »Steingrab« seit Ende des 19. Jahrhunderts untersucht. Die dabei tätigen Forscher leisteten hier gute Basisarbeit, als sie eine Vielzahl Höhlen und Grotten ausgruben und auch Kopien von vielen Felszeichnungen anfertigten. Diverse Teile der Anlage wurden nach den eindrucksvollsten und auffälligsten Felszeichnungen, die darin gefunden wurden, benannt. So gibt es beispielsweise die »Höhle des Zauberers«, die »Höhle des Fisches« oder auch verschiedene (Fels-)Platten, die mit seltsamen Ritzzeichnungen geradezu übersät sind.[11]
Was aber ist nun das Besondere an jener Fundstätte, die von der Regierung der seit dem Zusammenbruch des Sowjet-Imperiums unabhängigen Ukraine als »historisch-archäologisches Schutzgebiet« ausgewiesen wurde? Dass sie, nach Meinung einiger Archäologen, seit etwa 22 000 Jahren existieren soll und deshalb eine der ältesten steinzeitlichen Anlagen der Welt sein könnte, ist ein Aspekt. Weitaus bedeutsamer dürfte sein, dass bei unvoreingenommener Betrachtung mancher Petroglyphen technologische Errungenschaften zu erkennen sind, die eindeutig nicht in diesen zurückliegenden Epochen bekannt gewesen sein können. Zumindest nach der gängigen Lehrmeinung, die von Kontakten mit außerirdischen Intelligenzen in der Menschheitsgeschichte nichts wissen will.
Im Klartext gesprochen: An vielen Stellen dieses »Steingrabes« gibt es Felsbilder, die an Flugobjekte verschiedener Bauart erinnern, wie sie uns Zeitgenossen des 21. Jahrhunderts im Zusammenhang mit dem modernen UFO-Phänomen geläufig sind! Doch die Archäologen nehmen diese entweder gar

nicht zur Kenntnis oder interpretieren sie als »zoomorph«, als tierische Darstellungen also. Auf einer Steintafel, die als »Platte Nr. 19« gelistet ist, kann man unter einer Vielzahl auf den Fels geritzter Striche eine auf den Beinen stehende Schildkröte mit einem kleinen, rautenförmigen Kopf erkennen. Nach genauerer Untersuchung durch den Leiter des archäologischen Schutzgebietes, dem Archäologen V.M. Michailow, stellte sich heraus, dass jener erwähnte rautenförmige Kopf sowie die »einem (Schildkröten)-Panzer ähnlichen Verzierungen« erst in einer viel späteren Periode hinzugekritzelt worden waren.[12]

»Frisierte« Felszeichnungen

Hierauf nahm Michailow an, dass der unbekannte vorgeschichtliche Felsbild-Künstler zunächst einen Fisch dargestellt habe. Eine später durchgeführte Computerbearbeitung, mit der man die nachträglich hinzugefügten Striche entfernte, ermöglichte, die wirklich bedeutenden Elemente der Felszeichnung hervorzuheben. So stellte sich heraus, dass die Zeichnung ein scheibenförmiges Objekt darzustellen scheint. Besonders auffällig sind Zickzack-Linien unter dem UFO-ähnlichen Gegenstand, die, vergleicht man sie mit anderen jahrtausendealten Darstellungen, als ein Symbol von Bewegung und Energie interpretiert werden können. Auch wäre es denkbar, dass auf dieser Steinplatte zuerst weder Fisch noch Schildkröte, sondern vielmehr ein ganz konkretes, technisches Objekt dargestellt wurde, wie es von dem Steinzeitkünstler mit eigenen Augen beobachtet worden war.
Die Archäologen hingegen nehmen an, dass man später aus religiösen oder anderen Gründen versucht hätte, die Darstellung zu verfremden. Doch was sollte das für einen Sinn

machen, eine so vergleichsweise harmlose Zeichnung wie die eines Fisches oder einer Schildkröte zu »frisieren«? Völlig anders wäre die Situation, wenn ursprünglich etwas anderes dargestellt wurde, das in späterer Zeit als »gefährlich« für geltende Dogmen oder dominierende Religionen angesehen wurde.

Ein weiteres, technisch interpretierbares Beispiel aus diesem »Steingrab« ist eine Felszeichnung auf der »Platte Nr. 37« (s. Abb. 1). Offiziell als »Darstellung eines Spatens« gedeutet, ist auf dieser Zeichnung ein zylindrisches Objekt abgebildet, das auf drei »Landebeinen« ruht. Mittels Brücken und Kabeln ist es mit Konstruktionen verbunden, welche es links und rechts flankieren. Unter der Kuppel sind im mittleren Abschnitt zwei Sektionen hervorgehoben, die etwas wie Bullaugen erkennen lassen.[11] Hatte der steinzeitliche Felsritzer tatsächlich ein gelandetes Raumfahrzeug abgebildet, das er selbst zu Gesicht bekam? Ich möchte in diesem Zusammenhang nicht verges-

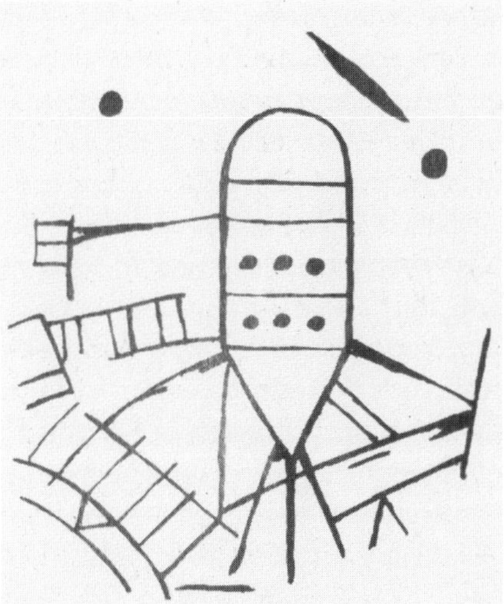

Abb. 1 Sieht so ein Spaten aus? Diese Felszeichnung aus dem ukrainischen »Steingrab« erinnert – mit »modernen« Augen betrachtet – eher an ein gelandetes Raumfahrzeug, das über Kabel und Brücken mit einer Art Versorgungsrampe in Verbindung steht.

sen, darauf hinzuweisen, dass die Künstler der Steinzeit dafür bekannt sind, dass sie völlig naturgetreu *nur das* wiedergegeben haben, was sie zu Gesicht bekamen. Vom Stil an den puren Realismus gebunden, wäre es schon extrem weit hergeholt, ihnen die selektive Abkehr von ihren üblichen Gepflogenheiten zu unterstellen. Alles, was sie schufen, waren Dinge, die sie auch gesehen hatten. Und dann sollen es mit einem Mal nur abstrakte Darstellungen sein, wenn sie auf Felszeichnungen ein weltweites Rätsel vorwegnahmen, das uns in seiner aktuellen Form seit mehr als 60 Jahren in Atem hält?[13]
Mich erinnert dieser vermeintliche »Spaten« an ein Zeichen, das ich vor Jahren in China fotografiert und in einem früheren Buch zur Diskussion gestellt habe.[14] Rund 40 Kilometer im Norden der Hauptstadt Beijing, auf halbem Wege zur »Großen Mauer« bei Badaling, liegen die berühmten Ming-Gräber. In einem zirka 40 Quadratkilometer großen Talkessel liegt hier eine gewaltige Nekropole aus der Zeit der Ming-Dynastie (1368–1644), von der Bergkette des Tian Shou im Norden, Westen und Osten eingerahmt. Eine Hauptattraktion der Anlage ist die mehr als einen Kilometer lange »Geisterallee« mit den beiderseits der Straße aufgestellten Marmorstatuen von Tieren und Fabelwesen. Diese stellt jedoch nur einen kleinen Teil des insgesamt acht Kilometer langen Grabbezirkes dar.
Am Ende dieses Bezirkes, an einen Berghang gebaut, schließt die Chang-Grabstätte (auch Changling genannt) die Nekropole ab. Es handelt sich um das Grab des dritten Ming-Kaisers, Yong Le, der in seiner von 1403 bis 1424 andauernden Regierungszeit den Beinamen »Architekt von Beijing« erhielt. Er war es auch, auf dessen Betreiben hin das gesamte Tal als imperialer Bestattungsbezirk für ihn und seine Nachfolger bestimmt wurde.
Vor diesem genau nach den Regeln der Geomantie ausgerichteten Chang-Grab befindet sich auf einem freien Platz die

Rekonstruktion einer uralten Stele. Zwei Reihen mit je drei Schriftzeichen, wie sie vor mehr als eintausend Jahren verwendet worden sind, zieren den höchsten Teil. Eines davon, in der oberen Zeile ganz rechts, passt ungemein gut zu den erwähnten Felsritzungen aus dem ukrainischen »Steingrab«. Ohne allzu sehr seine Phantasie strapazieren zu müssen, glaubt man eine Rakete sehen zu können, die an eine Art Versorgungsrampe angedockt ist. Das klingt vollkommen verrückt, aber das Zeichen auf besagter Stele sieht haargenau so aus. Man fühlt sich an Szenarien von den »Weltraumbahnhöfen« in Cape Canaveral und in Baikonur erinnert. Daher habe ich es in den Bildteil dieses Buches aufgenommen, falls das Ganze zu weit hergeholt klingen sollte. Und die Bedeutung des ominösen Schriftzeichens?

Die wird, wie ich von meinem damaligen Dolmetscher erfahren habe, mit dem Begriff »wieder« definiert. Ursprünglich jedoch wurde dieses Zeichen auch in der Bedeutung von »wiederkommen« beziehungsweise »wiederkehren« verwendet. Mithin sollte die Frage erlaubt sein, ob hiermit auf die wiederholte Präsenz irgendwelcher Wesen »von anderswo« angespielt wird. Das beschriebene Zeichen auf der Stele erweckt auf jeden Fall einen technischen und keinesfalls einen abstrakten Eindruck.[14]

»Göttin im Overall«

Kehren wir noch einmal zum »Steingrab« in der ukrainischen Steppe zurück, das eine bedeutsame Anzahl an Felsmalereien beinhaltet, die mit den traditionellen Vorstellungen der Wissenschaft über die Steinzeit nichts zu tun haben. Dutzende Felsbilder stellen – einmal mehr und einmal weniger deutlich zu erkennen – UFO-ähnliche Flugobjekte dar.

Augenscheinlich haben die früheren Bewohner dieses Gebietes aber nicht allein fliegende respektive auf der Erde gelandete Objekte beobachtet. Sie sahen auch die Wesen, welche die Fahrzeuge gesteuert haben und die für die Steinzeitmenschen nichts anderes als Götter gewesen sein konnten. Die stellten sie auch bildlich dar. In der »Höhle des Zauberers«, die als einer der älteren Teile des »Steingrabes« in das Paläolithikum, also die Altsteinzeit, datiert wird, entdeckte der Archäologe Valentin Danilenko mehrere Felsbilder mit Gestalten, die in einem richtigen Overall zu stecken scheinen.
Besondere Aufmerksamkeit schenkte er einer offenbar weiblichen Figur in einem merkwürdig »aufgeblasenen« Anzug, die Danilenko als »Muttergöttin« interpretierte. Was jedoch eine grobe Fehlinterpretation darstellt, da die Gestalt – im Gegensatz zu den typisch jungsteinzeitlichen Figuren fettleibiger Frauen in der Art der schlafenden »Muttergöttin« aus dem Hypogäum Maltas – geradezu sportlich-elegant aussieht (s. Abb. 2). Sie ist das genaue Gegenteil der »Fruchtbarkeitsgöttinnen« mit ihren überzeichneten Rundungen: Eine Gestalt im Raumanzug, der zahlreiche Details erkennen lässt, wie Brusttaschen, Sichtblenden am Helm und einen Beatmungsschlauch, welcher zu einer Art Tornister auf dem Rücken führt. Auch wenn sich die Gesichtszüge hinter dem geschlossenen Helmvisier verlieren, das uns den neugierigen Blick auf das Antlitz einer möglicherweise von den Sternen gekommenen Schönheit verwehrt – für den Aufenthalt auf einem fernen Planeten war diese »Göttin im Overall« sicherlich bestens ausgestattet.[11]
Überdies reiht sie sich damit ein in eine weltweite und unübersehbare Phalanx sogenannter »Rüsselwesen«, deren Fährten sich durch fast alle alten Kulturen auf dem Globus ziehen. Aus dem frühmittelalterlichen Japan kennt man die geheimnisumwobenen »Kappas«. Während der Nara-Periode und der beginnenden Heian-Zeit – nach unserer westlichen Zeitrechnung

Abb. 2 »Muttergöttin« eines Fruchtbarkeitskultes oder Raumfahrerin in ihrem funktionalen Outfit? Einige Ausführungen dieser Gestalt lassen an Details wie Sichtblenden am Helm denken oder an einen Beatmungsschlauch, der zu einem Behälter auf dem Rücken führt. Eine steinzeitliche Gestalt vermag ich hier jedenfalls nicht zu erkennen.

fand das alles zwischen 700 und 850 n. Chr. statt – hausten diese humanoiden Wesen an Flüssen und im Schilf der Sumpfregionen. Sie bewegten sich aufrecht und trugen an Händen und Füßen flossenartige Schwimmhäute, auf dem Kopf eine Art runder Scheibe, aus der vier lange Nadeln herausstanden.
Doch was an dem relativ kleinen Kopf jener »Kappas« am meisten auffiel, war ein rüsselartiger Auswuchs. Er war mit einem gedrehten Schlauch vergleichbar und führte von Mund und Nase, die sich augenscheinlich unter ihm verbargen, nach hinten zum Rücken. Dort mündete er in einen Kasten, ähnlich dem (angedeuteten) Tornister auf dem Rücken der »Göttin im Overall«. Darum vertrat der japanische Naturwissenschaftler Professor Komatsu Kitamura in einem Artikel in der

Zeitschrift »Mainichi Graphic« die Ansicht, dass die »Schilfmenschen« Besucher aus dem Weltall gewesen sein könnten. Welch ketzerhafte Worte aus dem Mund eines Vertreters des hehren Standes der Wissenschaften!

Die Kosmonauten von Kaluga

In der Tat weisen diese »Kappas« eine große Ähnlichkeit auf mit Froschmännern, mehr noch mit Piloten hochfliegender Kampfflugzeuge. Die könnte man dann scherzhaft als »Rüsselwesen der Neuzeit« bezeichnen. Der »Rüssel« wäre demnach nichts anderes als eine Atemmaske, deren Versorgungsschlauch zu einem Luftbehälter auf dem Rücken führte. Womöglich war diesen Wesen unser irdisches Luftgemisch nicht zuträglich, oder sie trugen solche Apparaturen nur zu bestimmten Gelegenheiten. Die beschriebenen Kopfbedeckungen wären dann mit Antennen versehen gewesen und dienten der Kommunikation untereinander.

Über die »Kappas« sagen die Überlieferungen, dass sie in großen »Muscheln« gewohnt hätten, die auf dem Wasser zu schwimmen vermochten. Doch gelegentlich erhoben sie sich und flogen dann mit großer Geschwindigkeit durch die Luft.[15,16]

Zeichnungen von UFOs und von unheimlichen humanoiden Köpfen fand man auch in den Steinzeithöhlen von Frankreich. Diese datieren in das Magdalénien, eine jüngere Periode der Altsteinzeit zwischen 20000 und 10000 v. Chr. Vor allem in den Höhlen von Les Combareilles und Rouffignac, beide im Département Dordogne gelegen, fanden sich mitunter sogar die Gesichtsmerkmale der »Little Greys«. Jener »kleinen Grauen«, die bei den Entführungsfällen unserer Tage schon viele traumatisierte Betroffene mit ihren verwirrenden Erlebnissen zurückließen. Große Schädel mit spitzem Kinn, jedoch ohne

Mund, Nase und Ohren. Ihre Augen bestehen dafür aus schrägen, nach oben verlängerten Strichen. Ähnliche Humanoidenköpfe haben uns auch die unbekannten Steinzeitkünstler hinterlassen, die die Grotten von Peche Merle im Département Lot bewohnten.[17] Hatten auch sie ihre denkwürdigen Begegnungen mit »von anderswo« gekommenen Wesen, deren Formen und Aussehen sie dem Stein anvertrauten?
Noch weit unheimlicher anzusehen sind aus Sandstein geformte Kopfdarstellungen, die man vor einigen Jahren in der Region um Kaluga fand. Letzteres ist eine rund 200 Kilometer südwestlich von Moskau gelegene Gebietshauptstadt an der Oka. Besagte Köpfe erinnern frappierend an die Helme von Kosmonauten. Deren Augen liegen weit auseinander, und statt Mund und Nase befindet sich an der betreffenden Stelle eine Art »Anschlussvorrichtung«, an welche der Atemschlauch eines Luftversorgungssystems angesteckt werden könnte (s. Bildteil).
So weit nun mein Streifzug durch prähistorische Zeiten. Auch in diesen war das UFO-Phänomen mit all seinen Facetten so präsent wie in unseren Tagen des beginnenden 3. Jahrtausends. Und obwohl vorschnell von konservativen Wissenschaftlern wie oberflächlichen Medien für tot gehalten, hat es gerade in jüngster Zeit für überraschende Neuigkeiten gesorgt. Und nebenbei manch staatliche Stelle gehörig in Zugzwang gebracht, wie die eifrige Veröffentlichung bislang streng geheim gehaltener UFO-Akten durch verschiedene Staaten und Organisationen beweist.

»Außerirdische existieren«

Bevor ich darauf eingehe, welche Staaten und deren Geheimdienste wie auch Militärbehörden sich endlich entschlossen haben, ihre lange Jahre so streng gehüteten UFO-Akten frei-

zugeben, darf ich nicht verschweigen, was sich Spektakuläres hinter den Kulissen einer der größten Religionsgemeinschaften dieser Welt getan hat. Die Rede ist natürlich von der römisch-katholischen Kirche, der bekanntlich ein deutlicher Hang zum Erzkonservativen nachgesagt wird. Auch hier hat sich, beinahe unbemerkt von der öffentlichen Wahrnehmung, eine ausgesprochen revolutionäre Sinnesänderung durchgesetzt.
So zitierte ich schon in meinem 1997 erschienenen Sachbuch »Wenn Götter Gott spielen«[13] den damaligen Sprecher des Erzbistums von München und Freising, Winfried Röhmel. Der ließ anlässlich der Entdeckung von organischem Leben in einem vom Mars stammenden Meteoriten verlauten: »Auch Außerirdische dürfen am Jüngsten Tag auf Erlösung hoffen. Falls kosmisches Leben außerhalb der Erde existieren sollte, dann gehört es auch zu Gottes Schöpfung.«
Röhmel führte aus, dass wenn die Bibel von Erlösung spreche, immer der ganze Kosmos gemeint sei und nicht nur unsere Erde. Und die katholische Bischofskonferenz in Bonn beeilte sich zu erklären, die katholische Theologie »werde durch intergalaktisches Leben nicht tangiert. Die Bibel spreche von Himmel und Erde und meine damit den ganzen Kosmos.«[18]
Doch das alles klingt noch harmlos, vergleicht man die Aussagen mit denen, die ein paar Jahre später von Monsignore Corrado Balducci abgegeben wurden. Als Theologe und Vatikan-Insider war er auch schon wiederholte Male im italienischen Fernsehen eingeladen, um seine Meinung über Außerirdische darzulegen. Er betonte dabei, dass Kontakte zu außerirdischen Intelligenzen für ihn absolute Realität seien und dass es sich hierbei nicht um Einbildung handle.
Dem Direktor des amerikanischen Disclosure Projects, Steven Greer, erläuterte Monsignore Balducci vor wenigen Jahren etwas detaillierter seinen Standpunkt: »Ich habe in den letzten Jahren viele Vorträge über diese Dinge gehalten, und

es wird Zeit, dass wir Theologen endlich mal etwas sagen. Viele glauben, dass es nicht wahr ist, es gibt keine Außerirdischen, da ist nichts. Besonders in unseren theologischen Kreisen hört man diese Meinung häufig. Ich wurde schon gefragt, was um alles in der Welt mich dazu antreibt, mich für diese Dinge zu interessieren, die doch sowieso alle vorn und hinten nicht stimmen würden und im besten Fall auf Sinnestäuschung beruhen.
Darauf antworte ich dann: ›Mein Freund, ich bitte Sie …‹, und ich fange an, ihnen alles zu erklären. Und dann sagen sie: ›Aber das habe ich so noch gar nicht gewusst.‹
Wir sind an einem Punkt angekommen, wo wir nicht mehr länger schweigen können und einfach nur sagen: ›Da ist nichts‹. Es passiert etwas auf dem Gebiet der UFO-Forschung, nicht nur wegen der Raumschiffe, sondern genauso, weil die Möglichkeit besteht, dass es echte Menschen gibt. Wesen, außerirdische Wesen. Und ich will es hier noch einmal ganz deutlich sagen: Außerirdische existieren!
Es gibt so viele Zeugen, die Raumschiffe oder außerirdische Wesen gesehen haben. (…) Diese vielen Zeugen haben sich doch das alles nicht aus den Fingern gesogen. Heutzutage müssen wir einfach zu dem Schluss kommen, dass es Außerirdische tatsächlich gibt. Denn selbst Wissenschaftler, die früher skeptisch waren, geben es jetzt zu, dass wir nicht alleine sind. Natürlich wird diese Wahrheit für christliche Religionen weitreichende Konsequenzen haben.«[19]

Unter Druck

Soweit die Stimme aus dem Vatikan, die zumindest ahnen lässt, welch gewaltiger Meinungsumschwung hinter den Mauern des bisherigen erzkonservativen Felsens in der »Brandung

des Andersdenkens« stattgefunden hat. Ein wenig anders sieht es bei Staaten und deren Institutionen aus, die sich in den letzten Jahrzehnten zwar auf das Sammeln von Informationen über UFO-Sichtungen konzentriert, aber nichts davon an die fragende Öffentlichkeit herausgegeben haben.
Militärs und Geheimdienste der Vereinigten Staaten »sitzen« nach wie vor auf ungezählten Akten, die als bedeutend für die Nationale Sicherheit eingestuft werden. Hin und wieder gelingt es interessierten Gruppen – wie etwa der Privatinitiative »Citizens Against UFO Secrecy« (»Bürger gegen UFO-Geheimhaltung«) –, die einen oder anderen UFO-Dokumente unter Berufung auf den mehr als 30 Jahre alten »Freedom of Information Act« freizubekommen. Häufig ist das unbrauchbares Material, da in den wichtigsten Passagen gnadenlos geschwärzt.
Wie unterschiedlich der Umgang mit der Informationsfreiheit gehandhabt werden kann, zeigt sich hingegen am Beispiel der VR China. Gänzlich anders als in den USA, sprechen dort sogar Militärpiloten weitgehend ungehindert über deren Konfrontationen mit unbekannten Flugobjekten. Es findet sogar eine vorurteilsfreie akademische Diskussion statt – etwas, das wir im Westen nach vielen Jahren der Grabenkämpfe noch nicht geschafft haben. So besaß schon 1982 die chinesische UFO-Forschungsgesellschaft über 3600 ordentliche sowie weitere 40 000 wissenschaftlich gebildete Mitglieder.[20] Sie ist der staatlichen Gesellschaft für Wissenschaft und Technologie angegliedert. Die weitaus meisten der chinesischen UFO-Forscher sind promovierte Wissenschaftler oder Ingenieure. Manche UFO-Gesellschaften verlangen von ihren Mitgliedern Fachhochschulabschlüsse und auch wissenschaftliche Veröffentlichungen. Sun Shili, ein ehemaliger Angestellter im Außenministerium und heutiger Leiter der UFO-Forschungsgesellschaft in der Hauptstadt Beijing, er-

klärte im Jahr 2000 den Unterschied: »In den Vereinigten Staaten stehen Gelehrte, welche sich mit diesem Thema befassen, unter Druck und werden regelmäßig verspottet. In China dagegen ist die Diskussion ziemlich frei, und deshalb sind in dieser Beziehung amerikanische Akademiker sehr eifersüchtig auf uns.«[21]

In Europa war Frankreich das erste Land, welches seinen Bürgern gegenüber zugegeben hat, dass es das UFO-Phänomen so ernst nimmt, um eine staatliche Untersuchung hierüber durchzuführen. Wenige Jahre nach dem Ende des Zweiten Weltkriegs sammelte die Luftwaffe der »Grande Nation« Berichte über Sichtungen von unbekannten Flugobjekten. Nach den Massensichtungen aus dem Jahr 1954 regte der militärische Stab von Präsident Charles de Gaulle die Errichtung einer Forschungsgruppe zur Untersuchung von UFOs und außerirdischen Lebensformen an. In den 1960er-Jahren wurde die französische UFO-Forschung dann der Raumfahrtbehörde Centre National d'Etudes Spatiaux (CNES) angegliedert. Weitere Neuerungen kamen 1976, als die Gendarmerie Nationale auf breiter Front in das Projekt eingebunden wurde. Alleine 1974 waren von ihr fast 300 Berichte gesammelt worden.

In den beiden Folgejahrzehnten schmolz das Personal zur Erforschung des UFO-Phänomens innerhalb des CNES rapide zusammen und spiegelte das erlahmende Interesse staatlicher Stellen wider. Aber seit 2005 ist die offizielle UFO-Forschung in Frankreich wieder kräftig im Aufwind. Seit 2007 wird endlich darangegangen, sukzessive nun alle Berichte zu veröffentlichen. Das wären 1650 Dossiers aus 30 Jahren, was in toto einer Menge von mehr als 100 000 Seiten entspricht.[22]

Nach und nach entschlossen sich auch Spanien, Italien sowie Dänemark dazu, ihre gesammelten Dokumente über UFO-Begegnungen zu jedermanns Einsicht freizugeben. Auch

Russland schloss sich an – von dort kommen äußerst spannende Details über Sichtungen von Kosmonauten sowie über Abstürze – und 2008 Großbritannien, das aber die Informationen über die spektakulärsten Fälle noch immer zurückhält. Und auch Kanada, Mexiko, Brasilien, Chile und Peru machen nicht länger bei der Geheimniskrämerei mit.

Die Realität hinter dem größten Rätsel unserer Zeit ist nun beinahe greifbar geworden. Und die Freigabe von so vielen UFO-Akten nichts anderes als eine verzweifelte Flucht nach vorn.

2 »Glasnost« in der UFO-Forschung

Regierungen geben Geheimakten frei

»Ich stehe auf dem Standpunkt, dass die Theorie vom interplanetarischen Ursprung der Flugkörper die einzige ist, die mit den beobachteten Tatsachen nicht im Widerspruch steht.«

PROF. DR. H.C. HERMANN OBERTH (1894–1989), RAUMFAHRTPIONIER, LEHRER VON WERNHER V. BRAUN

Eigentlich überrascht es mich überhaupt nicht, dass das UFO-Thema – wohlgemerkt, wenn es um den beunruhigenden »Rest« von ein paar Prozent geht, der sich noch am ehesten durch das Auftauchen fremder Intelligenzen erklären lässt – sich bei manchen Leuten eines miserablen Rufes erfreut. Regierungen, Nachrichtendienste und Militärs haben viele Jahre lang den Teppich des Schweigens darübergelegt. Journalisten ziehen sogar qualifizierte Beobachter mit Vergnügen durch den Kakao und machen sich platt-populistisch über »kleine grüne Männchen« lustig. Seltener auf höherem Niveau, wenn zum Beispiel in der renommierten »Times« behauptet wird, »Astronomen würden darin übereinstimmen, dass es keine Beweise für den Besuch von Aliens auf unserer Erde gibt und dass die Zwangsvorstellung von UFOs die legitime Forschung nach den Möglichkeiten von Leben im Weltall behindert.«[23] Von vielen Wissenschaftlern werden UFO-Begegnungen als unseriös zurückgewiesen und keiner fundierten Untersuchung für wert befunden. Abgesehen von einigen rühmlichen Ausnahmen, die sich neuerdings immer deutlicher Gehör verschaffen.

Wie anfangs erwähnt, sollte dieses feindliche Verhalten dem UFO-Phänomen gegenüber niemanden verwundern. Denn was da immer wieder von teilweise hochqualifizierten Zeugen berichtet wird, steht in denkbar krassem Gegensatz zu all dem, was wir von der Welt, in der wir leben, zu wissen glauben. So verletzt das Flugverhalten dieser Objekte unsere Gesetze der Physik, wann immer sie in Bruchteilen von Sekunden aus dem Stillstand auf geradezu aberwitzige Geschwindigkeiten beschleunigen. Oder bei einem Tempo, das für irdische Düsenjäger unerreichbar ist, die Richtung im rechten Winkel ändern. Alles spricht dafür, dass diese UFOs unter intelligenter Kontrolle stehen. Aber der Mensch betreibt eitle Nabelschau und hält sich teilweise noch immer für das einzige intelligente Wesen im weiten Universum. Umso mehr schmerzt es, wenn auch noch von fremdartigen, humanoiden Wesen berichtet wird, die diese Flugobjekte steuern sollen.

Autoritätsverluste

Aber was das Schlimmste, Unverzeihlichste ist, was uns dieses UFO-Phänomen angetan hat: Hier stellt eine fremde Intelligenz in unserem Luftraum die Souveränität der Regierungen wie deren hochgerüsteten Militärs infrage, und das darf doch einfach nicht sein! Ganz zu schweigen von den verschiedensten religiösen Befindlichkeiten, da jede Glaubensrichtung dünkt, die einzige und alleinige »Wahrheit« zu verkünden.

Schon vor einigen Jahren stellte ich deshalb die Frage, was wohl geschehen würde, wenn UFOs sich nicht mehr damit begnügen würden, im Höllentempo über Radarschirme zu huschen.[24] Anders gefragt: Was wäre, wenn es morgen auf der grünen Wiese vor dem Weißen Haus in Washington zur offiziellen Kontaktaufnahme dieser Fremden mit US-Präsident Barack H. Obama käme?

Eine weltweite Autoritätskrise unglaublichen Ausmaßes wäre die Folge. Die Militärs würden verrückt spielen, weil sie endlich gezwungen wären, zuzugeben, dass unendliche Summen Steuergelder in absolut nutzlose Waffensysteme und Überwachungselektronik verpulvert wurden. Diese hochgezüchteten Aufklärungssysteme haben in den letzten Jahrzehnten mehr als einmal den Beweis geliefert, dass sie von jedem halbwegs talentierten Hacker irrezuführen sind. Wer den Film »War Games« gesehen hat, weiß, was ich meine.

Die weltweiten Pharmakonzerne müssten die Produktion ihrer Chemo-Bomben einstellen, da anzunehmen ist, dass eine Zivilisation, die interstellare Raumfahrt betreibt, auch über ungiftige und wirkungsvollere Medikamente verfügt. Gleiches gilt auch für die multinationalen Ölkonzerne. Denn eine Spezies, die uns vielleicht Jahrtausende in ihrer Entwicklung voraus ist, hätte ihre Energieprobleme längst auf saubere Art gelöst.

Die Börsen, jene Ansammlungen von Irrsinnigen, die aus bloßer Luft virtuelles, da nicht wirklich vorhandenes Geld machen, würden endgültig zusammenbrechen. Wie die globale Wirtschaftskrise, die 2008 begann, eindrucksvoll belegt, ist das auf stetigem Wachstum begründete System am Ende, hat sich selbst aufs Eis geführt und demaskiert. Damit wären wir auch bei dem monetären System, das auf größtmögliche Ungerechtigkeit im Geber-Nehmer-Verhältnis ausgerichtet ist. Die Problematik ist aktueller denn je: Auf der einen Seite haben wir unendlich gierige Manager-Versager, die sich selbst dann noch horrende »Bonus«-Zahlungen genehmigen, wenn sie Milliarden in den Sand gesetzt und zahllose Arbeitsplätze vernichtet haben. Und auf der anderen Seite stehen ihre Opfer: auf Staatsalmosen angewiesene und vom Untergang akut bedrohte Existenzen.

Last but not least wären auch unsere größten Religionen vom Untergang bedroht, die nie müde wurden, den Menschen als absolute »Krone der Schöpfung« zu preisen. Die Tausende Jahre lang hervorragend verkaufte Botschaft wird nicht mehr an den Mann zu bringen sein, die unselige Allianz von diesseitigem Elend mit dem Versprechen auf ein glückliches Leben im Jenseits wahrlich keinen Hund mehr hinter dem Ofen hervorlocken. In fast dasselbe Horn stoßen die sich »exakt« nennenden Wissenschaften. Hier sind wir die »Spitze der Evolution«, was im Grund genommen auf genau das Gleiche hinausläuft. Immer sind *wir* die Größten, die Besten, die Einzigen. In uns selbst verliebt, blicken wir in den Spiegel und übersehen dabei, dass wir nur die Bewohner des dritten Planeten einer kleinen Sonne von mittlerer Lichtstärke in einem Spiralarm einer Galaxis von so vielen im unendlichen Universum sind.[24]
Spätestens jetzt dürfte klar sein, warum sich das UFO-Thema einer nicht gerade liebevollen Behandlung erfreut. Versprechen kann ich allerdings nicht, dass die hypothetische Landung jener Fremden vor dem Weißen Haus noch für längere Zeit unterbleibt.

Nicht von dieser Welt?

In den vergangenen Jahren, als es – scheinbar – etwas ruhiger um das UFO-Phänomen wurde, dominierte bei vielen Forschern und Interessierten die Überlegung, dass es sich bei jenen unbekannten Objekten *nicht* um außerirdische Raumfahrzeuge handeln könne. Da wurde neben dem üblichen Einwand der unüberwindbaren Distanzen im Kosmos auch mit der Häufigkeit von UFO-Sichtungen argumentiert. Der renommierte Forscher Jacques Vallée rechnete hoch, dass es im Laufe der letzten Jahrzehnte durchschnittlich zu 350 000

Besuchen pro Jahr gekommen sein muss.[25] Eine derartig krasse Häufigkeit spräche natürlich, aus unserer Sicht zumindest, ganz klar gegen die Herkunft jener fremden Intelligenzen aus einem fernen Planetensystem. Aber wer kann schon wirklich zum jetzigen Zeitpunkt etwas Konkretes über Möglichkeiten und Intentionen außerirdischer Zivilisationen sagen, wo immer diese herkommen mögen.

Speziell im deutschen Sprachraum war einige Jahre lang auch die Hypothese von Zeitreisenden als Besatzung der Flugobjekte recht populär. Deren bekanntester Vertreter war der leider im Jahre 2008 verstorbene Autor Ernst Meckelburg. In seinen Büchern vertrat er die Ansicht, dass UFOs irdischen Ursprungs seien und aus einer mehr oder weniger fernen Zukunft zurück in unsere Zeit reisen.[26,27,28]

Daneben gab es auch jede Menge Ansätze, das Phänomen entweder psychologisch oder gleich zur Gänze als Produkt einer maßlos übersteigerten Fantasie zu »erklären«. Von jenen Gruppierungen, die alles als »Party-Ballons« deklarieren, einmal ganz zu schweigen.

In jüngster Zeit gibt es nun neue Argumente *für* die »Nicht-von-dieser-Erde-Theorie«, also der Annahme einer extraterrestrischen Herkunft. So brachte das »Journal of the British Interplanetary Society« im Januar 2005 einen fundierten Beitrag der Physiker und Astronomen J. Deardorff, B. Haisch, H. E. Puthoff und B. Maccabee. Darin stellten sie fest, dass heutzutage genügend gute Beweise in Gestalt qualitativ hochwertiger Berichte für die Anwesenheit einer außerirdischen Intelligenz (oder auch mehrerer) auf Erden vorlägen.

Die extraterrestrische Hypothese, also die Annahme, dass die Besatzungen jener Flugobjekte aus den Weiten des Universums zu uns kommen könnten, werde wahrscheinlicher durch wissenschaftlich fundierte Denkmodelle, dass die Beschränkung auf die Lichtgeschwindigkeit keine so unüberwindbare Barriere darstellt wie früher angenommen. Diese Begrenzung hatte ihren Ursprung in Albert Einsteins spezieller Relativitätstheorie. Die »allgemeine Relativitätstheorie« jedoch bietet drei mögliche Ansätze, welche eine Überschreitung dieser Grenze durchaus erlauben. Immer vorausgesetzt, die Fremden wären uns Jahrtausende oder mehr in ihrer technischen Entwicklung voraus.

Die vier Wissenschaftler brachten auch theoretisch denkbare Methoden interstellarer Raumfahrt in die Diskussion ein – etwa »Wurmlöcher« oder die Nutzung der Krümmung des Raumes oder zusätzlicher Dimensionen. Und obwohl sie für uns derzeit noch unüberwindliche Hindernisse nicht außer Acht ließen, dachten sie doch ganz explizit die Möglichkeit an, dass die Kenntnisse außerirdischer Intelligenzen »ganz neue Prinzipien enthalten können, die irgendeine Art von Überlichtgeschwindigkeit zulässt.«[29] Macht man sich dann noch klar, dass auch in unserer Galaxis viele Sterne bis zu einer Milliarde Jahre älter sind als die Sonne, ergibt sich ein ungleich höheres Alter für mögliche extraterrestrische Zivilisationen. Und schon 1981 hat der Physiker Eric Jones vom »Los Alamos National Laboratory« errechnet, dass raumfahrende Zivilisationen, die nur ein Zehntel der Lichtgeschwindigkeit zu erreichen vermögen, theoretisch unsere ganze Galaxis in einem Zeitraum von 60 Millionen Jahren kolonisieren könnten.[30] Und da gibt es noch immer Skeptiker, die auch einen Gedanken an außerirdische Besucher in grauer Vorzeit nur allzu gerne ins Reich der Fabel verweisen.

An dieser Stelle noch eine persönliche »Standortbestimmung« meinerseits. In den vielen Jahren, seitdem ich mich selbst für das Rätsel unbekannter Flugobjekte interessiere, favorisierte ich stets die »ETH« – sprich die extraterrestrische Hypothese. Wenden wir uns nun aber, im Bewusstsein, dass UFOs sehr wohl von fremden Planeten kommen können, einer Fülle neuer Begegnungen mit dem Unbekannten zu. Zum großen Teil stammen sie aus jüngst freigegebenen Akten und beweisen uns, dass das UFO-Phänomen aktueller als je zuvor ist. Totgeglaubte leben eben länger …

Vor einem Nuklearangriff?

»Glasnost« kommt aus dem Russischen und bedeutet »Offenheit«. Während der Regierungszeit von Michail Gorbatschow, die ja bekanntlich das Ende der kommunistischen Sowjetunion eingeläutet hat, war das neben »Perestrojka« (»Umbau«) ein viel benutztes Schlagwort in der Politik. Auch der allmächtige sowjetische Geheimdienst KGB hat sich durch die Herausgabe zahlreicher UFO-Akten eine nie zuvor dagewesene Offenheit auferlegt. Zumal Phänomene wie das der »Fliegenden Untertassen«, so deren anfängliche Bezeichnung in den ausgehenden 1940er-Jahren, eine in krassem Widerspruch zur marxistisch-leninistischen, staatstragenden Doktrin stehende Angelegenheit darstellten. Da nicht sein konnte, was nicht sein durfte, wurden solche Erscheinungen meist als »Erfindungen der imperialistischen Kriegstreiber« aus dem Westen verunglimpft.
Eine »Erfindung westlicher Kriegstreiber« war es sicherlich nicht, welche am 4. Oktober 1982 fast einen Atomkrieg heraufbeschworen hat. Ort des Geschehens war die Raketenabschussbasis von Byelokoroviche in der damals noch zur Sowjetunion gehörenden Ukraine. Dort schwebte an jenem Tag ein riesiges scheibenförmiges Objekt, mit einem Durchmesser von geschätzten 300 Metern, über der Anlage. Zahlreiche Augenzeugen, unter ihnen der Raketentechniker Oberstleutnant Vladimir Plantonev, bestätigten die Echtheit dieses Vorfalles. Das UFO flog vollkommen geräuschlos, seine Ober-

fläche war absolut glatt, und es verfügte über keine Fenster oder Luken. Und es flog in immer enger werdenden Kurven um ein Raketensilo. Darin stand eine auf die USA gerichtete Rakete, bestückt mit einem taktischen Nuklearsprengkörper. Was dann geschah, war erschreckend.

Als das UFO über dem Raketensilo schwebte, gingen im unterirdischen Befehlsbunker, in dem der erwähnte Raketentechniker Vladimir Plantonev gerade Dienst hatte, plötzlich die Signalleuchten der Kontrollpulte an. Das bedeutete, dass irgendjemand die Atomrakete scharf gemacht und der Countdown zum Abschuss begonnen hatte. Das Oberkommando in Moskau hätte durch Sendung eines codierten Befehls den Raketenstart auslösen können. Aber weder war ein solcher Befehl aus Moskau gekommen, noch war vom Personal der Abschussbasis selbst der dafür vorgesehene Schalter betätigt worden.

Im Klartext: Während der Erscheinung jenes scheibenförmigen Flugobjekts hatte die Basis für insgesamt 15 Sekunden ganz einfach die Kontrolle über ihre Atomwaffen verloren. Es waren nur 15 Sekunden, doch in dieser kurzen Zeitspanne hätte die atomare Vernichtung unserer Welt beginnen können. In Moskau war man schockiert und beorderte ein Untersuchungsteam ab, um den Vorfall aufzuklären. Oberst Igor Chernovshev, der der Kommission damals angehört hatte, bestätigte einige Jahre später den Vorfall und dessen mögliche Folgen.[31]

Nicht einmal ein Jahrzehnt nach diesem beängstigenden Störmanöver war die Sowjetunion Geschichte. Nachdem die baltischen Staaten Litauen, Lettland und Estland im September 1991 in die völlige Unabhängigkeit entlassen worden waren, versuchten die übrigen zwölf ehemaligen Sowjetrepubliken, einen freiwilligen Bund souveräner Staaten (GUS) zu gründen. Am 31. Dezember 1991 hörte die Sowjetunion auf zu existieren.[32]

Doch seither gibt es immer wieder bewaffnete Konflikte aufgrund von Unabhängigkeitsbestrebungen von Teilgebieten der

aus der Sowjetunion hervorgegangenen Russischen Föderation. Vor allem um das nordkaukasische Tschetschenien, welches 1991 unter der Führung General Dudajews seine Eigenständigkeit von Moskau erklärte, tobten erbitterte Kämpfe.
Als der erste Tschetschenien-Krieg im Winter 1994/95 ausgebrochen war, beobachtete man häufig unidentifizierte fliegende Objekte über der Kaukasus-Region. Am 14. Dezember 1994 berichtete die russische Tageszeitung »Iswestiya« über die Sichtung zweier scheibenförmiger, feuriger Objekte, die sehr ungewöhnliche Flugmanöver über den Schlachtfeldern vollzogen. Zahlreiche Augenzeugen konnten die UFOs beobachten, als sie über der Ortschaft Dolinsky schwebten. Unter diesen waren Journalisten, die ihren Redaktionen über das Spektakel am Himmel Bericht erstatteten, sowie örtliche Militärkommandeure.
Diese Berichte erwähnten des Weiteren ein zigarrenförmiges Objekt, welches volle drei Stunden über den nördlichen Vororten der tschetschenischen Hauptstadt Grosny schwebte. Dasselbe UFO wurde später im Verlauf einer Schlacht zwischen russischen Verbänden und der »Rebellenarmee« des Generals Dudajew am Himmel über der Stadt Pervomayskaya gesichtet.[33]
Dann soll es im November 1995 zum Abschuss eines unbekannten Flugobjekts über tschetschenischem Gebiet gekommen sein. Diese Geschichte klingt etwas nebulös, deshalb gebe ich sie auch nur unter Vorbehalt wieder.
Angeblich gelang es, trotz der tobenden Kämpfe zwischen den verfeindeten Parteien, einige Fragmente des Flugkörpers an der Absturzstelle nahe einer Ortschaft mit Namen Itum-Kale zu bergen. Wissenschaftler und Ingenieure untersuchten die Trümmer und übergaben einen Bericht an den Staatschef General Dudajew. Als selbiger im April 1996 bei einer Explosion getötet wurde, sei der größte Teil des Untersuchungsberichtes auch vernichtet worden. Angeblich wurden nur ein paar Seiten geret-

tet und gelangten durch den Einsatz eines überlebenden Leibwächters von General Dudajew in den Westen. Soweit diese Geschichte, deren Wahrheitsgehalt jedoch im Augenblick weder bestätigt noch dementiert werden kann.[31]

Alien-Technologie rettet US-Soldaten

Bei den UFO-Sichtungen über den tschetschenischen Schlachtfeldern handelt es sich keineswegs um Ausnahmefälle. Vielmehr lässt sich ein Verhaltensmuster erkennen, demzufolge die Objekte mitsamt ihren Besatzungen stets zuverlässig zur Stelle sind, wenn irgendwo auf der Welt kriegerische Handlungen ausbrechen. Nun ist die Geschichte der Menschheit bedauerlicherweise eine lange Geschichte blutiger Kriege. Ob in den Schlachten der Antike, des Mittelalters oder der Neuzeit: Immer waren sie hier und sind es noch, jene Fremden, die gleichermaßen mit »fliegenden Schilden« am Himmel über der Festung Tyros des Jahres 332 v. Chr. auftauchten, wie mit silbernen oder leuchtenden Flugscheiben über den Kriegsschauplätzen in Korea, Tschetschenien, Vietnam oder der Golfregion. Zuweilen greifen sie auch parteiisch ein, wie das folgende Beispiel aus dem unseligen Indochina-Krieg deutlich macht.

Es war im Herbst 1971, der Vietnam-Krieg tobte bereits seit einigen Jahren und hatte sich de facto auch auf Nachbarländer wie Laos und Kambodscha ausgedehnt. Eine Gruppe amerikanischer Soldaten hatte Guerillas der laotischen kommunistischen Untergrundbewegung *Pathet Lao* bis weit in den Dschungel von Kambodscha verfolgt. Plötzlich gerieten die GIs in einen Hinterhalt. Es schaute nicht gut aus für die US-Soldaten, die so oft gegen die schlecht ausgerüsteten Freischärler den Kürzeren zogen.

Ganz unvermutet kamen zwei kleinwüchsige Humanoiden aus dem Unterholz und warfen einen kleinen Gegenstand zwischen die Amerikaner und die Rebellen. Der explodierte mit lautem Knall und verbreitete nichts als schwärzeste Dunkelheit.
Die US-Soldaten hatten bei dem Zwischenfall kein Flugobjekt bemerkt. Alles, was ihnen aufgefallen war, war ein Geräusch im Unterholz des Dschungels. Zwei fremdartige Wesen spähten unter den Bäumen hervor und schauten auf die Männer, die ihrerseits die zwei »Aliens« ganz deutlich sehen konnten. Die fremdartigen Wesen schauten einander nur kurz an, dann holte einer aus und warf den ominösen Gegenstand. Das »Ding« war nicht kleiner als ein Tennisball und ging mit einem lauten Knall los. Zuerst dachten die Soldaten, es mit einer Art Rauchgranate zu tun zu haben. Doch was da freigesetzt wurde, das war weder Rauch noch Gas, sondern buchstäblich »schwarzes Nichts«.
Als erster gewann der Truppführer seine Fassung wieder und befahl seinen Leuten, sofort das Weite zu suchen. Alle schafften es, denn der Einsatz dieser fremdartigen Waffe, die sicher nicht von dieser Welt stammte, brachte soviel Distanz zwischen sie und die Rebellen, dass jene es gar nicht weiter versuchten, die Amerikaner zu attackieren.[34]
Was unheimliche Begegnungen mit Flugobjekten und deren humanoiden Besatzungen während des Vietnamkriegs betrifft, brechen in den letzten Jahren immer mehr der damals zu Augenzeugen gewordenen Ex-Soldaten ihr Schweigen. Jetzt haben sie ein Alter erreicht, wo sie nichts mehr zu verlieren haben. An die strengen Geheimhaltungsvorschriften, die ihnen Army und Navy damals auferlegt hatten, fühlen sie sich nicht mehr gebunden. So wollen sie vor ihrem Ende nur noch das loswerden, was viel lange Jahre auf ihrer Seele gelastet hat. Worüber sie jedoch auf Befehl »von oben« nie sprechen durften.

Nicht schießen!

Auch das Königreich Dänemark zählt zu jenen Staaten, welche sich in jüngster Zeit dazu entschlossen haben, ihre UFO-Akten freizugeben. Dabei geht es um eine Anzahl von Fällen, die sich im Zeitraum zwischen 1978 und 2002 über dem dänischen Hoheitsgebiet ereignet haben. Hierzu gehört auch Grönland, wo es 1983 in unmittelbarer Nähe des Luftwaffenstützpunktes Thule, der im Nordwesten der arktischen Insel liegt, zur Sichtung eines UFOs kam. Auf freigegebenen Rasterkarten ist die unregelmäßige Flugbahn dieses Objektes zu erkennen, das auch vom Radar der Basis erfasst und aufgezeichnet worden war.

Kapitän Thomas Pedersen von der königlich-dänischen Luftwaffe, der jahrelang Fälle wie diesen unter Verschluss hielt, äußerte sich 2008 in einem Interview mit dem Radiosender DR News wie folgt: »Wir haben uns entschlossen, die Akten freizugeben, da wir keinen Grund haben, sie länger geheim zu halten. Unsere Aufgabe ist es, den dänischen Luftraum in Friedenszeiten abzusichern, deshalb haben wir kein Interesse daran, UFOs zu untersuchen.«[35]

Ob wirklich kein Interesse mehr an dem UFO-Phänomen besteht, wage ich sehr zu bezweifeln. Stellt doch, wie gesagt, eine unbekannte Intelligenz die Souveränität der Regierungen und der Militärs zumindest im Luftraum ganz unverblümt infrage. Deshalb ist die folgende Bemerkung, die Kapitän Pedersen im Laufe des Radiointerviews machte, noch aufschlussreicher. Er wies darauf hin, dass die dänische Luftwaffe – im Gegensatz zur britischen, amerikanischen oder russischen – noch nie auf UFOs geschossen habe: »Ich glaube, das wäre die dümmste Art zu handeln. Denken Sie an Filme wie ›Independence Day‹, wo die Außerirdischen wesentlich fortgeschrittener sind als wir. (...) Wenn wir unsere ›Katapultgeschosse‹ darauf abfeuern würden, bin ich mir ziemlich sicher, dass wir die Verlierer wären.«[35]

Eine weise Entscheidung, und offenbar handelt man auch anderen Ortes genauso. Am 19. Oktober 1998 fingen vier verschiedene Radarstationen in der nordchinesischen Provinz Hebei Signale eines fliegenden Objekts auf, welches sich genau über einem Übungsflugplatz der Luftwaffe bei Changzhou befand. Das Objekt konnte auch visuell beobachtet werden, als es an Höhe verlor. Augenzeugen beschrieben es mit einer pilzförmigen Kuppel sowie einem flachen Boden, bestückt mit hellen und rotierenden Lichtern. Mehr als 140 Menschen konnten es sehen.

Sofort wurde ein bewaffneter Abfangjäger vom Typ »Shenyang JJ-6« auf das Flugobjekt angesetzt, nachdem man sich überzeugt hatte, dass keine weiteren militärischen oder zivilen Flugzeuge in dem Gebiet unterwegs waren. Die beiden Piloten berichteten, dass das UFO einem Fluggerät ähnlich sehe, wie sie es einmal in einem westlichen Science-Fiction-Film gesehen hatten.

Als sie bis auf etwa 4000 Meter an das Objekt herangekommen waren, schoss es plötzlich himmelwärts. Das UFO spielte »Katz und Maus« mit dem Abfangjäger, indem es ihn mehrfach abhängte und im nächsten Augenblick wieder dicht vor ihm auftauchte. Zu einer dieser Gelegenheiten baten die Piloten über Funk um die Erlaubnis, mit der Bordkanone auf das Objekt feuern zu dürfen. Die Bodenstation aber verweigerte den Schießbefehl. Letztendlich drohte der Treibstoff auszugehen, und die Piloten mussten zu ihrer Basis zurückkehren. Ehe zwei weitere, modernere Jäger losgeschickt werden konnten, hatte das UFO den Luftraum um die Basis längst verlassen.[36]

Meine persönliche Meinung zu UFO-Fällen, in die Piloten involviert sind, ist, dass diese Beobachtungen eine ganz besondere Qualität in punkto Glaubwürdigkeit besitzen. Und

noch immer werden unbekannte Flugobjekte, die absolut keinen Bezug zu irdischen Konstruktionen erkennen lassen, von zivilen wie militärischen Fliegern gesichtet, wie uns die folgenden Beispiele aus den letzten Jahren zeigen.
Am 6. August 2001 hoben zwei Piloten der türkischen Luftwaffe gegen 12.30 Uhr mit einem Übungsjet des Typs Cessna T-37 B »Dragonfly« von ihrem Stützpunkt bei Izmir ab. Im Laufe dieses Trainingsfluges, der sie über den Golf von Candarli (gegenüber der griechischen Insel Lesbos) im Ägäischen Meer führte, sahen sich Oberleutnant Ilker Dinçer und dessen Flugschüler Arda Gunyel urplötzlich mit einem blendend hellen Objekt konfrontiert. Es hatte die Form einer Scheibe, jedoch mit einem ausgebuchteten Kegel an der Unterseite. Über Funk gaben sie ihre Sichtung an die Bodenstation weiter, die das UFO aber nicht auf dem Radarschirm entdecken konnte.
Dieses näherte sich der »Dragonfly« nun mit hoher Geschwindigkeit auf direktem Kollisionskurs. Der Zusammenprall jedoch blieb zum Glück aus. Denn im nächsten Augenblick flog es neben der Trainingsmaschine, um dann blitzartig auf deren Unterseite zu wechseln. Letztendlich flog es über dem Jet her. Der Basis gab Oberleutnant Dinçer durch: »Das Objekt ist über uns und es macht buchstäblich Kurvenkämpfe mit uns.« Von der Bodenstation erfuhr er, dass diese das Objekt noch immer nicht auf dem Radar ausmachen konnte. Noch eine ganze Weile spielte das UFO »Katz und Maus« mit den Piloten, bevor es schließlich mit atemberaubender Geschwindigkeit davonflog.
In der türkischen Presse machte die Begegnung Schlagzeilen. Die Luftwaffe des Landes suchte Zuflucht bei einer schon »klassischen« Erklärung, als sie bekanntgab, bei dem Flugkörper habe es sich um einen *Wetterballon* gehandelt. Das wirklich Dumme an der Sache war nur, dass sich zu dieser Zeit gar kein Wetterballon dort befand.[36] Und nach wie vor sind diese

nicht in der Lage, aberwitzige Geschwindigkeiten zu erreichen und Flugmanöver durchzuführen, welche im Gegensatz zu allen Gesetzen unserer Physik stehen. Daran hat sich auch nach über 50 Jahren als »Lieblingserklärung« für die Luftstreitkräfte nichts geändert.

Noch immer aktuell: die »klassische« Scheibe

Und auch die Form vieler UFOs scheint noch immer aktuell zu sein, so wie sie sich schon vor mehr als 60 Jahren, zu Beginn des »modernen UFO-Zeitalters«, präsentiert hat. Dass zahlreiche Flugobjekte von den Zeugen nach wie vor als »klassische« fliegende Scheiben beschrieben werden, spricht sowohl für die Kontinuität als auch die Authentizität des Phänomens. Sonst könnte man es als eine Mode-Erscheinung des jeweiligen Zeitgeistes betrachten, ablegen und vergessen.

Es geschah im Herbst 2005, in den ersten Oktobertagen. Über dem mexikanischen Bundesstaate Oaxaca begegnete die Crew einer Boeing 737 der Fluggesellschaft »Magnicharter« in 20 000 Fuß Höhe (etwa 6000 Meter) einem glänzenden, scheibenförmigen Objekt. Der Vorfall fand gegen 12.30 Uhr mittags und bei hervorragenden Wetterverhältnissen statt. Die Besatzung der oben genannten Verkehrsmaschine berichtete, dass das UFO unvermittelt aus einer Wolke aufgetaucht und kurz darauf in einer Entfernung von etwa zehn Meilen (16 Kilometer) in einer anderen Wolke wieder verschwunden sei.[37]

Äußerst ungewöhnlich waren die Spuren, die ein UFO mehr als ein Jahr später über dem O'Hare International Airport von Chicago hinterließ. Es war 16.30 Uhr und kurz vor Sonnenuntergang am 7. November 2006, als ein untertassenförmiges Fluggerät für mehrere Minuten über einem Terminal außerhalb der eigentlichen Flugzone schwebte.

Die sehr deutliche Beobachtung wurde von einer Gruppe Angestellter des O'Hare-Flughafens und verschiedener Fluglinien gemacht, unter ihnen mehrere Verkehrspiloten. Sie alle beschrieben übereinstimmend ein graues, scheibenförmiges Objekt von an die sieben Meter Durchmesser, das keine Lichter besaß und auch keinerlei Geräusch verursachte. Es stand zuerst regungslos unter einer dichten Wolkendecke in etwa 600 Metern Höhe. Mehrere Minuten später beschleunigte es gewaltig aus dem Stand heraus, schoss nach oben und hinterließ dabei ein scharf abgegrenztes Loch in der Wolkendecke, das sich erst nach einer ganzen Weile wieder zu schließen begann.

Von einem Sprecher der »Federal Aviation Agency« (FAA), der US-Bundesluftfahrtbehörde, wurde das unbekannte Flugobjekt als »Wetterphänomen« abgetan. Angeblich soll es weder vom Kontrollturm aus gesehen noch auf den Radarschirmen registriert worden sein. Die hochqualifizierten Augenzeugen waren sich jedoch sicher, dass es weder ein konventionelles Flugzeug noch ein Hubschrauber, Wetterballon oder sonst irgendein von Menschenhand fabriziertes Fahrzeug war, welches sie beobachtet haben.[38]

Die NASA mauert ...

Im Dezember 2007 ereignete sich eine regelrechte »UFO-Sichtungswelle« über dem fernöstlichen Japan. In der Folge der Beobachtungen forderte der Oppositionspolitiker Ryuji Yamane die Regierung am 20. Dezember 2007 auf, eindeutige Stellung zu dem Phänomen zu beziehen. Bereits zwei Tage zuvor ließ der Regierungssprecher Nobutaka Maschimura dazu verlauten, er sei absolut überzeugt davon, dass UFOs existieren. Und auf die erwähnte Frage des Oppositionellen

Ryuji Yamane antwortete der damalige Verteidigungsminister Shigeru Ishiba: »Nichts rechtfertigt es, zu bestreiten, dass UFOs existieren und von einer anderen Lebensform kontrolliert werden.«[31]
Wesentlich zugeknöpfter in dieser Fragestellung präsentiert sich nach wie vor eine Organisation, die eigentlich von vorneherein für das Thema »außerirdische Besucher« wie keine zweite prädestiniert wäre. Aber noch immer streitet die amerikanische Weltraumbehörde NASA jede Existenz in unsere Atmosphäre eingedrungener Flugkörper ab. Und spielt auch qualifizierte Berichte in altbewährter Weise als Fehlinformationen, Verwechslungen mit konventionellen Objekten oder im schlimmsten Fall als Humbug und Schwindel herunter.
Doch das Lügengebäude aus zurückgehaltenen und wissentlich falschen Informationen bröckelt auch hier zusehends. Vor allem aus dem Grund, da immer mehr Insider nicht nur zu einer aufgeschlosseneren Einstellung gefunden haben, sondern die Existenz von UFOs – selbst unter Einbeziehung einer außerirdischen, intelligenten Herkunft – ganz explizit verteidigen. Und die Desinformationspolitik zum Beispiel der NASA deutlich anprangern, wie erst 2008 durch den früheren Schweizer Chefdelegierten bei der European Space Agency (ESA), Dr. Peter Creola, anlässlich eines Interviews geschehen. Auf die Frage nach einer möglichen Vertuschung diesbezüglicher Fakten durch die NASA stellte Creola klar: »Die NASA ist ein Regierungsarm. Was Regierungspolitik ist, gilt ebenso für sie – und muss durchgeführt werden. Wenn es also Regierungspolitik sein sollte, dass man über gewisse Themen aus dem Bereich der UFO-Erscheinungen keinen Kommentar abgibt, oder dass einige davon unter die ›National Security‹ fallen, dann hält sich garantiert auch die NASA an diese Doktrin. Insofern kann man der NASA in diesem Sinn tatsächlich nicht vorbehaltlos trauen.«[39]

... und Astronauten brechen ihr Schweigen

Im Gegensatz zur hartnäckigen Verschwiegenheit der NASA gelangen mehr und mehr UFO-Beobachtungen an die Öffentlichkeit, die von Astronauten gemacht wurden. Einer der ersten, die sich entschlossen, ihr Schweigen zu brechen, war der amerikanische Astronaut Leroy Gordon Cooper (1927–2004). Sein erster Ausflug in den erdnahen Weltraum ließ ihn im Mai 1963 an Bord von »Mercury 9« die Erde 22-mal umrunden. Zwei Jahre später war er Kommandant der Raumkapsel »Gemini 5«. Aus der NASA schied er 1970 aus, nachdem er seine Beförderung zum General abgelehnt hatte, weil er als solcher keine einsitzigen Kampfflugzeuge mehr hätte steuern dürfen.

Schon in der Zeit seiner Stationierung als Leutnant auf der Luftwaffenbasis Neubiberg bei München sichtete Cooper 1951 zum ersten Mal ein untertassenförmiges Flugobjekt. Da das UFO während mehrerer Tage den Stützpunkt überflog, stiegen Cooper und andere Jagdflieger wiederholt auf, um es abzufangen. Doch ihre F-86-Jets konnten nicht annähernd so hoch fliegen, um das mysteriöse Objekt zu erreichen.

An einer noch dramatischeren Begegnung war der spätere Astronaut zumindest mittelbar beteiligt. In seiner Biographie berichtet er, wie er am 3. Mai 1957 als Testpilot und Projektmanager auf der Edwards Air Base in Kalifornien tätig war. Zum Test eines kameragestützten Präzisions-Landesystems hatte Cooper eine Mannschaft von Technikern und Kameramännern zu einem ausgetrockneten See im Bereich der Basis geschickt. Die Männer hatten am Vormittag ihre Arbeit fast vollendet, da flog plötzlich ein silbern-metallisches, untertassenförmiges Objekt über deren Köpfe hinweg. Gerade mal 50 Meter entfernt setzte es zur Landung an und blieb dann eine Zeit lang auf dem Boden des ausgetrockneten Sees. Die Männer konnten etliche Fotos aufnehmen, dazu mehrere

Meter 35-Millimeter-Film. Als sie sich dem gelandeten Objekt zu nähern versuchten, stieg dieses auf, sank kurz noch einmal herab und verschwand dann mit sehr hoher Geschwindigkeit aus ihrem Sichtbereich.

Bevor das Material mit einer Kuriermaschine nach Washington geflogen wurde, hatte Gordon Cooper noch Gelegenheit, ein paar der gestochen scharfen Aufnahmen zu betrachten. Das von den Augenzeugen auf zehn Meter im Durchmesser geschätzte Objekt wies die »klassische Untertassenform« auf, leuchtete silbern und besaß eine glatte Oberfläche. Aus Washington hörte Cooper nichts mehr, der Vorfall wurde komplett vertuscht.[40]

Immer wieder sickerten auch von weiteren Flügen der Amerikaner Informationen über Begegnungen mit unbekannten Flugkörpern durch, die im erdnahen Raum operierten. John Young und Michael Collins (der spätere dritte Mann bei »Apollo 11«) sichteten während ihres Fluges mit »Gemini 10« im Juli 1966 ein glänzendes, metallisches Objekt. Und im September desselben Jahres meldeten die Astronauten von »Gemini 11« der Kontrollstation »strange objects«. Während die Astronauten Conrad und Gordon sich über Afrika befanden, sichteten sie ein unbekanntes Objekt, welches dicht neben ihnen flog. Später wurde offiziell erklärt, dieser mysteriöse Flugkörper sei nichts anderes gewesen als ein russischer Satellit, der in diesem Moment 279 Meilen von »Gemini 11« entfernt gewesen war.[16]

Aus einer uns viel näheren Zeit stammt der folgende Bericht über eine UFO-Begegnung amerikanischer Astronauten. Im November 1996 startete das Space Shuttle »Columbia« mit einer fünfköpfigen Crew zu einer Mission rund um den Globus, die 17 Tage und 16 Stunden andauerte. Dies war der bislang längste Flug in der Geschichte der Space Shuttles, die nicht immer reibungslos verlief wie bei diesem Unternehmen.

Während dieses Fluges aber ereignete sich »nur« etwas Ungewöhnliches.
Weit unterhalb der Raumfähre erschien ein sehr großes Flugobjekt. Es war scheibenförmig und erschien plötzlich »wie aus dem Nichts«. Das UFO flog in kühnen Zick-Zack-Bewegungen durch die Wolken zwischen der Erde und dem Shuttle, was die Mitglieder der Besatzung in großes Staunen versetzte. Der äußere Rand der Scheibe rotierte gegen den Uhrzeigersinn.
Nach dem Flug wurde der Astronaut Dr. Story Musgrave interviewt, ein Spezialist für die Nutzlast der STS-80-Mission. Zudem schaute er sich gleich nach der Sichtung zum Vergleich ein Video an, auf dem Lichtblitze in der Atmosphäre, die Beleuchtung der Stadt Denver bei Nacht sowie andere Dinge in Erdnähe zu sehen waren. Abschließend meinte Dr. Musgrave: »Ich weiß es nicht, was dies war. Ich habe schon viele Dinge gesehen. Aber dieses Objekt kam wie aus dem Nichts. Dies war wirklich beeindruckend.«
Astronaut Dr. Musgrave nahm an insgesamt sechs Weltraummissionen der NASA teil. Nach dem Flug vom November 1996 verließ er die Organisation, weil er in den Ruhestand ging. Seit jener Zeit vertritt er auch öffentlich seine Überzeugung, dass außerirdisches Leben existiert. Während eines Dia-Vortrags über Astronomie zeigte er ein Bild eines »kleinen Grauen« und kommentierte es mit den Worten: »Diese Wesen sind real … ich kann es garantieren!«[41]

»Engel« in der Raumstation

Nun wird es Zeit, auch auf der anderen Seite nach mysteriösen Vorfällen zu suchen. Die Frage lautet also: Was geschah im Rahmen der zahlreichen sowjetischen Weltraumflüge? Hatten auch die russischen Kosmonauten während ihrer Aufenthalte

im Erdorbit Begegnungen mit Flugobjekten, die wahrscheinlich nicht von dieser Welt stammten?
Diese Frage kann man getrost mit »Ja« beantworten, denn immer mehr Informationen erreichen uns aus dem einstigen Sowjet-Reich. Lange Jahre war das UFO-Phänomen dort nicht existent – zumindest nicht offiziell –, was weltanschauliche Gründe hatte. Waren Kosmonauten gezwungen, ihre seltsamen Begegnungen im All für sich zu behalten, hat sich auch hier vieles radikal geändert. Im November 2008 berichtete der frühere sowjetische Kosmonaut Vladimir Kovalenok anlässlich einer Pressekonferenz von rätselhaften Phänomenen, zu deren Zeugen er und seine Kollegen im erdnahen Weltraum geworden sind.
Kovalenok selbst machte im Frühjahr 1981 ungewöhnliche Beobachtungen an Bord der Raumstation »Saljut 6«. Zusammen mit dem Kosmonauten Viktor Savinykh wurde er am 12. März 1981 mit »Sojuz T-4« in den Orbit geschossen, wo sie an Saljut 6 andockten. Die insgesamt sieben Stationen der Saljut-Reihe waren bemannte Weltraumlabors, eine Vorstufe zu späteren permanenten Raumstationen, an die gleichzeitig zwei Raumfahrzeuge ankoppeln konnten. Da sie aus mehreren hintereinander angeordneten Zylindern mit Wohn- und Arbeitsbereichen zusammengesetzt waren, eigneten sie sich für mehrmonatige Langzeitmissionen.
Während seines Aufenthaltes an Bord von Saljut 6 beobachtete Vladimir Kovalenok ein fremdartiges Objekt im Erdorbit. Daher bat er seinen Kollegen Viktor Savinykh, die Kamera zu holen. Doch bevor dieser zurückkam, »explodierte« der unbekannte Flugkörper. Er zerfiel in zwei Teile, welche durch eine Brücke verbunden waren. Dann verschwand alles, bevor Savinykh die Kamera in Position bringen konnte.
An den Tagen vom 14. bis 18. Mai 1981 sollen die beiden ein weiteres UFO unweit der Raumstation gesichtet haben. Hier

wurden keine näheren Informationen bekannt; verdächtig mutet aber die Tatsache an, dass alle Aufzeichnungen von Saljut 6 aus diesem Zeitraum gelöscht worden sind.

Während eines Orbitalfluges im Jahre 1990 beobachteten die Kosmonauten Strekalov und Manakov ein helles sphärisches Flugobjekt im wolkenlosen Himmel über Neufundland. Gennady Strekalov beschrieb das Phänomen wie folgt: »Eine Kugel über Neufundland. Die Atmosphäre war klar und die Sicht perfekt. Diese Kugel war wunderschön und konnte ihre Farbe verändern. Sie blieb ungefähr zehn Sekunden lang sichtbar, dann verschwand sie ganz plötzlich. Sie war perfekt geformt …«[33, 42]

Der wohl bizarrste Vorfall in der sowjetischen Raumfahrt ereignete sich an Bord der Orbitalstation »Saljut 7«. Die wurde am 20. April 1982 gestartet und verglühte am 7. Februar 1991 in der Atmosphäre. Die Erscheinung, um die es in diesem Zusammenhang geht, ereignete sich 1984. Die Besatzung bestand zu jener Zeit aus sechs Mitgliedern, welche am 155. Tag ihres Einsatzes mit routinemäßigen Experimenten beschäftigt waren. Man war bei der Vorbereitung medizinischer Versuche, als plötzlich vor der Raumstation wie aus dem Nichts eine große, orangefarbene Wolke erschien. Sofort informierten die Raumfahrer das Kontrollzentrum, und während man unten am Boden noch rätselte, was da oben im Orbit vor sich ging, war Saljut 7 bereits in die Wolke eingetreten. Die Crew an Bord aber hatte den Eindruck, als wolle das orangefarbene Gebilde in die Raumstation eindringen.

Alle Mann der Besatzung waren eingehüllt in ein unirdisches Glühen, geblendet von der Helligkeit des geheimnisvollen Phänomens. Und was sie dann sahen, machte sie sprachlos. Sieben gigantische, menschenähnliche Gestalten waren in der Wolke zu erkennen. Sie schauten menschlich aus, waren den-

noch anders, wie Engel in religiösen Darstellungen. Nach zehn Minuten indes war der ganze »Spuk« vorbei.
Als das Kontrollzentrum einen Bericht über diesen ungewöhnlichen Vorfall erhielt, wurde er sofort als geheim eingestuft. Anstelle einer Fortsetzung der geplanten Experimente legte man der Besatzung nahe, ihre eigene physische wie psychische Gesundheit zu überprüfen. Entgegen erster Annahmen waren jedoch alle sechs Kosmonauten an Bord wohlauf. Sie wurden zum Stillschweigen verpflichtet, denn so etwas wie Engel oder außerirdische Intelligenzen hatte die damals staatstragende marxistisch-leninistische Ideologie nicht vorgesehen.[33]
Kritiker mögen angesichts solcher Schilderungen einwenden, die Kosmonauten hätten Visionen gehabt oder wären meinetwegen einer Art »Raumkoller« zum Opfer gefallen. Oder hatte das Erlebnis mit den medizinischen Experimenten an Bord zu tun? Vielleicht litten sie auch an bislang unbekannten Auswirkungen eines Langzeitaufenthaltes in der Schwerelosigkeit. Aber können alle Beobachtungen so einfach damit abgetan werden?
Sicher werden wir in allernächster Zeit noch mehr erfahren, wenn weitere Teilnehmer an Weltraumprojekten – im Osten wie im Westen – ihr Schweigen brechen. Doch auch hier unten auf Erden hat sich in den letzten Jahren, in der ersten Dekade des dritten Jahrtausends, eine Vielzahl unerhörter Begegnungen mit dem Unbekannten ereignet. Rund um unseren Globus.

3 Tarnen und Täuschen

Unsichtbare UFOs und unverschämte Fälschungen

»Was wird es schaffen? Muss erst ein UFO während des Super Bowl auf dem Platz landen, um die uneingeschränkte Aufmerksamkeit der Welt zu erregen?«

LEROY GORDON COOPER (1927–2004), AMERIKANISCHER ASTRONAUT

In jüngster Zeit bekommt Mexiko immer mehr Probleme mit den geradezu militärisch durchorganisierten Drogen-Kartellen, die keine Skrupel kennen. Alleine in den ersten Monaten des Jahres 2009 starben etliche unbeteiligte Zivilisten, als sie ohne Verschulden bei Schusswechseln zwischen den Gangstern und der Polizei oder dem Militär ganz unversehens zwischen die Fronten gerieten. Seit ein paar Jahren setzt der zentralamerikanische Staat darum die reguläre Armee ein, um dem organisierten Verbrechen wenigstens halbwegs gleichwertig ausgerüstete Verbände entgegenzusetzen. Am Boden, zu Wasser und in der Luft.

Am 5. März 2004 befand sich ein Aufklärungsflugzeug der mexikanischen Luftwaffe auf einem Routineeinsatz gegen die Drogenmafia über der Halbinsel Yucatan. Mit einem Mal bemerkte die Besatzung im Luftraum über Campeche drei unbekannte Objekte auf dem Radarschirm. Doch am Himmel, mit unbewehrtem Auge, konnten sie überhaupt nichts ausmachen.

Erst eine Infrarotkamera an Bord des Aufklärers erfasste die fliegenden Objekte. Es waren zwei, dann drei und später bis zu elf Kugeln, die das Militärflugzeug regelrecht eingekreist hatten. Nach der Landung erklärte der Pilot der Maschine, M. Castanon, dass die UFOs in schneller Folge einmal seitlich, sodann hinter und schließlich unter dem Flugzeug herflogen. Daraufhin habe er versucht, die Kugeln zu verfolgen, doch diese waren um einiges schneller. Erst als er von sich aus die Jagd abgebrochen habe, seien auch die UFOs verschwunden. Castanon ist fest überzeugt, dass jene ganz genau bemerkt haben, dass sie verfolgt worden sind.
Der ganze Vorfall wurde von der Besatzung des Flugzeugs auf Video aufgenommen. Und die Echtheit der Aufnahmen wurde im April 2004 vom mexikanischen Verteidigungsministerium bestätigt. Für die fünfköpfige Besatzung der Aufklärungsmaschine unsichtbar, waren die UFOs dennoch vorhanden. Sie besaßen eine Masse, bewegten sich im krassen Widerspruch zu unseren physikalischen Gesetzen und verhielten sich intelligent, als sie das Flugzeug umkreisten.[43,44]
Mit welcher fortgeschrittenen Technik tarnten sich die Fremden, um visuell völlig unsichtbar zu bleiben?

Der »fliegende Koffer«

Auch im Luftraum über Indien hat in den jüngsten Jahren die Aktivität unbekannter Flugobjekte sehr stark zugenommen. Allen voran in der Tarai-Region im Bundesstaat Uttar Pradesh. An der indisch-nepalesischen Grenze südlich der Hänge des dort beginnenden Himalaya gelegen, werden fast täglich ungewöhnliche Bewegungen und UFO-Sichtungen gemeldet.
Von einem der beobachteten Objekte fertigten Jugendliche eine Zeichnung an, welche die charakteristische »Untertassenform«

ähnlich lautender Berichte erkennen lässt. Bei dieser Sichtung wurden keine Geräusche wahrgenommen. Zudem berichteten die Augenzeugen, dass selbiges und weitere UFOs senkrecht aufstiegen, in der Luft schwebten und sich wiederholt ganz unvermittelt wie in Nichts auflösten. Piloten der indischen Luftwaffe sahen in dieser Region, in der das mächtige Himalaya-Gebirge beinahe nahtlos an das Tiefland von Tarai anschließt, wiederholt fremde, fliegende Objekte. Und selbst Mönchen und Lamas der buddhistischen Klöster fiel auf, dass seit etwa 1998 die Anzahl der UFO-Sichtungen deutlich angestiegen ist.
Auch aus dem Bundesstaat Himachal Pradesh, der westlich an Uttar Pradesh anschließt, kommen zunehmend Sichtungsberichte. Nach Meinung von Wissenschaftlern des indischen Geo-Institutes fliegen seit dem Jahre 2002 unbekannte Objekte einen Streifen von etwa 100 Kilometern im Bereich von Himachal Pradesh ab.[45] Doch es geschahen in den vergangenen Jahren in besagter Region noch ganz andere Dinge.
Laut einer Meldung der Nachrichtenagentur Associated Press starben im Umkreis von Mizapur, gleichfalls im Bundesstaat Uttar Pradesh gelegen, im Herbst 2002 sieben Menschen nach einer Attacke mittels Strahlen, die von unbekannten Objekten ausgesandt wurden. Viele weitere wurden verletzt. Nachts erschienen runde Objekte und »schossen« rote und blaue Strahlen auf Menschen, die hierdurch Verbrennungen erlitten. Kaum jemand wagte es daraufhin, noch auf dem Dach seines Hauses zu schlafen, was dort in der warmen Jahreszeit von jeher Brauch ist. Eine Menge wutentbrannter Menschen verlangte das Eingreifen der Behörden, um dem nächtlichen Horror ein Ende zu bereiten. Bei der gewaltsamen Zerstreuung dieser Demonstration gab es ein weiteres Opfer zu beklagen, als ein Mensch von der Polizei erschossen wurde.[31] Die Attacken aus unbekannten Flugobjekten erinnern an eine lange Reihe ähnlicher Vorfälle, die sich in Brasilien schon seit den 1980er-Jahren ereignen.

Darüber werde ich an späterer Stelle noch ausführlich berichten. Doch kehren wir fürs erste zurück zu UFO-Begegnungen aus jüngster Zeit, die nicht weniger aufregend sind.
Im Bildteil dieses Buches zeige ich ein unbekanntes Objekt, das am 5. Oktober 2002 von einer Überwachungskamera unweit des Terminals 2 des Kota Kinabalu International Airport in Malaysia aufgenommen wurde. Das Objekt besaß eine rechteckige Form, sah auf den ersten Blick einem »fliegenden Koffer« ähnlich. Zu dem Zeitpunkt der Sichtung fanden weder Starts noch Landungen auf dem Flughafen im Osten Malaysias statt, wie ein Radarcheck ergeben hatte. Das Objekt war auch nur wenige Augenblicke lang zu sehen. Ein Wachmann, der es mit bloßem Auge zu sichten vermochte, berichtete später, es sei mit unglaublich hoher Geschwindigkeit aus Richtung der Küste gekommen, und habe keinerlei Geräusch während des Fluges verursacht.[44]

»An grüne Männchen glaubt er nicht«

Und auch im europäischen Luftraum ist das Phänomen, welches viel zu früh totgesagt worden war, nach wie vor und auf dramatische Weise präsent. Eine der brisantesten UFO-Begegnungen in jüngster Zeit fand am 23. April 2007 über dem Territorium von Großbritannien statt. An jenem Tag steuerte der Pilot Ray Bowyer eine Passagiermaschine von Southhampton zu den Kanalinseln. Mit einem Male erblickte er ein linsenförmiges, goldglänzendes Objekt, das nahe seiner Maschine auf Parallelkurs flog. Bowyer geriet in leichte Panik, schätzte er doch die Länge des Objektes auf eine Meile, also unglaubliche 1600 Meter! Was der ganzen Beobachtung eine unglaubwürdige Note verliehen hätte, wäre dieses UFO nicht auch von den Passagieren wahrgenommen worden. Nicht genug, meldete ein zweites Flugzeug, das sich unweit der Szenerie befand, gleichfalls die

Sichtung dieses UFOs. Und die Flugkontrolle auf der Kanalinsel Guernsey hatte das Megaobjekt längst auf ihren Radarschirmen ausgemacht und staunte über dessen enorme Dimensionen. Tags darauf zitierte das britische Boulevardblatt »The Sun« den Piloten: »Ich habe das Objekt mindestens zehn Minuten lang am Himmel gesichtet.« Und der Fluglotse Paul Kelly bestätigte, dass sowohl Ray Bowyer als auch der Pilot der zweiten Maschine ihre Sichtung unverzüglich dem Tower meldeten. In den Folgetagen fanden sich dann immer mehr Augenzeugen, die das gewaltige UFO ebenfalls gesehen hatten.[46]

Am Abend des 2. August 2008 flog ein unidentifiziertes Flugobjekt über der Gemeinde Claro bei Bellinzona im südschweizerischen Kanton Tessin. Unter den zahlreichen Augenzeugen befand sich auch der Präsident der Schweizer Volkspartei (SVP) in dem Kanton, Pierre Rusconi. Selbiger schätzte die Geschwindigkeit, die das Objekt vorlegte, auf drei Mal so schnell wie die eines konventionellen Flugzeuges. Der »Tages-Anzeiger« berichtete in der darauffolgenden Woche: »Er (Rusconi) war gerade auf einer Terrasse, als er dieses Objekt am Himmel sichtete. Es handelte sich weder um ein Flugzeug noch um einen Helikopter. Es hatte extrem hell geleuchtet, sagte Rusconi. An ›grüne Männchen‹ und UFOs glaube der Präsident zwar nicht, habe das alles aber tatsächlich gesehen. In seinem ganzen Leben ist ihm so etwas noch nie passiert.«[47]

Die Presse glaubte schnell herausgefunden zu haben, um was es sich am Himmel über der Südschweiz gehandelt hat. Angeblich war es die Internationale Raumstation ISS. Doch die fliegt auf viel größerer Höhe und zieht – für das Auge des Betrachters – recht langsam über den Himmel, aber keinesfalls mit der dreifachen Geschwindigkeit eines Flugzeuges.

Auf das Stichwort »grüne Männchen« hin möchte ich mich einmal mehr mit jenen Konfrontationen befassen, in deren Mittelpunkt fremdartige humanoide Wesen stehen. So »abgefahren« solche Vorfälle auch anmuten mögen, ist es nicht jedesmal möglich, sie ins Reich der Fabel zu verweisen. Vor allem, wenn Dutzende verlässlicher Augenzeugen sich entschieden *für* den Wahrheitsgehalt der Geschichte verbürgen. So wie im folgenden Beispiel.

Die Außerirdischen von Varginha

Eine der spektakulärsten Begegnungen mit fremden humanoiden Geschöpfen betrifft die unheimlichen Vorfälle, die sich im Januar 1996 in der Stadt Varginha im brasilianischen Bundesstaat Minas Gerais abspielten. Dort soll es zur Gefangennahme beziehungsweise zur Tötung eines oder mehrerer Aliens durch das Militär gekommen sein. Umgekehrt starb jedoch auch einer der an der Aktion beteiligten Militärpolizisten an einer »unbekannten Infektion«. Doch alles erst einmal der Reihe nach.

In der Nacht vom 12. auf den 13. Januar 1996 verfolgte die nordamerikanische Luftraumverteidigung NORAD mehrere unbekannte Objekte auf ihren Radarschirmen. Eins davon war in den brasilianischen Luftraum eingedrungen, folglich informierte NORAD sofort CINDACTA, eine militärisch-zivile Behörde zur Kontrolle des Luftraumes über Brasilien. Die wiederum alarmierte auf der Stelle das Oberkommando der Armee in Tres Coraçoes. Angeblich fand das Militär auch Trümmer eines abgestürzten Flugobjektes, die geborgen und an einen unbekannten Ort gebracht worden seien. Genau eine Woche später überschlugen sich dann in Varginha und Umgebung die Ereignisse.

In den frühen Morgenstunden des 20. Januar 1996, gegen 1.00 Uhr, erwachte das Ehepaar Oralina Augusta und Euricode Freitas durch den Lärm, den die Tiere ihrer Farm machten. Irgendetwas schien nicht zu stimmen. Als sie vor die Tür gin-

gen, bemerkten sie über ihrem Haus ein graues Objekt von schätzungsweise zehn Meter Länge, dessen Form sie mit der eines U-Boots verglichen. Es schwebte fünf bis sieben Meter über dem Boden, stieß weißen Rauch oder Dampf aus und flog schließlich weiter in Richtung der Stadt Varginha.
Zwischen sieben und acht Uhr am gleichen Morgen gingen dann bei der Polizei und der Feuerwehr mehrere gleichlautende Anrufe ein. Aufgeregte Einwohner wollen seltsamen kleinen Geschöpfen mit brauner Haut, riesigem Kopf und großen roten Augen begegnet sein. Einige Kinder bewarfen zu dieser Zeit ein äußerst merkwürdiges »Tier« mit Steinen, bis die städtische Feuerwehr, die unter der Leitung der Militärpolizei steht, das fremdartige Wesen mit einem Netz einfing und in einer Kiste verstaute.

Schüsse im Wald

Um 10.30 Uhr traf dann ein Lastwagen der Armee ein, auf den die Kiste mit dem gefangen genommenen Geschöpf verladen wurde. Mit dieser Fracht ging es zum Oberkommando der Armee (ESA), in die Stadt Tres Coraçoes. Des Weiteren beobachtete gegen 14 Uhr ein Jogger, wie mehrere schwerbewaffnete Soldaten in ein Wäldchen eindrangen. Kurz darauf fielen drei Schüsse, dann wurden zwei Säcke aus dem Wald getragen und auf einen Armeelaster geworfen. In einem der Säcke bewegte sich etwas Lebendiges.
Die nächste Konfrontation mit einem dieser Aliens ereignete sich nach 15.00 Uhr. Die drei Schwestern Valquiria, Katia und Liliane sahen ein weiteres kleines Wesen mit brauner Haut, wie es vor einer Hauswand hockte, und liefen in Panik davon. Deren Mutter, Doña Luisa, lief sofort zu der bezeichneten Stelle, wo sie vergebens nach dem unheimlichen Wesen Aus-

schau hielt. Einzig ein strenger, unidentifizierbarer Geruch fiel ihr auf, der noch immer über dem Platz hing.
Nach dieser Begegnung wütete ein schwerer Hagelsturm in und um Varginha. Zwei Militärpolizisten, die sich auf Streife befanden, entdeckten gegen 18.00 Uhr eines jener unheimlichen Geschöpfe, das ganz offenbar verwundet war. Es gelang ihnen, den Außerirdischen einzufangen, was für einen der MP fatale Folgen nach sich ziehen sollte. Der damals 23-jährige Korporal Marco Eli Chereze hatte das verletzte Wesen am Arm gepackt, ohne jedoch seine Handschuhe zu benutzen. Wenige Tage später erkrankte er an einer unbekannten Infektion, die weder diagnostiziert noch geheilt werden konnte. Am 15. Februar 1996 war Eli Chereze tot, gestorben an einem aller Wahrscheinlichkeit nach nicht von dieser Welt stammenden Krankheitserreger. Man sagte seiner Familie, er sei an Gift gestorben, doch die Ergebnisse der Autopsie blieben unter Verschluss.[31,36,48]
Durch die ungewöhnlich große Anzahl zuverlässiger Augenzeugen, wie auch durch die Involvierung des Militärs, der Polizei sowie der Feuerwehr gilt der Varginha-Fall als eine der bestdokumentierten Konfrontationen mit fremden Humanoiden in neuerer Zeit. An seiner Authentizität kann nicht gezweifelt werden. Es stellen sich aber noch zahlreiche Fragen, die mit dem weiteren Schicksal der Geschöpfe, von denen ein Teil offenbar in Gefangenschaft geraten ist, zusammenhängen.
Sowohl darüber als auch über die Anzahl der Ankömmlinge gehen die Angaben etwas auseinander. So ist anfänglich von einem bis zwei,[48] in späteren Untersuchungen sogar von bis zu sieben Wesen die Rede, die vom Militär »dingfest« gemacht und an bislang unbekannte Orte verbracht wurden.[49] Dass eines von ihnen – es wurde am Vormittag des 20. Januar von Feuerwehrmännern eingefangen – zum Oberkommando der Armee transportiert wurde, habe ich bereits erwähnt. Doch was geschah mit den anderen?

Schrecken im Operationssaal

Nach und nach sickerte dann durch, dass ein weiterer Fremder ernstere Verletzungen erlitten hatte. Man brachte ihn zunächst in das örtliche Krankenhaus, dann aber in das außerhalb Varginhas gelegene »Hospital Humanitas«. Dort wurde das Wesen von 15 Ärzten untersucht. Im Jahre 2002 konnte der amerikanische Orthopäde Dr. Roger Leir einige Mitarbeiter des Hospitals befragen, die an der Untersuchung des Aliens beteiligt waren. Ihren Angaben zufolge hatte das Geschöpf einen offenen Oberschenkelbruch erlitten und wurde durch den Hintereingang des Krankenhauses direkt in den Operationssaal gebracht. Bewaffnete Militärposten ließen von diesem Moment an keine Person mehr in den Operationssaal oder hinaus.

Der Anblick des Fremden traf alle Angehörigen des medizinischen Personals wie ein Schlag. Ihnen war in diesem Augenblick klar geworden, dass der Patient auf ihrem OP-Tisch nicht von unserer Welt stammen konnte. Denn seine anatomischen Details waren zu fremdartig, um auch nur annähernd zu einem menschlichen Wesen dieses Planeten zu gehören.

Seine Größe lag unter 1,50 Metern, und er hatte zwei Beine und zwei Arme. Die Hautfarbe war dunkelbraun und wirkte leicht glänzend, als wäre die Haut feucht. Sie sah auch netzartig aus wie große Schuppen, doch wenn man darüberfuhr, fühlte sie sich absolut weich an. Der Kopf war deutlich überdimensioniert und besaß drei knöcherne Höcker. Diese waren in der Mitte sowie an den Seiten angeordnet und erstreckten sich wulstförmig von der Stirn bis zum Hinterkopf. Im oberen Bereich war der Kopf breiter und verjüngte sich zum Kinn hin; weder auf ihm noch am Körper des Wesens fanden sich Haare.

Die Augen waren groß und rot und an den Seiten leicht nach oben gebogen. Dagegen bestand die Nase des Wesens nur aus zwei kleinen Öffnungen mit einem schmalen Rücken. Der Mund war sehr klein, und statt Ohren konnte man schmale Öffnungen wie von Gehörkanälen an den Kopfseiten erkennen. So gar nicht zum überdimensionierten Kopf wollte der Nackenbereich passen, der kaum muskulös genug schien, um den Kopf stützen zu können. Auch waren weder Nabel noch Genitalien erkennbar.

Der obere Teil des Rumpfes war filigran gebaut, ganz im Gegensatz zu den überproportioniert wirkenden Oberschenkeln. Die Arme hingegen waren dünn, fast wie ausgemergelt, und die Hände verfügten über vier Finger ohne Daumen. Wie auch beim Menschen gab es zwischen Ober- und Unterschenkel ein Knie, aber mit einer übergroßen Kniescheibe. Und seine schmalen Füße endeten in drei kurzen Zehen, die eher Ballen ähnelten. Zusätzlich fanden die Mediziner eine Art Fortsatz auf den Innenseiten der Füße, der jeweils in einer Klaue auslief. Später fiel ihnen auf, als das Geschöpf sich bewegte, dass es den kurzen Fortsatz parallel zu seinem Fuß stellte, was ihm eine aufrechte Fortbewegung wie beim Menschen ermöglichte. An den Händen und Füßen konnten weder Finger- noch Zehennägel festgestellt werden.

Unglaubliche Selbstheilung

Das fremdartige Wesen auf dem Operationstisch wurde ja, wie bereits erwähnt, verletzt in das Hospital gebracht, unter ganz strengen Sicherheitsvorkehrungen und mit bewaffneten Posten an jedem Eingang. Und es hatte eine offene Oberschenkelfraktur erlitten, eine Verletzung, die in jedem Fall einer chirurgischen Versorgung bedarf.

»Die Knochen traten durch die Haut des Aliens durch«, erinnerten sich die Mitarbeiter des Hospitals. »Und rings um

diese Wunde war eingetrocknetes und verklumptes, dunkelrotes Blut zu erkennen. Als es unter dem Mikroskop untersucht wurde, zeigte sich eine Zellstruktur ähnlich wie bei menschlichem Blut, einzig die Anzahl der roten Blutkörperchen war deutlich höher. Es fiel auch auf, dass dieses Blut sofort nach seinem Austritt aus den Blutgefäßen zu gerinnen begann.«[50]
Eine unglaubliche Überraschung erwartete die Ärzte, als sie sich an die Versorgung der komplizierten Bruchstellen machten. Es erwies sich als unnötig, die Knochenstücke zu fixieren, wie das üblicherweise mit Platten oder Schrauben aus Edelstahl gehandhabt wird. Sobald sie die rosafarbenen Knochen zusammengefügt hatten, schien sich der Oberschenkel von selbst zu stabilisieren, und es war nicht mehr möglich, den gerade noch offen zutage liegenden Trümmerbruch zu bewegen.
Nach der Erstversorgung sahen die Ärzte in regelmäßigen Abständen nach ihrem außerirdischen Patienten, der über geradezu unglaubliche Selbstheilungskräfte verfügte. Denn in nicht einmal 24 Stunden waren sowohl seine äußerlichen Wunden verheilt als auch der mehrfach und kompliziert gebrochene Oberschenkelknochen. Deshalb holte das Militär schon tags darauf den in so kurzer Zeit Genesenen ab und verschwand mitsamt allen Unterlagen, Röntgenbildern, Laborwerten und sogar der benutzten OP-Ausrüstung durch den Hinterausgang.[50] Wohin der Außerirdische danach gebracht wurde, dürfte so schwer nicht zu erraten sein: in die USA – wohin auch sonst.
Nach Aussagen von Augenzeugen wurde an jenem 20. Januar eines der Geschöpfe erschossen. Dessen Leichnam wurde unter Leitung des Pathologen Dr. Fortunato Badan Pelhares in der Medizinischen Fakultät der Universität von Campinas (Bundesstaat São Paulo) obduziert. Und hier verlieren sich dann langsam die Spuren dieser so unversehens aufgetauchten Kreaturen, die das bis dahin verschlafene Varginha so in

Aufregung versetzten. Waren es nur zwei oder bis zu sieben Individuen? Eines soll noch am 20. Januar 1996 auf dem Internationalen Flughafen von São Paulo in ein Flugzeug der US Air Force verladen und sofort in die Vereinigten Staaten ausgeflogen worden sein. Dieselbe Maschine kehrte zwei Tage später zurück, wahrscheinlich wurde der obduzierte Leichnam mitgenommen. Ob der Besuch von Warren Christopher, dem damaligen US-Außenminister, der zusammen mit dem NASA-Direktor Daniel S. Goldin Anfang März 1996 in São Paulo und anderen Regionen weilte, mit dem Varginha-Fall in einem Zusammenhang steht, ist derzeit spekulativ.[49]

Jedenfalls sah man vereinzelt noch bis zum Mai 1996 rund um Varginha Geschöpfe dieser Art auftauchen. Die Frage ist somit erlaubt, ob nicht doch ein paar dieser Aliens der konzentrierten Jagd von Militär, Polizei und Feuerwehr entkommen konnten. Vermochten sie vielleicht in der Wildnis Brasiliens zu überleben, oder fielen sie letztlich der für sie unbekannten, feindlichen Natur eines Planeten zum Opfer, welcher nicht ihr eigener war?

Bei der Befragung des medizinischen Personals des »Hospital Humanitas« durch den erwähnten Dr. Leir über die Versorgung eines verwundeten Aliens wurde ein noch gespenstischerer Vorfall angesprochen. Demzufolge kam es zu einer Art von gedanklicher Kommunikation zwischen dem fremden Wesen und einem der mit ihm beschäftigten Ärzte.

Nach dem Einrichten der Oberschenkelfraktur stand dieser an der Kopfseite des OP-Tisches. Ohne dass es ihm bewusst geworden wäre, traf sein Blick auf die Augen des Geschöpfes. Jene glühten rot und zogen ihr Gegenüber immer tiefer in ihren hypnotischen Bann. Plötzlich schienen sich unermessliche Mengen an Informationen in den Kopf des Arztes zu ergießen, »Gedankengramme«, welche durch ihre Komplexität geradezu heftige, körperliche Schmerzen verursachten. Noch mehr als zwei Wochen nach dem Zwischenfall litt der Mann unter akuter Übelkeit und quälenden Kopfschmerzen.

Im Laufe dieser vermutlich telepathischen »Kontaktaufnahme« erfuhr der Doktor, dass wir Menschen dem Alien in Wahrheit leid täten. Wir besäßen zwar dasselbe geistige Potenzial wie dessen eigene Rasse, doch stünden wir uns gewissermaßen selbst im Wege. Viele Dinge fänden wir herrlich und geheimnisvoll, könnten sie jedoch nicht anwenden. So wäre es bei Verletzungen und Erkrankungen für sie nicht notwendig, eine besondere Behandlungseinrichtung aufzusuchen. Der Fremde meinte, er und seinesgleichen seien in der Lage, Heilungsprozesse entweder individuell oder kollektiv in Gang zu setzen, um ihre Körper wieder gesund zu machen. Zudem würden sie uns bedauern, weil wir des Bewusstseins verlustig gegangen sind, dass wir spirituelle Wesen sind, die in einer sterblichen Hülle wohnen. Wir hätten uns von unserem »spirituellen Ich« völlig losgelöst.[50]

Dass wir ganz offenbar viele ursprüngliche Fähigkeiten durch unsere zivilisatorische Entwicklung eingebüßt haben, behauptet auch die PSI-Forschung schon seit Längerem.

Von einem, der auszog, ein UFO-Bild zu fälschen

An dieser Stelle möchte ich nun einen Bereich des Phänomens ansprechen, der zu nicht weniger Kontroversen geführt hat als die Konfrontationen mit fremden humanoiden Geschöpfen. Es geht um die fotografische Dokumentation des Unfassbaren – sowie die offenkundige Absicht mancher Zeitgenossen, eine zuweilen recht gutgläubige Allgemeinheit mit unverschämten Fälschungen bewusst hinters Licht zu führen.

Spektakuläre UFO-Aufnahmen um der Sensation willen oder aus purer Gewinnsucht zu fabrizieren: Dies wurde bereits vor mehr als 50 Jahren praktiziert. Seinerzeit waren die Mittel und Möglichkeiten noch mehr als bescheiden. Radkappen, welche man in die Luft warf, erforderten zumindest Geschicklichkeit und eine schnelle Reaktion, um den Auslöser der Kamera im richtigen Augenblick zu betätigen. Miniaturmodelle, aus der Nähe aufgenommen oder an dünnen Nylonschnüren aufgehängt, locken heutzutage keinen Hund mehr hinter dem sprichwörtlichen Ofen hervor. Denn sie halten allesamt den in den letzten Jahren immer verfeinerteren Analysetechniken nicht mehr stand.

Heute eröffnen die digitalen Rechenprogramme, zum Beispiel »Photoimpact«, eine beklemmende Fülle nahezu unbegrenzter Fälschungsmöglichkeiten. Um dies in Wort und Bild zu demonstrieren, haben Josef Schedel, Freund, Forscherkollege und Webmaster, und ich die Probe aufs Exempel gemacht. Im Bildteil dieses Buches kann man die Phasen einer relativ simplen Fälschungsaktion gut nachvollziehen, die uns gerade einmal eine halbe Stunde abverlangte. Ungleich raffiniertere Aktionen mit etwas mehr Zeitaufwand würden dann natürlich zu Resultaten führen, die ungleich eindrucksvoller auf den Betrachter wirken. Als erstes benötigt man ein Modell zum Abfotografieren sowie die Aufnahme einer Landschaft, über der das Objekt auftauchen soll. Hatten Fälscher früherer Zeiten noch mit möglichst dünnen Fäden zu arbeiten, um deren UFO-Modelle daran aufzuhängen, wird das »Flugobjekt« heutzutage per »Lasso-Werkzeug« penibel genau aus seinem Hintergrund herausgelöst. Eventuell dabei aufgetretene Schnittfehler können auch danach ganz elegant und sauber geglättet werden. Abweichende Tiefenschärfen dieser einzelnen Bildkomponenten können nach dem Einfügen des »UFOs« in die Landschaft gleichermaßen auf digitale Weise ausgeglichen werden, ebenso Lichtverhältnisse und Schattenwurf. Man muss ja nicht gleich mit bloßem Auge erkennen, dass die Sonne die Landschaft zwar von rechts beleuchtet, die Reflektion auf der Scheibe sich aber auf der Gegenseite befindet. Unser aus Holz gedrechseltes Modell, das im Original bequem zwischen Daumen und Zeigefinger Platz findet, wurde zum Schluss noch eingefärbt und mehrfach in verschiedenen Größen in das Landschaftsbild einkopiert. Ein Schattenwurf am Boden unter den beiden größeren Untertassen soll noch mehr Authentizität suggerieren. Es kostete kaum eine halbe Stunde, um die UFO-Invasion am hellen Tage über ländlichen Weiten in Szene zu setzen.

Und hätten wir dies ganze Szenario nicht so erkennbar plump gestaltet, so könnte ich jetzt etwa behaupten, während meiner Australienreise 2007 eine ganze Flotte UFOs über dem Farm- und Weideland Südaustraliens beobachtet und fotografiert zu haben. Zwar hielt ich mich im August 2007 tatsächlich in »Down Under« auf, doch forschte ich dort nach den Spuren der alten Ägypter auf dem Fünften Kontinent.[8] Unbekannte Flugobjekte konnte ich nicht beobachten. Leider.

Wird das gefakte UFO-Foto dann noch etwas unscharf gemacht, kann es schon einmal etwas schwerer fallen, das Ganze als Fälschung zu entlarven. Und was für die Manipulation von Fotografien gilt, kann man auch auf Videofilme ausdehnen. Nur dass die hierfür notwendige Computer-Software noch wesentlich ausgeklügelter ist. Aber kein Schatten ohne Licht: Denn der Computer, der heute nicht selten zum Fälschen zweckentfremdet wird, vermag bei älteren UFO-Fotos die Spreu vom Weizen zu trennen. Einige »klassische« Fälle, bei denen keinerlei Anzeichen für Fälschungen festgestellt werden konnten, sind deshalb für die Erforschung des UFO-Phänomens noch wertvoller geworden. Über sie werde ich im folgenden Kapitel berichten.

4 Gute alte Untertassen-Zeit

Vom neuen Wert »klassischer« Fälle

»Und selbst wenn gute Fotos oder gar ein Video-Film zur Untermauerung eines Erlebnisses vorhanden sind, werden derartige Beweise von der Gegenpartei nicht akzeptiert.«

ERICH VON DÄNIKEN, SCHWEIZER BESTSELLERAUTOR

Die Diskussion um die Entlarvung gefälschter UFO-Bilder hat etwas vom berühmten »falschen Fünfziger« im Geldbeutel. Blüten kommen in den Umlauf – und dies leider nicht einmal so selten, als dass man sie ignorieren könnte. Doch Hand aufs Herz: Würden wir als Betroffene künftig behaupten, *sämtliche* Banknoten dieses Nennwertes seien gefälscht? Nicht alle UFO-Fotos sind Fälschungen. Zuweilen können auch Spiegelungen oder andere Stimuli zu Täuschungen führen! Am 16. Juli 1952 befand sich der Marine-Fotograf Shell Alpert in seinem Fotolabor in Salem/Massachussetts. Er wollte gerade seine Kamera auseinandernehmen, als er durch das Fenster nach draußen sah und eine Formation von vier grellen Lichtern über den Anlagen der Küstenwache bemerkte. Schnell schoss er ein Foto, das in den darauffolgenden Wochen als Sensation durch die Zeitungen und Magazine ging. Auch in ungezählten Büchern und Publikationen zum UFO-Phänomen wurde es abgedruckt. Erst Untersuchungen in neuerer Zeit brachten es an den Tag, dass diese vier verschwommenen Lichter nichts anderes waren als die Spiegelungen von Leuchten im Innern des Gebäudes, in dem sich Shell Alpert befand.[51] Und schon 1954 vermutete ein deutsches Magazin für Technik und Freizeit eine Naturerscheinung hinter der Traube unerklärlicher Lichter am Himmel über der Küstenstadt nördlich von Boston.[52] Geben wir hier einmal den Skeptikern Recht und nehmen *in dubio pro reo* an, dass den jungen Shell Alpert im Eifer des Gefechts die Begeisterung übermannt hat.

Sowohl Fälschungen als auch Fehldeutungen sind bei UFO-Bildern somit keine Seltenheit. Aber trotzdem bleiben noch immer genügend Aufnahmen übrig, die sowohl neuesten Analysetechniken standhalten als auch aufschlussreiche Informationen zu liefern vermögen. Ihnen ist gemeinsam, dass sie nicht als bekannte Objekte erklärt werden können – weder als solche natürlichen Ursprungs noch von Menschenhand gefertigte Technik.

Die Trent-Fotos

Am Abend des 11. Mai 1950, gegen 19.45 Uhr, wurde ein Kapitel der UFO-Geschichte aufgeschlagen, das bis heute nichts an seiner Brisanz und Authentizität verloren hat. Da gelangen dem Ehepaar Trent auf deren Farm nahe Salmon River, knapp 20 Kilometer südwestlich von McMinnville im amerikanischen Staat Oregon, zwei Aufnahmen eines unbekannten Flugobjektes. Mrs. Trent befand sich zu diesem Zeitpunkt im Garten, um die Kaninchen zu füttern, als sie plötzlich ein in westlicher Richtung fliegendes, scheibenförmiges Gebilde sichtete. Sogleich rief sie Paul, ihren Ehemann, der mit dem Fotoapparat in der Hand aus dem Haus lief. Einige der Bilder in dem eingelegten Film waren da bereits belichtet.

Das sich nähernde Objekt lag leicht schräg in der Luft und glänzte silbrig hell. Völlig lautlos glitt es über den Himmel, wobei die Trents weder Rauch noch Auspuffgase wahrnehmen konnten. Mr. Trent machte ein erstes Bild, spulte sofort den Film weiter und trat dann ein Stück nach rechts, um das Objekt im Sucher zu behalten. Nur 30 Sekunden später schoss er das zweite Foto.

Als die Scheibe über sie hinwegflog, glaubten beide Zeugen, einen Luftzug verspürt zu haben. Nachdem Mr. Trent im Verlaufe von ein paar Tagen den restlichen Film verknipst hatte, brachte er ihn in das örtliche Fotogeschäft zum Entwickeln. Die Beobachtung indes erwähnte er nur wenigen Freunden gegenüber, da er fürchtete, »Scherereien mit der Regierung« zu bekommen. Und trotzdem erfuhr ein Reporter der lokalen Zeitung »Telephone Register« von der UFO-Sichtung. Als jener die Familie Trent aufsuchte, fand er die Negative auf dem Fußboden des Wohnzimmers, wo die Kinder damit gespielt hatten.

Am 8. Juni 1950 erschien die Geschichte im »Telephone Register«. Schon tags darauf griffen Zeitungen in Portland und Los Angeles den Bericht auf, und eine Woche später zeigte das Magazin »Life« die Fotos. Die beiden Zufallsaufnahmen der schlichten Farmersleute aus dem ländlichen Oregon waren über Nacht zu einer veritablen Weltsensation geworden.

Nicht getrickst

Diese zwei Bilder waren fast zwei Jahrzehnte später die einzigen UFO-Fotografien, die der berüchtigte und bekanntermaßen vorweg *gegen* die Existenz von UFOs eingenommene »Condon Report« nicht als falsch klassifizieren konnte.[53] Der vom »Condon Committee« eingesetzte Spezialist William K. Hartmann kam nämlich zu der Überzeugung, dass sämtliche Untersuchungen, die sich auf die Fotos wie auch den Schauplatz der damaligen Beobachtung erstreckten, die Behauptung nicht zu erschüttern vermochten, dass ein »ungewöhnliches, silbrig-metallisch glänzendes, scheibenförmiges und offensichtlich künstlich geschaffenes Flugobjekt von mehreren zig Metern im Durchmesser vor den Augen der Zeugen über den Himmel geflogen sei«. Das vorliegende Beweismaterial ließe nicht definitiv auf eine Fälschung schließen, fügte Hartmann noch ergänzend hinzu.

In den 1980er-Jahren wurden die Trent-Fotos einer weiteren, noch genaueren Prüfung unterzogen. Durchgeführt wurden sie von dem Physiker Dr. Bruce Maccabee, der nach gründlichster fotogrammetrischer Untersuchung zu dem Schluss kam, dass dieses UFO von McMinnville kein kleines Objekt nahe an der Kamera gewesen sein kann. Es muss sich in beträchtlicher Entfernung davon befunden haben und kann somit keine Fälschung sein.[54] Inzwischen sind noch genauere, computergestützte Methoden zur Analyse entwickelt worden, welche für das bloße Auge unsichtbare Informationen herauszuarbeiten vermögen.

Die erste dieser Techniken, die man gut 35 Jahre nach deren Entstehung an den Aufnahmen anwandte, war die der Farbkonturierung. Dabei wurden alle Grautöne des Originals in verschiedene Farben umgesetzt, um die Verteilung von Licht und Schatten auf dem Objekt leichter erkennbar zu machen. So zeigte die Unterseite der Flugscheibe keine auffällige Schattierung, was somit auf eine gleichmäßig beleuchtete, ebene Fläche schließen lässt. Bei dem zweiten Foto, welches die Scheibe von der Seite zeigt, stellte sich heraus, dass das Zentrum des UFOs deutlich dunkler schattiert erscheint als der äußerste Rand, was auf einen runden und schräg nach oben zulaufenden Körper deutet.

Die aufgeführte Methode der Farbkonturierung macht die Verteilung von Licht und Schatten auf den Fotos sehr gut sichtbar. Und noch genauere Hinweise auf die Form des darauf abgebildeten Objekts geben detaillierte Computerberechnungen. Sie decken Trickaufnahmen auf, bei denen beispielsweise »Hilfsmittel« wie Schüsseln oder Radkappen Verwendung finden. Die Formen solcher Gegenstände treten klar hervor, wenn die Ausschnittvergrößerungen der Farbkonturierung unterzogen werden.

Klarer Beweis

Die untersuchenden Spezialisten bestimmten auch die Helligkeit des auf den Trent-Fotos abgebildeten UFOs und verglichen sie mit dem Schatten auf dem Gebäude am linken Bildrand. Dabei ergab sich, dass das Flugobjekt wesentlich heller ist. Auch erscheinen die Details im Vordergrund, wie das Haus und die quer durch das Bild laufenden Telefondrähte, viel schärfer als das UFO und weiter entfernte Einzelheiten am Boden. Dies wiederum beweist, dass sich die fliegende Scheibe nicht nahe an, sondern vielmehr weit von der Kamera entfernt befand.
Die nächste Analyse bestand darin, herauszufinden, ob diese Scheibe möglicherweise mit Drähten aufgehängt oder abgestützt war. Auch in diesem Fall hätte es sich um ein relativ nahe vor der Kamera platziertes Modell gehandelt. Hier machten sich die Forscher der Studiengruppe »Ground Saucer Watch« die Fähigkeit des Computers zunutze, Konturen um ein Vielfaches stärker hervorzuheben. Die hierbei entstandenen Bilder ähneln auf den ersten Blick einem aus grobem Naturstein herausgearbeiteten und aus einem flachen Winkel beleuchteten Halbrelief. Dunklere und hellere Linien heben darin die Konturen von Details des UFOs wie auch winzigste Fehler im Negativ hervor. Mit dieser Technik kann man Drähte mit einer Stärke von einem Viertelmillimeter auf eine Entfernung

von bis zu drei Meter sichtbar machen. Doch »Hilfsmittel« dieser Art sind in der Umgebung des von Mr. Paul Trent aufgenommenen Flugobjekts eindeutig nicht feststellbar. Auch hier wurde nicht gemogelt.
Des Weiteren brachte auch die sogenannte Kantenverstärkungsmethode, mit deren Hilfe ausgeschnittene und übereinander montierte Bilder gnadenlos demaskiert werden können, keinen Hinweis auf eine Fälschung. Abschließend kam man zu dem Ergebnis, dass beide Aufnahmen eine fliegende Scheibe von 20 bis 30 Meter Durchmesser zeigen, die – wie Laborversuche mit der Reflektion von Licht ergaben – aus poliertem Metall bestand.[55]
Auch nach modernsten Standards können die Trent-Fotos nicht als Fälschungen angesehen werden. Sie sind ein klarer Beweis dafür, dass am 11. Mai 1950 tatsächlich ein großes, aus eigenem Antrieb sich bewegendes Objekt über die kleine Farm bei McMinnville geflogen ist. Aller Wahrscheinlichkeit nach ein Objekt, das nicht von irdischer Herkunft war.
Die eingefleischten »Wegerklärer«, welche am liebsten jeden UFO-Bericht und auch jedes Foto in Bausch und Bogen verdammen, sollten es sich gerade bei Fällen wie dem oben zitierten nicht so einfach machen. Wann immer zuverlässige Zeugen bereitstehen, die nicht nur die tatsächliche Anfertigung der Aufnahme(n) bestätigen, sondern das fotografierte Objekt gleichzeitig selbst beobachten konnten, dann sieht die »Beweislage« schon deutlich günstiger aus. Stehen dann zusätzlich die Originalnegative zur Verfügung, können diese für eine akkurate Analyse herangezogen werden. Durch die stetig verbesserten Möglichkeiten der computergestützten Bilduntersuchungen könnten sich sogar bisher als Fälschung angesehene Fotos als echt erweisen.
Ein geradezu unglaublicher Präzedenzfall mit einer außergewöhnlich großen Anzahl an Augenzeugen, sowohl für das

UFO als auch für die Aufnahmen desselben, ereignete sich vor mehr als 50 Jahren vor der Küste einer kleinen, zu Brasilien gehörenden Insel im südlichen Atlantik.

»Ohla, o disco!«

Am 16. Januar 1958 ankerte das Segelschulschiff der brasilianischen Marine »Almirante Saldanha« vor der Küste der felsigen Atlantikinsel Trinidade, welche gut 1200 Kilometer östlich von Rio de Janeiro liegt. Das Schiff stand im Dienste der hydrographischen Abteilung der Flotte und befand sich im Rahmen des Internationalen Geophysikalischen Jahres (1.7. 1957–31.12.1958) seit Anfang Januar in dem genannten Seegebiet. Im Gesamten waren weit über einhundert Personen an Bord. Neben der üblichen Besatzung und einer Tauchmannschaft, die Unterwasseraufnahmen rund um die Insel gemacht hatte, waren dies der pensionierte Hauptmann der Luftwaffe José Theobaldo Viegos, der Geologieprofessor Fernando sowie hochqualifizierte Forscher und last but not least der Fotojournalist Almiro Baraúna.
Kurz bevor die »Almirante Saldanha« gegen 12 Uhr mittags an diesem 16. Januar die Anker lichtete, machte Baraúna noch einige Fotos an Bord. Plötzlich wurde die Betriebsamkeit der Matrosen durch erregte Rufe unterbrochen. »Ohla, o disco« – »Schaut, eine Untertasse« – erscholl es im gleichen Augenblick von allen Seiten. Alle an Bord befindlichen Männer hoben ihre Augen zum Himmel und konnten eine grau-grünlich leuchtende Scheibe sehen, deren Durchmesser auf gute 30 Meter und die Höhe auf etwa acht Meter geschätzt wurde. Während einer Dauer von gut 30 Sekunden konnten die Augenzeugen verfolgen, wie dieses Objekt die Insel von Osten her anflog und Kurs auf den Berg Cabo Desejado nahm. Dort

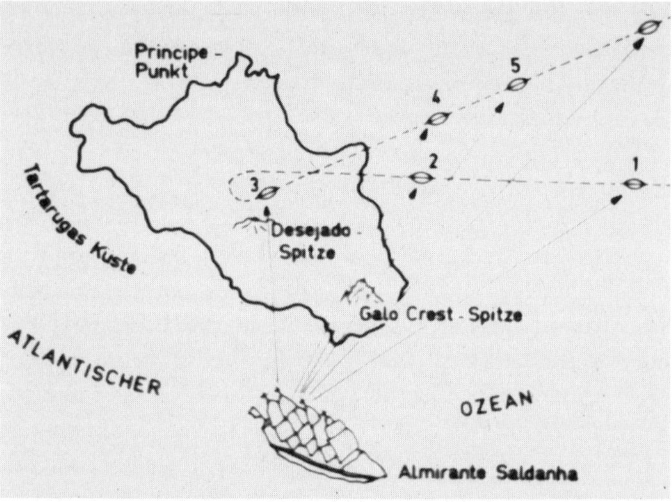

Abb. 3 Diese Skizze gibt die Flugroute des UFOs wieder, das am 16. Januar 1958 von zahlreichen qualifizierten Augenzeugen an Bord des Segelschulschiffes »Almirante Saldanha« über der Atlantikinsel Trinidade beobachtet wurde. Für die Echtheit der dabei aufgenommenen Fotos verbürgten sich sogar der Staatspräsident und das Marineministerium Brasiliens.

drehte es und flog dann in Richtung Ost-Nordost auf den offenen Atlantik davon (s. Zeichnung).

In dieser Zeit hatte der Fotograf seine »Rolleiflex« in Anschlag gebracht und erst einmal zwei Aufnahmen gemacht, bevor das UFO hinter der Spitze des Cabo Desejado verschwand. Wenige Sekunden später kam es wieder hinter dem Berg hervor, und Baraúna konnte vier weitere Fotos von dem nun wesentlich näheren Flugkörper machen. Die ersten beiden mit dem von Osten hereinfliegenden UFO waren leider überbelichtet, die Aufnahmen vier und fünf ziemlich verwackelt. Doch die dritte und die sechste waren hervorragend gelungen, wie die noch an Bord durchgeführte Entwicklung erbrachte. Sie zeigten eine stark abgeplattete Kugel mit einem zentralen Außenring, der ein wenig an den Planeten Saturn erinnerte. Die Fotos – auch die beiden gut gelungenen – sind allesamt ein wenig unscharf. Dies lag wahrscheinlich nicht an der Kamera, denn die zahlreichen Zeugen an Bord berichteten später übereinstimmend, das UFO selbst sei »reichlich verschwommen« zu sehen gewesen.[51,54,56]

Von höchsten Stellen für echt befunden

Unmittelbar nach der Sichtung wurde der Kapitän, Carlos Alberto Bacellar, der sich in seiner Kabine befunden hatte, an Deck gerufen. Nachdem er sich kurz ein Bild der Ereignisse gemacht hatte, leitete er ungewöhnliche Schritte ein, mit denen er die Echtheit der Aufnahmen zu untermauern versuchte. Bacellar ordnete die sofortige Entwicklung des Filmes an, wofür ein Waschraum kurzerhand zur provisorischen Dunkelkammer umfunktioniert wurde. Zusätzlich befahl er dem Fotografen, sich bis auf die Unterhose auszuziehen, damit der nicht etwa einen zweiten Film mit gefälschten Bildern in die Dunkelkammer einschmuggeln konnte. Sicher ist sicher.[51]

In Anbetracht der Tatsache, dass sich Almiro Baraúna auf die Herstellung von Trickaufnahmen verstand und auch schon einmal gefälschte UFO-Fotos hergestellt hatte, ohne diese allerdings als echt zu deklarieren, war dies eine beispiellos umsichtige Vorgehensweise. Und letztlich der Grund dafür, dass die betreffenden Aufnahmen ernst genommen und einer Reihe weiterer Analysen unterzogen wurden.

Der sich an Bord befindende Luftwaffenhauptmann José Theobaldo Viegos beobachtete den gesamten Vorgang der Filmentwicklung mit einer Taschenlampe in der Hand, und ließ Baraúna keinen Moment aus den Augen. Dann nahm Kapitän Bacellar den noch nassen Film aus dem Fixierbad, kontrollierte den Streifen und konnte das UFO darauf entdecken.

Anschließend wurden die Negative den Mitgliedern der Besatzung vorgelegt, die zu Augenzeugen des Phänomens geworden waren. Sie alle konnten bestätigen, dass das auf den Fotos festgehaltene Objekt genau mit dem übereinstimmte, welches sie beim Flugmanöver über der Insel Trinidade beobachtet hatten. Selbst die Flugreihenfolge des Objekts auf dem Film stimmte genau mit der Flugbahn überein, die es im Verlauf der Sichtung genommen hatte. Es waren keinerlei Widersprüche zwischen den Aussagen der Zeugen und den Fotos festzustellen![56]

In den Folgetagen analysierte die brasilianische Marine die Fotos samt Negativen eingehend. Letztere wurden ganz groß auf eine Leinwand projiziert, bis die Struktur der Filmemulsion zu erkennen war. Hätte es sich um Trickaufnahmen gehandelt, wären sie bei dieser Riesenprojektion aufgeflogen. Parallel zu diesen Untersuchungen verhörte der Marinegeheimdienst stundenlang den Fotografen, und auch hier stellten sich keine Widersprüche ein. Nach penibelsten Untersuchungen durch die Labors der brasilianischen Kriegsmarine wurden die Aufnahmen für absolut authentisch und echt befunden. Kein Geringerer als der damalige Staatspräsident, Juscelino Kubitschek de Oliveira (1902–1976), leitete dann die Fotos an die Presse weiter, die sie erstmalig am 21. Januar 1958 veröffentlichte. Weitere vier Tage später, am 25. Januar, gab die Nachrichtenagentur United Press bekannt, dass das brasilianische Marineministerium diese UFO-Beobachtung bestätigt und die Aufnahmen für echt erklärt habe. In der Meldung hieß es:

»Das brasilianische Marineministerium verbürgte sich heute für die Echtheit der Aufnahmen einer ›Fliegenden Untertasse‹, die kürzlich an Bord des Marine-Forschungsschiffes ›Almirante Saldanha‹ gemacht worden sind. Der Marineminister, Admiral Alves Camera, erklärte nach einer Besprechung mit Präsident Kubitschek im Sommerpalast bei Petropolis, dass er sich auch persönlich für die Echtheit der Aufnahmen verbürge.«[54]

Bereits am 24. Januar hatte der Marineminister wörtlich erklärt: »Die brasilianische Marine ist in ein wichtiges Geheimnis verwickelt, das sie nicht preisgeben kann, weil es keine Erklärung dafür gibt. Bisher habe ich nicht an fliegende Untertassen geglaubt, aber der fotografische Beweis von Baraúna hat mich nun überzeugt.«
Und Fregattenkapitän Moreira da Silva sagte gleichen Tages: »Ich wünsche keine Debatte über die Persönlichkeit des Fotografen, der das unbekannte Flugobjekt geknipst hat. Es wurde von einer Reihe anerkannter Persönlichkeiten beobachtet. Ich kann jedenfalls versichern, dass die Fotos authentisch sind und der Film umgehend an Bord der ›Almirante Saldanha‹ entwickelt wurde (...). Jede Möglichkeit eines fotografischen Tricks konnte hier völlig ausgeschlossen werden.«[56]

Stromausfall an Bord

Langsam fügte sich das Bild der Ereignisse jenes 16. Januar 1958 zusammen. So konnten Experten aus der Analyse der Bilder wie auch der Auswertung der ungewöhnlich vielen Zeugenaussagen errechnen, dass das UFO beim Anflug auf die Insel Trinidade mit einer Geschwindigkeit von mindestens 1200 Kilometern pro Stunde unterwegs war. Als es dann beschleunigte, um über dem offenen Atlantik zu verschwinden, muss das Tempo noch höher gewesen sein. Und während der halben Minute, als das Objekt vom Schiff aus beobachtet werden konnte, fiel an Bord die komplette elektrische Anlage aus.
In späteren Jahren wurden weitere Analysen der Trinidade-Fotos durchgeführt, unter anderem von der APRO (Aerial Phenomena Research Organization) in Tucson (Arizona) und der bereits erwähnten Ground Saucer Watch. Auch sie kamen unisono zu dem Ergebnis, dass keine Fälschung vorliegt.[57] Der

Vorfall, bei welchem sich Fotografien, aufgenommen in Gegenwart vieler Marineangehöriger, und deren Aussagen gegenseitig und schlüssig bestätigen, lief gewissermaßen unter streng kontrollierten und fast idealen Bedingungen ab. Dass der Fotograf bereits vorher einmal UFO-Aufnahmen gefaked hatte, wurde durch das umsichtige Verhalten des Kapitäns mehr als wettgemacht. Und wer hier zum Zitieren des berühmten Spruchs »Wer einmal lügt …« ansetzen will, der sei daran erinnert, dass Almiro Baraúna diese nie als echt zu deklarieren versuchte. So mancher Zeuge, dem vor unseren Gerichten uneingeschränkter Glaube geschenkt wird, hat sich später schon als »faules Ei« herausgestellt. Halten wir uns daher streng an die Fakten, kann der »Trinidade-Fall« sogar als sehr beweiskräftig angesehen werden.

Über nächtliche Lichter am Himmel wollte ich mich in diesem Kontext eigentlich zurückhalten. Trotzdem komme ich an einigen Beobachtungen nicht vorbei, die seinerzeit für etlichen Wirbel sorgten und bis heute als ungeklärt gelten. Und da ich sie als »Einführung« zu einer Sichtung einer ähnlichen »Flotte« nichtidentifizierter Objekte verstanden wissen möchte, von denen es sogar gelang, einige Meter Film aufzunehmen. Daher erwähne ich hier die wiederholten Sichtungen, die als »Lubbock-Lichter« in die Geschichte des UFO-Rätsels eingingen.

Am 25. August 1951, es war gegen 21 Uhr abends, saßen drei Wissenschaftler vor dem Haus des Geologieprofessors W.I. Robinson in der Stadt Lubbock im Westen von Texas. Die beiden anderen Herren waren Dr. A.G. Oberg, Professor für technische Chemie und Professor W.L. Ducker, Leiter der Abteilung für Ölgewinnung an der Technischen Hochschule von Texas. Eher zufällig blickten sie in den bereits dunklen Abendhimmel, als ihnen unvermutet eine Anzahl Lichter auffiel, die vollkommen geräuschlos über den Horizont rasten. Das alles

dauerte nur wenige Sekunden und vermittelte den Eindruck einer Formation von ungefähr 30 leuchtenden, zu einem Halbmond zusammengefassten Gebilden. Nur wenige Augenblicke später sauste eine zweite ähnliche Gruppe vorbei. Nun konnten die drei Wissenschaftler berechnen, dass die Lichter einen Bogen von etwa 30° durchflogen. Übrigens ergab eine Nachfrage bei der Luftwaffe am darauffolgenden Tag, dass in jener Nacht keine Militärmaschinen unterwegs waren.
Und das war erst der Anfang. Im Zeitraum von August bis November beobachtete Professor Ducker zwölf Vorbeiflüge solcher leuchtenden Objekte. Weitere Zeugen, deren Zahl in die Hunderte ging, sahen in einer Nacht im weiteren Umkreis von Lubbock nicht weniger als drei Flüge dieser geheimnisvollen Formation. Und in der Nacht des 30. August 1951 gelangen dem damals 16 Jahre alten Carl Hart fünf Aufnahmen. Die beste von ihnen zeigt eine Reihe von 18 blinkenden Flugobjekten, die deutlich heller als zum Beispiel die Venus leuchteten.
Nach genauer Untersuchung der Fotos durch die US-Luftwaffe konnten Spiegelungen und Täuschungsmanöver ausgeschlossen werden. Die Geschwindigkeit der Objekte wurde, bei einer angenommenen Flughöhe von 1500 Metern, auf 2700 bis 3000 Kilometer in der Stunde geschätzt. Sollten sie aber in größerer Höhe geflogen sein, muss auch ihre Geschwindigkeit entsprechend nach oben korrigiert werden. Dass es »Enten im Formationsflug« waren, wie zuerst vermutet wurde, kann man somit ausschließen.[52,55,58]

Spektakel über Tremonton

Tremonton ist eine mittlere Stadt, nicht ganz 150 Kilometer nördlich von Salt Lake City, der Hauptstadt des US-Bundesstaates Utah. Am 2. Juli 1952 befand sich der Marineoffizier

Delbert C. Newhouse mit seiner Frau und den beiden Kindern auf einer Fahrt über den ganzen Kontinent, die ihn von Washington DC bis nach Portland in Oregon führen sollte. Sie hatten kurz zuvor das Städtchen passiert und fuhren auf dem Utah State Highway Nr. 30, sieben Meilen hinter Tremonton in nördlicher Richtung. Es war genau 11.10 Uhr, als Mrs. Newhouse ganz plötzlich am Himmel eine Formation runder, leuchtender Objekte bemerkte, worauf ihr Mann sofort das Auto anhielt und ausstieg. Er wusste gleich, dass da oben ein unglaubliches Spektakel ablief. Es waren zehn bis zwölf scheibenförmige Objekte, die in geschätzten 3000 Metern Höhe in lockerer Formation »herumturnten« und ihre ungewöhnlichen Flugmanöver vollführten.

Als Marinefotograf mit bis dahin mehr als eintausend Luftbildeinsätzen kannte sich Newhouse bestens mit Flugzeugen der amerikanischen und anderer Luftstreitkräfte aus. Diese Objekte jedoch glichen keinen von denen, die er je zuvor gesehen oder fotografiert hatte.

Eilig öffnete der Marineoffizier den Kofferraum und holte seine 16-Millimeter-Filmkamera der Marke Bell & Howell heraus. Nachdem er eine Filmrolle eingelegt hatte, konnte Newhouse 30 Fuß – dies sind etwa neun Meter – Film von diesen UFOs drehen. Gegen Ende der Filmsequenz scherte eins der fliegenden Objekte aus der Gruppe aus und flog in die entgegengesetzte Richtung. Er schwenkte seine Kamera auf dieses einzelne UFO, das in östlicher Richtung flog, und konnte es scharf erfassen. Als Newhouse wieder auf die restliche Formation zurückschwenkte, war diese über dem westlichen Horizont verschwunden.[54,56,59]

Den Rest der Filmrolle verbrauchte Newhouse am späten Nachmittag desselben Tages, als sie sich in einer gebirgigen Region von Idaho befanden, der letzten Station vor ihrem endgültigen Ziel in Oregon.

Es gibt wohl keine Aufnahmen von Flugobjekten, die so genau und gründlich vom Militär der Vereinigten Staaten begutachtet worden sind. Denn beim »Tremonton-Fall« verfügte die Air Force über die Aussage eines außergewöhnlich glaubhaften wie qualifizierten Zeugen, der zudem anerkannter Experte für Luftbildaufnahmen bei der Marine war. Mit seiner Ehefrau war ein zweiter, erwachsener Zeuge anwesend, und vor allem sind da noch die etwa 1200 Einzelbilder des 16-Millimeter-Films.
So wandte das Fotolabor der US-Marine in Anacostia in Maryland mehr als eintausend Arbeitsstunden für die genaue Analyse des Filmmaterials auf. Und auch das Fotolabor der Luftwaffe im Wright Patterson Air Field (Ohio) – dort liefen seinerzeit alle Informationen zum UFO-Forschungsprojekt »Blue Book« (»Blaubuch«) zusammen – forderte den Film zwecks eingehender Untersuchung und Bewertung an.[54]

»Er wusste es«

Die Spezialisten der Marine in Maryland kamen damals zu der Überzeugung, es handle sich um Aufnahmen intelligent gesteuerter Fluggeräte, die keinesfalls konventionelle Flugzeuge waren. Die Luftwaffe wiederum tendierte zu der Auffassung, auf diesem Film sei Sonnenlicht zu sehen, das von einem Schwarm Seemöwen widergespiegelt worden sei.
Einmal abgesehen von der leicht zu überprüfenden geografischen Tatsache, dass die nächstgelegene Küstenregion – die Pazifikküste Kaliforniens – mehr als 1000 Kilometer weiter im Westen liegt, sind keine Vögel bekannt, die so viel Licht reflektieren, dass die auf den Aufnahmen erkennbaren Objekte abgebildet würden.[60] Darüber hinaus gibt es deutliche Diskrepanzen bei der Entfernung und der Geschwindigkeit der UFOs. Wären besagte »Seemöwen« nur wenig näher gewesen,

hätte man sie schon an ihrem regelmäßigen Flügelschlag als solche erkennen müssen. Hätten sie sich jedoch unwesentlich höher als die – geschätzten – 3000 Meter befunden, hätte ihre Geschwindigkeit in einem unmöglichen Bereich gelegen. Last but not least erklärte der Zeuge Delbert C. Newhouse, dass die Farbe der Objekte wie von Waffenstahl gewesen sei und die Form zwei Untertassen ähnelte, welche man mit den Rändern aufeinander gelegt hatte. Dessen ungeachtet gab der bereits erwähnte »Condon-Report« der Überlegung der Luftwaffe den Vorzug, dass es sich bei den gefilmten Objekten um Seemöwen gehandelt habe.[53]

Eine Ausflucht, um nicht die Präsenz intelligent gesteuerter, nicht von der Erde stammender Flugobjekte zugeben zu müssen? Der ehemalige Geheimdienstoffizier bei der Air Force, Captain Edward J. Ruppelt, war in den frühen 1950er-Jahren zeitweise Projektleiter der UFO-Forschungsprogramme »Blue Book« sowie »Grudge«, in denen die weitere Erforschung des Rätsels empfohlen wurde. Nach seinem Ausscheiden aus der Luftwaffe ging Ruppelt mit bis dahin unbekannten Informationen an die breite Öffentlichkeit. Er verfasste ein Buch, in dem er auch die Quintessenz eines zweistündigen Gespräches mit Delbert Newhouse zusammenfasste:

»Ich habe schon mit vielen Leuten gesprochen, die UFOs gemeldet haben, nur wenige haben mich so beeindruckt wie Newhouse. Ich erfuhr von ihm, dass die UFOs, als er und seine Familie sie das erste Mal sahen, ganz nah am Wagen standen, viel näher als später bei den Filmaufnahmen. Mit Newhouse' eigenen Worten: ›Wenn sie von der Größe einer B-29 gewesen wären, hätten sie sich in einer Höhe von 3000 Metern befunden.‹ Doch der Marineangehörige und seine Familie hatten sich die Objekte genau angesehen – sie sahen aus wie ›zwei Pfannen, eine auf die andere gestülpt‹! Er glaubte nicht nur, dass diese UFOs scheibenförmig waren, er wusste es, er

hatte sie nämlich deutlich gesehen. So fragte ich ihn, warum er dies dem Befrager nicht gesagt hatte. Er antwortete, dies hätte er getan. Dann fiel mir ein, dass ich dem Nachrichtenoffizier eine Liste von Fragen geschickt hatte, die Newhouse beantworten sollte. Die Frage ›Wie sahen die UFOs aus?‹ gehörte nicht dazu, weil man normalerweise nicht fragt, wie etwas aussieht, von dem man ein Bild hat. Warum der Nachrichtenoffizier das nicht an uns weitergemeldet hat, werde ich wohl nie erfahren.«[61]
Ruppelts Informationen konnten jedoch nicht verhindern, dass Jahre später der berüchtigte »Condon-Report« die angeschimmelte »Seemöwen-Erklärung« wieder aufwärmte. Doch sickerte durch, dass der Tremonton-Film im Pentagon ziemlichen Wirbel ausgelöst hatte. General Samford, in den 1950er-Jahren Geheimdienstleiter der US Air Force, ließ ihn sich insgesamt drei Mal vorführen. Viel Aufregung in den höchsten Reihen, wären es tatsächlich nur ein paar harmlose Seemöwen gewesen, die über dem Himmel des Wüstenstaates Utah ihre Kreise zogen.

Vom Radarstrahl erfasst

Mit seiner langjährigen Erfahrung als Marinefotograf, zudem bewährt in ungezählten Luftbildeinsätzen, hatte Newhouse vielen »normalen« UFO-Zeugen etwas voraus. Nämlich die berufsbedingte Qualifikation, die es Skeptikern nicht leicht macht, dessen Sichtung und Filmmaterial im besten Fall als Fehlinterpretation oder als eine Täuschung abzutun. Ähnliche Gewichtung sollte man Vorfällen zugestehen, bei denen es nicht nur zu einer rein optischen Sichtung kommt, sondern die auch durch entsprechende Radar-Aufzeichnungen untermauert werden.

Vergleichbare Fälle reichen zurück bis in die Zeit nach dem Zweiten Weltkrieg, also in die ausgehenden 1940er-Jahre. Am 3. November 1948 verfolgten Radartechniker in Japan die seltsamen Manöver zweier UFOs im Luftraum. Die Objekte, die zunächst auf den Schirmen für »normale« Flugzeuge gehalten wurden, schienen sich über eine Stunde lang einen Luftkampf zu liefern. Doch zu dieser Zeit befanden sich weder militärische noch zivile Flugzeuge in dem betreffenden Gebiet.

Den folgenden Vorfall nehme ich mit besonderem Vergnügen in diesem Kontext auf, ereignete er sich doch im Luftraum über jener Stadt, in der ich selbst das Licht der Welt erblickt habe.

In der Nacht zum 23. November 1948 begegnete ein F-80-Düsenjäger der US Air Force in 9000 Meter Höhe über dem oberbayerischen Fürstenfeldbruck einem kreisenden Objekt mit hellroten Lichtern. Gleichzeitig wurden die Radarbeobachter am Boden auf das fremde Flugobjekt aufmerksam. Als der Düsenjet näherkam, stieg das rotleuchtende Objekt auf und war schnell außer Sichtweite. Bevor es vom Radarschirm verschwand, konnte seine Flughöhe mit rund 13 000 Metern ermittelt werden.[56]

Ein unidentifiziertes Objekt im Luftraum über Paris brachte am 19. Februar 1956 die Radarbeobachter auf den Flughäfen Orly und Le Bourget vier Stunden lang beinahe an den Rand des Wahnsinns. Gegen 22.00 Uhr ging auf dem Schirm der Fluglotsen auf dem Airport Orly Mysteriöses vor sich. Der Radarstrahl erfasste zuerst ein Ziel, das in etwa die doppelte Größe einer üblichen Verkehrsmaschine besaß. Gleich darauf bildete sich ein bananenförmiger Nebel rund um das UFO. Dieser blieb mitsamt dem Objekt unbeweglich stehen, und die Techniker konnten nun beobachten, wie eine startende DC-3 und eine im Landeanflug befindliche »Super-Constellation« darunter hinwegtauchten.

»Es schien, als wenn das Geisterschiff den Pariser Flugverkehr beobachten wollte«, berichtete einer der Radartechniker. Doch plötzlich raste das Objekt in nordöstlicher Richtung hinweg, blieb dort kurz stehen und schoss ohne Vorwarnung auf ein Postflugzeug zu. Alle befürchteten schon einen Zusammenprall, doch dann drehte das unheimliche Ding und näherte sich schnell einer aus London kommenden Swissair-Maschine, der es an die 40 Sekunden lang folgte. Dann verschwand es in dem Augenblick vom Schauplatz in Orly, als die Fluglotsen von der Luftwaffenbasis in Tours die Mitteilung erhielten, dass die zu Beginn der Sichtung angeforderten Jagdflugzeuge nun startbereit seien.

Das UFO bewegte sich zuweilen mit Geschwindigkeiten, welche kein irdisches Flugzeug zu erreichen imstande war. Kurz nachdem es erstmalig auf dem Radar aufgetaucht war, befand es sich über Gometz-le-Châtel im Département Seine-et-Oise. Nur 30 Sekunden später schwebte es 30 Kilometer entfernt, es hatte sich also mit 3600 Kilometern pro Stunde bewegt.

Als eine DC-3 der Air France die Militärbasis bei Les Mureaux in 1400 Metern Höhe überflog, befand sich das UFO nur 240 Meter darüber. Orly Tower warnte den Piloten über Funk, danach konnte die Besatzung das Objekt auf der Steuerbordseite sehen. Es war riesig, mit unscharfen Umrissen und an mehreren Stellen rötlich glühend. Die Crew beobachtete es eine gute halbe Minute lang und war sicher, dass es keinesfalls ein konventionelles Flugzeug sein konnte. Dann bewegte sich das Objekt auf die Backbordseite der DC-3 und raste in Richtung Le Bourget. Ungefähr zehn Minuten später meldete sich die Flugsicherung erneut, um durchzugeben, dass das Flugobjekt nun mehrere Kilometer über der Air-France-Maschine stehen würde. Doch zu diesem Zeitpunkt konnte es die Besatzung nicht mehr sehen.[16,62]

Der Fall ist aus dem Grund bemerkenswert, weil er insgesamt von zehn Radartechnikern auf mehreren Schirmen über eine Dauer von vier Stunden simultan verfolgt werden konnte.

»Hot spot« bei Dublin

Natürlich hat auch unser bereits eine Dekade zählendes 21. Jahrhundert einige spannende Radaraufzeichnungen von Begegnungen mit unbekannten Flugobjekten dokumentiert. Zum Auftakt des dritten Kapitels habe ich schon über jene Objekte über Mexiko berichtet, die einzig auf den Radarschirmen und mit der Infrarot-Kamera zu verfolgen waren.
Die im Folgenden beschriebenen Vorgänge spielten sich ebenfalls 2004 ab, und zwar auf der anderen Seite des Atlantischen Ozeans. Am 24. Januar 2004 näherte sich eine Boeing der staatlichen irischen Fluggesellschaft »Aer Lingus« mit 135 Menschen an Bord der Ostküste Irlands, um auf dem Flughafen der Hauptstadt Dublin zu landen. Es war 20.30 Uhr. Dieser »Boeing 737« folgte in einem Abstand von sechs Meilen (zehn Kilometer) ein »Airbus« vom Typ 330-200 der »British Midland«. Beide Maschinen hielten einen Flugkorridor von 3000 Fuß (900 Meter) Höhe ein, und ihre Geschwindigkeit betrug jeweils 250 Knoten, das sind knapp über 460 Kilometer in der Stunde.
Der internationale Flughafen von Dublin befindet sich nördlich der Stadt, und so näherten sich die beiden Flugzeuge aus nordwestlicher Richtung. Die Boeing 737 der Aer Lingus befand sich gerade im Umkreis der Stadt Slane – ganz in der Nähe stehen die steinzeitlichen Anlagen von Newgrange und Dowth –, als urplötzlich aus einem Feld heraus ein unbekanntes Objekt steil nach oben schoss. Das Objekt hatte sehr helle Lichter und wurde von der Aer-Lingus-Besatzung als

dreieckig beschrieben. Daraufhin begann das UFO, die 737 zu umkreisen; gleichzeitig war in den Triebwerken ein Schubverlust zu spüren.
Die Crew des hinterherfliegenden Airbus der British Midland konnte einen purpurfarbenen Schimmer auf der Boeing ausmachen. Als das UFO vor der Aer Lingus manövrierte, bat deren Kapitän Dublin Tower um eine neue Richtungsanweisung, um einer Kollision mit dem Objekt zu entgehen. Die Fluglotsen hatten das UFO bereits auf dem Radar entdeckt und gaben Anweisung, den Landeanflug um acht Grad zu ändern. Von der Flugsicherung muss diese Situation ganz sicher als ernst eingeschätzt worden sein. Denn solche Kurskorrekturen vor der Landung sind ungewöhnlich, weil sie nachfolgende Flugzeugbesatzungen irritieren und für ankommende wie abfliegende Maschinen eine kurzfristige Änderung der zugewiesenen Luftkorridore zur Folge haben können.
Glücklicherweise konnte ein befürchteter Zusammenprall verhindert werden. Doch als das UFO backbord von der Maschine der Aer Lingus wegschwenkte, schüttelten gewaltige Turbulenzen die Boeing 737 durcheinander. Die Messinstrumente verzeichneten einen unglaublichen Anstieg der Außentemperatur auf 164 Grad Celsius. Der ganze Spuk dauerte noch 15 Sekunden, dann entfernte sich das Objekt mit hoher Geschwindigkeit in Richtung Südosten. Als der nachfolgende Airbus der British Midland dieselbe Stelle passierte, bekamen die Menschen an Bord gleichfalls starke Luftverwirbelungen zu verspüren.
Für Boeing und Besatzung der Aer Lingus war die ganze Sache aber noch nicht ausgestanden. Während der Landung gab es Probleme, die Landeklappen der 737 voll auszufahren; sie blockierten schon nach einem Viertel des üblichen Weges. Nachdem alle Passagiere das Flugzeug verlassen hatten, wurde dieses in einen Hangar geschleppt und genau untersucht.

Hierbei entdeckte man Schäden an den Flügeln, als hätte man sie mit einem Hammer malträtiert. Die Hülle des Rumpfes wies ebenfalls Schäden auf, ebenso die Hydraulik. Alle diese Beschädigungen schienen durch die heftigen Turbulenzen bei der Nahbegegnung verursacht. Beide Piloten, die sichtlich unter Schock standen, wurden für die Dauer von zwei Tagen vom Dienst freigestellt.

Nur zwei Stunden später am gleichen Abend kam es genau über derselben Anflugszone nordwestlich von Dublin zu einer zweiten Konfrontation eines Flugzeugs mit jenem UFO. Ein Airbus »A 330-200« der Chartergesellschaft »Air Tours« war mit 213 Menschen an Bord im Landeanflug, als die Mannschaft im Gebiet um Slane ein blinkendes Licht erblickte. Als der Airbus noch eine Höhe von 750 Metern und eine Geschwindigkeit von 230 Knoten (425 Kilometer pro Stunde) hatte, konnte die Crew die dreieckige Form des Objekts genau erkennen. Es war vor dem Flugzeug und es strahlte permanent ein helles, blitzendes Licht aus. Auch dieses Mal hatte die Flugsicherung das UFO längst auf dem Radarschirm bestätigt, denn der Pilot wurde wie sein Kollege von Aer Lingus per Funk auf einen Ausweichkurs beordert.

Doch sobald die Maschine auf den neuen Kurs gewechselt war, machte sich das Flugobjekt daran, den Airbus in halsbrecherischer Weise zu umkreisen. Die Cockpitbesatzung war bereits auf das Schlimmste gefasst und erwartete den unausweichlichen Zusammenstoß mit dem UFO, dessen Größe sie mit über 100 Meter angab. Während das Objekt beinahe auf Tuchfühlung war, wurden in der Maschine die Lichter immer schwächer. Inzwischen waren etliche Passagiere auf das Spektakel aufmerksam geworden, und in der Kabine breitete sich Panik und Entsetzen aus.

Die »Scheinangriffe« gingen noch etwa acht bis zehn Minuten ohne Unterlass weiter. Einmal wurde das Flugzeug durch die von dem UFO ausgehenden Schockwellen so heftig durchgerüttelt, dass die bordeigene Warnanlage aktiviert wurde. Mit Turbulenzen, wie sie in der Luftfahrt immer wieder vorkommen, hatte dies nichts mehr zu tun. In diesen bangen Minuten beobachteten auch andere Flugzeugbesatzungen in dem Gebiet, was da vor sich ging, und hörten zudem den Funkverkehr zwischen der A 330 und Dublin Tower mit. Die Fluglotsen wiesen der Maschine Landebahn Nummer 10 an, und erst zwei Minuten vor ihrem Aufsetzen begann das UFO in Richtung Südosten abzuschwenken und verschwand über der Irischen See und in der Schwärze der Nacht.[63,64]

Auch hier standen die Piloten sichtlich unter Schock. Nachdem ihr Dienst beendet war, diskutierten sie noch mit anderen Fliegern über das aufwühlende Erlebnis. Dabei stellte sich heraus, dass sich die besagte Region rund um die Stadt Slane wohl in jüngster Zeit zu einer Art »Hot spot« des UFO-Phänomens entwickelt haben dürfte. Die meisten Besatzungen hätten aber über ihre Begegnungen geschwiegen, weil sie Ärger mit ihren Gesellschaften und den Behörden fürchteten. Denn bis heute streiten die Airlines die besagten Zwischenfälle kategorisch ab.

Deshalb weigerten sich auch die Piloten eines Verkehrsflugzeugs, das im Frühsommer 2005 in 3000 Fuß Höhe (ca. 900 Meter) in einen Zwischenfall mit einem UFO verwickelt war, nähere Angaben zu liefern. Hier befand sich der Schauplatz sogar direkt *über* dem Internationalen Flughafen von Dublin. Es kam zu intensiven Hitzewellen und gefährlichen Turbulenzen, was für mehrere Minuten zu einer äußerst angespannten Situation für die Maschine und die Menschen an Bord führte.[64]

Das UFO-Phänomen hat auch im 21. Jahrhundert nichts an seiner Dramatik und Brisanz verloren!

5 UFO-Landung im Thüringer Wald

Kleine Humanoide an der innerdeutschen Grenze

»Die fliegenden Untertassen existieren wirklich, und das Volk, das sie besitzt, ist vor über 20 000 Jahren von der Erde ausgewandert. Sie kommen gern auf die Erde wieder, um auf dem Laufenden zu bleiben. Die Rückkehr zu den Quellen …«

ALBERT EINSTEIN (1879–1955), PHYSIKER UND NOBELPREISTRÄGER

Wenn dieses Buch in den Handel kommt, dann liegt die Wiedervereinigung Deutschlands vom 3. Oktober 1990 bald 20 Jahre zurück. Die Berliner Mauer wie auch die Befestigungsanlagen samt Wachttürmen, Minen und Selbstschussautomaten an der innerdeutschen Grenze wurden demontiert und auf den Müllhaufen der Geschichte geworfen. Doch dies war nicht immer so. Nach der Aufteilung des Landes als Folge des Zweiten Weltkriegs gab es eine amerikanische, britische, französische und russische Besatzungszone. Aus den Zonen der westlichen Alliierten schloss sich am 20. September 1949 die Bundesrepublik Deutschland zusammen, während die Sowjetzone am 7. Oktober desselben Jahres zur Deutschen Demokratischen Republik wurde. Anfangs war zwar noch ein beschränkter, aber einigermaßen funktionierender Reiseverkehr möglich, was jedoch spätestens mit dem Mauerbau am 13. August 1961 endete. Wer nun aus dem Osten Deutschlands in die Bundesrepublik wollte, konnte dies nurmehr mit einer

gewagten Flucht tun, die nicht selten tödlich endete. Hunderte DDR-Bürger mussten so an der Berliner Mauer und der Demarkationslinie zur BRD ihr Leben lassen.
Doch oftmals scheiterten Fluchtversuche von DDR-Bürgern bereits vor ihrer Ausführung. Hatte doch das berüchtigte »Ministerium für Staatssicherheit« ein beispielloses Netz aufgebaut, das die Leute fast rund um die Uhr bespitzelte.
Ein ehemaliger Bewohner der DDR, der schon im Frühjahr 1952 den Plan fasste, sich gemeinsam mit seiner Familie in den Westen abzusetzen, war der damals 48 Jahre alte Oskar Linke. Dieser war im Krieg Major der Deutschen Wehrmacht gewesen und bis zur Flucht Bürgermeister der Gemeinde Gleimershausen, die nahe der thüringischen Stadt Meiningen liegt.
Um seinen Plan vorzubereiten, mit seiner Frau und den sechs Kindern über die »grüne Grenze« nach Westdeutschland zu gelangen, hatte er sich eine besondere List ausgedacht. Da Familie Linke nur wenige Kilometer von der Grenze entfernt wohnte, unternahm er häufig Fahrten mit seinem Motorrad dorthin, mit der elfjährigen Tochter Gabriele im Beiwagen. So wurden die russischen Soldaten, die vor der Grundung der »Nationalen Volksarmee« die Demarkationslinie bewachten, an seine Anwesenheit gewöhnt und kamen nicht auf Linkes tatsächliche Absichten.

Täuschendes Zwielicht

An einem dieser Tage fuhr er, wieder mit Tochter Gabriele, durch den Wald beim Dörfchen Haselbach. Das existiert übrigens noch heute und wurde wenige Jahre nach der sogenannten »Wende« Ortsteil der Gemeinde Rhönblick im Landkreis Schmalkalden-Meiningen. Mit einem Mal platzte der Hinterreifen des Motorrades. Linke und seine Tochter stiegen ab und machten sich daran, das Fahrzeug in die nächste Ortschaft zu schieben. Die beiden waren erst wenige Meter weit gekommen, als Gabriele ihren Vater auf etwas Weißes aufmerksam machte, das in schätzungsweise 150 Meter Entfernung durch die Bäume schimmerte. Im Zwielicht vermeinte Linke ein Reh erkannt zu haben, und nachdem sie das Motorrad unter ein paar Büsche geschoben hatten, schlichen beide näher, um das vermeintliche Waldtier zu beobachten.

Doch Zwielicht kann bekanntlich täuschen. Bei einem Abstand von ungefähr 60 Metern entpuppte sich das »Reh« als zwei recht unheimlich anzusehende, silbrig schimmernde, menschenähnliche Gestalten von nur 1,20 Meter Größe. Eines der beiden Geschöpfe hatte in Brusthöhe eine Lampe, welche regelmäßig aufleuchtete. Oskar Linke schlich sich bis auf zehn Meter an das eigenartige Szenario heran. Da bemerkte er hinter den kleinwüchsigen Humanoiden ein großes, diskusförmiges Objekt, das einer gewaltigen »Bratpfanne« ähnlich sah und dessen Durchmesser er auf 15 bis 20 Meter schätzte. Am Rand hatte das »Ding« zwei Reihen Löcher von jeweils etwa 30 Zentimetern Breite; jedes davon war einen knappen halben Meter vom nächsten entfernt. Auf dem Objekt erhob sich ein schwarzer, kegelförmiger Turm von schätzungsweise einem Meter Höhe.

Oskar Linke fühlte sich nicht recht wohl in seiner Haut. Er befand sich in der sowjetischen Zone, nur sieben Kilometer von der innerdeutschen Grenze entfernt. Und dort war es auch nicht ungefährlich, ungewöhnliche Dinge zu sehen oder Bescheid darüber zu wissen. Häufig verschwanden solche Leute auf Nimmerwiedersehen in den »Gulags«, den Gefangenen- und Zwangsarbeitslagern der Sowjets im fernen Sibirien. Es herrschten die unseligen Jahre des Diktators Josef Stalin (1873–1953), der berüchtigt dafür war, selbst unter seinen engsten Getreuen mit stählerner Faust zu wüten. Seine »Säu-

berungen« forderten Millionen Opfer unter den eigenen Sowjetbürgern.
Im nächsten Augenblick rief ihn seine Tochter Gabriele, die ein paar Meter hinter ihrem Vater geblieben war. Obwohl beide durch eine niedrige Bodenwelle verborgen waren, schreckten die zwei silbern gekleideten Kleinwüchsigen auf. Hatten sie zuvor vornübergebeugt dagestanden und etwas am Boden betrachtet, so erhoben sie sich nun ganz plötzlich und eilten zu dem gelandeten Objekt. Über den erwähnten Turm auf der Oberseite gelangten sie ins Innere und waren den Blicken ihrer Beobachter entschwunden.

»Wie von einer fallenden Bombe«

Im selben Augenblick begann der äußere Rand des UFOs zu glühen, zusätzlich konnte man ein leises Summen hören. Das Glühen änderte seine Farbe von ursprünglich Blaugrün in Rot, und das Objekt schien zu wirbeln wie ein sich drehender Kreisel. Immer stärker wurde das Leuchten und das Summen, und der kegelförmige Turm versank allmählich in der Mitte des Objekts. Das erhob sich nun langsam vom Boden. Linke beschrieb es derart, als rotierte der Apparat auf jener turmartigen Konstruktion, die von oben durch die Mitte des Objektes nach unten gefahren war und nun an dessen Unterseite auftauchte. Das Ganze sah aus wie ein flacher Pilz auf seinem Stengel.
Immer schneller wirbelte die Scheibe – oder auch ihr Rand – und schwebte über dem Boden, schien dabei von einem Kreis von Flammen umgeben zu sein. Erneut verschwand der bereits erwähnte Turm, dieses Mal von der Unterseite, und kam schlussendlich wieder oben zum Vorschein, wo er sich auch zu Beginn der Beobachtung befunden hatte. Inzwischen

hatte das Objekt eine Höhe von etwa 30 Metern erreicht, schwebte dort noch ein paar Augenblicke lang und verschwand dann mit atemberaubender Geschwindigkeit. Hierbei machte es ein Geräusch, das Vater und Tochter Linke mit dem Pfeifen einer fallenden Bombe verglichen. Danach war der unheimliche Spuk vorbei.

Vollkommen aufgewühlt von der Beobachtung, begab sich Oskar Linke an den Landeplatz des UFOs. Im Boden fand er einen absolut kreisrunden Eindruck, der noch ganz frisch war. Er besaß genau dieselbe Form wie der kegelförmige Turm, der im Verlaufe der Sichtung zuerst von oben nach unten und danach wieder zurück gefahren war. Der Bürgermeister beschwor seine Tochter, unbedingt Stillschweigen zu bewahren, bis sie nach ihrer geglückten Flucht im Westen wären. Später sagte er aus, er könne sich gut vorstellen, alles nur geträumt zu haben, wäre da nicht die runde Druckstelle im Waldboden gewesen. Dort, wo sich der Turm in die Erde hineingepresst hatte.

Zur Bestätigung dieser »unheimlichen Begegnung der dritten Art« gab es noch weitere Aussagen. So berichtete der Vorarbeiter einer Sägemühle, er hätte einen kometenartigen Gegenstand von dem leichten Hügel fortrasen sehen, wo sich Linke und dessen Tochter befunden hatten. Und ein Schäfer, der nur ein paar hundert Meter vom Ort des Geschehens entfernt war, schilderte, dass er so etwas wie »einen Kometen von der Erde abprallen« gesehen hätte.

Eine Woche später gelang Oskar Linke die Flucht in den Westen. Dort gab er sein unheimliches Erlebnis der amerikanischen Besatzungsbehörde zu Protokoll. Jene betrachtete es als derart bedeutsam, dass sie den Geheimdienst CIA einschaltete, der hierüber ein ausführliches Dossier anlegte. Linke selbst beschwor bei seinen Vernehmungen, dass er vor seiner Flucht in den Westteil Deutschlands noch nie über UFOs gehört oder gelesen habe. Auch hielt er seine Beobachtungen damals für die Konfrontation mit einer neuentwickelten russischen Geheimwaffe, die nur sieben Kilometer vor der innerdeutschen Grenze aus unerfindlichen Gründen gelandet war. Seine Tochter Gabriele fügte hinzu: »Ich war so erschrocken, dass ich nicht wusste, was ich tun sollte. Ich hoffe, dass ich nie wieder so etwas erlebe.«[65,66]

Die ganze Geschichte wurde erstmals am 7. Juli 1952 von der »North American Newspaper Alliance« verbreitet und an Zeitungen in den USA und der ganzen Welt weitergegeben.

Unheimliche Begegnungen in den toskanischen Bergen

Bemerkenswert an jenem Erlebnis von Vater und Tochter Linke ist vor allem, dass bereits Anfang der 1950er-Jahre kleinwüchsige Humanoiden beobachtet wurden. Sie glichen jenen auffällig, die Jahrzehnte später im Zusammenhang mit den so virulent auftretenden Entführungsfällen von sich reden machten. Ich konnte übrigens noch zwei weitere ganz ähnlich verlaufene Begegnungen auftun, bei welchen die gelandeten Objekte wie auch kleinwüchsige, menschenähnliche Wesen genauso beschrieben worden waren wie die Protagonisten des mysteriösen Vorfalls in dem Wald bei Haselbach im Frühjahr 1952. Beide ereigneten sich in den toskanischen Bergen, in der Nähe der italienischen Provinzhauptstadt Arezzo. Und einer dieser beiden Fälle datiert zurück bis ins Jahr 1930, als das UFO-Rätsel noch nicht so präsent war. An einem schönen Augusttag des Jahres 1930 machte sich ein damals 16-jähriges Bauernmädchen aus dem Gebirgsdörfchen Montebenichi westlich von Arezzo frühmorgens auf den Weg, um zu dem nahegelegenen Flüsschen Ambrella zu gehen. Sie wollte dort wie schon so oft zuvor ihre Wäsche in dem glasklaren Gebirgswasser waschen. Gerade hatte die junge Frau zwei Paar schwarze, handgestrickte Wollstrümpfe gereinigt und auf eine eigens für diesen Zweck mitgenommene Wäscheleine aufgehängt, als sie ein ungewöhnliches Geräusch vernahm.

Was dann geschah, schilderte sie viele Jahre später bei einem Gespräch mit dem Landvermesser Edoardo Lavacchi vom Katasteramt in Arezzo: »Plötzlich hörte ich ein Pfeifen in der Luft, und gleichzeitig spürte ich von hinten einen Windstoß. Im ersten Augenblick dachte ich, das Wetter wäre unversehens umgeschlagen. Als ich mich aber über die Schulter hinweg umschaute, lief es mir eiskalt den Rücken herunter. Denn kaum 20 Schritte von mir entfernt stand ein eigenartig glitzerndes Gebilde, das einem großen Kreisel glich, der mit der Spitze nach oben stand. Aus dem unteren Teil stiegen in diesem Moment zwei kleine Männer aus und unterhielten sich in einer Art, die wie Zwitschern klang. Dann nahmen sie die noch nasse Wäsche von der Leine herunter und kletterten damit in ihren ›Kreisel‹ zurück. Sie waren kaum drin, da pfiff es wieder ganz sonderbar. Während mich ein neuer Windstoß traf, schoss der seltsame Kreisel unheimlich schnell in die Höhe und war wenige Augenblicke später verschwunden. Wie von Furien gehetzt, rannte ich in unser Dorf zurück und erzählte mein ungewöhnliches Erlebnis. Alle lachten mich jedoch aus, niemand wollte mir Glauben schenken. Hierüber war ich sehr erbost und bin es auch heute noch, denn ich hatte doch alles mit eigenen Augen gesehen.«[67]

Soweit das Erlebnis der Bäuerin, wie sie es dem anfangs erwähnten Landvermesser aus Arezzo berichtet hatte. Der war erst durch einen anderen Bewohner des Bergdorfes auf die inzwischen recht betagte Frau aufmerksam gemacht worden.

Eine weitere spektakuläre Begegnung der dritten Art geschah am 1. November 1954 unter ganz ähnlichen Umständen in der

Nähe des Dorfes Cennina, das nur wenige Kilometer von Montebenichi und gleichfalls in den Bergen liegt. Hatte der dortige Vorfall im Jahre 1930 allenfalls für Kopfschütteln unter den Bewohnern des Bergdorfes gesorgt, erregte die Begegnung von 1954 überregionales Aufsehen in ganz Italien. Das »moderne UFO-Zeitalter« war angebrochen, und das Jahr 1954 zeichnete sich besonders in Europa durch regelrechte »Sichtungswellen« aus. So verwunderte es auch nicht, dass Journalisten und am UFO-Rätsel Interessierte scharenweise nach Cennina strömten und ihre Nachforschungen durchführten. Die italienische Wochenzeitschrift »La Domenica del Corriere« brachte eine ausführliche Titelgeschichte zu dem Fall. Und 30 Jahre später, im April 1984, berichtete das italienische Magazin für Grenzwissenschaften, »Il Giornale dei Misteri«, nochmals darüber. Das Ereignis enthält deutliche Parallelen zu dem oben beschriebenen Vorfall aus dem Jahr 1930 wie auch zu den Beobachtungen von Vater und Tochter Linke aus dem Thüringer Wald in der Zeit des geteilten Deutschland.

Landespuren auf der Waldlichtung

An jenem 1. November 1954 ging die damals 40-jährige Bäuerin Rosa Lotti-Dainelli durch den Wald bei Cennina, durch den das Gebirgsflüsschen Ambra hindurchfließt. In der einen Hand hatte sie Strümpfe und Schuhe, die sie sich eben ausgezogen hatte, um sie beim Durchwaten des Wassers nicht zu beschmutzen. Einen Strauß frisch gepflückter Felsblumen, mit dem sie am kommenden Allerseelentag das Grab eines verstorbenen Familienangehörigen schmücken wollte, hielt sie in der anderen.

Als Rosa den kleinen Fluss durchquert hatte, kam sie auf eine Waldlichtung. Dort fiel ihr ein großes, aus Metall bestehendes

Gebilde auf, das wie eine überdimensionale Spindel aussah. Das hatte sich mit der Spitze tief in die Erde hineingebohrt und stand dadurch aufrecht. Plötzlich kamen im gleichen Augenblick zwei kleine Wesen auf die Bäuerin zu. Sie trugen eng anliegende Anzüge und hatten jeweils einen kleinen, runden Helm auf dem Kopf, während um ihre Schultern ein weiter Umhang lag. Rosa war vor Schreck wie gelähmt und unfähig fortzulaufen, als ihr die fremden Wesen die Blumen und Strümpfe aus ihren Händen nahmen. Sie musste alles willenlos mit sich geschehen lassen und zusehen, wie die beiden Geschöpfe in dem metallenen Objekt verschwanden. Jene Fremden schienen miteinander zu kommunizieren, doch alles, was die Bäuerin zu hören vermochte, waren ihr unverständliche Laute in einem ungewöhnlich hohen Tonfall. Wie ihre »Kollegin« aus dem nahen Montebenichi wurde auch Rosa von wilder Panik ergriffen und lief, so schnell sie ihre Füße trugen, ins Dorf zurück.

Dort trommelte sie eilends mehrere Mitbewohner zusammen und ging mit diesen zurück zum Ort ihrer ungewöhnlichen Begegnung. Das Objekt war verschwunden – dafür war nun ein großes, kreisrundes Loch im Erdboden zu sehen, welches trichterförmig eingekerbt war. In späteren Untersuchungen konnte festgestellt werden, dass mehrere Bewohner von Cennina am frühen Morgen des besagten 1. November 1954 ein fliegendes Objekt am Himmel sahen, das genau an jener Stelle des Waldes heruntergeschwebt war, wo die Zeugin Rosa Lotti-Dainelli auf das UFO und dessen humanoide Insassen traf. Andere Einwohner sahen später ein Flugobjekt von dort aufsteigen.[67]

Die beiden Begegnungen der dritten Art besitzen frappierende Übereinstimmungen in ihrem Ablauf. Weiters kommt hinzu, dass sie sich, wenn auch im Abstand von 24 Jahren, nur wenige Kilometer voneinander ereigneten. Und was den Eindruck im Erdboden der Landestelle betrifft, gibt es unübersehbare Parallelen zu jenen Spuren, die das gelandete Flugobjekt im Wald bei Haselbach hinterließ, welches Oskar Linke und dessen Tochter so jäh aus ihren Vorbereitungen zur »Republikflucht« gerissen hat.

Zwischen Ririe und Rigby

Jene unverständlichen, zwitschernden Töne, über die die zwei Frauen aus der östlichen Toskana zu berichten wussten, erinnern an die traumatischen Erlebnisse zweier Zeugen im Osten des US-Bundesstaates Idaho. Deren unheimliche Begegnung konnte von weiteren Zeugen bestätigt werden.

Am Abend des 2. November 1967 fuhren zwei Indianer vom Stamme der Navajo, Willie Begay und Guy Tossie, beide 23 Jahre alt, auf dem Highway 26 in der Nähe von Ririe. Es war in etwa 21.30 Uhr, als ihnen ein blitzartiger Lichtstrahl auffiel. Im nächsten Augenblick sahen sie dicht vor ihrem Wagen ein kleines UFO mit einer Kuppel darauf, das fünf Fuß – etwa 1,50 Meter – über dem Asphalt schwebte. Obwohl Willie Begay nicht gebremst hatte, stoppte im selben Moment ihr alter Buick und blieb einfach auf der Landstraße stehen.

Das Flugobjekt sandte grüne und orangefarbene Lichtstrahlen aus, die aus Öffnungen kamen, welche um den äußeren Rand herumliefen. Zwei kleine Wesen waren durch eine transparente Kuppel zu erkennen. Diese öffnete sich plötzlich, und eine der beiden Gestalten, gerade einen Meter groß, schwebte heraus und näherte sich dem Wagen. Im Licht der Scheinwerfer konnten die Navajo-Indianer ein zerfurchtes Gesicht mit verhältnismäßig großen Ohren, runden Augen und einem schmalen Mund erkennen. Auch erschien das Gesicht grünlich, doch sahen die Zeugen im grellen Lichtschein des UFOs ähnlich verfärbt aus. Als das unheimliche Wesen die Fahrer-

tür des Buick öffnete, rückte Begay sichtlich schockiert zur Seite. Der Kleine kam herein, und sofort begann sich das Auto in ein Stoppelfeld zu bewegen. Keiner der Zeugen konnte sich dies erklären, denn der Motor stand still. Es hatte den Anschein, als würde das Auto wie von einem unsichtbaren Band gezogen, das von dem UFO ausging.
Als der Wagen etwa 20 Meter neben der Straße zum Stillstand gekommen war, wurde es dem Beifahrer zuviel. Guy Tossie öffnete die Türe, sprang heraus und lief zur Straße zurück. Nachdem er geflohen war, begann das Wesen mit Willie Begay zu »sprechen« – es waren unartikulierte Laute, die er nicht zu verstehen vermochte. Später berichtete er, die Sprache jener Kreatur sei sehr hoch und schnell gewesen, und versuchte, einen »zirpenden Laut« nachzuahmen.
Der Indianer war zu Tode erschrocken, vor allem, da sich in diesem Augenblick auch der zweite UFO-Insasse dem Wagen näherte. Doch dann stieg der erste aus, worauf beide auf das Objekt zugingen, und wieder einstiegen. Die Kuppel wurde geschlossen und das UFO stieg im Zickzackflug auf. Hierbei erschien an der Unterseite ein gelbes Licht, das sehr intensiv wurde. Schließlich entfernte sich das UFO sehr schnell.
Inzwischen hatte Guy Tossie die Farm von Willard Hammon erreicht. Mit ihm und dessen Sohn kam er eine Viertelstunde später zum Ort des Geschehens zurück. Der alte Buick der Indianer stand noch immer auf dem Stoppelfeld, und am Steuer saß Willie Begay mit geschlossenen Augen und vor Angst zitternd. Behutsam wurde dieser aus dem Auto gezogen, dann fuhr Farmer Hammon mit den beiden jungen Männern zur Polizei.
Dort nahm sich Sheriff Tom Harper des Falles an. Er erklärte, dass die beiden Indianer zutiefst verstört waren. Aber auch von Farmen in der Nähe des Schauplatzes wurden verdächtige Beobachtungen gemeldet. Eine Rinderherde war wild gewor-

den, und die Hunde hatten lange gebellt. Bei einer Mrs. Mann waren die Rinder sogar durch eine Absperrung aus Stahlrohr gebrochen und zwei Meilen weit gelaufen. Nachdem man die Herde zurückgetrieben hatte, dauerte es nicht lange, und die Tiere durchbrachen erneut in Panik einen Zaun.

Gegen 23.30 Uhr in jener Nacht ereignete sich ein weiterer, beinahe identischer Vorfall. Ein Zeuge, der ungenannt bleiben wollte, war mit seinem Lastwagen auf einer anderen Straße zwischen Ririe und Rigby gefahren. Plötzlich senkte sich von oben ein fliegendes Objekt herab, setzte sich genau vor den Lastwagen und stoppte ihn dadurch. Ein kleines Wesen kam aus dem UFO und versuchte, in das Fahrzeug zu gelangen. Hierbei tastete es die Fenster ab und pochte gegen die Windschutzscheibe. Kreideweiß vor Angst, befürchtete der Fahrer schon, seinen Verstand verloren zu haben. Nachdem das Wesen nicht in den LKW gelangen konnte, ging es zu der über dem Boden schwebenden Scheibe, die daraufhin sofort abflog.

Völlig aufgelöst fuhr der Zeuge nach Hause, wo er die ganze Nacht kein Auge zumachen konnte. Morgens um 7.00 Uhr vertraute er sein Erlebnis dann einem befreundeten Ehepaar an. Als gegen 9.00 Uhr am selben Morgen der lokale Radiosender die unheimliche Begegnung von Willie Begay und Guy Tossie meldete, war der Schock noch größer, und der Mann weigerte sich fürs Erste, von seiner aufwühlenden Sichtung zu sprechen.

Doch später wurden alle Zeugen eingehend befragt, wobei sie sich in keinem Punkt widersprachen. Nach Ansicht eines hinzugezogenen Psychiaters war ihre Panik echt, selbst das außergewöhnliche Verhalten der Farmtiere sprach für die Authentizität der Vorfälle jener Nacht. Die beiden Indianer hatten auch eingeräumt, an dem Abend ein oder zwei Biere getrunken zu haben. Doch der diensthabende Sheriff, zu dem sie von Farmer Willard Hammon gefahren wurden, konnte bestätigen, dass die beiden keinesfalls betrunken waren. Auch kann diese geringe Menge an Alkohol weder Panikreaktionen noch derartige Halluzinationen auslösen. Zu viele Details, die sich gegenseitig bestätigen, sind hier vorhanden, als dass man den Fall in der üblichen Weise als Schwindel oder Täuschung diffamieren könnte.[68,69]

Ungebetener Gast im Tabakfeld

Nun wird es Zeit, wieder an unser 21. Jahrhundert anzuknüpfen, in dem das UFO-Phänomen mit all seinen Facetten und Beobachtungsformen nichts von seiner Aktualität und Brisanz verloren hat. Narli ist ein kleines Bauerndorf in Westanatolien. Es gehört zur Kreisstadt Eşme, die rund 200 Kilometer östlich der Hafenstadt Izmir liegt. Knapp 100 Kilometer südlich liegen die Sinterterrassen von Pamukkale, eine landschaftliche und touristische Attraktion ersten Ranges in der Türkei.

Anfang Juni 2001 waren der damals 40-jährige Bauer Fevzi Can und seine Frau Selma schon am frühen Morgen auf dem Weg zu ihrem Tabakfeld. Da sahen sie plötzlich auf einem etwa 300 Meter entfernten Acker eine ungewöhnliche Gestalt. Beim Näherkommen schätzte Bauer Can die Größe der Kreatur auf zirka 60 Zentimeter. Ihr Kopf war birnenförmig und besaß mandelförmige Augen, und ihre Bekleidung bestand aus einem glänzenden Overall, der im Brustbereich einen leuchtenden, gelben Punkt erkennen ließ. Als der Bauer auf die unheimliche Gestalt zulief, erhob diese sich ungefähr fünf Meter hoch in die Luft und verharrte dort schwebend über dem Mann.

Der bückte sich nun nach einem Stein, und warf selbigen auf das Wesen. Ob dieses den Stein zurück auf den Landwirt schleuderte oder das Wurfgeschoss ganz einfach aufgrund der Schwerkraft auf den Mann fiel, kann im Nachhinein wohl nicht mehr so genau bestimmt werden. Auf jeden Fall mach-

te sich der potenzielle Außerirdische aus dem Staub und ließ zwei mehr als verwirrte Augenzeugen vor Ort zurück.
Mit dem Traktor fuhr das Ehepaar Can in die Kreisstadt Eşme und erstattete bei den dortigen Behörden Bericht. Die stellten im Dorf Narli sofort Nachforschungen an und konnten dort auch weitere merkwürdige Augenzeugenberichte sammeln. Ein möglicher Fußabdruck jenes mysteriösen Besuchers wurde in besagtem Feld gefunden und konnte gesichert werden. Als die Behörden in den Medien eine Zeichnung veröffentlichen ließen, meldete sich sogar eine Frau aus dem 200 Kilometer entfernten Izmir. Sie wollte von ihrem Balkon aus dieselbe Gestalt in der Luft schweben gesehen haben wie Bauer Can und dessen Frau.
Nicht nur die türkischen Behörden ermittelten in Narli. Eine UFO-Forschungsgruppe aus Istanbul schickte eine vierköpfige Delegation in das kleine Bauerndorf, um dort nach Beweisen für die Anwesenheit außerirdischen Lebens zu suchen. An und um den Ort der Sichtung herum nahmen sie Bodenproben und sandten sie in der Folge an mehrere Labors in der Türkei zur Analyse. Nach dem Willen des Provinzgouverneurs sollte auch die US-Weltraumbehörde NASA in die Ermittlungen eingebunden werden. Doch der UFO-Ermittler Haktan Akdogan, der mit seinen drei Kollegen aus Istanbul angereist war, hielt nicht viel davon, »weil die NASA vieles verheimlicht«. Und türkische Zeitungen, welche den Fall aufgriffen, sahen sich sogar bemüßigt, ihren Lesern Ratschläge »für den Fall einer Konfrontation mit Außerirdischen« zu geben. Auf keinen Fall sollte man sich näher als 30 Meter heranwagen. Außerdem wurde den häufig bewaffneten Türken dringend geraten, *nicht* das Feuer auf die Besucher zu eröffnen. Denn die Folgen könnten ziemlich schwerwiegend sein, wenn diese sich gezwungen sehen, wirkungsvolle Abwehrmaßnahmen gegen aggressive Angriffe der Erdbewohner einzuleiten.[70]

»Untertasse« landet am Interstate Highway

Im krassen Gegensatz zu dem Eindruck, den uns die für einige Jahre fast »UFO-abstinenten« Medien vermittelten, kam es in der ersten Dekade des 21. Jahrhunderts durchaus zu zahlreichen Zwischenfällen mit meist kleinwüchsigen Wesen. Diese Begegnungen der dritten Art scheinen in ihrer Häufigkeit zugenommen zu haben. Darum kann ich diesen Abschnitt mit zwei spektakulären Vorfällen aus dem Jahre 2009 ausklingen lassen. Der erste wird uns beinahe vertraut vorkommen: Denn wie bei dem eben erwähnten Fall aus der Türkei erhob sich auch dieses Mal ein mysteriöses Wesen geradewegs in die Luft. Rocklin in Kalifornien, am 10. Januar 2009. Gegen 1.00 Uhr nach Mitternacht ging der 21-jährige Zeuge, welcher aus persönlichen Gründen ungenannt bleiben möchte, in den Hinterhof seines Hauses, um noch eine Zigarette zu rauchen. Draußen war es dunkel, und weder im Haus noch davor brannte Licht. Es war jedoch fast Vollmond, sodass der junge Mann seine Umgebung relativ gut erkennen konnte. Er blickte zum Mond hinauf, der sich im Westen befand, und sein Hund, ein 65 Pfund schwerer Pitbull, stand am Zaun an der Westseite des Grundstückes. Der Mann hatte die Zigarette zur Hälfte geraucht, da überkam ihn auf einmal das Gefühl, von hinten beobachtet zu werden.

Als er sich umdrehte, konnte er die Umrisse von etwas erkennen, was er erst für einen Menschen hielt, der an der Hausecke nahe dem Zaun stand und ihn zu fixieren schien. Der Hund hatte die Gestalt gleichfalls bemerkt und rannte auf sie zu, als diese begann, von dem Hauseck weg zum hinteren Teil des Grundstücks zu laufen, was einer Entfernung zwischen fünf und sechs Metern entsprach. Der 21-Jährige ging zuerst durch die aus Glas bestehende Hintertür ins Haus zurück, ließ diese jedoch offen, damit der Hund auch herein konnte. Doch

was er im nächsten Augenblick sah, ließ ihn an seinem Verstand zweifeln.
Der Pitbull hatte die ominöse Gestalt beinahe erreicht, als diese sich auf der Stelle senkrecht in die Luft erhob, bis sie eine Höhe von etwa drei Metern erreicht hatte. Alsdann bewegte sie sich zur hintersten Ecke des Grundstücks, wo sie etwa zwei Minuten lang direkt über dem Gartenzaun schwebte. Dabei konnte der Zeuge die Umrisse von etwas erkennen, das er zunächst als »Flügel« deutete, was aber genausogut auch eine Art ausgebreiteter Mantel oder Umhang gewesen sein könnte. Vor lauter Angst wagte er nicht hinauszugehen, doch nach einer Minute schaltete er die Außenbeleuchtung ein. So konnte er gerade noch zusehen, wie das Wesen hinter dem Zaun verschwand. Der Pitbull scharrte wie wild am Zaun, und er musste ihn erst eine Minute lang rufen, bis dieser auch ins Haus kam. Anschließend lief der junge Mann nach oben, weckte seine schlafende Freundin auf und berichtete ihr, was er gerade erlebt hatte.[71]
In der Nacht des 22. März 2009 fuhr ein Ehepaar in Texas in südlicher Richtung auf dem Interstate Highway I-35 zwischen Waco und Austin. Es war in Höhe der Stadt Temple, da deutete die Frau auf ein seltsames Licht am Himmel, welches mit unglaublicher Geschwindigkeit dahinschoss. Plötzlich hielt es über einem Feld inne, das etwa eine Meile vom Highway entfernt lag. Der Fahrer zog den Wagen auf den Seitenstreifen und hielt an. Im nächsten Augenblick schien das UFO zu landen. Dabei konnten die zwei erkennen, dass es scheibenförmige Umrisse besaß, doch war es anfangs wegen der Dunkelheit schwierig, mehr Einzelheiten auszumachen. Zudem war die Nacht bewölkt. Darum holte der Mann von der Rückbank des Wagens ein Fernglas. Nachdem er sein Ziel erfasst hatte, konnte er sehen, dass da tatsächlich ein untertassenähnliches Objekt am Boden stand.

Aufgrund der begrenzten Sicht hielt er es auch für möglich, einen Futterspender für große Viehherden vor sich zu haben. Im nächsten Augenblick konnte er aber erkennen, dass sich eine Art Tür darin befand, die aufging und durch deren Öffnung helles, rötlich-oranges Licht aus dem Inneren der Scheibe drang. Dann kamen plötzlich drei Gestalten aus dem UFO, und die Tür schloss sich wieder. Nach geschätzten drei Minuten erhob sich das Flugobjekt, schwebte noch kurz über der Stelle und schoss dann mit sehr hoher Geschwindigkeit in nördlicher Richtung davon. Rasch verloren es die Zeugen aus den Augen.
Als die beiden auf das Feld zurückblickten, sahen sie, wie die drei aus dem UFO gestiegenen Wesen auf einen Rastplatz zugingen, der sich hinter dem Feld unweit des Highway befindet. Der Mann wollte das Auto wenden und besagten Rastplatz ansteuern, doch seiner Frau war die Sache alles andere als geheuer. Sie beschwor ihn, es nicht auf eine Konfrontation mit den Fremden ankommen zu lassen. Dann verloren sie die Wesen aus den Augen und setzten ihre Fahrt nach Süden fort.[71]
Um nun ein letztes Mal auf das unheimliche Erlebnis des eingangs erwähnten Bürgermeisters aus dem thüringischen Gleimershausen zurückzukommen: Auch bald 60 Jahre nach diesem Vorfall, der Vater und Tochter Linke so verstörte, treiben sich ominöse Gestalten in allen Teilen dieser Welt herum. Doch zuweilen geschehen auch jenen Fremden Dinge, die sie so sicher nicht eingeplant hatten. Öfter als man denkt, kommt es zum Absturz der fliegenden Objekte, mit denen die Fremden aus noch unbekannten Gefilden immer wieder zu uns kommen.

6 Vergesst Roswell!

Abstürze, von denen die Welt nichts erfuhr

»Die UFOs kommen von weit entfernten Planeten, die sich außerhalb unseres Sonnensystems befinden. Wir besitzen zahlreiche Beweise für ihre Existenz, Fotografien, Filme und sogar Metallstücke dieser Flugmaschinen.«

PROFESSOR HARALD SALKIN,
EHEMALIGER BERATER DES PENTAGON

Rufen wir uns noch einmal die im vorangegangenen Kapitel geschilderten Vorfälle ins Gedächtnis, so handelte es sich meist bei den Protagonisten dieser Begegnungen um sehr kleinwüchsige Geschöpfe. Um Wesen, deren Körpergröße im Mittel bei kaum über 1,20 Meter liegt. Obwohl ich persönlich der Annahme einer außerirdischen Herkunft dieser Fremden am meisten abzugewinnen vermag, hat mich doch auch eine andere Überlegung angesprochen – wenn nicht sogar mehr –, die bei näherer Betrachtung auch gute Argumente für sich verbuchen kann. Und die sich, wie indes die extraterrestrische Hypothese auch, auf eine sehr lange zurückreichende und kontinuierliche Reihe von Begegnungen mit einer uns nicht unähnlichen Lebensform berufen kann.

Die Rede ist von jenem »kleinen Volk«, welches in Form von Zwergen, Kobolden und Elfen eine viele Jahrtausende andauernde Spur in der Folklore der allermeisten Völker auf diesem Globus hinterlassen hat.

So schrieben bereits vor gut 30 Jahren die beiden Engländer J. Michell und R. J. M. Rickard zu diesem Thema: »Hätten wir eine Geschichte Europas aus phänomenaler Sicht zu schreiben, die auf zeitgenössischen Berichten über Erlebnisse von Menschen in verschiedenen Jahrhunderten basiert, würde sich unter anderem ergeben, dass es seit frühester Zeit sehr enge Verbindungen zwischen den Menschen und einer anderen, kleineren und viel weniger materiellen Rasse gegeben hat; dass diese Bindungen zwischen den beiden Völkern allmählich schwächer wurden, und dass die kleinere Rasse sich aus den von Menschen bewohnten Gebieten in die Wildnis zurückgezogen hat und schließlich in die obere Atmosphäre geflüchtet ist, aus der sie zu gelegentlichen Kurzbesuchen herabkommt, bei denen ihr leuchtende Scheiben und kugelförmige Raumschiffe als Transportmittel dienen.«[72]
Dies würde zumindest das von dem Forscher Jacques Vallée postulierte Paradoxon lösen, dass eine hochgerechnete Häufigkeit von bis zu 350 000 Besuchen pro Jahr ganz klar gegen die außerirdische Herkunft der Fremden sprechen würde.[25] Über jenes logistische Problem habe ich im zweiten Abschnitt berichtet, wobei wir bei Überlegungen dieser Art einmal mehr einzig von unseren eigenen beschränkten Möglichkeiten ausgehen. Doch lassen wir hier nochmals Rickard und Michell sprechen: »Das selbst in der finstersten Zeit des rationalistischen Skeptizismus aktive ›Kobold‹- oder ›Elfen‹-Phänomen hat in der Mitte des 20. Jahrhunderts ein bemerkenswertes Comeback erlebt. Das kleine Volk, das nach übereinstimmenden Berichten bis ins Mittelalter eine unaufdringliche Rolle im Alltag der Menschheit gespielt hatte, war allmählich aus seinen gewohnten Schlupfwinkeln verdrängt worden und erschien dann plötzlich fliegend, technologisiert (schließlich hatte es seine menschlichen Zeitgenossen nicht umsonst seit jeher nachgeahmt) und wie immer voller Tricks. Wir meinen damit natürlich die ›UFO-Leute‹.«[72]

1 »Wiederkommen« oder »wiederkehren« lautet die Bedeutung des Schriftzeichens rechts oben auf der Stele. Es macht eher einen technischen Eindruck. Will es auf die Präsenz »von anderswo« gekommener Wesen in früheren Zeiten – nicht nur im Reich der Mitte – anspielen?

2 Im frühmittelalterlichen Japan waren die mysteriösen »Kappas« allgegenwärtig. Ein rüsselartiger Auswuchs führte von Mund und Nase zu einem Kasten auf dem Rücken. Waren diese »Schilfmenschen« etwa Besucher aus dem Weltall? Ernst zu nehmende Hinweise gibt es aus allen Teilen der Welt.

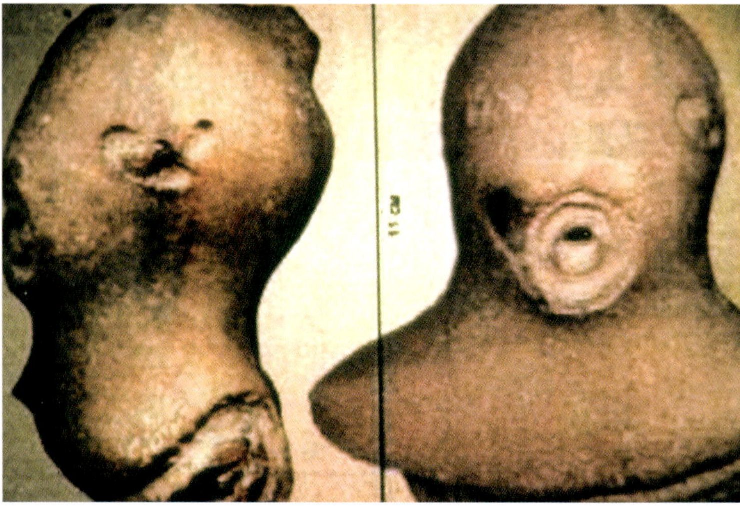

3 Aus Sandstein geformte Kopfdarstellungen, die man in der Nähe von Kaluga (Russland) fand. Statt Mund und Nase sieht man Anschlussvorrichtungen für einen Atemschlauch. Helme vorzeitlicher Astronauten von fremden Planeten?

4 Unheimliche Begegnung am 5. März 2004 im Luftraum über Campeche (Mexiko). Die UFOs wurden vom Radar und einer Infrarotkamera erfasst. Für das bloße Auge waren sie unsichtbar. Die Echtheit der Aufnahmen wurde vom mexikanischen Verteidigungsministerium bestätigt.

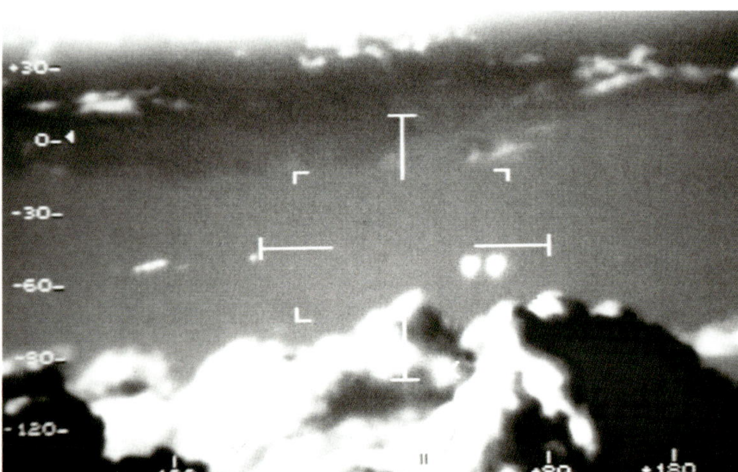

5 Am 5. Oktober 2002 nahm eine Überwachungskamera nahe dem Terminal 2 des Flughafens von Kota Kinabalu (Malaysia) dieses rechteckig geformte UFO auf. Das Objekt kam mit immenser Geschwindigkeit von der Küste her und war nur wenige Augenblicke lang zu sehen.

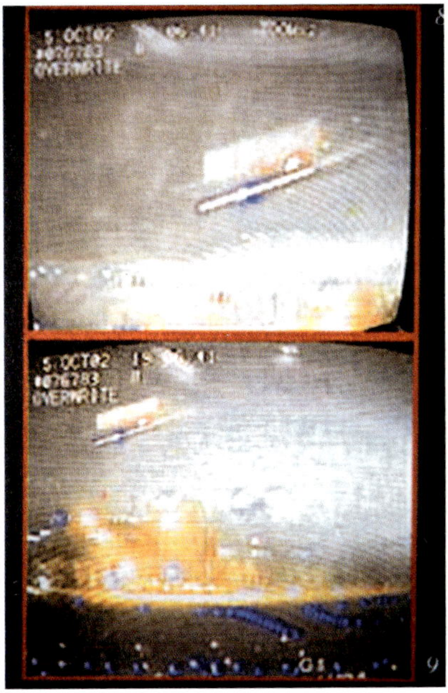

6 Im Januar 1996 wurden in und im Umkreis der brasilianischen Stadt Varginha mehrere solcher Wesen gesichtet. Möglicherweise waren es Überlebende eines UFO-Crashs, der dort eine Woche zuvor stattgefunden hatte. Ein Militärpolizist starb nach Körperkontakt mit einem der Aliens. Aufgrund der vielen Zeugen und der Involvierung von Militär und Polizei gilt dieser Fall als einer der best-dokumentierten Begegnungen mit Humanoiden in jüngster Zeit.

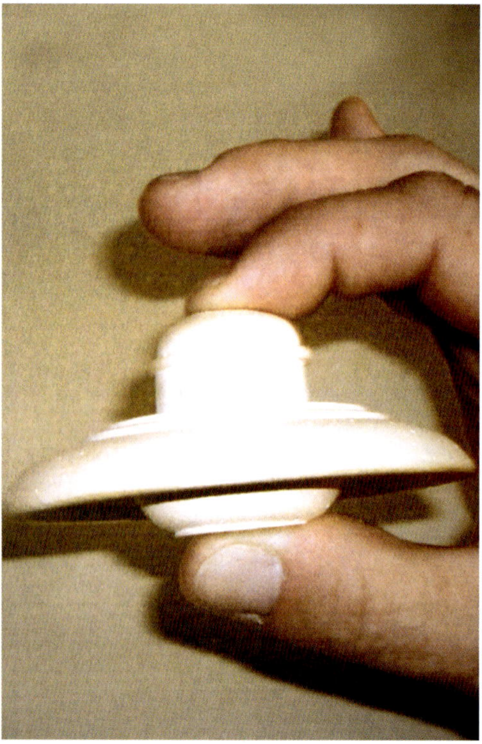

7, 8, 9 Wo früher einfachere Mittel wie Radkappen oder an dünnen Fäden aufgehängte Minimodelle herhalten mussten, eröffnen moderne Computerprogramme heute ungeahnte Möglichkeiten. Mein Webmaster benötigte gerade einmal eine halbe Stunde, um die vergleichsweise plumpe »UFO-Invasion« rechts oben in Szene zu setzen. Vorsicht ist geboten: Ein Bild sagt nicht immer mehr als tausend Worte. Andererseits bieten digitale Rechenprogramme die Möglichkeit, UFO-Bilder aus früheren Jahren neu zu bewerten.

10 Keine Fälschung, aber höchstwahrscheinlich das Ergebnis einer Spiegelung: Das berühmt gewordene Foto des Marine-Fotografen Shell Alpert. Am 16. Juli 1952 bemerkte Alpert vier grelle Lichter, die über den Anlagen der Küstenwachstation von Salem/Massachusetts zu schweben schienen. Hier hält Alpert das Bild in Händen, das in der Folge um die ganze Welt ging.

11 Eine der beiden Aufnahmen, die Paul Trent am 11. Mai 1950 von einem nichtidentifizierten Flugobjekt machte. Der berüchtigte »Condon-Report« konnte keine Fälschungsmerkmale an den Fotos feststellen.

12 Bei späteren, computergestützten Analysen konnte man gleichfalls keine Hinweise auf Manipulationen entdecken. Alles spricht dafür, dass damals tatsächlich ein künstliches Objekt möglicherweise außerirdischen Ursprungs über die Farm bei McMinnville geflogen ist.

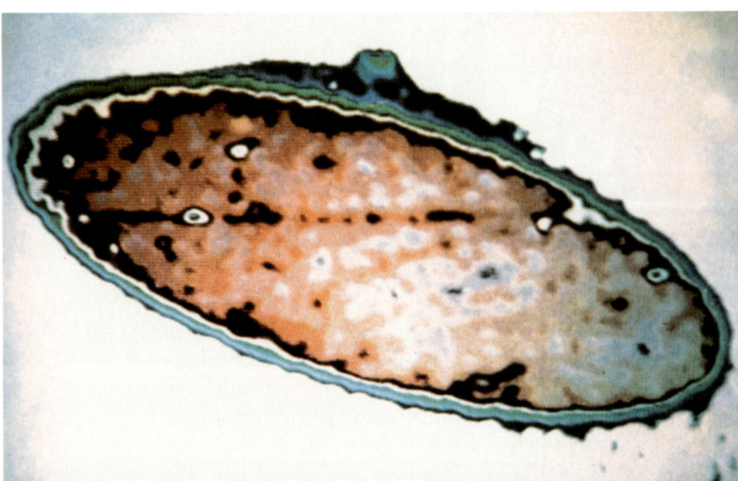

13, 14, 15 Von Bord des Segelschulschiffes »Almirante Saldanha« beobachteten am 16. Januar 1958 zahlreiche Zeugen ein UFO, das über der brasilianischen Insel Trinidade eine Kehre flog. Nach gründlichster Untersuchung der Fotos durch die Marine und externe Spezialisten wurden auch diese UFO-Fotos für echt erklärt, da sich keine Spuren fanden, die auf eine Fälschung schließen lassen.

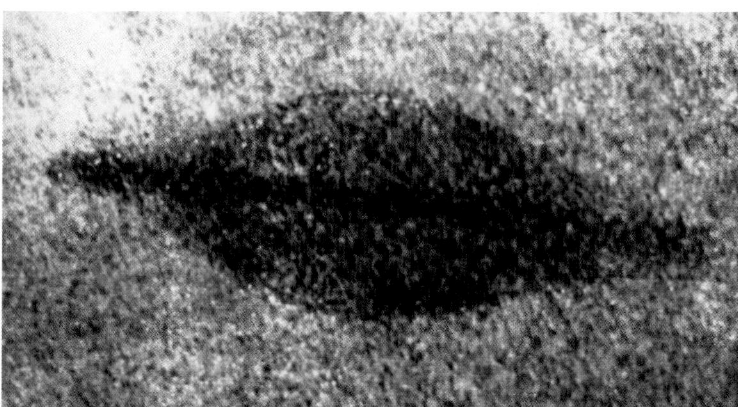

16 Kein Geringerer als der damalige Staatspräsident Juscelino Kubitschek (im VW stehend) leitete die Fotos des Trinidade-UFOs an die Presse weiter. Auch das Marineministerium verbürgte sich für deren Echtheit.

17 Zwischen August und November 1951 beobachteten zahllose qualifizierte Zeugen eine rätselhafte Formation leuchtender Objekte im Umkreis der texanischen Stadt Lubbock. In der Nacht des 30. August 1951 gelangen Carl Hart fünf Aufnahmen der »Lubbock Lights«.

18 Einzelbild des am 2. Juli 1952 bei Tremonton/Utah aufgenommenen Filmstreifens, der zehn bis zwölf scheibenförmige Objekte in etwa 3000 Metern Höhe zeigt.

19 Der Marineoffizier Delbert C. Newhouse, der die UFOs bei Tremonton filmte, konnte einige der Objekte aus der Nähe beobachten. Als Fotograf der Marine mit zahllosen Luftbildeinsätzen besaß er zudem eine weit über den Durchschnitt hinausgehende Qualifikation, die von Skeptikern nicht geleugnet werden kann!

20 Die italienische Wochenzeitung »La Domenica del Corriere« berichtete über das dramatische Erlebnis der Bäuerin Rosa Lotti-Dainelli am 1. November 1954 bei Cennina in den toskanischen Bergen.

21 Der Vorposten der Garnison von Putre in Nordchile. Dies war der Schauplatz einer der spektakulärsten UFO-Entführungsfälle der letzten Jahre. Mehrere Soldaten wurden am frühen Morgen des 25. April 1977 Zeugen eines geradezu unfassbaren Vorfalles, über den das Militär bis heute schweigt.

22 An dieser Stelle verschwand der damals 22 Jahre alte Unteroffizier Armando Valdes vor den Augen seiner Kameraden, als ein blendender Lichtstrahl aus einem über ihm schwebenden UFO aufblitzte.

23 Die Bundesstraße 12 hinter Neuötting. In der Nacht vom 12. auf den 13. Juni 1994 kam es hier offenbar zu einer Entführung der Zeuginnen, einhergehend mit erheblichem Zeitverlust. Für ihren Heimweg von nur 25 Kilometern benötigten die Frauen drei Stunden Zeit. Was geschah in diesen Stunden mit ihnen?

24 Gängige Darstellung jener auch als »Little Greys« bezeichneten Wesen, die im Mittelpunkt unzähliger traumatischer Entführungserlebnisse stehen. Nicht selten werden die Betroffenen von den Fremden medizinischen Eingriffen und Experimenten unterzogen.

25 In vielen Fällen scheinen selbst feste Wände kein Hindernis für die Aliens darzustellen.

26 Gynäkologen konnten bei Frauen Anzeichen von Schwangerschaften feststellen, in deren Verlauf die Föten verschwanden. Während weiterer Entführungen wurden manchen Frauen kleine Kinder präsentiert – offenbar Hybriden mit den genetischen Eigenschaften sowohl des Menschen als auch einer außerirdischen Spezies.

27 Ratlos betrachtet Pferdezüchter Harry King die übel zugerichteten Reste seiner Stute »Lady«. Das Pferd war offenbar mit einer hoch entwickelten Lasertechnologie verstümmelt worden und wies zudem eine hohe radioaktive Strahlung auf. Mit diesem Fall trat das Phänomen der Verstümmelungen aus dem Dunstkreis des Verborgenen.

28 Eine verstümmelte Kuh, der große Partien im Bereich der Schnauze entfernt worden sind. Die Anzahl der getöteten Tiere kann höchstens annähernd geschätzt werden.

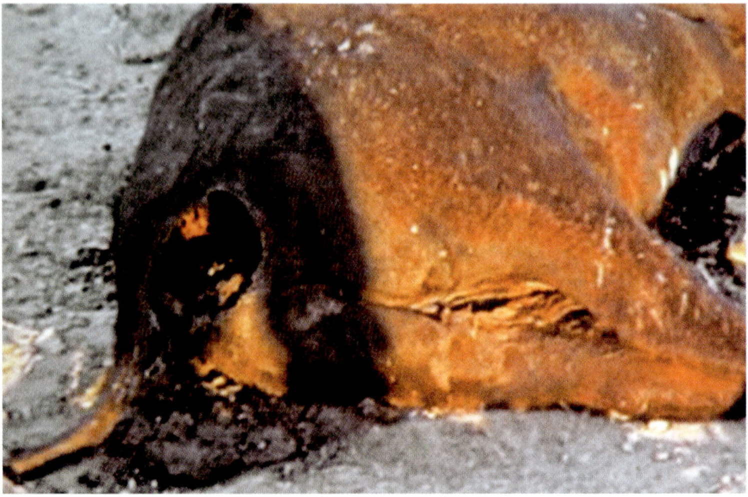

29 Bei diesem Rind wurde eine große Inzision im Rektalbereich gesetzt. Allen Viehverstümmelungen gemeinsam ist das völlige Fehlen des Blutes. Doch die vollständige Entfernung dieser Körperflüssigkeit ist schwierig, da bei 35 Prozent der Entnahme die Blutgefäße kollabieren.

30 Im Umfeld der Viehverstümmelungen werden immer wieder schwarze Helikopter ohne Hoheitszeichen beobachtet. Ähnliche Sichtungen kennt man beim Entführungsphänomen. Ist das Militär in das Geschehen involviert?

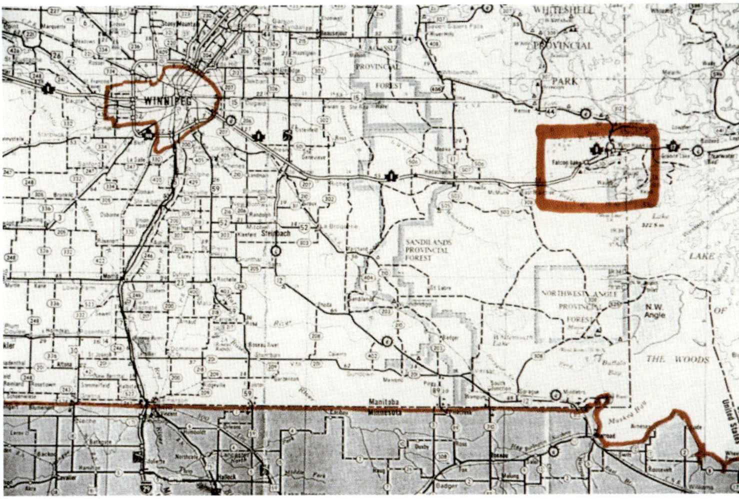

31 In den Bergen unweit des Falcon Lake in Kanada beobachtete Steven Michalak aus Winnipeg am 20. Mai 1967 die Landung eines UFOs. Als er sich dem Objekt näherte, setzte plötzlich ein Hitzeschwall seine Kleidung in Brand.

32 Auf dem Oberbauch von Steven Michalak zeigte seine Haut ein deutliches Verbrennungsmuster, das exakt dem Gitterrost auf einer Ausstoßöffnung des gelandeten Flugobjekts entsprach. Wahrscheinlich war der Kanadier einer harten, radioaktiven Strahlung ausgesetzt.

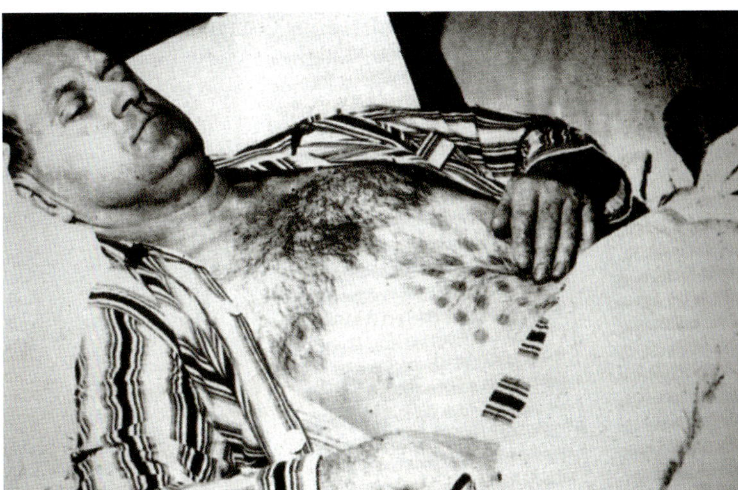

33 Flugkapitän Thomas Mantell von der US-Nationalgarde wurde am 7. Januar 1948 bei der Verfolgung eines unbekannten Flugobjekts im Einsatz getötet. War es ein Unglücksfall oder ein gezielter Angriff des UFOs?

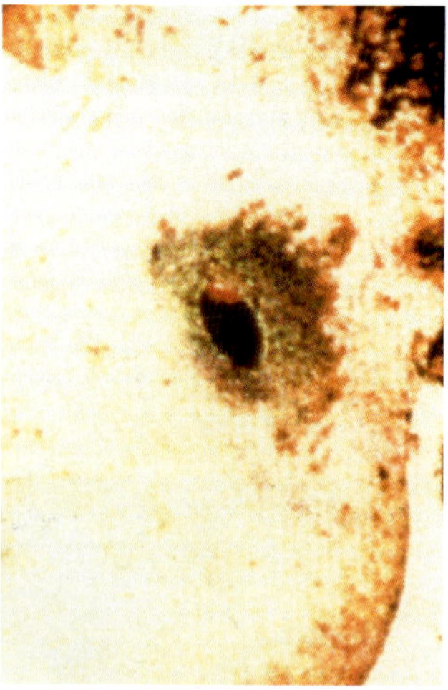

34 Bei dem verstümmelten Leichnam vom Guarapiranga-Stausee fanden sich kreisrunde, wie eingestanzt wirkende Inzisionen im Bereich von Brust, Bauch und – wie hier zu sehen – der Oberschenkel.

35 Ein Albtraum ist nun schreckliche Realität geworden: Der verstümmelte Leichnam des Guarapiranga-Opfers, wie er am 29. September 1988 von Kindern aufgefunden wurde.

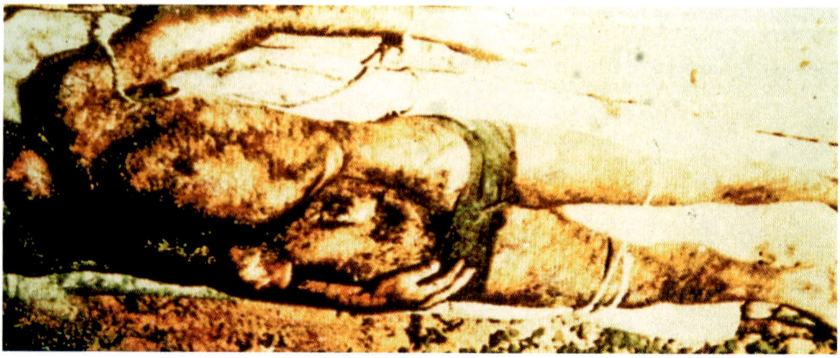

Die mögliche Existenz einer weiteren intelligenten Spezies auf dieser Welt in Betracht zu ziehen, sollte man a priori nicht von der Hand weisen. Denn Begegnungen mit Angehörigen dieses »kleinen Volkes« in alten und auch neueren Zeiten haben eine viel zu deutliche Spur hinterlassen, als sie einzig der Einbildungskraft der Völker rund um den Globus zuzuschreiben. Genauso gut kann es sich bei diesen Geschichten aber auch um zeitgenössische Berichte über Begegnungen mit extraterrestrischen Intelligenzen handeln, die schon sehr lange auf diesem Planeten weilen. Formuliert in der damaligen Sprache und Ausdrucksweise, geprägt von fehlendem technischen Wissen und auch dem jeweils herrschenden Zeitgeist. Götter, Kobolde oder heute außerirdische Raumschiffbesatzungen: Vielleicht sind dies einfach nur die verschiedenen Umschreibungen für ein- und dasselbe Phänomen, das uns bereits seit Urzeiten begleitet.

Im Rio Peropava versunken

Eines ist den Fremden immer wieder passiert, ob es sich nun um ein »kleines Volk im Hightech-Gewande« handeln mag oder um Besucher aus den Tiefen des Alls. Ihre Flugobjekte fallen mitunter vom Himmel, wie das auch mit unseren Flug- und Raumfahrzeugen geschieht. Meist erfährt die Welt nichts davon. Zum einen ist die hartnäckige Geheimhaltungsmaschinerie von Militärs und Regierungen daran schuld. Ein klein wenig aber vielleicht auch die krasse Überbewertung eines Vorfalls, der sich im Juli des Jahres 1947 ereignet haben soll. Ein ganzes Meer an Druckerschwärze hat sich inzwischen über den UFO-Absturz bei Roswell in New Mexico ergossen, so erwähne ich diesen Vorfall hier nur ganz am Rande. Und aufgeheizt wurde der Hype um den berühmtesten UFO-Crash

1995, als ein Streifen Film auftauchte, der die angebliche Obduktion eines damals bei diesem Absturz getöteten Aliens zeigen soll. Heute wissen wir, dass jener »Santilli-Film« eine Fälschung war, hergestellt in gewinnsüchtiger Absicht. Trotzdem gab und gibt es zu viele ernst zu nehmende Zeugenaussagen, um die Sache einfach in das Reich der Fabel verweisen zu können. Die US Air Force gab seinerzeit selbst zu, auf die Überreste einer abgestürzten »fliegenden Untertasse« gestoßen zu sein. Eine entsprechende Schlagzeile zierte die örtliche Tageszeitung und rief großes Medieninteresse hervor.[73] Doch schon anderntags wurde alles von Seiten der Luftwaffe dementiert, und bis zum heutigen Tage machen die haarsträubendsten offiziellen »Erklärungen« die Runde. Wie etwa jene, die außerirdischen Körper seien nichts anderes gewesen als »anthropomorphe Attrappen«, also Puppen oder, wie es in neudeutscher Sprache heißt, *Dummies.* Man hätte sie abgeworfen, um herauszufinden, wie man Piloten mit Fallschirmen aus großer Höhe zur Erde zurückbefördern könnte.[74]

An dieser Stelle möchte ich die Roswell-Kontroverse verlassen. Denn es gibt noch weit mehr Berichte über abgestürzte Objekte – bis hinein in unsere Tage des Jahres 2009 –, die nicht an den Bekanntheitsgrad der Roswell-Katastrophe heranreichen. Spektakulär und teils neu aber sind sie allemal.

Einer der seltsamsten Zwischenfälle in der langen Geschichte des UFO-Phänomens überraschte am Nachmittag des 31. Oktober 1958 die Bewohner von Iguape in Brasilien. Das Städtchen liegt in der Provinz São Paulo am Rio Peropava, einem breiten, träge dahinfließenden Strom, dessen Tiefe an der Stelle des Geschehens mehr als fünf Meter beträgt.

Gegen 14.30 Uhr an diesem Nachmittag war eine Anzahl Personen auf ein lautes Geräusch über sich aufmerksam geworden, das in kurzen Intervallen durch metallisch klirrende Laute unterbrochen wurde. Im selben Augenblick flog ein

glänzendes, scheibenförmiges Objekt von etwa fünf Meter Durchmesser und eineinhalb Meter Dicke im Zentrum direkt auf den Rio Peropava zu. Hierbei überquerte es noch das Dach des Hauses von Señora Elidia Alves de Souza, welches auf einem Hügel neben dem Fluss steht, wobei es nur ganz knapp einem Zusammenstoß mit diesem entging. Dann versuchte der Flugkörper offensichtlich zu landen. Dies gelang aber nicht, denn das Objekt streifte den Stamm einer Palme, in den es dabei eine tiefe Kerbe schnitt.
Alle Augenzeugen des Vorfalls, darunter einige Flussfischer, welche dem Flugobjekt am nächsten kamen, waren sich darin vollkommen einig, dass das UFO durch die Kollision mit dem Baum endgültig außer Kurs geriet. Beinahe augenblicklich neigte es sich nach oben und stieg hoch, dann schoss es etwa zehn Meter weit nach der Seite. Sekundenlang hing es über dem Fluss, gab dabei donnernde und klirrende Geräusche von sich. Schließlich drehte es sich auf die Kante und stürzte ins Wasser.
Wenig später waren Polizei und Militär am Ort des Absturzes und vernahmen jene insgesamt zwölf Personen, welche beobachtet hatten, wie das Objekt ins Wasser eingetaucht war. Alle sagten übereinstimmend aus, dass sie dabei einen zischenden Ton gehört hätten, als wäre das Flugobjekt glühend heiß gewesen, doch hätte man überhaupt keinen Dampf gesehen. Offenbar war dieses Zischen auf etwas anderes als Hitze zurückzuführen. Als das UFO versank, stiegen große Blasen auf, die vom Boden des Flusses heraufgespült wurden, denn innerhalb von Sekunden war das Wasser aufgewühlt und schmutzig.
Mehr als eine Stunde lang brodelte es an der Absturzstelle, der Fluss schien fast zu kochen. In der Zwischenzeit hatten Fischer, die das unheimliche Szenario beobachtet hatten, lange hölzerne Stangen in die Uferböschung getrieben, um die genaue Position des havarierten Flugkörpers zu markieren.

Aus dem Staub gemacht?

Eine Woche später, am 7. November 1958, waren dann zahlreiche Experten des brasilianischen Militärs und anderer Behörden vor Ort. Sie brachten Minensuchgeräte, Taucherausrüstungen, Abhörgeräte und lange Sonden zum Einsatz, um den etwa drei Meter mächtigen Schlammboden unterhalb des fünf Meter tiefen Wassers zu durchsuchen. Als dann noch starke Scheinwerfer dazugebracht wurden, ging die Suche nach dem havarierten Flugobjekt Tag und Nacht weiter. Zahlreiche Journalisten hatten sich eingefunden, die ihre Redaktionen rund um die Uhr mit Exklusivberichten und Interviews versorgten.

Das UFO wurde indes nicht gefunden. Ob es ihm gelungen war, stromauf oder stromab im Schutze der Dunkelheit zu entwischen oder ob es ganz einfach im tiefen Schlamm des Flusses versank, konnte nie geklärt werden. Aber da in einer mehr als zwei Wochen andauernden, gründlichen Untersuchung alles getan wurde, was machbar war, ist es recht unwahrscheinlich, dass das Objekt nicht gefunden worden wäre, hätte es sich tatsächlich noch an der Stelle seines Absturzes befunden.

Nach dieser intensiven Suche, die jedoch leider keine handfesten Ergebnisse zeitigte, packten die Spezialisten ihre Gerätschaften wieder ein und verließen Iguape. Den einzigen Hinweis auf den UFO-Absturz, sieht man einmal von den zahlreichen detaillierten Zeugenaussagen ab, nahmen sie trotzdem mit. Denn die Behörden hatten angeordnet, den oberen Abschnitt der Palme abzuschneiden, in den das Flugobjekt bei der Kollision mit dem Baum eine tiefe Kerbe geschlagen hatte. Das Corpus Delicti wurde weggeschafft, und man hat nie mehr gehört, was mit dem Baumteil geschah.[66]
Vielleicht, aber dies ist jetzt reine Spekulation, fand es den

Weg in die USA, wo sich zahlreiche Artefakte von anderen vertuschten UFO-Abstürzen befinden.
»Alles schon mal dagewesen«, würde jetzt wieder der pfiffige Rabbi Ben Akiba orakeln, einer der Hauptcharaktere im Drama »Uriel Acosta« des Schriftstellers Karl Gutzkow (1811 bis 1878). Denn die alte chinesische Anthologie »Erzählungen aus dem Norden« weiß von einem ganz ähnlichen Zwischenfall zu berichten, der sich allerdings bereits vor über 600 Jahren ereignete. Das Spektakel wurde auch damals von sehr vielen Zeugen beobachtet und konnte deshalb nicht sang- und klanglos in den Wirren dieser unruhigen Periode untergehen. Während der Regierungszeit des Kaisers Hongwu – 1368 bis 1399 nach unserer westlichen Zeitrechnung –, einem Regenten aus der Ming-Dynastie, stellte der Militärkommandant Qui Jingsi seine Truppen entlang dem Hoangho, dem »Gelben Fluss«, auf. An einem Nachmittag fiel in der Militärfestung »Platane« ein gewaltiges leuchtendes Objekt in den Fluss, wobei mächtige Flammen daraus bis in die an den Ufern aufgestellten Unterkünfte schossen. Es wurden dabei viele Krieger schwer verletzt. Soldaten, Offiziere und Befehlshaber wurden durch den dramatischen Vorfall aufs Äußerste beunruhigt, wie die eingangs genannte Schriftensammlung aus dem spätmittelalterlichen China zu berichten weiß.[75] Für meine Betrachtungen ist es ein gutes Beispiel für die Tatsache, dass das UFO-Phänomen mit wirklich all seinen verwirrenden Facetten zu allen Zeiten der Geschichte auf unserem Planeten Präsenz gezeigt hat.
Aber wenden wir uns nach dieser kurzen Rückblende ins China der Ming-Zeit (1368–1644) wieder unserer Epoche des späten 20. und des beginnenden 21. Jahrhunderts zu. Vergessen wir Roswell und befassen wir uns dafür mit einer Reihe zum Teil noch nicht bekannt gewordener Havarien fremder Flugobjekte.

UFO-Alarm in Keckburg

Ein knappes Jahr vor dem Zwischenfall am Rio Peropava soll es in Deutschland, und zwar im Großraum Hamburg, ebenfalls zum Absturz eines nichtidentifizierten Objekts gekommen sein. Will man den Zeitungen vom 2. bis 6. Dezember 1957 Glauben schenken, schlug ein glühender Körper, der aus der Richtung des Hamburger Stadtteils Harburg kam, am 1. Dezember 1957 auf einer Wiese im Dorf Großmoor ein. Das Ganze geschah um 16.20 Uhr. Etliche Zeugen bemerkten eine Art Blitz, der den schon dämmerigen Nachmittag in ein unnatürlich grelles Licht tauchte. Der Zeuge Walter Blöhs, der dem Geschehen am nächsten war, will sogar eine metallisch glänzende Spitze in dem Objekt, das die doppelte Größe eines Fußballes besessen haben soll, erkannt haben. Ein paar Sekunden später schlug die Feuerkugel in die nahegelegene Wiese ein. Eine Rauchwolke von einem Meter Höhe stieg auf, die blau und grün schimmerte.
In den nächsten Tagen wurde das Gelände nach Trümmern abgesucht. Sogar eine Einheit der damals gerade zwei Jahre jungen Bundeswehr wurde an den Ort des Geschehens beordert. Weder die Pioniere noch ein Sprengmeister, der mit einem Metallsuchgerät arbeitete, konnten irgendwelche Überreste finden.[76] Darum vermutete die Hamburger Sternwarte, dass ein Meteorit eingeschlagen war. Ich persönlich halte es aber auch für denkbar, dass es ein Kugelblitz war, der auf der Wiese in Großmoor explodierte. Zumindest die Größe des Objekts und das Fehlen jeglicher Trümmer würden diese Erklärung rechtfertigen.
Bedeutend mehr Verwertbares blieb nachweislich in der Folge eines Absturzes zurück, über den das US-Militär ebenso wie die NASA seit nunmehr 45 Jahren einen Mantel des Schweigens gebreitet haben. Am Abend des 9. Dezember 1965

rauschte ein feuriges Objekt über die Häuser der Stadt Kecksburg im US-Bundesstaat Pennsylvania. Sekunden später war ein donnernder Knall zu vernehmen, und ein grellroter Blitz erhellte die Landschaft. Einwohner alarmierten die Polizei. Die Nationalgarde rückte aus, und später sollte der Gouverneur des Staates vorübergehend das Kriegsrecht ausrufen.
Schon kurze Zeit später trafen die ersten Militärfahrzeuge in Kecksburg ein. In der ganzen Nacht waren die Straßen voller Lärm vom Dröhnen der schweren Dieselmotoren. Hubschrauber flogen ständig im Konturenflug über das Gebiet. Und der Wald außerhalb der Stadt, in den das Objekt abgestürzt war, wurde von den Sicherheitskräften hermetisch abgeriegelt. Anwohner wurden sogar mit Waffengewalt daran gehindert, in die Sperrzone vorzudringen. Viele Kecksburger, die in dieser Nacht nicht zum Schlafen kamen, konnten verfolgen, wie ein riesiger Tieflader durch die Straßen der Stadt raste und mit einer militärischen Eskorte in das gesperrte Waldgebiet fuhr.
Ein paar Stunden später, am östlichen Horizont graute schon der Morgen, kehrte er aus dem Forst zurück. Verdeckt von einer Plane, war ein großes, mehrere Meter messendes Objekt auf der Ladefläche befestigt. Die Anwohner wurden barsch und teilweise mit vorgehaltenen Waffen angewiesen, sich ruhig zu verhalten. Auch wurde ihnen weiterhin verboten, den Wald zu betreten. Auf die Frage, was dort losgewesen sei, erklärte man ihnen lapidar, ein Meteorit sei eingeschlagen. Doch schon bald kamen Gerüchte auf, dass sich dort etwas ganz anderes abgespielt haben mag, als ihnen das Militär weismachen wollte.
Offenbar müssen Einschüchterung und Zensur seitens staatlicher und militärischer Stellen gut gewirkt haben, denn die Medien nahmen sich des Vorfalles kaum an. In dem Lokalblatt »The Tribune Review« erschien am darauffolgenden 10. De-

zember gerade einmal die kurze Meldung »Armee sperrte Gebiet ab – unidentifiziertes Flugobjekt stürzte bei Kecksburg ab«. Weitere Meldungen erschienen nicht. Nur eine Woche danach griff ein lokaler Radiosender im nahen Greensburg das Thema noch einmal auf. Ein wahrscheinlich zensierter Beitrag mit dem Titel »Objekt in den Wäldern« versuchte, die Vorfälle herunterzuspielen. Danach schliefen die Nachforschungen ein, und das »UFO von Kecksburg« verschwand in der Grauzone zwischen Verdrängen und Vergessen.

»Sci-Fi-Channel« vs. Pentagon und NASA

Ganze 25 Jahre dauerte das Vergessen über den spektakulären Vorfall. Und zwar bis zum 19. September 1990. An dem Tag brachte der große amerikanische Fernsehsender NBC in seiner Doku-Serie »Unsolved Mysteries« einen Beitrag, der sich mit den damaligen Vorgängen in Kecksburg befasste. Mit unerwarteten Folgen: Mehr als 100 Zeugen meldeten sich, die alle irgendwie mit dem Absturz und der Militäraktion zu tun hatten.
Sie nutzten die Gunst der Stunde, nach inzwischen 25 Jahren endlich über ihre Erlebnisse zu sprechen. Einige dieser Leute, die sich beim Sender NBC meldeten, waren 1965 bei der Bergung des Flugobjekts dabei. Und zwar als Angehörige der Armee, der Luftwaffe und der Marine. Auch die NASA war seinerzeit tief in die Geheimhaltung und Vertuschung über den UFO-Crash eingebunden. Übrigens hat sich 2003 der US-Sender »Sci-Fi-Channel« dazu entschlossen, sowohl das Verteidigungsministerium im Pentagon als auch die NASA zu verklagen. Sie versuchen die Behörden per Gerichtsbeschluss zu zwingen, sämtliche geheimgehaltenen Akten über den Vorfall endlich freizugeben.[77]

Doch zurück zu der NBC-Dokumentation vom 19. September 1990. Mehrere der Zeugen schickten nach der Sendung Zeichnungen ein, die sie unabhängig voneinander aus dem Gedächtnis angefertigt hatten. Sie ähnelten einander in hohem Maß und lassen ein etwa vier bis fünf Meter langes und drei bis vier Meter durchmessendes Objekt in Form eines ballistischen Geschosses erkennen. Das als bronzefarben beschriebene Objekt lag am Ende einer Schneise, die es in den Wald geschlagen hatte. Der Untergrund war rinnenförmig aufgerissen, das Objekt beinahe bis zur Hälfte in der davor aufgetürmten Erde eingegraben.

Einer der Zeugen war James Romansky, der heute in der Stadt Derry lebt. Er wusste zu berichten, dass der bronzefarbene Flugkörper mit ungewöhnlichen, hieroglyphenartigen Zeichen bedeckt gewesen sei, wie er sie nie zuvor gesehen hatte. Russisch oder Chinesisch sei die Schrift keinesfalls gewesen, da er die Zeichen als ehemaliger Angehöriger der Air Force kannte. Auch Bob Adams war bei der Air Force und zum Zeitpunkt des UFO-Crashs auf der »Lockborne Air Base« bei Columbus in Ohio stationiert. Am 10. Dezember 1965, also dem Tag nach der Havarie, bekam er den Befehl, gemeinsam mit einigen Kameraden einen zugewiesenen Hangar des Stützpunktes zu bewachen. Die Soldaten hatten sogar Schießbefehl erhalten, sollte sich irgendjemand, völlig gleich ob Zivilpersonen oder Armeeangehörige, unberechtigt dem Hangar nähern. Von dem rätselhaften Zwischenfall am Vorabend im Forst bei Kecksburg hatten die Männer in der Air Base zu jenem Zeitpunkt keine Kenntnis.

Anfangs hatten sie wohl einen leeren Hangar bewacht. Später im Laufe des 10. Dezember traf dann ein riesiger Tieflader auf der Basis ein, der ein mehrere Meter durchmessendes Objekt geladen hatte, das sorgfältig mit einer Plane abgedeckt war. Bob Adams hatte den Eindruck, dass besagter Gegenstand unter dieser Plane die doppelte Größe eines VW-Käfers besessen habe. Am darauffolgenden Morgen, früh um sieben Uhr, wurde Adams von seinem Posten abberufen. Denn das abgestürzte UFO wurde in Lockborne nur zwischengelagert, bis es zur 160 Kilometer westlich davon gelegenen Wright Patterson Air Base transportiert wurde. Ein Ort, den der Hauch des Geheimnisvollen umweht. Dort sollen nämlich – neben der berühmt-berüchtigten »Area 51« in der Wüste von Nevada – seit vielen Jahren abgestürzte UFOs und weiteres Beweismaterial für die Existenz außerirdischer Besucher in strengstens bewachten Hangars eingelagert sein.

Dass das Kecksburg-UFO auch tatsächlich auf der Wright Patterson Air Base eintraf, kann gleichfalls von Zeugen bestätigt werden. Der Baustoffhändler John Cummings erhielt am 11. Dezember 1965 den Auftrag zur Lieferung von 6500 Ziegelsteinen zum Bau eines strahlensicheren Hangars. Bereits am Folgetag fuhren Cummings und dessen Cousin mit den bestellten Ziegeln zur Luftwaffenbasis. Nachdem sie ihre Fracht abgeladen hatten, stöberten beide noch ein wenig auf dem Gelände herum.

Durch ein Fenster konnten sie ein etwa fünf Meter hohes Objekt in Form einer Glocke sehen, dessen Durchmesser vier Meter betragen haben mochte. Es war von Gerüsten umgeben, und Planen hingen von der Hangardecke herab, die es teilweise verdeckten.

Die Farbe des geheimnisvollen Objekts entsprach jener von dunkler Bronze. Und zehn bis 15 Männer, alle in Schutzanzüge gekleidet, machten sich daran zu schaffen. Ganz offensichtlich suchten sie einen Weg, ins Innere zu gelangen. Doch plötzlich wurden Cummings und sein Cousin von hinten gepackt und zu Boden gedrückt und darauf im Polizeigriff aus dem Hangar geschleift. Was nun folgte, war ein Verhör der übelsten Sorte, wo ihnen bei Androhung der schlimmsten

Strafen verboten wurde, auch nur ein Wort über das Gesehene zu verlieren.[78,79]

Soweit einige der Zeugen, die nach Jahren den Mut bewiesen, ihr Wissen preiszugeben. Die Behörden schweigen nach wie vor, haben bis heute keine offizielle Erklärung zu dem Zwischenfall abgegeben. Einzig Nicolas Johnson, ein Experte von der NASA, bestätigte die Existenz des Objekts und erklärte schließlich: »Von Menschen produziert kann es nicht gewesen sein.«[77]

Schauplatz Russland

Erst durch die Freigabe bis vor Kurzem noch streng geheimer Akten des Geheimdienstes KGB wurde zur Gewissheit, was ohnehin zu vermuten war. Auch in der einstigen Sowjetunion kam es wiederholt zu Abstürzen fremder Flugobjekte, deren Stand der Technologie sich sehr weit von dem unserer Luft- und Raumfahrzeuge unterscheidet. Schon weil das Land flächenmäßig deutlich größer ist als andere, musste die Wahrscheinlichkeit für derartige Zwischenfälle ungleich höher sein. Zu Zeiten der Sowjetdiktatur – zumindest offiziell – noch als »pseudowissenschaftlich« und »westliche Propaganda« abgekanzelt, stehen wir heutzutage vor der Situation, dass die UFO-Forschung in Russland ein breites Interesse in der Bevölkerung genießt. Ganz besonders gilt das, wenn es um Abstürze dieser Objekte geht und wenn man dabei auf humanoide Wesen stößt. Wie es bei Roswell und zahlreichen vergleichbaren Fällen im Westen geschah.

Am 24. August 1978 stießen Soldaten der Roten Armee zirka 100 Kilometer südöstlich von Chabarowsk, der größten Stadt im äußersten Osten Sibiriens, auf ein völlig zertrümmertes Objekt. Es hatte die Form eines Pilzes; sein Durchmesser

betrug knappe sechs Meter bei einer Höhe von drei Metern, und es wog 750 Kilogramm, also eine Dreivierteltonne. Mit einem Lastwagen transportierte man den Fund zu einem Militärflugplatz bei Obor, das ungefähr 50 Kilometer südlich von Chabarowsk liegt. Dort übernahm ein Hubschrauber die mysteriöse Fracht und brachte diese nach Nowosibirsk, wo man sich Zutritt in das havarierte UFO zu verschaffen suchte.
Was wohl auch glückte. Denn im Inneren stießen die Forscher auf ein humanoides Wesen, das offensichtlich verletzt war und sich in einer Art Koma befand. Es war 1,20 Meter groß und hatte eine graue Haut. Dieses Wesen wurde in ein biologisches Labor gebracht, wo man es noch zwei Wochen am Leben erhalten konnte. Leider schlugen alle Versuche, nähere Informationen von diesem »Ufonauten« zu bekommen, fehl. Der Geheimdienst KGB, der sich von Anfang an eingeschaltet hatte, hielt den Zwischenfall bis zu seiner Auflösung strengstens geheim.
Dies war indes nicht der einzige UFO-Absturz im Jahre 1978. Im gleichen Sommer fand man in Kasachstan, unweit dem an einem See gelegenen Dorf Borli, die Überreste eines scheibenförmigen UFOs. Diese brachte man mit einem Transporthubschrauber in die Stadt Kustanaj und von dort aus in die damals für »Normalbürger« gesperrte Stadt Stepnogorsk-2, eine dieser auf dem Reißbrett entstandenen Sowjetstädte, in denen geheime Forschungen wie auch rüstungstechnische Produktionen betrieben wurden. Den schwer verletzten, grauhäutigen Insassen jedoch brachte man in eine Spezialklinik nach Semipalatinsk, wo er nach ein paar Tagen verstarb. Eine sofort durchgeführte Obduktion brachte eine ungewöhnliche Todesursache ans Licht: Demnach war der Außerirdische nach Beatmung mit Sauerstoff gestorben!
Erst sieben Jahre später, 1985, wurde sein Leichnam dann in ein unterirdisches Labor in Wnukowo bei Moskau überführt. Dort sollen sich die Überreste noch heute befinden.[80]

Abgeschossen!

Am 18. Mai 1982, um 2.25 Uhr frühmorgens (Ortszeit), hörten die Bewohner des kleinen Dorfes Wjatka in der sibirischen Taiga den dumpfen Aufprall eines schweren Objekts. Exakt zur selben Zeit registrierte eine Radarstation in der Nähe von Nowosibirsk ein unbekanntes Flugobjekt, das in einem steilen Winkel zur Erde niedersank.

Die Armee schickte einen Hubschrauber zum Ort des mutmaßlichen Absturzes. Gegen fünf Uhr am Morgen entdeckte man schließlich die Unfallstelle. Sie präsentierte sich ähnlich wie jene, die das glocken- oder geschossförmige UFO im Wald bei Kecksburg hinterlassen hatte. Beim Aufprall war ein 250 Meter langer Graben von etwa einem Meter Tiefe entstanden. An dessen Ende fand sich ein stark beschädigtes Objekt, welches einen Durchmesser von 6,5 Metern und kuppelartige Wölbungen nach oben wie unten aufwies. Das havarierte UFO wurde erst nach Protwino transportiert, dann nach Nowaja Semlja, einer Inselgruppe im Nordpolar-Meer östlich der Barents-See.

Nicht immer fielen Flugobjekte über den Weiten Russlands infolge eigenen technischen Versagens vom Himmel. Offensichtlich kam es am 11. Juli 1985 südöstlich des Dorfes Prochladnyi, das in der Autonomen Region Kabardino-Balkarien an den Nordhängen des Kaukasus liegt, zu einem gezielten Abschuss aus allernächster Nähe. Der Pilot einer Jagdmaschine vom Typ »MiG-25« beschoss das Objekt, das wie aus dem Nichts frontal vor ihm aufgetaucht war und ihm ein solch kurzfristiges Ausweichen nicht mehr möglich erschien.

Der Durchmesser jenes Flugobjekts betrug knapp sechs Meter. In der Kuppel im oberen Teil sollen sich drei Geschöpfe befunden haben, von denen nach dem Absturz zwei tot waren. Die zwei getöteten Wesen sollen von kleinem Wuchs

sowie grauhäutig gewesen sein, während das überlebende Besatzungsmitglied größere Statur gehabt haben soll. Über dessen Schicksal liegen allerdings keine weiteren Informationen vor.
Die Überreste des Flugobjektes wurden nach Kapustin Jar gebracht, einer etwa 100 Kilometer von Wolgograd – dem einstigen Stalingrad – gelegenen Stadt. Hier wurden sie in einem unterirdischen Bunker eingelagert. Kurz darauf traf aus Moskau eine Untersuchungskommission ein, deren Mitglieder einer absoluten Schweigepflicht unterzogen wurden. Leider wurden nach dem Fall der Sowjetunion keine weiteren Einzelheiten hierzu bekannt.[80]

Knapp ein Kraftwerk verfehlt

Bevor ich mich zum Abschluss dieses Kapitels noch einmal in das Gebiet der ehemaligen Sowjetunion begebe – wo es Anzeichen für ein schon seit langer Zeit abgestürztes, im Boden vergrabenes Objekt gibt –, möchte ich noch über einige UFO-Crashs aus jüngster Zeit berichten. Die sich in allen möglichen Regionen der Erde abgespielt haben. Und von denen die Welt bisher nicht erfuhr, weil sich in letzter Zeit in den Medien vornehmste Zurückhaltung in Bezug auf das UFO-Phänomen breitgemacht hat. Es muss sich hier schleunigst etwas ändern. Aber Totgesagte leben ja bekanntlich länger, was in verstärktem Maß auch für das Mysterium der fremden Flugobjekte zu gelten scheint. Sie fliegen noch immer …
Boca Chila, eine Kleinstadt an der Pazifikküste im mexikanischen Bundesstaat Nayarit, knapp 800 Kilometer westlich von Mexico City gelegen. Am 26. Februar 2004, gegen 1.30 Uhr nach Mitternacht, hörten etliche Einwohner dröhnenden Lärm und sahen, wie ein offenbar aus Metall bestehendes

Objekt nahe dem Strand ins Meer stürzte. Viele der Zeugen wagten eine ganze Weile nicht, an die Absturzstelle zu gehen, während andere berichteten, das Objekt wäre groß und scheibenförmig gewesen, hätte aus poliertem Metall bestanden und weder Fenster noch Flügel aufgewiesen. Es dauerte nicht lange, da erschien die mexikanische Armee und sperrte das ganze Gelände zum Meer hin weiträumig ab. Die Soldaten warnten die Einheimischen davor, sich dem Absturzort zu nähern. Später am gleichen Tage berichteten andere Zeugen, sie hätten weitere, diskusförmige Flugobjekte beobachtet, die das Gebiet in großer Höhe überflogen hätten.[81]

In den frühen Morgenstunden des 15. Mai 2004 hätte ein herniederstürzendes UFO beinahe ein Wasserkraftwerk im südöstlichen Venezuela zerstört. Das Kraftwerk »Raul Léoni« produziert Strom am Guri-Damm, der im Regenwald 100 Kilometer südlich von Ciudad Bolivar den Rio Caroni zum Stausee »Lago de Guri« staut. Der Absturz des UFOs ereignete sich ein kleines Stück nordwestlich des Kraftwerkes und wurde von den meisten Arbeitern der Nachtschicht beobachtet.

Soldaten der venezolanischen »Guardia Nacional« rückten an und sperrten das ganze Gebiet vom Norden her ab. Strengste Sicherheitsmaßnahmen wurden in Puerto Ordaz angeordnet, wo Bewohner tieffliegende, schwarze Helikopter beobachteten, die Richtung Süden zum Guri-Damm flogen. Zudem wurde immer wieder amerikanisches Militärpersonal gesichtet, was bei Abstürzen unbekannter Flugobjekte in dieser Region der Welt schon regelmäßig und automatisch erfolgt.

Seismologen der Universität von Caracas berichteten später, heftige Ausschläge an ihren Instrumenten zum Zeitpunkt des Absturzes registriert zu haben. Ähnliches wurde immer wieder bei anderen Crashs beobachtet, bis zurück zum Roswell-Fall von Anfang Juli 1947. Unglücklicherweise war es für private Forscher unmöglich, in jenen Maitagen 2004 an den Ort des Geschehens zu gelangen, da zu jener Jahreszeit sintflutartige Regenfälle die Straßen und Wege unpassierbar machten.[81]

Das Asowsche Meer im südlichen Russland gilt als nordöstliches Nebenmeer des Schwarzen Meeres und ist mit einer mittleren Tiefe von neun Metern ungewöhnlich flach. Im Nordosten mündet unweit der Stadt Rostow mit dem Don einer der großen Flüsse Russlands. Gegenüber der Mündung des Don liegt am Asowschen Meer die Stadt Taganrok, in deren Sichtweite sich am 8. und 9. März 2007 unerhörte Dinge abspielten.

Gegen 3.00 Uhr frühmorgens am 9. März wachten viele Einwohner an der Seeseite von Taganrok auf. Das Dröhnen eines riesigen Tiefladers hatte sie um ihre Nachtruhe gebracht. Auf diesem wurde ein Flugobjekt abtransportiert, das am Vorabend noch in Nähe des Uferbereiches ins Meer gestürzt war. Obwohl die Armee rasch vor Ort erschien, konnten viele Menschen verfolgen, wie das diskusförmige Objekt im Wasser verschwand.

Bald patrouillierten zahlreiche Boote vor Taganrok, bemannt mit Tauchern und ausgerüstet mit Metalldetektoren. Schnell war das UFO aufgespürt, denn es lag nicht sehr weit vom Strand, und man konnte sich noch in derselben Nacht an die Bergung machen. Hierzu wurde eine Spezialeinheit der Armee von der Luftwaffenbasis Ramenskoye bei Moskau nach Taganrok verlegt, die nur wenige Stunden später eintraf. Als das Objekt recht bald gehoben war, zogen bewaffnete Kräfte einen Sperrkreis um den Strandabschnitt. Sie sicherten auch die Straßen, auf denen das UFO an einen bislang unbekannten Ort gebracht wurde.[82] Nicht verhindern konnten sie, dass der Vorfall wie ein Lauffeuer umging.

Absturz in der Einflugschneise

Auch das moderne, nach Jahren unsäglichen Leids wiedervereinte Vietnam hatte erst vor kurzer Zeit den Absturz eines unbekannten Flugkörpers zu vermelden. Zu Zeiten des Vietnamkrieges unseligen Angedenkens kam es ja massenhaft zu Zwischenfällen mit UFOs. Diese wurden erst nach und nach bekannt, seit immer mehr amerikanische Veteranen den ihnen seinerzeit vom Militär auferlegten Schweigebefehl missachten.[83] Doch der Fall, um den es hier geht, fand erst am 27. Mai 2008 statt.

An dem Tag war ein fliegendes Objekt auf der Insel Phu Quoc abgestürzt. Anfangs vermuteten die Behörden, auf die Überreste eines normalen Flugzeugs gestoßen zu sein. Doch wegen des Fehlens der üblichen Hoheitszeichen, vor allem jedoch, weil keine Leichenteile zu finden waren, erwies sich diese Annahme rasch als Trugschluss. Einheimische im Norden der Insel meldeten, um 11 Uhr vormittags Explosionen am Himmel vernommen zu haben. Im nächsten Augenblick sahen sie, wie ein schwarzes Objekt zu Boden fiel und dabei eine weiße Rauchspur hinterließ. Die Behörden der Insel bestätigten, sechs Fragmente aus Metall gefunden zu haben. Einige davon waren geschraubt, und das Größte davon maß eineinhalb Meter in der Länge.

Truong Quoc Tuan, der Parteivorsitzende der Provinz von Kien Giang, gab zu bedenken, dass die Explosionen in der Einflugschneise für internationale Flüge geschahen. Doch wurden keine Überreste eines Piloten oder von Passagieren gefunden. Die in dem Gebiet operierenden Fluggesellschaften wurden allesamt angefragt, doch nirgendwo war eine Maschine überfällig. Und weitere Suchaktionen der Armee nach Trümmern oder Leichen blieben gleichfalls ohne Erfolg.[84]

Ganz aktuell möchte ich noch über einen Fall berichten, der seit Anfang Januar 2009 die arabische Welt in große Verwir-

rung gestürzt hat. Selbst die als sehr konservativ bekannte saudi-arabische Presse erging sich in Überlegungen, ob es in der Region Al Qasim zum Absturz eines UFOs gekommen sein könnte. Was war dort unlängst geschehen?
Es war am 7. Januar 2009, nach dem muslimischen Abendgebet, als plötzlich am Himmel ein ungewöhnlich lautes Geräusch zu hören war. Es folgte ein intensiv leuchtendes Licht, welches aus westlicher Richtung über die Region flog, die sich östlich der saudischen Hauptstadt Riyadh erstreckt. War dies ein Meteorit, eine natürliche Himmelserscheinung? Viele der Zeugen hatten in den klaren Wüstennächten schon häufiger Meteoriten beobachten können, doch diese Erscheinung war vollkommen anders. Das über den Himmel jagende Objekt war blaugrün und sandte laserartige, grüne Blitze aus. Dann war eine Explosion zu hören. Ein Augenzeuge mit Namen Khalid kommentierte die Erscheinung mit diesen Worten: »Niemand hat je so etwas gesehen.«
Das Objekt wurde sogar noch im 600 Kilometer entfernten Kuwait beobachtet. Die Menschen in der Region Al Qasim gaben an, dass nach der Explosion des Objekts starke Erschütterungen spürbar waren, was nur bedeuten konnte, dass es tatsächlich auf die Erde gestürzt war. Die Regierung von Saudi-Arabien ließ das Gebiet weiträumig absperren, gab jedoch keine Informationen über den genauen Absturzort heraus.[71]

Unerwarteter Fund im Brunnenschacht

Befindet sich, tief im Boden unter einem Haus in einem Dorf unweit der estnischen Hauptstadt Tallinn, ein Raumschiff einer außerirdischen Intelligenz, das dort vor unbekannter Zeit vom Himmel gefallen war? Wenn die Informationen darüber zutreffen, die jüngst aus dem Baltikum zu uns gedrungen

sind, könnten wir es mit einem noch weit sensationelleren Vorfall zu tun haben als dem UFO-Crash von Roswell.
Die Geschichte begann Mitte der 1960er-Jahre in der »Estnischen Sozialistischen Sowjetrepublik«, wie das Land zu Zeiten des Sowjetimperiums hieß. In einer ländlichen Siedlung vor den Toren Tallinns grub der Hausbesitzer Virgo Mitta gemeinsam mit ein paar Freunden in seinem Garten einen Brunnen. Anfangs lief alles normal. Dann stießen sie in einer Tiefe von drei Metern plötzlich auf einen Gegenstand aus Metall. Der erwies sich als ungewöhnlich stabil, und nach weiteren Grabungen konnte er als Kante eines tellerartigen Objekts von unbekannten Dimensionen bestimmt werden. Diese Kante ragte ein wenig in den im Bau befindlichen Brunnenschacht hinein. Stundenlang versuchte Mitta, das unerwartete Hindernis zu beseitigen oder zu umgehen, doch vergebens. Die Platte schien kein Ende zu nehmen. Deren Stärke betrug an besagter Kante zwar nur zwei Zentimeter, aber trotzdem ließ sich das Metall mit einem Bohrer nicht durchdringen. Erst mit einem pneumatischen Abbruchhammer gelang es mit Mühe, ein paar kleine Teile des hervorstehenden Materials abzubrechen. Diese nahm Virgo Mitta nach oben, wo er sie in seinem Hause aufbewahrte.
Hier wäre die Geschichte zu Ende gewesen, hätte Mitta nicht eines Tages Besuch von einem befreundeten Chemiker aus Tallinn bekommen, dem er die seltsamen Metallfragmente zeigte.

Extrem belastungsfähig

Der nahm die Bruchstücke mit und leitete sie weiter an die Polytechnische Hochschule der estnischen Hauptstadt. Dort kam man Jahre später bei zwei Untersuchungen zu sehr widersprüchlichen Ergebnissen. Während die erste ergab, dass es sich um eine hochkomplexe Aluminiumverbindung handle, wurde bei der zweiten behauptet, es mit reinem Gusseisen zu tun zu haben. Die Spezialisten waren ratlos, und man legte die Stücke beiseite.

Jahre vergingen, bis sich 1984 einer der Esten an den Moskauer Wissenschaftler Nikolaj Nikolajewitsch Sochenavoch wandte. Der war Dozent an der Moskauer Akademie der Wissenschaften und ein Experte in Geologie und Mineralogie. Sochenavoch organisierte die Untersuchung der rätselhaften Metallfragmente in einem der renommiertesten Laboratorien der sowjetischen Hauptstadt. In Moskau wurde eine der Proben mittels Diamantsägen in ganz dünne Scheiben geschnitten, wobei zwei der Sägen aufgrund der extremen Festigkeit kaputtgingen. Laut »Institut für Flugzeugmaterialien« bewegte sich die Belastungsfähigkeit der Proben zwischen 330 und 1500 Kilogramm pro Millimeter!

Bei den Artefakten aus dem Brunnenschacht handelte es sich ganz offenbar um ein äußerst dichtes Metall von silbriger Farbe. In der Folge wurden die Teile vom Moskauer Institut für Ingenieursphysik, dem Institut für Rohstoffe und weiteren akademischen Einrichtungen untersucht. Laut Sochenavoch kannte man auch in der Flugzeugindustrie keine vergleichbaren Legierungen, und so machte bald die Frage nach der nichtirdischen Herkunft des unbekannten Metalls die Runde.[33,85]

Was mich ganz spontan an jene Nano-Funde vom östlichen Rand des Ural-Gebirges erinnert, deren Alter auf bis zu 300 000 Jahre datiert wurde. Bei den aus Wolfram und Molybdän bestehenden Objekten kam ein Moskauer Institut ganz explizit zu dem Ergebnis, dass die Frage nach einem »außerirdischen, technogenen Ursprung« durchaus erlaubt sei.[8]

Man war sich in den Moskauer Instituten einig, dass zu jenem Zeitpunkt niemand auf der Welt in der Lage sei, eine Legierung wie die aus dem Brunnenschacht herzustellen. Die Wissenschaftler stimmten darin überein, dass das Material weder von der Erde noch von einem Meteoriten stammte. Nach diesen Untersuchungen war für Sochenavoch klar, dass er persönlich am Fundort bei Tallinn weiterforschen musste.

Ein verschüttetes Raumschiff?

Vor Ort kam er durch verschiedene Messungen zu dem Schluss, dass sich ein Objekt mit einem Durchmesser von 15 Metern in der Erde befinden muss, dessen Gewicht an die 200 Tonnen betragen und das für diverse Anomalien in seinem Umkreis verantwortlich sein dürfte. Das Objekt muss die Form eines Diskus besitzen und an den Kanten abgeplattet sein. Im Zentrum soll die Höhe zirka vier Meter betragen. Der Hauptkörper liegt schräg im Boden mit einem Winkel von annähernd 35 Grad und befindet sich zum überwiegenden Teil unter dem Haus von Virgo Mitta, der 1987 starb. Der höchste Punkt des Objekts befindet sich nur drei Meter unter der Oberfläche. Es ist der Teil, der beim Bohren des Brunnenschachtes gefunden wurde. Der tiefste Punkt dürfte folglich um die 15 Meter unter der Erde liegen.
Mit seinen Messergebnissen und den gesammelten Analysen der Metallteile durch verschiedene Institute wandte sich N. Sochenavoch an die Moskauer Akademie der Wissenschaften. Diese nahm ihrerseits Kontakt mit dem Geologischen Institut Estlands auf, das Anweisung zur Ausgrabung des Objekts gab. Finanzielle Mittel wurden bereitgestellt, doch erst einmal geschah überhaupt nichts. Daraufhin versuchte ein örtlicher Unternehmer die Bergung des »Tellers«. Bei dieser Aktion wurde das Grundstück verwüstet und das Haus schwer beschädigt, doch an das geheimnisvolle Artefakt kam man nicht heran. Zu Anfang der 1990er-Jahre machte sich eine

Gruppe japanischer Forscher an die Grabungen. Doch alle Schächte, die sie bohrten, füllten sich unversehens mit Wasser. Als dann noch bekannt wurde, dass die Regierung in Tallinn keine Genehmigung für die Arbeiten erteilt hatte, mussten die Japaner unverrichteter Dinge abziehen.
So ist es derzeit vor Ort etwas ruhig um das mysteriöse Artefakt geworden. Das kleine Land im Baltikum, das 1991 von der ehemaligen Sowjetunion unabhängig wurde und seit dem Jahr 2004 Mitglied der EU ist, hat kein Geld für aufwendige Ausgrabungsarbeiten. Daran dürfte sich in den Zeiten der globalen Finanzkrise auch so schnell nichts ändern, denn einzelne Länder sind bereits von Staatsbankrott bedroht.
So bleibt weiterhin Raum für Spekulationen, ob sich – wenige Meter unter der Erdoberfläche – tatsächlich ein Raumschiff verbirgt, das dort vor Zeiten abgestürzt ist.[33,85] Die zitierten Analysen sprechen eine deutliche Sprache, dass es sich kaum um ein von Menschenhand gefertigtes Objekt handelt. Vielleicht spricht auch ein bildlicher Hinweis für diese Möglichkeit. Ein uraltes Fresko, das man in einer halb verfallenen Kirche fand, zeigt ein scheibenförmiges, fliegendes Objekt. Überlieferungen der dortigen Bewohner Estlands besagen, dass jener Ort, an welchem sich dieses Objekt befindet, verdammt sei.[85]
Wenn es eines Tages tatsächlich gelingen sollte, das »Ding« auszugraben, wird die Welt dann davon erfahren? Oder landet es unter höchster Geheimhaltung in einem scharf bewachten Hangar, wo schon »Spezialisten« mit Fräsen und Schneidbrennern warten, um es in seine Einzelteile zu zerlegen?

7 »Herren über Zeit und Raum«

Uralte Rätsel – immer aktuell

»Ereignisse, die sich nach geltenden Theorien nicht ereignen dürften, sind die Tatsachen, die uns den Weg zu neuen Erkenntnissen weisen.«

SIR JOHN HERSCHEL (1792–1871), BRITISCHER ASTRONOM

Es war in Japan, vor sehr langer Zeit. Im Dorfe Tsutsukaba, im Distrikt Yosa, lebte einst ein Mann, der unter seinem Namen »Inselkind« wohlbekannt war. Eines Tages, als er wieder einmal alleine aufs Meer hinausgefahren war, um zu fischen, ereignete sich etwas Unerwartetes. Urplötzlich war ein bildschönes Mädchen bei ihm, und als er sie fragte, woher sie käme, antwortete sie mit einem Lächeln: »Ich kam vom Himmel her.«

Dann bot sie dem erstaunten Inselkind an, mit ihr zurück in den Himmel zu kommen, wo sie zusammen mit ihm leben wollte. Er lehnte zunächst ab, doch ihre große Schönheit faszinierte ihn. Denn er hatte sich in das Mädchen verliebt und gab ihrem Drängen schließlich bereitwillig nach.

Auf dem weiten Weg in ihre Heimat passierten die beiden Liebenden die Sternbilder der Plejaden und der Hyaden. Angekommen in der himmlischen Residenz, heiratete der Fischer das Mädchen und verlebte eine glückliche Zeit mit ihr.

Als drei Jahre vergangen waren, wurde Inselkind traurig und von einer unstillbaren Sehnsucht nach seiner irdischen Heimat befallen. Er sehnte sich nach den Menschen in seinem

Dorf, die ihm stets lieb und wichtig waren. Er bat so lange und flehentlich darum, bis ihm die Bitte gewährt und er in Windeseile auf die Erde zurückgebracht wurde. Dort angekommen, erschienen ihm sein Dorf und dessen Bewohner vollkommen fremd.

Als er nun eine Weile umhergeirrt war, fragte er einen des Weges kommenden Mann nach seinem Haus und seiner Familie. Dieser aber entgegnete ihm: »Woher bist du, dass du nach so einem alten Mann fragst? Wie ich von alten Leuten aus der Überlieferung gehört habe, war hier in vergangenen Zeiten ein Mann, der ›Inselkind‹ hieß. Eines Tages fuhr er alleine aufs weite Meer hinaus und kam nicht wieder. Seitdem sind über 300 Jahre verstrichen. Warum fragst du plötzlich danach?« Daraufhin wanderte Inselkind verzweifelt und ziellos umher.[86]

Dies ist eine alte Überlieferung aus der japanischen Legendensammlung *Tango-Fudoki.* Doch sie besitzt einen durchaus realen Hintergrund, was den rätselhaften Zeitsprung betrifft, mit dem der Fischer ausgetrickst wurde. Denn seit der geniale Physiker Albert Einstein (1879–1955) im Jahr 1905 den Begriff der Zeitdilatation in die wissenschaftliche Diskussion eingebracht hat, können wir den »harten Kern« in dieser kleinen Geschichte naturwissenschaftlich exakt knacken.

Einstein beschrieb nämlich die Auswirkungen eines – bislang noch hypothetischen – Weltraumfluges mit Lichtgeschwindigkeit, die grob gerechnet 300 000 Kilometer in der Sekunde beträgt. In unserem Universum verläuft demnach die Zeit für den Raumfahrer wesentlich langsamer als für dessen auf der Erde zurückgebliebene Zeitgenossen. Bei einem Jahr ist der Unterschied noch minimal, doch bei einer Reise von 20 Jahren im Raumschiff vergehen auf der Erde 270 Jahre. Und ist das Schiff noch fünf Jahre länger unterwegs, sind auf dem Heimatplaneten insgesamt schon 910 Jahre vergangen. So dürfte klar sein, dass nach einer Reise durchs All mit Lichtge-

schwindigkeit, die für die Raumfahrer gerade einmal 15 Jahre gedauert hat, schon keine Freunde oder Angehörige mehr die heimkehrende Crew begrüßen können.
Für uns mögen derartige Überlegungen noch reine Zukunftsmusik darstellen, da wir von interstellarer Raumfahrt mit Lichtgeschwindigkeit noch meilenweit entfernt sind. Kleinere Effekte dieser Art gehören aber immer wieder zu den Erfahrungen von Menschen, die auf ganz bestimmte Weise mit dem UFO-Phänomen in Kontakt gekommen sind. Im Klartext: Bei Menschen, die offenbar von mutmaßlich außerirdischen Intelligenzen in deren scheibenförmige Flugobjekte entführt worden sind. Häufig fehlt diesen Menschen Zeit – eine mehr oder weniger lange Spanne, über welche sie hinterher nicht fähig sind, Rechenschaft abzulegen.

Auf wissenschaftlicher Basis

Dass derartige Erfahrungen alles andere als Schwachsinn oder Einbildung und jene, die sie erlebt haben, keine pathologischen Lügner oder Geisteskranke sind, konnte der US-amerikanische Professor für Psychiatrie und Pulitzer-Preisträger Dr. John E. Mack in einer blitzsauberen Studie belegen.[87] In der gleichsam umfangreichsten wie ausführlichsten wissenschaftlichen Arbeit, die je auf diesem Gebiet durchgeführt wurde, stellte Mack beispielsweise fest, dass solche Erfahrungen oft schon im Kindesalter beginnen und die Betroffenen mehr oder weniger regelmäßig durch ihr ganzes Leben begleiten. Nicht selten kommt es im Verlauf einer Entführung zu regelrechten chirurgischen Eingriffen. Gynäkologen wiesen bei Frauen Schwangerschaften nach, die etwa in der zwölften Woche, während einer weiteren Entführung, beendet wurden. Aus »irgendeinem Grund« verschwanden die Föten buchstäblich über Nacht.[79] Bei anderen Entführten stellte man *Implantate* fest – möglicherweise biologisch gezüchtete, mikrominiaturisierte Sonden, die mit dem Gewebe verwachsen.[88] Über die Absichten, die hinter diesen Aktionen stecken, kann man im Moment nur spekulieren. Fest steht die physikalische Realität des Phänomens: Die bizarren Szenarien haben sich wirklich ereignet und können medizinisch und psychologisch – etwa durch Regressionshypnose – nachgewiesen werden.

Dr. John Mack gebührt das Verdienst, die Erforschung dieser oft traumatischen Erlebnisse, nicht selten gegen den erbitterten Widerstand aus seiner »werten akademischen Kollegenschaft«, auf eine wissenschaftlich nachprüfbare Basis gestellt zu haben. Sein Werk hat ihn überdauert. Denn der Mediziner und Psychologe wurde am 27. September 2004 nach einem Vortrag in London an einem Fußgängerüberweg von einem alkoholisierten Autofahrer angefahren. Mack verstarb noch an der Unfallstelle.

Vor einigen Jahren hatte ich selbst die Gelegenheit, zu einem der spektakulärsten Entführungsfälle weiter zu recherchieren. Es handelte sich um den Fall des damals 22-jährigen Unteroffiziers der chilenischen Streitkräfte Armando Valdes, der am frühen Morgen des 25. April 1977 entführt worden war. Dies alles geschah einen Steinwurf entfernt von einem Außenposten der Garnison von Putre im Norden Chiles, als sich zwei rot-violett leuchtende Scheiben dem Posten näherten. Eines der Objekte kam ganz dicht heran. Als Valdes zu dem über dem Boden schwebenden UFO lief, schoss plötzlich ein blendender Lichtstrahl nach unten, und Valdes war verschwunden. Der Zwischenfall geschah vor den Augen seiner entsetzten Kameraden.

Nur 20 Minuten später war Valdes wieder da, einer Ohnmacht nahe und unverständliche Laute stammelnd. Doch wie sah er aus? In seinem Gesicht war ein Fünftagebart gewachsen, und

auch der Datumsanzeiger seiner Uhr ließ den 30. statt den 25. April erkennen. Was immer in diesen 20 Minuten geschehen war, für Valdes muss die Zeitspanne seiner Entführung um ein Vielfaches länger gewesen sein!
Als ich 19 Jahre später am Ort des unglaublichen Geschehens war, konnte ich sowohl Bandaufzeichnungen mit den Zeugenaussagen hören, als auch weitere bis dato unbekannte Details eruieren. Wie etwa jenes, dass der später in den tiefen Süden Chiles versetzte Valdes sich daran erinnern konnte, dass seine Entführer zu ihm sagten: »Das ist nicht das erste Mal, dass du so etwas siehst. Und wir kommen wieder.« Und auch in seiner sich in Concepcion befindlichen neuen Garnison soll es zu Begegnungen mit unbekannten Flugobjekten gekommen sein.[9,89]

Drei Stunden für 25 Kilometer

Ich konnte mich nicht nur auf die Spur spektakulärer Entführungen setzen, die sich in weit entfernten Gefilden ereigneten. Spätestens seit den Standardwerken des leider viel zu früh verstorbenen Dr. Johannes Fiebag (1956–1999) wissen wir, dass dies kein ausschließlich amerikanisches Phänomen ist.[79,88,90] Diese »unheimlichen Begegnungen der vierten Art«, wie sie auch bezeichnet werden, kommen auch im deutschsprachigen Raum alles andere als selten vor. Besonders in meiner ostbayerischen Heimat, an der Grenze zum Bezirk Niederbayern, gab es in jüngster Zeit einige Vorfälle dieser Art, die mir von den davon Betroffenen persönlich berichtet wurden.
Ein Treffen einiger am UFO-Thema interessierter Leute, etwa im Sommer 1994. In diesem kleinen Kreise befand sich auch eine junge Frau, die ungenannt bleiben möchte und mir von ihrem unheimlichen Erlebnis berichtete.

Es war die Nacht von Samstag auf Sonntag, und mit ihrem Auto war sie auf der Heimfahrt von einer Diskothek in der niederbayerischen Kreisstadt Pfarrkirchen. Die Straße ist dort besonders kurvenreich, und es war Vollmond, als die Zeugin an einer leicht ansteigenden Wiesenböschung vorbeikam. Unvermutet fiel ihr Blick auf ein seltsam anzusehendes Wesen wie in einem Raumanzug, das da ausgestreckt an der Böschung lag. Es musste gegen zwei Uhr morgens gewesen sein, und da sich die ominöse Gestalt nicht bewegte, dachte die junge Frau im ersten Moment an einen Unfall. Das Nächste, woran sie sich klar erinnern konnte, war, dass sie gegen fünf Uhr morgens ihr Heim erreichte. Für gewöhnlich benötigte sie für diese Strecke von 25 Kilometern niemals mehr als eine halbe Stunde – doch nun klaffte eine große Lücke von drei Stunden in ihrem Gedächtnis. Und noch heute überfällt die Frau regelrechte Panik, wenn sie an ihr damaliges Erlebnis zurückdenkt, das sich irgendwann zwischen 1990 und 1992 ereignet haben musste.[91]

Genauer terminiert ist da schon ein Fall, der sich nächtens vom 12. auf den 13. Juni 1994 abgespielt hatte und zwei Frauen im Alter von Anfang vierzig widerfahren war. Ort des unheimlichen Geschehens war die Bundesstraße 12 im Landkreis Altötting in Fahrtrichtung Passau, wenige hundert Meter vor dem (damaligen) Beginn der Autobahn A 94. Hinzuzufügen wäre hier, dass die besagte Bundesstraße zu damaliger Zeit noch die Hauptverkehrsader nach Niederbayern darstellte. Heute ist die Autobahn A 94 in diesem Bereich weitergebaut worden, und die Bundesstraße 12 läuft nurmehr untergeordnet und streckenweise parallel daneben her. Ich hatte damals, im Herbst 1994, in einem lokalen Radiosender zum Thema UFOs gesprochen. Gleich nach der Sendung meldeten sich die beiden Damen bei mir und vertrauten mir ihr unheimliches Erlebnis an.

Es begann damit, dass beide Zeuginnen auf der Heimfahrt ins heimatliche Simbach gegen 1.30 Uhr morgens unerwartet ein rotleuchtendes Objekt direkt vor ihrem PKW erblickten, das in einem gleichbleibenden Abstand in Höhe der Motorhaube vornewegflog. Beide verglichen es in Form und Größe mit der Heckseite des damals aktuellen Modells des Volkswagen-»Golf«. Nach ungefähr zwei Minuten wurde es den Frauen zu dumm, und die Fahrerin setzte zum Überholen an. Daraufhin stob das Objekt in einem roten Funkenregen nach rechts davon.
Kurz darauf glaubten die beiden Zeuginnen erneut, vor sich ein Objekt zu erblicken, das sie dieses Mal in der Größe eines LKWs beschrieben, jedoch seltsam grauschwarz und auch nicht beleuchtet. Zudem mussten sie feststellen, dass die zuvor sternenklare Nacht einer geradezu unwirklichen Schwärze gewichen war. In der Erinnerung der beiden Frauen verschwand auch dieses Objekt nach kurzer Zeit.
Das Beunruhigendste an dieser Konfrontation sollte sich jedoch erst nach Rückkehr der Frauen an ihren Heimatort offenbaren. Obwohl sie bei Beginn der Sichtung, kurz hinter der Stadt Neuötting, nur ziemlich genau 25 Kilometer von daheim entfernt waren, kamen sie dort erst gegen vier Uhr morgens an. Ihre Angehörigen waren bereits in Sorge. Denn sie hatten, einmal die üblicherweise für die Fahrtstrecke benötigte Zeit abgerechnet, einen Zeitraum von gut zwei Stunden verloren, für den jegliche Erinnerungen wie ausgelöscht waren.[92]

»Einleitungsszenario« und »Screen Memories«

Neben dem beschriebenen »Missing-Time-Syndrom« der verlorenen Zeitabschnitte sind noch weitere Details charakteristisch für Entführungserlebnisse. Die beiden Damen aus dem niederbayerischen Simbach glaubten anfangs, etwas gesehen zu haben, das ihnen vertraut vorkam, wie der VW-Golf auf der Bundesstraße 12. Erst nach diesem »Einleitungsszenario« wurde ihnen langsam bewusst, dass um sie herum etwas vorzugehen schien, was mit unserer gewohnten Realität nicht mehr übereinstimmte. Im folgenden Kapitel werde ich zeigen, dass Ähnliches auch mit Personen funktioniert. Glauben die Betroffenen zuerst, eine ihnen vertraute Person vor sich zu haben, so wandelt sich deren Gestalt plötzlich in etwas ganz und gar Fremdartiges.

Forscher wie John Mack[87] und andere, die intensiv mit Entführten zusammengearbeitet haben, entdeckten noch andere Seltsamkeiten in deren Erlebnissen. Eine der rätselhaftesten Nebenerscheinungen betrifft die sogenannten »Screen Memories« oder »Deckerinnerungen«. Als erster erkannte sie der in New York lebende und arbeitende Budd Hopkins, der feststellte, dass häufig Tiere eine bedeutende Rolle darin spielen.[93] Etliche Entführte erinnerten sich nur noch an »seltsame Tiere mit großen Augen«, die sie irgendwo hingeführt hatten.[90]

Aus der klinischen Psychologie kennen wir das Phänomen dieser Deckerinnerungen in anderem Zusammenhang. Sie treten überwiegend in Fällen auf, bei denen Betroffene unter einem besonders heftigen Trauma leiden, das nicht anders bewältigt werden kann. Das Unterbewusstsein konstruiert sich dann eine vollkommen andere Erinnerung, damit das Opfer, beispielsweise bei Fällen schweren sexuellen Missbrauchs, nicht an dem Erlebten zerbricht. Bei Entführungen durch Aliens, die häufig mit medizinischen Experimenten einhergehen, werden diese Deckerinnerungen vermutlich von den Fremden eingepflanzt. Durch regressive Hypnose kann das tatsächlich Geschehene wieder freigelegt werden, wie uns der nachfolgende Fall verdeutlicht.

Im November 1978 wurde der damals in der Eifel stationierte US-Soldat Chris Owens in der Nähe von Trier offenbar gemeinsam mit seiner schwangeren Frau Pamela und ihrem kleinen Sohn Brian entführt. Die junge Familie war zu Besuch bei einem Freund gewesen und befand sich bereits wieder auf der Heimfahrt. Diese dauerte für gewöhnlich nicht länger als eine halbe Stunde. Später konnten sie sich nur noch an ein großes, ovales Objekt erinnern, das auf einem einsamen Streckenabschnitt ganz plötzlich über ihrem Auto geschwebt hatte. Die folgenden eineinhalb Stunden waren vollständig aus ihrer Erinnerung getilgt.

Die Regressionshypnose erbrachte dann, dass Pamela Owens aus dem Wagen gestiegen war, als das UFO genau über ihnen schwebte. Sie verlor das Bewusstsein und kam erst wieder auf einem Tisch im Inneren des Flugapparates zu sich. Zwei kleine, grauhäutige Geschöpfe mit großem Kopf und tiefliegenden Augen führten eine Untersuchung durch. Sie stachen der Schwangeren eine etwa acht Zentimeter lange Nadel oberhalb des Nabels in den Bauch.

Voller Angst fragte sie nach ihrem kleinen Sohn, der gleichfalls entführt worden war. Einer jener »Little Greys« beruhigte sie, indem er ihr versprach, auf das Kleinkind aufzupassen. Dann verlor Pamela erneut das Bewusstsein und kam erst wieder abseits der Straße stehend zu sich. Das Objekt flog davon, und erst jetzt konnte die völlig verstörte Familie verspätet ihren Heimweg fortsetzen.[94]

Wenn inzwischen auch Ärzte und Psychiater immer deutlicher die Realität hinter solchen Erlebnissen zu erkennen vermögen, stehen doch nach wie vor jede Menge Skeptiker dem Thema ablehnend gegenüber. Sie stellen die Glaubwürdigkeit dieser Entführungserfahrungen mit dem Argument infrage, dass die Handlungsmuster jener angeblichen UFO-Insassen absurd seien und jeder klaren Linie entbehren. Absolut wahr! Welchen praktischen Wert sollte es auch haben, schwangere Frauen und einsame Autofahrer zu kidnappen? Welcher Plan steckt hinter dem Ganzen? Oder gibt es überhaupt so etwas wie einen Plan, der den undurchsichtigen Aktionen jener unbekannten Fremden zugrunde liegt?

Aus dem Auto gehoben

Dass man über die verborgenen Absichten noch immer nichts anderes als bestenfalls spekulieren kann, zeigt uns in brutaler Deutlichkeit, dass wir erst ganz am Anfang der Erkenntnisgewinnung stehen. Unvoreingenommene Forschung ist überfällig. Ebenso unverzichtbar ist es, die breite Öffentlichkeit auf die Vorgänge aufmerksam zu machen. Denn das Phänomen ist nach wie vor virulent. Und wenn tatsächlich so etwas wie ein Plan dahintersteckt, dürfte einer seiner Eckpunkte eine zeitlich unbegrenzte Dauer einschließen. Die Tatsache, dass sich Entführungen und andere Aspekte des UFO-Rätsels ein wenig aus den Medien ebenso wie aus unserem täglichen Bewusstsein »ausgeblendet« haben, darf nicht darüber hinwegtäuschen, dass sie noch immer geschehen. Und zwar hier und jetzt, immer und überall.

Gegen 3.00 Uhr in den frühen Morgenstunden des 6. März 1996 fuhr ein australisches Paar mit seinen Kindern in der Nähe von Casino im äußersten Norden von New South Wales, etwa 150 Kilometer südlich der Hafenstadt Brisbane. Das letzte, woran beide sich erinnern konnten, waren seltsame Lichter. Denn als sie zu Hause ankamen, fehlte ihnen eine längere Zeitspanne. Unter Anwendung von Hypnose konnte dann ein Entführungserlebnis aufgedeckt werden.

Die beiden Hauptzeugen wurden offensichtlich an Bord eines Flugobjekts genommen, wo auch eine Art medizinischer Untersuchung stattfand. Im Verlauf der Rückführung stellte sich zudem heraus, dass die zwei schon im Wagen wie gelähmt

waren. Sie sahen zwei humanoide Wesen auf sich zukommen, die sie als groß und grau beschrieben, mit kleinen Ohren, großen schwarzen Augen, zwei Löchern anstelle einer Nase und einem schmalen lippenlosen Mund. Bis auf ihre Größe entsprachen sie der üblichen Beschreibung, wie sie von Betroffenen in der Regel für »kleine Graue« abgegeben werden.
Die fremden Wesen öffneten das Fahrzeug, entfernten die Sicherheitsgurte und hoben die zwei Erwachsenen ganz vorsichtig aus dem Wagen. Daraufhin erschienen zwei kleine Humanoide und trugen die Kinder vom Rücksitz. Die Frau erinnerte sich später daran, wie ihr einer der großen grauen Aliens etwas ans Genick hielt, das aussah wie ein silberner »Tacker« für Heftklammern. Zudem konnten sich beide Erwachsene an einen weiteren Humanoiden erinnern, der ein drahtähnliches Instrument in ihre Augenwinkel einführte.[95]
Immer wieder berichten Frauen davon, dass ihnen im Laufe von Entführungen Babies präsentiert wurden, die offenbar Hybriden, also eine Mischung zwischen Mensch und Alien darstellen sollen. Einmal mehr muss ich darauf hinweisen, dass derartige Erlebnisse nicht als Produkte eines krankhaft veränderten Geistes anzusehen sind. In den Vereinigten Staaten nimmt sich seit mehreren Jahren eine Gruppe mit Namen TREAT dieser Opfer von Entführungen an. Diese aus Medizinern und Psychologen bestehende Gruppe konnte im Verlauf ihrer Arbeit zahlreiche Fälle dokumentieren, bei denen es zu Kontakten mit den fremdartigen Säuglingen kam. Sie besitzen meist weiße Haare, und die Lippen sollen »menschlicher« aussehen als bei den »kleinen Grauen«. Es wurden sogar Berichte über Frauen gesammelt, die nach der Präsentation solcher Kinder feststellen mussten, dass ihre Brüste plötzlich Muttermilch abgaben.[79] Eine jener Frauen, die weitere unangenehme körperliche Folgen an sich feststellten, war die junge Russin Larissa, die am 12. Dezember 1999 entführt wurde.

An jenem Abend fuhren Larissa und ihr Vater auf einer abgelegenen Straße in der Umgebung der Stadt Wolgograd nach Hause. Es war gegen 21.30 Uhr, als sie zwei unheimliche, schwarz gekleidete Gestalten am Rande der Straße, auf einem freien Feld, stehen sahen. Kurz darauf breitete sich dichter, gelber Nebel um den Wagen herum aus. Larissa machte ihren Vater, welcher am Steuer saß, darauf aufmerksam, doch der reagierte nicht darauf und starrte nur geradeaus. Wenige Augenblicke später hörte das Mädchen ein lautes metallisches Geräusch. Auch in diesem Fall blieb ihr Vater, als sie ihn darauf ansprach, still und ignorierte seine Tochter völlig.
Daraufhin hörte sie so etwas wie eine Stimme in ihrem Kopf, die sagte: »Fahrt weiter, ihr kennt die Strecke gut.« Als Nächstes fanden sich Vater und Tochter am Rande der Straße, unweit einer Ortschaft mit dem Namen Khimkompleksa, wo beide noch immer im Auto saßen. In diesem Augenblick vermochte sich Larissa noch ganz bruchstückhaft an blitzende Lichter zu erinnern, als sie in den Nebel kamen, sowie an zwei Gesichter, die sie ansahen. Auch ihr Vater erinnerte sich, wie ihn zwei riesige Köpfe mit schrägen Augen darin angestarrt hatten und dass ihnen eine merkliche Zeitspanne fehlte, als sie später als gewöhnlich zu Hause eintrafen. Was auch geschehen war, es hatte Folgen.
Am darauffolgenden Morgen verspürte der Vater einen starken Druck in seinem Kopf. Noch unangenehmer waren die Nachwirkungen aber bei Larissa. Sie bekam einen unnatürlichen, vaginalen Ausfluss, der blutigem Schleim ähnelte.

Larissas außerirdisches Baby

Später unterzogen sich beide einer hypnotischen Regression. Dabei erinnerten sie sich übereinstimmend, ein großes, schwarzes und glänzendes Flugobjekt von dreieckiger Form gesehen zu haben, das über ihrem Wagen herniederging und dann vor ihnen auf der Straße landete. Als Nächstes befanden sie sich im Inneren des Objekts, wo zwei humanoide Wesen mit großen Köpfen und riesigen, rechteckig geformten Augen sie anstarrten.

Larissa erinnerte sich, telepathische Anweisungen erhalten zu haben, als sie in einem runden Raum auf einem Stuhl saß und umgeben war von vier kleinen Humanoiden. Danach wurde ihr ein Kleinkind präsentiert, an dem ihr ein sehr großer Schädel mit großen blauen Augen und ungewöhnlich kurze Gliedmaßen ins Auge fielen. Zudem litt Larissa unter starken Magenschmerzen.

Ihr Vater wiederum erinnerte sich in der Hypnose, dass er in einem bequemen Stuhl saß und ein Wesen irgendetwas auf seiner Stirn befestigte. Er registrierte auch, dass sich diese Fremden alle sehr ähnlich sahen mit ihren schrägen Augen und kleinen, schmallippigen Mündern. Sie schienen nicht feindselig zu sein. Kleine roboterhafte Kreaturen überwachten Kontrollinstrumente. Seine nächste Erinnerung war dann, wie er zusammen mit Larissa wieder im Wagen saß, der am Rand der Straße stand.[96]

Mit ziemlicher Sicherheit waren diese Erlebnisse vom 12. Dezember 1999 nicht Larissas erste Entführung. Sehr gut möglich, dass die junge Russin bei einer schon viel früher erfolgten Abduktion geschwängert und das Hybridkind im Verlauf einer weiteren Aktion entnommen worden war. Der Fall reiht sich ein in eine mittlerweile kaum mehr zu beziffernde Anzahl ähnlich gearteter Erfahrungen, von denen manch eine bereits ärztlich nachgewiesen werden konnte. Da stellt sich die bange Frage beinahe von selbst: Findet so etwas wie eine gezielte Züchtung statt – die Schöpfung einer neuen Spezies, welche über die genetischen Eigenschaften von Bewohnern *mindestens zweier* Welten verfügt?

Ver(w)irrter Junge im Schnee

Noch einmal kehre ich kurz zu Vorfällen zurück, nach denen mutmaßlich von Außerirdischen entführten Personen Zeit fehlt, über die sie später keine Rechenschaft ablegen können. Mit den beiden folgenden Beispielen möchte ich meine Beweisführung abschließen, dass auch diese Facette des Phänomens in unseren Tagen des 21. Jahrhunderts lebendig ist.
Um 3.30 Uhr am frühen Morgen des 19. Juli 2005 fuhr die Australierin Dina Holdcroft auf einer einsamen Landstraße bei Ravenshoe im Norden von Queensland. Die Region liegt 100 Kilometer südlich von Cairns, der größten nördlichen Stadt jenes australischen Bundesstaates. Plötzlich geschahen seltsame Dinge: Im Autoradio hörte sie fremdartige Geräusche, und ihr Mobiltelefon klingelte mehrere Male. Doch jedesmal, wenn sie abnahm, war nichts zu hören. Mit einem Mal wurde die Umgebung in grelles Licht getaucht, und der Motor des Wagens ging für Sekundenbruchteile aus, sprang dann aber wieder kraftvoll an, als wäre die Batterie frisch geladen worden. Ein leuchtender Nebel hüllte das Auto ein, dann hörte sie noch ein schwirrendes Geräusch. Von dem Moment an fehlten ihr, wie sie nach ihrer Heimkehr bemerkte, etwa 30 Minuten Zeit, die in ihrem Gedächtnis wie ausgelöscht waren.[97]
Ein noch aktuellerer Fall: Was war mit einem kleinen Jungen geschehen, den ein Jäger mitten in der verschneiten Wildnis in Alaska aufgegriffen hat?
Am frühen Abend des 7. Mai 2008 befand sich der Jäger Nick Andrew jr. aus dem Städtchen Bush in Alaska mit seinem Schneemobil etwa drei Stunden Wegstrecke von daheim entfernt. Andrew hatte Schneegänse gejagt und wollte gerade den Heimweg antreten. Da entschloss er sich spontan, von einem Hügel aus ein anderes Gebiet zu inspizieren. Als er oben anhielt, erblickte er mitten in dem zugeschneiten Sumpfland einen klei-

nen Jungen. In ihm erkannte er ein Kind aus seinem Heimatort und fuhr auf der Stelle vom Hügel zu ihm hinunter.
Sofort fragte er ihn, wo denn sein Vater oder dessen Jagdgenossen wären, und bohrte weiter, woher er komme und ob er denn alleine sei. Der Kleine machte einen erschreckten Eindruck und hatte geweint, und auf alle Fragen antwortete er nur stereotyp mit »Ich weiß nicht«. Nick Andrew beschrieb den Jungen als völlig desorientiert und verstört. Irgendetwas musste ihn zutiefst erschreckt und verwirrt haben, und er hatte auch keine Ahnung, wie spät es war. Trotzdem erschien er weder müde noch hungrig oder durstig, und er hatte zudem großes Glück gehabt, denn in der Umgebung werden häufig Braunbären gesichtet.
Als der Jäger den Kleinen auf sein Schneemobil gesetzt hatte, bemerkte er zu seinem großen Erstaunen, dass im Schnee keinerlei Fußabdrücke zu erkennen waren. Woher war der Junge also gekommen? Das Ganze verwirrte ihn sehr, hatte er doch ganz in der Nähe mindestens zehn weitere Schneemobile gesehen. Auf den Jungen war jedoch keiner der Fahrer gestoßen.
Nachdem er das Kind nach Bush zurückgebracht hatte, ließ er die ganze Nacht über sein Funkgerät eingeschaltet für den Fall, dass andere Jäger ein vermisstes Kind melden würden. Was jedoch nicht geschah. Am folgenden Tag stellte sich dann heraus, dass der Junge ein außergewöhnliches Erlebnis gehabt haben musste. Er berichtete, er wäre in den »Pitcher Mountain« gebracht worden – ein Ort, über den man sich schon länger bizarre Geschichten erzählt. Dort sei er ausgefragt worden und hätte »kleine Wesen« vorgefunden. Zudem hätte er ein kleines Mädchen getroffen, das dort bereits seit über 40 Jahren festgehalten würde. Anschließend sei er wieder aus dem Berg herausgebracht worden, nur wenige Minuten, bevor Nick Andrew ihn mutterseelenallein in dieser gottverlassenen Schneewüste fand.[98]

Gerade noch hier gewesen ...

Bei weitem nicht so häufig wie das Mysterium der fehlenden Zeit, aber gleichfalls durch einige spektakuläre Vorfälle dokumentiert, ist ein verwandtes Rätsel, das ebenso dem UFO-Phänomen zugeordnet wird. Stellen Sie sich einmal vor, Sie befinden sich gerade an einem Punkt A, der in einer beträchtlichen Entfernung zu einem zweiten Punkt B liegt. Um nun von A nach B zu gelangen, kommen Sie nicht umhin, sich eines möglichst schnellen Verkehrsmittels zu bedienen. Und Sie wissen genau, dass man trotz einer möglichen Geschwindigkeit t Stunden oder sogar Tage zur Bewältigung dieser Entfernung benötigt. Dies ist unser Zeitfaktor Z.
Wiederholte Male ist es jedoch vorgefallen, dass dieser Faktor Z unvermutet auf eine Spanne zusammengeschmolzen ist, welche nach unserem Schulwissen *unmöglich* zur Bewältigung der Distanz A–B ausreichen kann. Ihr Weltbild hat wohl nun einen gehörigen Knacks abbekommen. Das der von einer solchen Erfahrung geschockten Betroffenen übrigens auch.
Wie alle Facetten des Rätsels, um das es in dem vorliegenden Buch geht, ist auch diese keine »Errungenschaft« aus unseren Tagen. Obwohl ich die folgenden lieber als eine Art *Grenzfälle* verstanden wissen möchte, denn Ähnliches wird auch immer wieder aus dem Bereich der Parapsychologie zitiert. Besonders, wenn es sehr religiöse Personen oder gar »Heilige« trifft, die sich herzlich wenig um festgelegte Reiserouten scheren.[99] Doch urteilen Sie am besten selbst.
Ein sehr früher Bericht, der lange in alten spanischen Gerichtsakten verstaubt war, betrifft den Inquisitionsprozess gegen einen Soldaten. Der war am 25. Oktober 1593 vollkommen verwirrt auf dem Zocaló, dem Hauptplatz von Mexiko-Stadt, aufgetaucht und trug hierbei die Uniform eines auf den Philippinen stationierten Wachregiments. Er wusste nur zu

sagen, dass er ein paar Augenblicke vor seinem plötzlichen Auftauchen als Wachposten vor dem Gouverneurspalast in Manila gestanden habe – mehr als 14 000 Kilometer entfernt! Gerade sei der Gouverneur einem Mordanschlag zum Opfer gefallen, und nun habe er nicht die geringste Ahnung, wie er in das mittelamerikanische Land gekommen sei.

Monate später brachte ein Schiff von den Philippinen Neuigkeiten über das Attentat, wobei auch andere Details der Aussage des Soldaten bestätigt wurden, der seit seinem unvermittelten Auftauchen in Haft einsaß.[72]

Übel ausgegangen soll ein fast identisches Erlebnis für einen Portugiesen sein. Im Jahre 1655 wurde ein Mann, der in Goa (eine ehemalige portugiesische Kolonie in Indien) sein sollte, plötzlich daheim in Portugal angetroffen. Er gab an, auf ungeklärte Weise durch die Luft transportiert worden zu sein. Nach Ansicht der Inquisition hatte er dies durch Zauberei fertiggebracht. Der Mann bekam einen »fairen« Prozess und wurde wegen des verbotenen Gebrauchs okkulter Kräfte letztlich zum Tod auf dem Scheiterhaufen verurteilt und verbrannt.[72]

Heute braucht niemand mehr, dem so seltsame Dinge zustoßen, die »heilige« Inquisition fürchten. Und Scheiterhaufen werden auch nicht mehr angezündet, obwohl die letzte Hexenverbrennung vor nicht viel länger als 200 Jahren stattfand. Aber der Spott und die Skepsis der Allgemeinheit, die Gefahr, als geistig gestört abgestempelt zu werden, ist als moderne Variante damaliger Intoleranz oft nicht weniger grausam.

8 Die »Gestaltwandler« kommen

Entführungserlebnisse der besonderen Art

> *»In der ganzen Welt wird immer wieder von Neuem über das Erscheinen von UFOs berichtet. Und selbst die absoluten Skeptiker kommen nicht umhin, die Dramatik in diesen gut dokumentierten, viel bezeugten Berichten zu spüren.«*
>
> J. ALLEN HYNEK (1910–1986), ASTRONOM UND UFO-FORSCHER

Berichte über plötzliche und unerklärliche Versetzungen mögen eine bizarre und schwierig in ein Gesamtbild einzuordnende Ausnahme unter den vielen Erscheinungsformen des UFO-Phänomens darstellen. Trotzdem dürfen wir sie nicht opfern zugunsten eines »Mainstreams«, nur weil sie vielleicht nicht in jenes Bild passen, das wir uns – terrible simplificateur! – gelegentlich zurechtlegen. Vielmehr sollte uns immer bewusst sein, dass wir vor einem höchst komplexen Phänomen stehen, das sich jeglicher Vereinfachung vehement entzieht. Man kann sich tatsächlich des Verdachtes nicht erwehren, dass eine Art Wechselwirkung besteht zwischen »ihnen« und uns – wir aber noch Welten davon entfernt sind, diese zu erkennen geschweige denn zu begreifen. Wir wissen noch nicht einmal, welche Anteile jener Ereignisse auf dem Phänomen selbst basieren und wieviel das menschliche Bewusstsein, noch mehr aber das Unterbewusste hinzufügt. Spätestens wenn es um Begegnungen mit fremden Intelligenzen geht, die von den Betroffenen anfangs als ihnen vertraute

Personen angesehen werden, wird diese Wechselwirkung deutlich erkennbar hervortreten. Da scheinen die Protagonisten dieser unheimlichen Vorfälle sowas wie einen »Gedächtnisspeicher« anzuzapfen und die daraus gewonnenen Daten zum Aufbau einer eigenen Tarnung zu benutzen. Doch für den Augenblick verweile ich noch etwas in jener Grauzone, die uns durch räumliche Versetzungen und ähnliche Aktionen damit konfrontiert, dass das Rätsel spätestens dann noch undurchschaubarer wird, wenn wir uns gerade der Illusion hingeben, ein klein wenig durchzublicken.

Nachtfahrt nach Südafrika

Rhodesien heißt heute Simbabwe, und eine korrupte Clique um den greisen Staatspräsidenten Robert Mugabe hat den einst blühenden Staat im Süden Afrikas in ein tristes Armenhaus verwandelt. Davon war man in jenem Jahr, in dem sich die nachfolgende Geschichte ereignete, noch weit entfernt.
In der Nacht vom 30. auf den 31. Mai 1974 fuhren Peter und dessen Frau Frances, ein rhodesisches Ehepaar, von der Hauptstadt Salisbury (heute Harare) nach Durban in Südafrika. Dafür nahmen sie die Straße, die über Fort Victoria zur Beit Bridge über den Limpopo führt, der die Grenze zwischen beiden Ländern bildet. Von Salisbury respektive Harare bis zur Grenze bei der Beit Bridge, hinter der die südafrikanische Provinz Transvaal beginnt, sind es gut 350 Kilometer.
Ungefähr zehn Kilometer südlich des Farmerstädtchens Umvuma begannen gegen 2.15 Uhr die seltsamen Vorfälle jener Nacht. Da Peter wusste, dass auf der eintönigen Strecke häufig Geschwindigkeitskontrollen durchgeführt wurden, reduzierte er sein Tempo merklich. Vor allem, da er glaubte, weiter vorne an der Straße einen Polizisten gesehen zu haben.

Beim Vorbeifahren bemerkten seine Frau und er, dass stattdessen eine sonderbare Gestalt am Straßenrand stand, deren Bekleidung wie aus Metall oder Kunststoff wirkte. Als sie nach hinten blickten, war der vermeintliche Polizist plötzlich wie vom Erdboden verschluckt.

Um 2.30 Uhr bemerkte Frances dann ein Licht links vom Fahrzeug, das sie offensichtlich begleitete. Im selben Augenblick erloschen die Scheinwerfer, die restliche Elektrik des Wagens aber funktionierte noch. Rings um das Auto herum war die Nacht zum Tag geworden. Alles war in so grelles Licht getaucht, dass es scharfe Schatten warf. Und den beiden war so kalt geworden, dass sie sich in warme Decken hüllen mussten.

Der »Peugeot 404« der beiden fuhr nun mit fast 150 Stundenkilometern, jedoch ohne Licht, durch die Schwärze der Nacht. Als Peter vom Gaspedal ging, geschah überhaupt nichts. Auch Bremse und Lenkung gehorchten ihm nicht mehr, er hatte keine Kontrolle mehr über das Fahrzeug. Panik beschlich ihn und seine Frau. Die rasende Fahrt ohne jede Möglichkeit, in das Geschehen einzugreifen, ging bis Fort Victoria. Als sie sich einer Tankstelle näherten, verschwand das unbekannte Objekt. Zu diesem Zeitpunkt war es 4.30 Uhr am frühen Morgen. Beim Auftanken wunderte sich der leicht bekleidete Tankwart noch über die Bemerkung der beiden, es wäre sehr kalt. Denn in Wahrheit war es bereits recht warm an diesem Morgen.

Nach einer Stunde Aufenthalt setzten Peter und Frances ihre Reise nach Südafrika fort. Zehn Kilometer hinter Fort Victoria erschien das UFO abermals und nahm dessen alte Position links oberhalb des Wagens ein. Bei diesem Mal gesellte sich noch ein zweites Objekt dazu, welches direkt über dem Auto flog. Normalerweise war diese Strecke in Richtung der Grenze eine der am stärksten befahrenen. Doch an jenem unheimlichen Morgen schien sie buchstäblich wie ausgestorben.

Im Verlauf der folgenden Kilometer glaubte das Paar, dass es sich verfahren hatte, denn die Umgebung wirkte fremd. Niedrige Büsche und hohes Gras, sumpfiges Marschland – und dazu die geradezu unwirkliche Stille. Man hörte weder den Motor noch die lauten Geräusche zirpender Insekten. Wieder hatte Peter völlig die Kontrolle über seinen Wagen verloren, denn nun rasten sie mit beinahe 200 Kilometern in der Stunde dahin. Eine Geschwindigkeit, die jenseits der technischen Möglichkeiten eines Peugeot 404 jener Tage lag. Peter hatte nicht gelenkt. Die Straße zwischen Fort Victoria und der Grenzbrücke über den Limpopo ist sehr kurvenreich, doch an diesem Morgen bewegte sich der Wagen in gerader Linie fort. Offenbar hatten die zwei UFOs die absolute Kontrolle über das Geschehen übernommen. Irgendwann gegen 6.15 Uhr schlief Frances dann auf dem Beifahrersitz ein. Als das Paar an der Beit Bridge ankam, war es 7.30 Uhr und vollkommen hell. Beide Flugobjekte schwebten noch immer über ihnen. Sie verschwanden erst in dem Moment, als die rhodesische Grenzstation in Sicht kam. Auf der Uhr dort war es bereits 8.30 Uhr – genau eine Stunde später, als die Uhren von Frances und Peter wie auch jene im Peugeot übereinstimmend anzeigten. Die korrekte Uhrzeit wurde überdies im Radio mit 8.30 Uhr angegeben.
Auch wenn die Betroffenen hier nicht in kürzester Zeit eine weite Distanz auf unerklärliche Weise zurücklegten, ist dieser Fall schon hochinteressant, wenn wir an die offenbar fremdgesteuerte Fortbewegung des Autos denken. Doch ein Check des Wagens förderte noch weitere Ungereimtheiten zutage. Peter hatte kurz nach dem Auftanken in Fort Victoria den Tageskilometerzähler auf Null gestellt. Nach ihrer Ankunft auf der Grenzbrücke wies dieser gerade einmal 17 Kilometer aus, obwohl die Brücke 288 Kilometer von Fort Victoria entfernt

ist. Der Tank des 404 hätte nur noch eine geringe Restmenge an Benzin aufweisen dürfen. Stattdessen war er annähernd randvoll. Beim Nachtanken in Messina, der ersten Stadt hinter der Grenze, musste Peter gerade einmal 22 Cent berappen. Eine später vorgenommene, hypnotische Regression ergab, dass sich ein fremdes Wesen im Wagen des Ehepaares auf der Rückbank befunden hatte. Es hatte Peter unter anderem deutlich gemacht, dass er es in jeder beliebigen Form wahrnehmen könne, welche er sich aussucht.[100] Was einmal mehr den Rückschluss unterstützt, dass die unbekannten Fremden Zugang zu bewussten wie auch unbewussten Ebenen unseres Denkens besitzen. Und von dieser Fähigkeit als »Gestaltwandler« regen Gebrauch machen.

750 Kilometer nördlich wieder aufgetaucht

Wenn auch die Fälle, in denen die Betroffenen eine unerklärliche räumliche Versetzung erlebten (man spricht in diesem Zusammenhang gern von »Teleportationen«), eher eine Ausnahme des UFO-Phänomens darstellen, sind sie auch im 21. Jahrhundert präsent. Ich möchte zwei spektakuläre Fälle aus der ersten Dekade unseres Jahrhunderts hier vorstellen. Ein Wohnwagenpark außerhalb des Städtchens Gundiah bei Tiago, zirka 200 Kilometer nördlich von Brisbane im australischen Bundesstaat Queensland. Am 4. Oktober 2001 begab sich Keith Rylance gegen 21.30 Uhr in den Schlafraum seines Wohnmobils. Zur selben Zeit zog sich auch Petra Heller, die Geschäftspartnerin von Keiths Ehefrau Amy, zum Schlafen in den separaten Anhänger zurück. Einzig Amy blieb noch im »Lounge Room« des Wohnwagens, um fernzusehen, kam aber etwas später nach. Um 23.15 Uhr lagen alle drei in ihren Betten und schliefen.

Exakt zu dieser Zeit ließ ein seltsames Geräusch Amy aufwachen. Als sie in den »Lounge Room« ging, sah sie einen breiten Lichtstrahl mit rechteckigem Querschnitt durch das zertrümmerte Fenster in den Raum fallen. Auch Petra Heller war durch den Lärm geweckt worden. Als sie hinzukam, konnte sie gerade noch zusehen, wie der ominöse Lichtstrahl Amy in schlafender Position aus dem Fenster hinaus und in ein scheibenförmiges Objekt hineinzog. Für Petra war dies eindeutig zuviel, deshalb wurde die Frau für kurze Zeit ohnmächtig.
Als sie wieder zu Bewusstsein gekommen war, schrie sie ganz hysterisch, worauf Amys Mann Keith in den Lounge Room stürzte. Nachdem sie ihm von ihrer erschreckenden Beobachtung berichtet hatte, suchte er seine Frau überall im Wohnwagen wie auch auf dem Areal. Als er sie trotz intensivster Suche nicht zu finden vermochte, glaubte er allmählich Petras Schilderung. Schließlich riefen sie um 23.40 Uhr die Polizei.
Aufgrund der recht wirren Einlassungen Petra Hellers vermuteten die Beamten zunächst, dass ein Gewaltverbrechen vorliege, das durch eine so abgefahrene Geschichte vertuscht werden solle. Dann bekam die ganze Angelegenheit mit einem Mal eine sehr spektakuläre Wendung, als Keith Rylance kurz darauf einen Anruf aus einer BP-Tankstelle aus der über 750 Kilometer entfernten Stadt Mackay erhielt. Am Telefon meldete sich eine völlig verstörte Amy, die sich nicht erklären konnte, wie sie plötzlich dorthin gekommen war. Alles, was sie in diesem Augenblick wollte, war zuerst ins Krankenhaus und danach zur Polizei gebracht zu werden. Als Keith sich mitten in der Nacht entschloss, sofort nach Mackay aufzubrechen, beschäftigten sich schon drei Polizeistationen aus drei Orten mit dem immer mysteriöser werdenden Fall.
Als sie befragt wurde, konnte Amy sich erinnern, dass sie in einem rechteckigen Raum aufgewacht sei, wo mehrere Wesen rings um sie herumgestanden waren. Sie hätten allesamt Ganz-

körperanzüge getragen, deren Kopfteil nur Augen, Mund und Nase freigelassen hätten. Des Weiteren konnte sie sich entsinnen, dass sie in einer ihr völlig unbekannten Gegend wieder zu sich gekommen war. Nach längerem Suchen hätte sie dann eine Straße gefunden, die zu besagter BP-Tankstelle führte.
Der Fall zeigt übrigens ein paar frappierende Parallelen zu dem im vorausgegangenen Kapitel kurz erwähnten Entführungsfall des chilenischen Unteroffiziers Armando Valdes. Ihm war in der kurzen Zeit seiner Abwesenheit ein stoppeliger Fünftagebart gesprossen. Ähnliches widerfuhr Amy: Körperhaare, die sie zuvor abrasiert hatte, waren so lang nachgewachsen, dass sie deutlich länger verschwunden sein musste, als dies den zeitlichen Umständen nach möglich war. Zudem war ihr Kleid verkehrt herum angezogen, als wäre sie hastig und ohne jede Sorgfalt wieder angekleidet und gleich danach planlos ausgesetzt worden.[101]

Santa Eulalia war nicht das Ziel

Waren es bei der Australierin Amy über 750 Kilometer, durch die sie urplötzlich von ihrer gewohnten Umgebung getrennt war, so genügte bei einem Vorfall, der sich 2007 in Spanien ereignete, schon eine weitaus geringere Distanz, um die in das Geschehen verwickelten Zeugen völlig zu verwirren.
Am Nachmittag des 7. Mai 2007 fuhren Juan M. L. und Bernardo D. G. zu einer Sägemühle nahe der nordwestspanischen Stadt Lugo. Sie waren kaum einen Kilometer von ihrem Ziel entfernt, an einem Ort mit Namen Piugos de Pena. Gerade hatten sie ein großes Autohaus passiert, als sie dichten Nebel bemerkten, der offenbar von ihrem Wagen ausging. Sie fuhren sofort an den Straßenrand, um nach dem Rechten zu sehen, doch da war der Rauch wieder spurlos verschwunden.

Kaum hatten sie ihre Fahrt fortgesetzt, fiel ihnen auf, dass sie sich plötzlich an einem gänzlich anderen Ort befanden als gerade noch zuvor. »Wir hatten keinen blassen Schimmer, wo wir waren«, sagte Juan. »Von der Sägemühle waren wir nur noch ein paar Meter entfernt, und auf einmal fanden wir uns vor einem Straßenschild, das nach Santa Eulalia de Boveda wies. Wir beide waren derart überrascht, dass wir uns spontan entschlossen, erst einmal nach Santa Eulalia weiterzufahren in der Hoffnung, dass wir von dort aus wieder zur Sägemühle kommen.«
Innerhalb eines Augenblickes waren Juan und Bernardo um eine Distanz von sechs Kilometern versetzt worden – genau um *die* Entfernung, die zwischen der Sägemühle bei Lugo und der Abzweigung nach Santa Eulalia liegt. Als die beiden nach dem Weg zurück zu ihrem Ausgangsort suchten, wurden sie Zeugen einer ungewöhnlichen Erscheinung: Die Sonne befand sich inmitten eines riesigen Dreieckes aus Rauch.[102]

Im fremden Gewande

Da scheinen auf einer sehr tiefen, mentalen Ebene besondere Wechselwirkungen zwischen den Fremden und uns abzulaufen. Doch was einerseits etwas Vertrautes zu suggerieren scheint – »sie« tun es bestimmt nicht erst seit ein paar Jahrzehnten –, hat im Gegenzug auch etwas ungemein Erschreckendes. Wie tief jene Intelligenzen tatsächlich in unser Innerstes einzudringen vermögen und welcher »Tricks« sie sich dabei bedienen, möchte ich im Folgenden an zwei Beispielen verdeutlichen. Der erste Fall betrifft eine Österreicherin, Karin F., mit der der wiederholt zitierte Dr. Johannes Fiebag im Rahmen seiner Forschungen zum Entführungssyndrom zusammengearbeitet hat.
Karin F., 1951 in Österreich geboren, aufgewachsen in Kanada und später wieder in ihre niederösterreichische Heimat

zurückgekehrt, ist schon seit ihrer frühen Kindheit immer wieder entführt worden. Dann, am 4. September 1995, erlebte sie etwas derart Bizarres, dass man es am ehesten als *Gestaltwandler* charakterisieren könnte.
An dem Tag war Karin F. bereits vor sechs Uhr am Morgen aufgestanden. Ihrem Lebensgefährten hatte sie gesagt, dass sie ausgeschlafen sei und sich sehr viel vorgenommen hätte. Als jener die Wohnung verlassen hatte, um zur Arbeit zu gehen, legte Karin sich trotzdem wieder ins Bett. Seltsam war, dass sie nicht mehr müde war und auch nicht wusste, warum sie dies tat. Da war sie allerdings schon wieder eingeschlafen. War es da noch ihr eigener, freier Wille, was sie tat?
Als sie kurz nach halb acht Uhr erneut aufwachte, merkte Karin sehr schnell, dass sie nicht mehr fähig war, sich zu rühren. Sie war wie gelähmt, einzig die Augen konnte sie noch bewegen. Eine furchtbare Angst beschlich sie, dann dachte sie, all dies nur zu träumen. Aber Karin war wach, hellwach. Ihre Augen tasteten das Schlafzimmer ab. Ihr Verstand funktionierte, nur bewegen konnte sie sich nicht, weil ihr Körper aus unerklärlichen Gründen nicht mehr dazu fähig war. Langsam stieg eine wahnsinnige Panik in ihr auf.
Jetzt wurde Karin bewusst, dass sich noch jemand in dem Raum befinden musste. Plötzlich war da eine Stimme, rechts von ihr, in einem Winkel, den sie nicht einsehen konnte. Die Stimme redete ununterbrochen, leise und monoton, zuerst unverständlich. Doch dann wurde sie immer mehr zur Stimme ihrer Ex-Schwägerin, die lauter belangloses Zeug murmelte.
Noch immer war Karin nicht fähig, sich zu bewegen. Nun aber konnte sie aus einem Augenwinkel heraus eine Gestalt erkennen. Diese war wie ihre frühere Schwägerin Margot gekleidet, allerdings war ihr Kopf nicht zu sehen. Darauf versuchte sie dieses Geschöpf anzusprechen, was ihr auch erst nach einigen Anläufen gelang. Karin war die ganze Zeit klar, dass ihr da ein

»Theater« vorgespielt wurde, dass es überhaupt nicht ihre Schwägerin sein konnte. Das sagte sie der Gestalt auch auf den Kopf zu: »Nein, du bist nicht Margot. Was ist hier los?«
Plötzlich änderte sich die Stimmlage des Wesens. Mit einem Mal sprach es wie ihre fünf Jahre zuvor verstorbene Großmutter. Ein unglaublicher Dialog entspann sich, in dessen Verlauf Karin F. anscheinend etwas der mentalen Kontrolle entglitt. Endlich konnte sie ihren Kopf ein Stück drehen. Aber nach wie vor war es ihr nicht möglich, das Gesicht der Kreatur zu erkennen, da diese zu nahe am Bett stand. Mit unendlicher Mühe erhob sie die rechte Hand und wollte die des »Besuchers« ergreifen, doch sie griff einfach hindurch. Als sie endlich sein Gesicht sehen konnte, merkte sie auch, dass mit den Augen etwas nicht stimmte. Der Blick in diese unheimlichen Augen ließ sie neuerlich unter die absolute Kontrolle des Wesens geraten. Karin fiel in einen tiefen, ohnmachtsähnlichen Schlaf, aus dem sie erst nach halb elf Uhr wieder erwachte.[88]
Sofort erinnerte sie sich daran, was vorgefallen war, aber sie fühlte sich müde und zerschlagen. Jetzt kam auch die Angst in ihr hoch, die sie während ihres Erlebnisses nicht verspürt hatte. Und erkannte, dass ihr Bilder aus ihrem eigenen Unterbewusstsein vorgespielt worden sind. Sie zeigten ihre Schwägerin und die Großmutter, wie Karin F. sie selbst beschrieben hätte. Das Wesen benutzte Bilder aus der mentalen Ebene, um auf diese Weise getarnt als »Gestaltwandler« vor ihr zu erscheinen.

Die »gefälschte« Großmutter

In den ersten Tagen des Jahres 2009 erreichten mich die gesammelten Erfahrungen einer Frau aus Südtirol – ich möchte sie hier Cora nennen, um ihre Privatsphäre zu schützen –, die bis zum Dezember 2008 reichen. Dabei geht es um langjährige Begegnungen mit wahrscheinlich außerirdischen Intelligenzen, welche auch Erfahrungen im übersinnlichen Bereich enthalten. Dies ist relativ häufig beim Entführungssyndrom der Fall.

Aber auch mit dem Phänomen, dass sich fremde Entitäten immer wieder in Gestalt bekannter oder vertrauter Personen zu tarnen wissen, wurde die Südtirolerin öfter konfrontiert.

Ungewöhnlich oft hat Cora nächtliche Erscheinungsphänomene, wie sie diese Erlebnisse nennt, und was sie nicht selten davor fürchten lässt, nachts zu schlafen. Zuweilen können sich Gegenstände, an die sie denkt, regelrecht materialisieren. Hierbei fühlt sie in ihren Händen das Entstehen des Objekts, beispielsweise das Fell einer Katze, das dann zu einer Katze wird. Aber stets verschwinden diese Gegenstände, Objekte oder »Pseudo-Lebewesen« kurz darauf wieder.

Noch heftiger ist ein manchmal wiederkehrendes Erlebnis, in dem »Arme« mit gewaltiger Kraft die Arme der Zeugin ergreifen, was zu einem recht starken Angstgefühl führt. Dabei werden die ominösen Arme oft sichtbar – es geschah jedoch auch schon, dass sie sich wie ein Band anfühlten. Selbst wenn ihr Lebensgefährte neben ihr schlief, manifestierten sich diese Erscheinungen. Hin und wieder materialisierte sich plötzlich eine ihr bekannte Person, deren Körper Cora neben sich spürte.

Im September 2008 hatte sie, jeweils um dieselbe Stunde in zwei aufeinanderfolgenden Nächten, zwei unterschiedliche Erlebnisse. Beim ersten befand sie sich in einer Art Mensa, wie man die Speisesäle in den Hochschulen nennt, und erblickte ein »männliches Lichtwesen« beim Essen. Sie war recht verwundert, und weil der Mann – er hatte graue Haare und sah sehr »weise« aus – allein am Tisch saß, setzte sie sich zu ihm. Cora sprach ihn an, und aus der Mensa schien auf einmal eine Art Kirche zu werden. Sie hatte ein angenehmes Gefühl dabei, ihr Körper war ganz leicht und sie konnte fliegen.

In der folgenden Nacht ging es zur selben Zeit weiter. Cora fand sich in einem fahrenden Auto, gesteuert von einem jungen, blonden Mann. Der nannte sie beim Namen und wusste Einzelheiten aus ihrem Leben. Darüber erstaunt, fragte sie ihn, woher er sie kenne. Statt einer Antwort ließ der Mann das Steuer los – doch der Wagen fuhr ganz alleine weiter. Schließlich fand sich die Frau in einer großen Menschenmenge wieder.
Bis jetzt hören sich manche Details noch an, als hätten sie auch aus Träumen stammen können. Jeder von uns hat schon öfter recht bizarr und zusammenhanglos geträumt. Andere Einzelheiten lassen wiederum die Annahme zu, dass paranormale Aspekte beteiligt sind oder Deckerinnerungen aufscheinen, von denen ich in anderem Zusammenhang schon berichtet habe. Kommen wir nun aber zu Vorfällen, die deutlicher auf das UFO-Phänomen hindeuten.
Dazu gehört auch Coras unbestimmte Erinnerung, als Kind gemeinsam mit ihrer Mutter entführt worden zu sein. Da sind Männer in schwarzen Helikoptern – »Black Helicopters« werden sehr häufig als Begleiterscheinung zu UFO-Sichtungen erwähnt –, und ihre Mutter muss mit ihr flüchten. Auch die Mutter hatte immer große Angst vor diesen Konfrontationen.
Und dann war da dieses unheimliche Erlebnis, als Cora gerade einmal fünf Jahre alt war. Eines Tages fuhr ihre Mutter mit ihr zum abgelegenen Winzerhof der Großmutter, unweit von Bozen, wo sie offenbar auf kleine, weiße Gestalten trafen. Die damaligen Vorfälle fasst die Frau wie folgt zusammen:
»Meine Mutter sagte über die kleinen, weißlichen Gestalten, dass sie niedlich sind, und war total erstaunt, dass es so etwas gibt. Ich muss etwa fünf Jahre alt gewesen sein, und da gibt es keine Erinnerung, sondern nur ein Bild. Es ist im Morgengrauen, und zwei schwarze Helikopter verfolgen uns. Zwei Männer sitzen darin. Davor die weißlichen Gestalten. Was sie gemacht haben, weiß ich nicht mehr. Aber schon mit vier Jah-

ren sah ich oft eine strickende Frau in meinem Zimmer. Ich erkannte sie als meine Oma, und sie hockte in einer Ecke und strickte. Ein Gefühl hinderte mich damals, zu ihr zu gehen. Ich war völlig wach damals, habe also nicht geträumt. Dann geschah bis zu meinem 22. Lebensjahr nichts mehr ...«[103]
Wie sich die Erlebnisse doch gleichen! In dem Fall der vorstehend zitierten Karin F., der erst die Schwägerin und darauf die Großmutter »vorgegaukelt« wurde, wie auch bei jenen Erlebnissen in der Kindheit von Cora. Ihre Begegnungen mit dem UFO-Phänomen halten immer noch an. Am 8. Dezember 2008 befand sie sich gegen 11.30 Uhr vormittags im Meraner Stadtteil Algund in Höhe eines Cafés, als sie in einer Höhe zwischen zehn und zwanzig Metern über sich einen in der Luft stillstehenden, grünlichen »Ball« erblickte. Dieser wandelte sich zu einer weißlich-transparenten Scheibe, welche in schräg geneigter Lage und mit gleichmäßiger Geschwindigkeit auf einen Berg zuflog. Dort verschwand das Objekt aus dem Blickfeld der Zeugin.[103]

»... nachts aus den Betten zerren«

Was die hinter dem UFO-Phänomen stehenden Intelligenzen mit ihren mehr als undurchsichtigen Aktionen bezwecken, das vermag derzeit noch immer niemand zu sagen. Nach ungezählten, bestens dokumentierten Entführungsfällen sind wir einem grundlegenden Verständnis für das Phänomen noch keinen echten Schritt nähergekommen. Vielleicht ist die Botschaft so simpel wie: »Wir sind hier! Bereitet euch vor!«[88]
In einer ähnlichen Art äußert sich der amerikanische Autor Whitley Strieber, der selbst viele Male entführt worden ist. Er vermutet sogar, dass hinter dem Entführungssyndrom wesentlich mehr stecken könnte als Religionen, Wissenschaft

oder Regierungen für sich beanspruchen mögen: »Es scheint, als würden wir die wichtigste archetypische Erfahrung unseres Zeitalters nicht zur Kenntnis nehmen wollen. Ist dies der Grund, warum die Besucher körperliche Gestalt annehmen und die Leute nachts aus den Betten zerren, damit wir uns endlich diesen Phänomenen zuwenden?«[104] Es sieht also ganz danach aus, dass sich Ärzte, Psychologen und andere interessierte Forscher weiterhin die Zähne ausbeißen dürfen. Oder löst sich das Rätsel im schicksalhaften Jahr 2012, das allenthalben mit Bangen erwartet wird und worüber schon länger die wildesten Spekulationen kursieren, endlich auf?

So traumatisch Entführungen, die mit Gestaltwandlungen oder Versetzungen in Raum und Zeit einhergehen können, für die Betroffenen auch immer sein mögen: Sie verblassen geradezu, wenn es um solche Begegnungen mit dem UFO-Phänomen geht, welche ich für das »schwärzeste Kapitel« der gesamten Thematik halte. Für sie hat sich inzwischen die Bezeichnung »unheimliche Begegnungen der fünften Art« eingebürgert. In ihrem Mittelpunkt stehen Vorfälle, die für Zeugen oder Beteiligte tragisch enden – was von den Fremden offenbar voll beabsichtigt ist! Es war niemand »zufällig« zur falschen Zeit am falschen Ort …

Auch wenn sich dies erschreckend darstellt, wie ein »Super-GAU« des ganzen Phänomens, haben wir dadurch doch erstmals die konkreten Beweise in der Hand, dass »da draußen« etwas vor sich geht, dessen Urheber *wir nicht sein können.* Aus dem so einfachen wie nachvollziehbaren Grund, dass wir technisch noch überhaupt nicht in der Lage dazu sind.

9 Kühe im Wassertank

Eine »Ernte« der abscheulichsten Art

»Der 600 Pfund schwere Ochse war gehäutet, als hätte man Zigarettenpapier zusammengerollt. Hörner und Rückgrat waren gebrochen, als sei er aus ziemlicher Höhe herabgestürzt. Weder Blutspuren noch Fußspuren wurden gefunden. Kojotenspuren hörten zehn Meter vor dem Kadaver auf.«

AUS DER TAGESZEITUNG »ROCKY MOUNTAINS NEWS« VOM 23. DEZEMBER 1985

Die Angehörigen des nordamerikanischen Stammes der Cherokee begrüßen jene fremden Objekte, die allen Gesetzen der Schulphysik spottend über den Himmel flitzen, wie alte, aber gefürchtete Bekannte. In ihrer Sprache werden sie als *Feuer-* oder *Lichtbringer* bezeichnet. Und sie wurden schon gesichtet, lange bevor der weiße Mann ihre Jagdgründe raubte.

So berichten die alten Mythen der Cherokee von unheimlichen Wesen, die vielen Generationen einen Schauder über den Rücken jagten. Diese seien von kleinem Wuchs gewesen, aber mit überdimensionalen Köpfen und schrägstehenden, schwarzen Augen. Vom Himmel herabgekommen, wurden sie von den Indianern ebenso verehrt wie gefürchtet. Über die Taten dieser »Yunwi Tsundi«, was soviel wie »kleine Leute«, aber auch »Sternenmenschen« bedeutet, erzählen sie noch heute nur hinter vorgehaltener Hand. Es sind schreckliche Dinge, über die seit Generationen ängstlich an den Lagerfeuern geraunt wird. »Diese Sternenmenschen töten Tiere«, sagen die Cherokee. Weißen gegenüber sind sie misstrauisch, was die Identität der Fremden betrifft. Ein schreckliches Tabu liegt über der ganzen Angelegenheit.[105]

Sind es ebenfalls »Sternenmenschen« – also von fremden Welten zu uns gekommene Intelligenzen –, die sich auch in unseren Tagen an der Fauna dieses Planeten vergreifen? In den letzten Jahren macht der Begriff der *Cattle* oder *Animal Mutilations* – auf deutsch: Tierverstümmelungen – die Runde. Das grausige Wüten trifft meist Nutztiere wie Rinder oder Pferde, vereinzelt auch andere Säugetiere, die chirurgisch exakt zu Tode seziert werden. Lebend und bei vollem Bewusstsein. Mit dem Einsatz einer Technologie, die uns nachweislich noch nicht zur Verfügung steht. Und offenbar besteht ein enger Zusammenhang mit dem UFO-Phänomen. Denn immer wieder kommt es im Vorfeld von Verstümmelungen zu Sichtungen an den Orten, an denen kurz darauf die so charakteristisch zugerichteten Kadaver aufgefunden werden.

Steckbrief des Grauens

Wie ich am Ende des vorangegangenen Kapitels schon angedeutet habe, bergen jene Tierverstümmelungen bei aller an den Tag gelegten Grausamkeit auch neue Erkenntnisse. Endlich nachweisbare harte Fakten, die keinen anderen Schluss übriglassen, als dass fremde Intelligenzen für das Massaker verantwortlich sind, dem zumindest in den letzten 40 Jahren Zehntausende Tiere zum Opfer gefallen sind. Die festgestellten Symptome sind in aller Regel dieselben und lesen sich in ihrer Zusammenfassung geradezu wie ein »Steckbrief des Grauens«:

– Das Tier wird tot aufgefunden, und es fehlen jegliche Anzeichen für einen Todeskampf.
– Meist werden dieselben Organe und Körperpartien chirurgisch exakt entfernt: Bei weiblichen und männlichen Tieren sind es die Geschlechtsorgane, nur bei weiblichen Euter und Zitzen. Im Bereich des Schädels fehlt ein Auge, ein Ohr und die Zunge sowie ganze Partien der Schnauze und der Lippen. Oft ist auch der Rektalbereich komplett herauspräpariert.
– In jedem Falle fehlt das Blut völlig. Vielleicht das schwierigste Unterfangen, da es ausnahmslos Aktionen betrifft, die sich in freier Natur abspielen und keinesfalls unter klinischen Bedingungen. Versucht man, einem Organismus das gesamte Blut zu entziehen, kollabieren nach spätestens 35 Prozent Entnahme die Blutgefäße. Die weitere Entnahme ist danach nur noch möglich, wenn beispielsweise kontinuierlich Kochsalzlösung nachgespritzt wird.
– Selbst wenn Weidetiere auf weichen Böden aufgefunden wurden, waren keine Fuß-, Fahrzeug- oder andere Spuren zu sehen. Das passt zu typischen Knochenfrakturen (Trümmerbrüche), welche darauf hindeuten, dass die bedauernswerten Geschöpfe aus sehr großer Höhe (bis zu 300 Metern) zu Boden fielen, oder besser gesagt, abgeworfen wurden. Und es wurden nicht nur unbekannte fliegende Objekte aus den Gebieten gemeldet. Bei mehreren Gelegenheiten konnte sogar beobachtet werden, wie die Tiere an Bord dieser Fahrzeuge gehoben wurden.
– Fehlen Organe, wurden diese häufig durch Öffnungen entnommen, welche ihrer Größe nach auf keinen Fall dazu geeignet wären, beispielsweise eine Leber, ein Herz oder eine Lunge hindurchzubekommen. Ausgelöst durch die sehr starke Gefäßversorgung aller Organe bei Säugetieren, gestaltet sich deren Entnahme in aller Regel als äußerst blutige Angelegen-

heit. Dem allerdings widerspricht das völlige Fehlen von Blut in und um die toten Tierkörper.
– Auch vermag niemand zu sagen, warum die Kadaver von Aasfressern wie Raben, Krähen oder Kojoten geradezu ängstlich gemieden werden. Üblicherweise dauert es in einem halbwegs intakten Ökosystem nur wenige Stunden, bis die Aasfresser nurmehr die Knochen übriggelassen haben.[106, 107, 108]
Im November 1994 kam es nahe der Yellowstone Road unweit La Venta im Süden des US-Staates Colorado zu Verstümmelungen, die alle vorstehend aufgeführten Merkmale aufwiesen. Die Herde des Ranchers Ermenio Andretta traf es dabei besonders stark. Eines seiner Rinder lag bereits eine ganze Woche tot im Gelände. Und trotzdem hatten sich Berglöwen, Bären und andere Aas fressende Raubtiere konsequent von den fürchterlich zugerichteten Resten der Kuh ferngehalten.[109]
Das spektakulärste aller Symptome an den verstümmelten Kreaturen aber macht uns deutlich, dass keine menschlichen Verursacher hinter dem grauenvollen Gemetzel stecken können.

Ein Mediziner beginnt zu forschen

Nun müssen wir eine zeitliche Rückblende von über 40 Jahren einschieben, da wir an einem »Paradefall« für das blutrünstige Phänomen nicht vorbeikommen. Es geht um die Leidensgeschichte des Pferdes »Snippy«, das in Wahrheit »Lady« hieß. Diese dreijährige Appaloosa-Stute gehörte dem Rancher und Pferdezüchter Harry King. Der suchte am Abend des 7. September 1967 seine im San Luis Valley, nahe der Stadt Alamosa im Süden des US-Bundesstaates Colorado gelegene Koppel auf, um nach seinen Zuchtpferden zu sehen. Sein größter Stolz unter diesen war die erwähnte »Lady«, versprach sie doch, ihrer preisgekrönten Mutter »Snippy« (daher die Verwechslung der Namen) in nichts nachzustehen. Als King sich überzeugt hatte, dass alles in bester Ordnung war, fuhr er zu seiner Ranch zurück.

Als er am kommenden Tag wieder zur Pferdekoppel fuhr, hielt er vergeblich nach »Lady« Ausschau. Erst am darauffolgenden 9. September fand er sie nach längerer Suche, zwischen verdorrten Büschen. Sie lag auf einer Seite und war vom Hals an aufwärts nur noch ein Skelett. Die weißen, ausgebleichten Knochen machten den Eindruck, als wären sie wochenlang der brennenden Sonne ausgesetzt gewesen. Harry war schockiert, hatte er doch die Stute keine 48 Stunden zuvor höchst lebendig bewundern können. Später stellte sich heraus, dass auch Organe wie Gehirn, Lunge, Herz und Schilddrüse fehlten. Diese waren fachgerecht entfernt worden. Zudem war der Brustkorb des Pferdes durch einen höchst präzisen Schnitt geöffnet.

Andererseits waren keinerlei Bisspuren von Raubtieren feststellbar, und auch die typischen Aasfresser hielten sich gänzlich von dem Kadaver fern. Als King am nächsten Tag gemeinsam mit seiner Schwester Nellie sowie deren Ehemann Berle Lewis am Fundort nach Hufspuren suchte, stellten sie fest, dass jene genau 30 Meter davor abrupt aufhörten. Sie bekamen den Eindruck, als wäre die Stute auf ihrem letzten Weg dorthin geschwebt. Es fanden sich zwischen den Abdrücken und der toten »Lady« keinerlei Hufspuren mehr. Dafür fand man mehr als zehn Meter von der Stute entfernt einen Kreis aus acht Löchern im Boden, die zehn Zentimeter in die Tiefe reichten. Einige Wochen später wurden diese Spuren von Wissenschaftlern der Universität Colorado untersucht, die eine deutlich messbare Radioaktivität feststellten. In unregelmäßigen Abständen fanden sich Brandspuren, welche gleichfalls erhöhte Radioaktivität aufwiesen.[106,110]

Der Zufall wollte es, dass diese Tragödie die Aufmerksamkeit eines Mediziners auf sich zog, der sich in den folgenden Jahrzehnten zum profundesten Kenner der anatomischen Details jener Heimsuchungen entwickelte. Die Rede ist vom – mittlerweile leider verstorbenen – Dr. John Henry Altshuler. Ein Arzt, dessen Spezialgebiet die Wissenschaft vom Blut und dessen Krankheiten war. Dieser Mediziner hatte in den Fächern Pathologie und Hämatologie promoviert. Er arbeitete 1967 im »Rose Medical Center« in Denver (Colorado) als Pathologe. Und befand sich wenige Tage, nachdem die verstümmelte Stute »Lady« gefunden wurde, ganz in der Nähe des Schauplatzes.

Gemeinsam mit seiner Frau und den drei Kindern war Dr. Altshuler an einem Wochenende Mitte September 1967 in den »Grand Dunes National Monument Park« gefahren. Südlich davon befinden sich die Stadt Alamosa und das San Luis Valley, wo des Nachts häufig unbekannte Flugobjekte beobachtet wurden. Auch der Arzt aus Denver und dessen Familie bekamen die UFOs zu Gesicht. Die Altshulers wurden dann von einer Polizeistreife aufgehalten, die nach dem Grund ihres Aufenthaltes im Nationalpark fragte.

Durch die Fakten erschüttert

Den allerdings verschwieg Dr. Altshuler den Sheriffs, da er um seinen Ruf als Wissenschaftler und seine berufliche Zukunft fürchtete. Nachdem er aber beiläufig erwähnte, dass er Pathologe und Hämatologe von Beruf sei, informierten ihn die Polizisten sofort darüber, dass nur ein paar Tage zuvor auf einer Farm in der Nähe ein wertvolles Pferd unter äußerst mysteriösen Umständen getötet worden war. Gemeinsam mit Dr. Altshuler fuhren sie zur Ranch von Harry King.

Womit er dort konfrontiert wurde, erschütterte ihn so nachhaltig, dass er die Fakten 20 Jahre lang verdrängte. Dann setzte er sich erneut mit jenem unheimlichen Phänomen auseinander. Das Problem war in der Folgezeit buchstäblich explodiert – und wie ich im weiteren Verlauf noch zeigen werde, grassiert es in unseren Tagen des 21. Jahrhunderts nach wie vor. Sogar vor als »sicher« geltenden Örtlichkeiten machten die Verstümmler nicht Halt. So wurde am 6. Juli 1975 nahe dem Eingangstor des »North American Aerospace Defense Command« (NORAD) eine verstümmelte Kuh aufgefunden. Dieser Vorfall ist deswegen so beunruhigend, weil das gesamte Gelände in den Cheyenne Mountains ein militärisches Sperrgebiet ist, das zudem zu den am besten bewachten der ganzen Welt gehört. Und nicht einmal vier Monate später, am 21. Oktober 1975, wurde im nahegelegenen Cheyenne-Mountain-Zoo ein Büffelweibchen tot aufgefunden. Dem Tier wurde die Vagina, das Euter sowie ein großes, quadratisches Stück Haut entfernt. Für den damaligen Zoodirektor Dan Davis war klar, dass die Verstümmelung des Büffelweibchens auf keinen Fall durch Raubtiere verursacht, sondern von Experten mit profunden Kenntnissen der Anatomie durchgeführt worden war.[111]

Die explosionsartige Zunahme der »Cattle Mutilations«, seit die Bedrohung 1967 mit der zu Tode verstümmelten Stute »Lady« aus dem Dunstkreis des Verborgenen getreten war, rief zahllose Interessierte auf den Plan. Unter ihnen auch die amerikanische Journalistin und Filmproduzentin Linda Moulton Howe. Als diese mit ihren Recherchen begann, glaubte sie, einem Umweltskandal gewaltigen Ausmaßes oder militärischen Experimenten zur biologischen Kriegsführung auf der Spur zu sein.[107] Nach einer Dokumentation für den US-Fernsehsender CBS im Jahre 1979 folgte im Abstand von zehn Jahren der Film »An Alien Harvest« (»Außerirdische Ernte«), in dem sie die Verstümmelungsfälle ganz explizit auf nicht von unserer Welt stammende Intelligenzen zurückführt.[112] In einem Interview für diesen Film erklärte ihr 1988 der erwähnte Spezialist Dr. Altshuler, was ihm 21 Jahre vorher bei der Untersuchung der getöteten Appaloosa-Stute derart heftige Kopfschmerzen bereitet hatte:

»Der Schnitt am Hals dieser Stute war außerordentlich exakt und sauber ausgeführt. Am Schnittrand fiel mir allerdings eine leichte Verdunkelung auf, die aussah, als sei das Fleisch mit einem chirurgischen Brennschneider durchtrennt worden. Aber es gab diese Technik 1967 noch nicht, und wenn diese Brenntechnik heute angewandt wird, um die Blutung unter Kontrolle zu bekommen, dann ist das Fleisch nach der Behandlung noch geschmeidig. Doch bei der Stute war es steif, ledrig und verhärtet. Am harten, dunklen Schnittrand habe ich einige Proben entnommen, die ich später mikroskopisch untersuchte. Dabei stieß ich auf eine für Verbrennungen typische Färbung und Zerstörung der Zellen.

Am meisten jedoch hat mich die völlige Blutleere der Stute erschüttert. Im Laufe meiner Karriere habe ich bereits unzählige Autopsien durchgeführt. Ich weiß also, dass in einem Körper absolut kein Schnitt ohne eine Blutung vorgenommen werden kann. Doch weder auf dem Fell des Kadavers noch am Boden waren Blutspuren zu finden, einfach nirgendwo! Dann entdeckte ich, dass die Organe aus dem Rumpf der Stute entnommen worden waren (...) Wie kann man ein Herz entfernen, ohne dass es blutet? Unglaublicherweise waren diese Organe ohne die geringste Blutung entnommen worden.«[112]

Der Vollständigkeit halber möchte ich hier noch nachtragen, dass Agnes King, die damals 87 Jahre alte Mutter von Harry King, am Tage des Verschwindens von »Lady« ein großes nichtidentifiziertes Objekt über die Ranch fliegen sah. Und ein Nachbar des Ranchers, Duane Martin, hatte über die

Beobachtung »sehr kleiner Jets« berichtet, die an der späteren Fundstelle der toten Appaloosa-Stute in einer Höhe von zirka 25 Metern sehr schnell »umhergeschwirrt« seien.[106] Kehren wir jedoch wieder zurück zu jenem Pathologen, der sich irgendwo zwischen Grauen und Faszination an die Klärung der medizinischen Aspekte wagte.

Unglaubliche Ausrüstung

Nachdem Dr. John Henry Altshuler nicht länger die grausame Realität der Animal Mutilations verdrängen konnte, hatte er im Jahre 1989 den großen Durchbruch. Da gelang ihm der definitive Beweis, dass die barbarischen Eingriffe tatsächlich mit Instrumenten durchgeführt werden, die große Hitze erzeugen. Zum Einsatz kommen medizinische Hightech-Geräte. Aber es sind Instrumente, über die wir noch gar nicht verfügen.

Am 10. März 1989 wurden fünf trächtige Rinder auf der Ranch von L. C. Wyatt in Hampstead County (Arkansas) verstümmelt aufgefunden. Als ob sich die Verursacher einen schlechten Scherz erlaubt hätten, lagen die Rinder wie aufgereiht in einer geraden Linie hintereinander. Ich werde etwas später noch über einen Fall aus dem Oktober 2008 berichten: Da traf es 52 Rinder, die in schnurgerader Linie aufgereiht, durch unbekannte Gewalt niedergestreckt, hintereinander lagen!

Eine der Kühe auf Wyatts Anwesen sah aus, als hätte sie ihr Schicksal mitten in der Flucht ereilt, denn ihre vier Beine waren wie im Laufen abgewinkelt. Der Rancher alarmierte den Sheriff des County, der auf der Stelle zwei seiner Beamten zu ihm schickte. Auch die Lokalzeitung »Little River News« bekam Wind von der mysteriösen Angelegenheit und schick-

te ihrerseits die junge Journalistin Juanita Stripling zum Ort des grausigen Geschehens.
Die Aufnahmen der Reporterin verrieten wahrhaft sadistische Details. So hatte eine dieser hochträchtigen Kühe ein klaffendes Loch an einer Körperseite, durch welches das noch ungeborene Kalb ein Stück herausgerutscht war. Der Schnitt war präzise ausgeführt, und etwa sechs Zentimeter tief sowie 50 Zentimeter lang. Doch trotz der großflächigen Wunde waren weder Blut noch Spuren anderer Körperflüssigkeiten vorhanden, weder an den getöteten Tieren noch an deren Fundort. Einer anderen Kuh hatten die unbekannten Mutilierer ein Auge entfernt, und einer weiteren ein 45 mal 45 Zentimeter – dies ist fast ein Viertel eines Quadratmeters! – messendes Stück ihres Oberbauches.[113]
Nur einen Tag vor dem schaurigen Fund hatte der Herausgeber der bereits erwähnten »Little River News«, Jim Williamson, ein orangefarben leuchtendes UFO in der Gegend beobachtet. Weil er einen Zusammenhang zwischen der Sichtung und den Verstümmelungen auf der Wyatt-Ranch für denkbar hielt, informierte er die Filmemacherin Linda Moulton Howe, die ihrerseits Dr. Altshuler auf den Plan rief. Ein Glücksfall, wie sich noch zeigen sollte. Der Pathologe forderte Williamson auf, einige Gewebeteile von den toten Rindern zu entfernen, in einer zehnprozentigen Formaldehydlösung zu konservieren und ihm die Präparate so schnell wie möglich nach Denver zu schicken. Der Zeitungsmann fackelte nicht lange, und so konnte Dr. Altshuler schon kurze Zeit später die Proben für mikroskopische Tests präparieren.
Danach konnte der Mediziner eindeutig feststellen, dass die Schnitte an den Rindern von einem Instrument stammten, das eine Hitze von mindestens 135 Grad Celsius abgab. Dies war auch der Grund, warum diese Schnitte selbst ohne Blutspuren gezogen werden konnten, da das Blut und andere kör-

pereigene Flüssigkeiten auf der Stelle verdampft sind. Des Weiteren wurde die etwas dunklere Collagenschicht der Haut zwar verletzt, sie wies aber keine entzündlichen Veränderungen auf. Doch noch unheimlicher war eine weitere Erkenntnis dieser Untersuchung. Dr. Altshuler kam zu der Überzeugung, dass die chirurgischen Prozeduren nicht nur absolut professionell, sondern auch in unglaublichem Tempo durchgeführt worden waren. Er bestimmte den hierfür benötigten Zeitraum auf nur ein bis zwei Minuten.[114]

Man kann nicht oft genug auf den Umstand verweisen, dass die »Operationen« nicht unter klinischen Bedingungen, sondern auf freier Wildbahn geschehen. Auch die praktische Veterinärin Dr. Madeleine A. Rae kam nach gewissenhaften Untersuchungen in einem anderen Fall zu dem Resultat, dass die Gewebe- und Organentnahmen mit einem Instrument durchgeführt wurden, das eine große Hitze erzeugt. Sie ließ Proben von einem zweijährigen Jungbullen untersuchen, der in der Nähe von Portland im US-Bundesstaat Oregon den unbekannten Vivisekteuren zum Opfer gefallen war. Der zusammenfassende Bericht des Pathologen vom *Veterinary Diagnostic Laboratory* der Oregon State University kam letztendlich zu folgendem Ergebnis:

»Diese Schnittstelle weist einen Streifen einer geronnenen Nekrose auf, die durch Hitzeeinwirkung, ähnlich einer elektrochirurgischen Einheit, verursacht wurde. Es ist nicht möglich, zu sagen, ob die Wunde durch einen Laser verursacht wurde. Sie scheint jedoch mit einer durch Hitzeeinwirkung hervorgerufenen Verletzung übereinzustimmen.«[115]

Wenngleich sich dieser Bericht sehr vorsichtig auszudrücken pflegt, konnte das Resultat durch weitere, akribische Untersuchungen von Gewebeproben erhärtet werden. Dr. Altshuler sowie weitere Pathologen konnten dieselben Symptome außer an Rindern und Pferden auch an Rehen und Hasen, Kat-

zen, Hunden und Kleintieren wie Eichhörnchen und Opossums feststellen.
Wer immer sich an der Fauna unseres Planeten in derart beispielloser Weise vergreift, muss über ein unglaubliches Instrumentarium verfügen. Das zudem auf kleinstem Raum, abseits jeglicher Infrastruktur in der Wildnis buchstäblich »on thumbnail« – auf dem Handteller – eingesetzt werden kann.

Kojoten benutzen keine Laserschneider

Obwohl so viele Anzeichen darauf hinweisen, dass die unseligen Attacken in ursächlichem Zusammenhang mit dem UFO-Phänomen stehen, möchte ich doch die Argumente für und wider diese und weitere Erklärungen abwägen. Wer also käme sonst noch in die engere Auswahl als möglicher Verursacher?
Militär und Geheimdienste? Dies klingt im ersten Augenblick durchaus plausibel, denn sie verfügen in aller Regel über Technologien, die den in westlichen Industrienationen verbreiteten oft weit voraus sind. Und die strengster Geheimhaltung unterliegen. Doch bei näherer Betrachtung erscheint dies nicht sehr überzeugend. So kann nicht mit letzter Sicherheit ausgeschlossen werden, dass Regierungsbehörden das UFO-Phänomen sozusagen als »Tarnkappe« für eigene Experimente missbrauchen. Bei sorgfältiger Risikoabwägung aber würden Geheimdienste und Militärs davor zurückschrecken, nachts auf den Weiden hart arbeitender Rancher zu wildern, um nach vollbrachter Untat noch nicht mal für die Entsorgung der Kadaver geradezustehen. Viel effektiver und wesentlich unauffälliger könnten sie in Sperrgebieten ihre Versuchsreihen unter strengstem Ausschluss der Öffentlichkeit, und dies mit eigenen Herden, durchführen. Man muss

die Bevölkerung nicht gegen das eigene Militär aufbringen. Im ungünstigsten Fall könnte man ihnen Mitwisserschaft unterstellen, sollte man den vielen Berichten über schwarze Hubschrauber ohne offizielle Hoheitszeichen Glauben schenken, die oft im Umfeld der Tierverstümmelungen beobachtet werden.[107]

Wer oder was wäre dann der nächste Kandidat? Bei einer Reihe von Fällen wurde die »Erklärung« in Umlauf gesetzt, dass Kojoten und andere Raubtiere für die Verstümmelungen verantwortlich zu machen seien. Meines Wissens existiert auf diesem Planeten aber keine Spezies – abgesehen vom Homo sapiens, welcher jedoch von der technisch notwendigen Ausrüstung her noch lange nicht auf dem Level ist –, die ihren Kampf ums tägliche Überleben mit einem Hochleistungslaser betreibt. Abgesehen von der peinlichen Tatsache, dass Raubtiere verstümmelt zurückgelassene Kadaver, die eigentlich eine ausgezeichnete Beute darstellen, buchstäblich wie die Pest meiden.

Ähnliche Probleme dürften auch die Sündenböcke haben, denen ebenfalls zahllose Verstümmelungen in die schwarzen Schuhe geschoben werden. Sadistisch angehauchte Satansjünger, welche zu jeder Tages- und Nachtzeit schwarze Messen feiern und obskure sodomistische Gelüste an unschuldigen Weidetieren befriedigen. Die Vorstellung ist bizarr: Ein Häuflein vermummter Satanisten schleicht Beschwörungen murmelnd im schummrigen Licht des Vollmondes über Wiesen und Weiden. Alsdann schnappen sie sich beim Vorübergehen ein Pferd oder Rind. Schließlich ziehen sie ihren Mini-Hightech-Laserschneider aus dem mitgebrachten Diplomatenköfferchen und beginnen mit schwindelerregendem Tempo ihr unheiliges Werk. Seltsamerweise lassen die derart malträtierten Viecher die Aktionen mit größter Gemütsruhe und vor allem ohne jede Gegenwehr über sich ergehen.[108]

Die hypothetischen Raubtiere wie auch die Satansjünger und deren »Kollegen« von der militärischen Fraktion wären übrigens selbst einem nicht unerheblichen Risiko ausgesetzt. Sie würden nämlich bei ihren nächtlichen Beutezügen unweigerlich den aufgebrachten Viehzüchtern und Ranchern, die sich seit dem Beginn der Verstümmelungswelle etliche Nächte um die Ohren geschlagen haben, vor die Gewehrmündung laufen. Diese Leute sind nach guter amerikanischer Sitte bis an die Zähne bewaffnet und haben einen reichlich nervösen Finger am Abzug.

»Keine auf der Erde bekannte Technologie«

In der Hauptsache ist es jedoch die fehlende Ausrüstung, an der Raubtiere und Satanisten, Geheimdienstler wie auch Militär als potenzielle Verursacher der Viehverstümmelungen scheitern *müssen.* Bereits 1988 setzte sich nach einem sehr spektakulären Fall der erwähnte Herausgeber der »Little River News«, Jim Williamson, mit einem der größten Hersteller in den USA für medizinische Laser in Verbindung. Ein leitender Ingenieur der Firma Questek in Massachussetts erklärte ihm dort, dass ein Laser, mit dem man ähnliche Schnitte wie an den verstümmelten Rindern verursachen könnte, etwa 270 Kilogramm wiegen würde. Dies wäre eine Apparatur von der Größe eines Büroschreibtisches, die für einen Schnitt wie bei einer typischen Mutilation nicht weniger als eine Stunde benötigt. Doch nicht genug: Um die Versorgung mit Energie zu gewährleisten, müsste ein Hochspannungsgenerator samt passender Verkabelung und Absicherung bereitstehen, ebenso ein effektives Kühlsystem.

Eine spannende Aufbereitung der ganzen technischen Probleme präsentiert Linda Moulton Howe in der filmischen Doku-

mentation »An Alien Harvest«.[112] Sie ließ den Laserspezialisten Dr. Allen Meyers vom Rose Medical Center in Denver vor laufenden Kameras einen Laserschnitt an einem toten Huhn erzeugen. Das Ärzteteam benötigte erst einmal eine halbe Stunde, um das Lasergerät betriebsfertig zu machen. Dann brauchte der Chirurg ganze 17 Minuten, um ein Loch von vergleichsweise bescheidenen fünf Zentimetern Durchmesser und drei Millimetern Tiefe zu schneiden. Er stellte klar, dass bei der gezeigten Operationstechnik trotzdem keine feinen und klaren Schnitte möglich sind, wie sie bei den Viehverstümmelungen auftreten: »Selbst mit unseren modernsten medizinischen Geräten sind diese Eingriffe unmöglich nachvollziehbar. Vielleicht werden wir im 21. Jahrhundert dazu in der Lage sein, solch eine Operationstechnik anzuwenden. Heute sind wir es definitiv noch nicht!«[112]
Noch deutlicher drückte es der mittlerweile verstorbene Dr. John Henry Altshuler aus, der schon Tausende Gewebeproben von verstümmelten Tieren untersucht hat. Er betonte, dass keine uns auf der Erde bekannte Technologie diese spezielle Art von Verstümmelungen hätte verursachen können.[116]

Schockierende Beobachtungen

Das sind deutliche Worte aus dem Munde eines Mannes, dessen Kompetenz selbst von Skeptikern sicher nicht in Frage gestellt werden dürfte. Immerhin wurden dem Doktor im Lauf der Zeit für Erfindungen auf medizintechnischem Gebiet insgesamt sieben Patente erteilt, ebenfalls erhielt er zahlreiche berufliche Auszeichnungen. Es wäre in diesem Fall besonders schwer, dem promovierten Wissenschaftler Unredlichkeit nachzusagen oder ihn gar unfairerweise als Spinner zu bezeichnen.

Dass es nicht nur Beobachtungen fliegender Objekte in unmittelbarer Nähe zu Viehverstümmelungen sind, die auf außerirdische Wesen als Protagonisten dieses Albtraumes deuten, dürften vier junge Engländer als den größten Schock ihres Lebens in Erinnerung behalten haben. Am 27. Januar 1978 zogen vier Männer, alle um die 20 Jahre alt, gegen 17.45 Uhr durch die Wiesen zum Fluss Weaver, unweit von Frodsham in der Grafschaft Cheshire. Ihr Ziel war eine Fischreuse, die sie dort heimlich errichtet hatten. Und der Weg führte sie durch ein Gebiet, das unter den Einheimischen als »Devil's Garden« bekannt und für unheimliche Begebenheiten berüchtigt ist.

Da ihr Vorhaben sich etwas außerhalb der üblichen Legalität bewegte, hätten sie unter »normalen« Voraussetzungen sicher geschwiegen. An jenem Abend aber erlebten sie etwas so Haarsträubendes, Erschreckendes, dass sie alle diesbezüglichen Vorsätze über Bord warfen. Sie erblickten ein eigenartiges Objekt, das in etwa sieben Meter Höhe über dem Fluss Weaver dahinschwebte. Sie hielten es erst für einen außer Kontrolle geratenen Satelliten, denn nur wenige Wochen zuvor war ein sowjetischer Spionagesatellit über den Wäldern Kanadas abgestürzt.

Es war aber kein Satellit, sondern ein rundes, metallisches Objekt von silberner Farbe, das gleich darauf im nahegelegenen Unterholz niederging. Dabei sprühte es Flammen. Als es endlich am Boden stand, gab es ein Geräusch von sich, das wie gewaltig brausender Wind klang.

Die vier jungen Männer beobachteten aus sicherer Entfernung hinter Büschen versteckt das unheimliche Szenario. Ein bläulicher Schein, der ihre Augen schmerzen ließ, ging von dem Flugobjekt aus. War das UFO radioaktiv? Sie wollten sich schon aus der Gefahrenzone begeben, als plötzlich ein kleines Wesen nahe dem UFO auftauchte. Es musterte Kühe, die auf einer benachbarten Weide waren und »unnatürlich starr« dastanden. Anschließend ging es um das Flugobjekt herum und kam mit einem Begleiter wieder zurück. Zwischen sich hielten sie ein gitterartiges Gestell, das wie ein Käfig aussah. Die kleinen Geschöpfe, die in silberne Anzüge gekleidet waren und Helme mit Lampen daran trugen, näherten sich einer der Kühe. Dann stülpten sie besagtes Gestell, das offenbar sehr leicht war, über das ausgewählte Rind und nahmen Maß, indem sie verschiedene Streben auf und ab bewegten.

Das war den vier verhinderten Schwarzfischern nun eindeutig zu viel. In kopfloser Flucht rannten sie davon, weil sie Angst hatten, als nächste ruhiggestellt und untersucht zu werden. So liefen sie, ohne anzuhalten, bis sie das Dorf erreicht hatten und ihr unheimliches Erlebnis berichteten.[117]

Wären die jungen Männer nicht Hals über Kopf davongerannt, dann hätten sie vielleicht ähnlich Albtraumhaftes beobachtet, wie fünf Jahre nach ihnen das Ehepaar Ronald und Paula Watson. Die beiden Bauersleute wollten es sich an einem Juliabend 1983 auf der Terrasse ihres Wohnhauses bei Mount Vernon in Missouri gemütlich machen. Der Tag war sehr heiß gewesen, und als Paula und Ronald eine Art Wetterleuchten aufblitzen sahen, galt ihr erster Gedanke natürlich einem aufziehenden Gewitter. Dann bemerkten sie jedoch, dass irgendetwas nicht stimmte. Der Helligkeit nach zu schließen waren die Blitze ungewöhnlich nah. Nur von dem zu erwartenden Donner war nicht das Mindeste zu hören. Die Watsons wurden neugierig und holten ein Fernglas aus ihrem Haus, um die Umgebung der Farm abzusuchen.

Plötzlich machten die beiden eine schockierende Entdeckung. Auf der Weide eines Nachbarn fielen ihnen zwei kleingewachsene Gestalten auf, die in silbrig glänzende Anzüge gekleidet waren. Sie standen bei einer Kuh, die am Boden lag, und schienen diese intensiv zu untersuchen. Die Kuh lebte offensicht-

lich noch, denn die Watsons konnten deutlich erkennen, wie sie schwer atmete. Trotzdem schien das Rind wie gelähmt. Dann schwebten die Geschöpfe, die einem Horrorfilm entsprungen zu sein schienen, zusammen mit dem Tier auf ein kegelförmiges und ebenfalls silbrig glänzendes Objekt zu, das im Hintergrund auf einer großen Wiese stand. In dem UFO war eine Öffnung, in der die Gestalten mitsamt der regungslosen Kuh verschwanden. Sekunden später war auch von dem Objekt nichts mehr zu sehen.
Am nächsten Morgen erfuhren Ronald und Paula Watson von ihrem Nachbarn, dass eine seiner Kühe spurlos von der Weide verschwunden sei. Als ihm die beiden daraufhin über die unheimlichen Beobachtungen vom Vorabend berichten wollten, unterbrach der Mann auf der Stelle schroff das Gespräch und zog sich zurück. Hatte er die schaudererregenden Vorgänge selbst beobachtet oder war ihm gar Schlimmeres zugestoßen?[105]

Globaler Schrecken

Nach Lage der Dinge dürfte nun klar sein, dass obskure Satanisten als Verursacher ebenso ausscheiden wie Militärs und Geheimdienste. Raubtiere und Aasfresser halten sich sogar konsequent fern von den zu Tode sezierten Tierleichen. Animal Mutilations sind kein rein amerikanisches Problem. Die Untaten der experimentierwütigen Wesen, die augenscheinlich nicht von dieser Welt stammen, haben längst eine globale Dimension angenommen. Der Horror wütet grenzenlos und weltweit!
So sind es auf dem Doppelkontinent – außer den USA, Mexiko und Kanada – die Dominikanische Republik und Kuba sowie Panama, Brasilien, Uruguay und Argentinien, aus

denen laufend verstümmelte Tiere gemeldet werden. Argentinien erlebt seit 2002 eine Mutilationswelle, die ohne Vergleich dasteht. Auch in den Weiten Australiens, und umgekehrt auf einer so dicht besiedelten Insel wie Japan, wüten die unseligen Verstümmler. In Schweden, Großbritannien, auf den Kanarischen Inseln und im Nachbarland Frankreich sowie in Deutschland selbst wurden schon Tiere mit denselben Merkmalen aufgefunden. Wäre es nicht so beängstigend, könnte man den Verstümmelungs-Wahnsinn stellvertretend für den Begriff der Globalisierung setzen.
Zudem sind Rinder und Pferde nicht die einzigen Opfer. Nach mehreren UFO-Sichtungen wurden 1979 auf den Kanarischen Inseln einige Schäferhunde aufgefunden. Die Hunde wiesen allesamt ein Loch in der Brust auf, durch das ihnen Lungen und Herzen entnommen worden waren.[107] Ähnliches widerfuhr im Januar 2001 einem Rottweiler-Schäferhund-Mischling mit Namen »Garp« aus dem oberbayerischen Murnau. Der Rüde war seit dem 6. Dezember 2000 abgängig, und mit Plakaten und Zeitungsanzeigen bat die verzweifelte Familie um Mithilfe bei der Suche. In den letzten Januartagen 2001 fanden Kinder den toten Hund am Ufer des Froschhausener Sees, nur zwei Kilometer östlich von Murnau. Da der Hund schwerste Verletzungen aufwies, wurde der Tierschutzverein des Landkreises Garmisch-Partenkirchen eingeschaltet. Dessen zweite Vorsitzende, Tessy Lödermann, war schockiert über den Fund. Die rechte Hinterbacke des Hundes fehlte völlig. »Diese große Wunde wurde von einem sehr glatten Schnitt begrenzt, das rechte Ohr war auch abgeschnitten. Die Art der Wunden und die Tatsache, dass um den Hund herum keine Spuren gefunden werden konnten, schloss für mich von Anfang an aus, dass sich zum Beispiel ein Fuchs an dem toten Tier zu schaffen gemacht hat«, erklärte Tessy Lödermann.[118]
Es ist beinahe überflüssig zu erwähnen, dass sich bei diesen

Vorfällen gleichfalls keine Blutspuren in den Körpern wie auch in der Umgebung der toten Hunde fanden.
Die australische Zeitung »Sunday Times« berichtete in ihrer Ausgabe vom 15. Juli 1984, dass Farmer in der Nähe von Adelaide (der Hauptstadt von Süd-Australien) verstümmelte Rinder fanden, denen mit äußerster chirurgischer Präzision die Gehirne völlig entfernt worden waren.[119]
Anfang des Jahres 1992 erschienen in einigen britischen Medien Berichte über den rätselhaften Tod von über 30 Seehunden. Das Drama hatte sich auf den Orkney-Inseln nördlich von Schottland abgespielt. Die Tiere wurden an einem einsamen Sandstrand verstümmelt, ohne Kopf und blutleer gefunden. Im ganzen Uferbereich fanden sich keinerlei Spuren. Die Tierschutzverbände waren aufgebracht, darum ordneten die Behörden eine Autopsie der Seehunde an. Die bestätigte den ersten Anschein, dass die Köpfe weder abgehackt noch abgebissen (von wem auch?), sondern vielmehr mit großer chirurgischer Präzision entfernt worden waren. Überrascht es da noch zu hören, dass nur wenige Tage vor diesem grauenvollen Fund zahlreiche Bewohner der Orkneys fliegende Objekte unbekannter Herkunft über den Himmel rasen sahen?[120]

Im Brennpunkt: Argentinien

Das hässliche Massaker an den unschuldigen Vertretern der irdischen Fauna geht weiter. In Argentinien begann 2002 eine Verstümmelungswelle, die ihresgleichen sucht und in abgeschwächter Form bis heute andauert. Sie war begleitet von zahlreichen UFO-Sichtungen, und immer wieder tauchten humanoide Wesen auf, die die Bevölkerung in Angst und Schrecken versetzten.

Das ganze Land geriet in Aufruhr. Im Juli 2002 schickte die Regierung in Buenos Aires anerkannte Wissenschaftler in entlegene Viehzuchtgebiete in der Pampa, um die übel zugerichteten Rinder zu begutachten. Die öffentlichen Fernsehanstalten überschlugen sich mit Meldungen über diese Heimsuchung. Mindestens 70 Nutztiere waren in wenigen Wochen getötet worden – allesamt völlig blutleer. Und das Gemetzel nahm kein Ende.

Der Forscher und Buchautor Douglas Spalthoff, der sich seinerzeit vor Ort in Argentinien aufhielt, schickte mir ein Videoband, das man auf freier Wildbahn aufgenommen hatte. Dieses unglaubliche Dokument zeigt, wie eine verstümmelte Kuh noch am Fundort von eilends herbeigerufenen Wissenschaftlern obduziert wird. Was ich zu sehen bekam, konnte ich erst einmal überhaupt nicht glauben. Besonders die Farbe ihres Fleisches schockierte mich zutiefst: Diese war weiß! Im gesamten Kadaver befand sich kein Tropfen Blut. Erst als man eine der Herzkammern eröffnete, fand sich darin eine geringe Menge in geronnenem Zustand. Wenn ich auch schon viele Berichte über das schreckliche Wüten kenne – das Video und dessen schonungslose Bilder lassen an Eindringlichkeit nichts mehr zu wünschen übrig!

Am späten Abend des 23. Juli 2002 kehrten mehrere Jäger zurück zu einer Ranch bei Angencia Realico in der Provinz von La Pampa. Plötzlich bemerkten sie in einer Entfernung von etwa 50 Metern zwei große, rötlich leuchtende Augen, die sie aus der Dunkelheit heraus anstarrten. Die Jäger löschten ihre Taschenlampen und näherten sich langsam und auf Zehenspitzen. Als sie nur noch 30 Meter entfernt waren, machten sie erneut diese rötlich glühenden Augen aus. Sie gehörten zu einer dunklen Kreatur, die augenscheinlich auf einem toten Tier stand. Einer der Jäger machte seine Lampe wieder an und richtete den Lichtstrahl auf das Wesen. Was er sah, war nicht größer als 40 Zentimeter und flüchtete mit großer Geschwindigkeit, bis es im Unterholz verschwunden war. Was am Tatort zurückblieb, war eine tote und verstümmelte junge Kuh. Weitere Verstümmelungen wurden am Folgetag aus demselben Gebiet gemeldet.[121]

Und unweit von Colón wurde in der Nacht des 18. August 2002 der damals 54-jährige Ignacio Gallego von einem unbekannten Wesen angegriffen. Er war noch mit dem Traktor in seinen Feldern zugange, als ihm eine kleine, humanoide Gestalt mit leuchtenden, roten Augen vor das Fahrzeug sprang und ihn stoppte. Dabei stieß die Kreatur einen schrillen Schrei aus. Im selben Augenblick ging von dem fremden Wesen ein heller Lichtkreis aus, und es kam rasch auf den Zeugen zu, wobei es plötzlich größer wirkte als zuvor. Gallego spürte einen Schlag am Kopf, der ihn vom Traktor warf. Als er sich wieder hochgerappelt hatte, war der unbekannte Angreifer verschwunden. Mit einer schmerzhaften Prellung an seiner rechten Schläfe wurde Ignacio Gallego rasch ins nächste Krankenhaus gebracht. Auch hier war es zu zahlreichen Viehverstümmelungen in der Umgebung gekommen.[121]

Die Rinder im Tank

Über den bizarrsten und erschreckendsten Vorfall berichtete der bereits zitierte Forscher Douglas Spalthoff. Der Zwischenfall fand im Juni des Jahres 2002 im Süden der argentinischen Provinz Cordóba statt. Ein Rancher vermisste einen Teil seiner Rinder, die von der Weide weg verschwunden waren. Wo er diese wiederfand, sprengt sämtliche Vorstellungen und lässt uns nurmehr vor den Tatsachen erschaudern.

Insgesamt 19 Kühe wurden in einem großen Wassertank (!) gefunden. Neun Tiere waren bereits tot, die restlichen auf-

grund der winterlichen Kälte – das Land liegt auf der Südhalbkugel – schon fast erfroren. Es ist jenseits aller Logik und Erklärbarkeit, wie die Rinder überhaupt in den Wassertank gelangen konnten. Sie hätten zuerst einen elektrisch geladenen Zaun zu überwinden gehabt. Dann hätte irgendwer die Kühe einzeln durch eine viel zu kleine Öffnung in den Tank pressen müssen, wo sie eigentlich keinen Platz hatten.[110]
Die unheimliche Welle schwappte auch auf benachbarte Länder wie Brasilien, Chile, Paraguay und Uruguay über. Und sie währt bis zum heutigen Tage, wobei es nicht immer – wie an dem Fall der Kühe im Wassertank ersichtlich ist – zu den charakteristischen Verstümmelungen kommt.
Wie im letzten Fall, den ich zum weltweiten Massaker an den unschuldigen Nutztieren und anderen Vertretern der Fauna unseres Planeten vorstellen möchte. In Hinsicht auf die Anzahl der getöteten Rinder bricht er alle Rekorde.
Am 22. Oktober 2008 fand man auf einer Ranch bei Valdez Chico in Uruguay 52 tote Kühe, die alle wie auf einer Perlenkette aufgereiht an einem Zaun lagen. Angeblich soll ein Blitzschlag die Tiere gleichzeitig getroffen und getötet haben. Die wiederum hätten sich an den Zaun gestellt, um Schutz vor dem Gewitter zu suchen. Mir sei an dieser Stelle die Frage erlaubt, wie – selbst in einem simplen Kuhhirn – die Erkenntnis reifen mag, dass ein Zaun, der für gewöhnlich von Kühen noch überragt wird, effektiven Schutz bieten soll. Denn normalerweise flüchten die Rinder in solchen Fällen unter Bäume.[122] Auch wenn das sicherheitstechnisch nicht das Klügste ist, da Blitze sehr bevorzugt in Bäume einschlagen.
Was immer sich im Oktober 2008 auf dieser Ranch in Uruguay abgespielt haben mag: Ein Blitzschlag war es sicherlich nicht, der den Tod der 52 Rinder verursacht hat. Die dazu, als hätten sich die Verursacher einen perfiden »Scherz« erlaubt, sogar im Sterben diszipliniert in einer Reihe lagen. Diese mys-

teriösen Viehkiller, die sich 1989 auf der Wyatt-Ranch in Arkansas noch mit fünf derartig aufgereihten Opfern begnügten, haben nun der geschockten Welt ein makabres Zeugnis ihres Wütens von nie gekannten Ausmaßen hinterlassen.

Experiment oder Spiegel?

Dies Massaker an der irdischen Fauna währt nun bereits seit vielen Jahren, und ein Ende ist nicht abzusehen. Vieles deutet darauf hin, dass eine unbekannte, wahrscheinlich außerirdische Intelligenz unerhörten Schrecken unter diversen Spezies dieses Planeten verbreitet. Der wird dadurch noch verstärkt, dass »sie« die Spuren ihrer Missetaten ungeniert in der freien Natur liegenlassen. Bis heute sind ungezählte Tiere vieler Arten diesen unseligen »Killern aus dem All« zum Opfer gefallen. Es ist eine »Ernte« der abscheulichsten Art. Ernst zu nehmende Schätzungen bewegen sich zwischen mehreren zehntausend bis über 100 000 getöteten Tieren alleine seit 1967, als das Phänomen durch den Tod der Appaloosa-Stute »Lady« aus dem Dunstkreis des Verborgenen ins Bewusstsein einer geschockten Welt trat.
Kann es überhaupt einen Grund geben für den Terror, das Gemetzel, das auch im 21. Jahrhundert ungezügelt wütet? Was sind die Pläne und was die Ziele, die sich hinter den für uns völlig sinnlosen Aktionen verbergen? Noch sind unsere Informationen über das Phänomen viel zu widersprüchlich, um uns halbwegs einen Reim darauf machen zu können. Sind diese Animal Mutilations Teil eines schauderhaften Experimentes, das zu verstehen wir noch nicht in der Lage sind? Dauert es schon genauso lang oder noch länger, als unsere Menschheit besteht? Sind dann die grausamen Blutopfer, die in früheren Kulturen den Göttern dargebracht wurden, nichts

anderes als eine Erinnerung an blutige Eingriffe, die für die Aliens Routine sind?
Sind es laufende Kontrollen am genetischen Material einiger irdischer Spezies, willkommene »Leckerbissen« für die Besucher oder benötigen sie das entnommene Material, weil es in irgendeiner Weise für sie lebensnotwendig ist?
Oder halten uns die Protagonisten jener Tierverstümmelungen nicht auch in gewisser Weise einen Spiegel vor das Gesicht? Es dreht mir selbst den Magen um, wenn ich sehe, wie gewissenlose Weißkittelträger noch immer in ebenso endlosen wie überflüssigen Versuchsreihen Labortiere zu Tode quälen. In einer Welt, in der die dominante Spezies ihren Mitgeschöpfen unendliches Leid antut, sollten wir etwas genauer auf unsere eigenen Handlungen blicken. Auch wenn ich das Treiben der Fremden nicht gutheißen kann: Wer im Glashaus sitzt, sollte nicht mit Steinen werfen.
Wir sitzen nicht nur im Glashaus, es kommt sogar noch viel schlimmer …

10 Stets präsente Bedrohung der fünften Art

Im Fadenkreuz außerirdischer Intelligenzen

»Ich frage mich oftmals, was wohl passieren würde, wenn wir alle in der Welt entdecken würden, dass wir von einer Macht von einem anderen Planeten bedroht würden.«

RONALD REAGAN (1911–2004), 40. PRÄSIDENT DER USA

Was immer auch für Pläne und Intentionen hinter den unseligen Verstümmelungsorgien stecken mögen – Fakt ist: Sie geschehen, und dies jederzeit und überall. Wer sich nun aber mit dem Gedanken zu beruhigen versucht, Außerirdische würden sich zwar an der Fauna dieses Planeten vergreifen, ansonsten aber davor zurückschrecken, die »Krone der Schöpfung« in ähnlicher Weise zu misshandeln, dem kann ich den folgenden Schock leider nicht ersparen. Es existiert eine reale Bedrohung, eine stets präsente Gefahr, die das Verstümmelungssyndrom in unsere persönliche Nähe rückt. Wie auch die Opfer der Animal Mutilations befindet sich der Mensch im Fadenkreuz einer oder mehrerer außerirdischer Intelligenzen. Diese gehen, wie wir noch sehen werden, mit eiskalter Präzision und einer beängstigenden Entschlossenheit vor. Ganz zu schweigen von dem exakten chirurgisch-technischen Know-how, wie wir es schon beim Massaker an unseren Mitgeschöpfen zur Genüge kennengelernt haben.

Da hat, weitestgehend unbemerkt von der Öffentlichkeit und selbst von am UFO-Phänomen Interessierten geflissentlich übersehen, eine regelrechte Jagd begonnen. Gänzlich unverständlich ist für mich allerdings, wie diese Bedrohung von militärischen wie zivilen Behörden so lange ignoriert werden konnte. Wie von den meisten UFO-Forschern, die sich eigentlich die Klärung des Rätsels auf ihre Fahnen geschrieben haben.
Kann es psychologisch erklärt werden, als eine Art von Verdrängungsreaktion? Wir wissen, dass sich der Mensch an beinahe jede Form des Horrors gewöhnt: Jede bis dahin undenkbare Katastrophe erlebt irgendwann ihren 11. September. Doch zuzugeben, dass auch wir uns hilflos im Visier einer Macht befinden könnten, gegen die wir nichts auszurichten wissen, steht auf einem ganz anderen Blatt. Für sehr viele Zeitgenossen wäre dies auch der Abschied von einer liebgewonnenen Illusion – vom Traum der »guten Außerirdischen«, die beständig über das Schicksal unseres Planeten wachen. Es tut mir aufrichtig leid, aber im Orbit kreisen keine Raumschiffe, deren Besatzungen geduldig auf den Befehl warten, die »gerechten Seelen« zu evakuieren. Alles andere wäre Ersatzreligion und würde nur dazu führen, in fatalistischer Ergebenheit die Hände in den Schoß zu legen.

Zur falschen Zeit am falschen Ort?

Wiederholt kam es schon in den Anfangsjahren des »modernen« UFO-Zeitalters zu Begegnungen, die für die unmittelbar Betroffenen entweder mit schweren gesundheitlichen Schädigungen einhergingen oder sogar gleich tödlich endeten. Ich denke hier an den berühmten Fall des Piloten der US-Nationalgarde, Cpt. Thomas Mantell, der bei der Verfolgung eines riesigen UFOs nahe Godman Field (Kentucky) am 7. Januar 1948 tödlich verunglückt war. Von ihm und seiner Maschine vom Typ »Mustang P-51« wurden gerade einmal winzige Überreste gefunden.[123,124]

Was Verbrennungen beziehungsweise Verstrahlungen betrifft, zählt der Fall des kanadischen Industriemechanikers und Hobby-Geologen Steven Michalak aus Winnipeg zu den am besten dokumentierten. Michalak war am 20. Mai 1967 in den Bergen unweit des Falcon Lake unterwegs, an der Grenze zwischen Manitoba und Ontario, um nach Mineralien zu suchen. Gegen 12.15 Uhr am Mittag erblickte er zwei rot leuchtende, fliegende Scheiben über sich am Himmel. Wenig später landete eines der UFOs auf einem flachen, etwa 50 Meter vom Standort des Zeugen entfernten Felsenhügel. Das andere Objekt schwebte ein paar Minuten über der Landestelle und setzte dann lautlos seinen Flug fort.

Nachdem Steven Michalak das gelandete Fluggerät mehrere Minuten lang aus dem sicheren Unterholz heraus beobachtet hatte, ging er zaghaft darauf zu. In seiner Überzeugung, es mit einem geheimen Testflugzeug der USA zu tun zu haben, rief er in mehreren Sprachen, ob er helfen könne. Dabei kam er ganz nahe heran und berührte unvorsichtigerweise mit seinen Gummihandschuhen den Rand des Flugkörpers.

Das hätte er besser unterlassen, denn sie schmolzen auf der Stelle. Im selben Moment begann sich das scheibenförmige Fluggerät im Uhrzeigersinn zu drehen, sodass vor Michalak eine Art Ausstoßöffnung erschien, welche mit einem Gitterrost abgedeckt war. Daraus schoss ein Hitzeschwall und setzte seine Kleidung in Brand. Den konnte er zum Glück schnell löschen. Inzwischen hatte das UFO abgehoben, und an der Landestelle war zu erkennen, dass dort das Gestein wirbelförmig angeordnet war. Spätere Untersuchungen zeigten auch, dass die Vegetation im Umkreis von 15 Metern komplett zerstört war. Steven Michalak indes ging es immer schlechter, und er hatte die größten Probleme, überhaupt aus dem Wald herauszufinden.

In den Folgetagen litt er an Gewichtsverlust, Ausschlag und quälenden Allergien. Doch die gravierendsten und zugleich rätselhaftesten Folgen betrafen Michalaks untere Brustgegend und den Oberbauch in Höhe von Leber und Milz. Dort zeig-

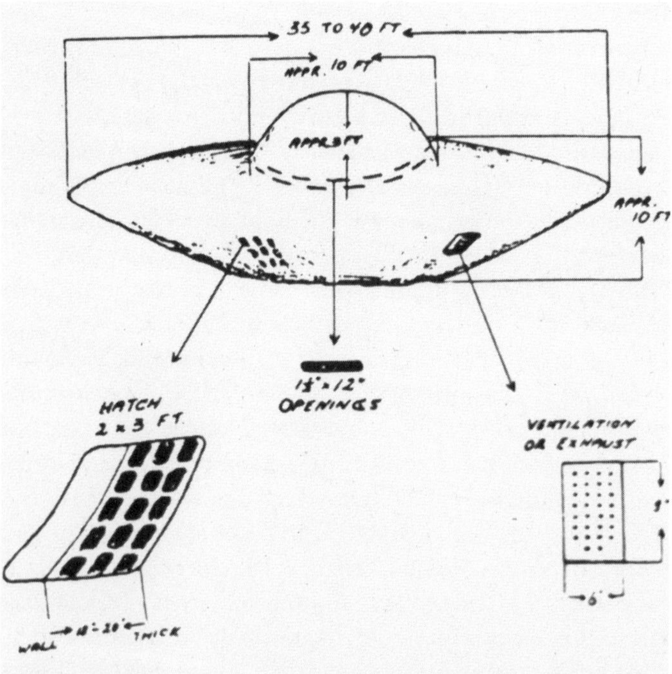

Abb. 4 Handskizze des Zeugen Steven Michalak, der am 20. Mai 1967 unweit des Falcon Lake in Kanada ein gelandetes UFO berührte, was ernste gesundheitliche Schäden nach sich zog. Der links am Objekt erkennbare »Gitterrost« stimmt haargenau mit dem Verbrennungsmuster auf dem Oberbauch von Michalak überein (siehe auch das Foto im Bildteil dieses Buches).

te die Haut deutliche Verbrennungen mit einem seltsam regelmäßigen Muster, das genau mit dem erwähnten Gitterrost über der Ausstoßöffnung des UFOs übereinstimmte. In seinem Knochenmark begannen Zellen abzusterben. Das ließ zusammen mit den stark verringerten weißen Blutkörperchen (Leukozyten) auf eine erhebliche Schädigung durch womöglich radioaktive Strahlung schließen.

Insgesamt 27 Ärzte haben Steven Michalak in den Monaten danach untersucht, ohne aber die Ursachen seiner Krankheitssymptome erklären zu können. Erst Dr. Horace Dudley vom US-Marine-Krankenhaus in New York kam auf die Idee, dass hier ein Fall intensiver Ganzkörperbestrahlung durch Röntgen- oder Gammastrahlen vorliege. Er führte aus, dass Michalak einer Strahlendosis von 100 bis 200 Röntgen ausgesetzt war. Zum Glück dauerte diese Bestrahlung nur ganz kurz an, sonst hätte die Angelegenheit ein tödliches Ende genommen.[125, 126, 127]

In jenem Jahr 1967 – es war auch die Zeit, da die unseligen Tierverstümmelungen ans Licht kamen – ging man nicht von einem feindseligen Verhalten des UFO-Phänomens aus. Noch nicht. Denn es war eine »unschuldige Zeit«, in der man Verletzungen durch UFOs als ebenso zufällige wie ungewollte »Nebenwirkungen« verharmloste. So verglich der UFO-Forscher und Astronom J. Allen Hynek (1910–1986) dies, was beispielsweise mit Steven Michalak passierte, mit einem Kind, das mit zwei Fingern in eine Steckdose gefasst hat. So schlimm die Folgen auch sein mögen, dürfe man aus dem Resultat keineswegs schließen, dass »der Stromversorger feindselige Absichten« hätte.[128]

Diese unschuldige Zeit ist vorbei. Es gibt gezielte Angriffe auf Menschen, die *nicht* dadurch erklärt werden können, dass diese sich nur »zur falschen Zeit am falschen Ort« aufgehalten hätten. Ganz im Gegenteil: Zahlreiche Beispiele stehen für ein definitiv böswilliges und aggressives Verhalten, durch welches das UFO-Phänomen beziehungsweise die dahinter stehenden Intelligenzen klar als Urheber für tödlich endende Begegnungen verantwortlich zu machen sind.

Ein Mensch löst sich auf

Am späten Nachmittag des 5. März 1946 – also etwas mehr als ein Jahr vor dem Auftakt zur ersten großen, das »moderne« UFO-Zeitalter einläutenden Sichtungswelle – kam es in Brasilien zu einem ebenso unheimlichen wie fatalen Vorfall, dessen tödliche Folgen alle Beteiligten das Fürchten lehrte.
Die beiden Freunde João Prestes Filho und Salvador dos Santos kehrten von einem Angelausflug in ihr Heimatdorf Aracriguama zurück. Dort angekommen, verabschiedeten sie sich ungefähr um 19.00 Uhr voneinander und gingen ihrer Wege. Nur eine Stunde später tauchte João Prestes Filho im Hause seiner Schwester auf und erzählte, sichtlich verstört, eine sehr mysteriöse Geschichte. Ein Lichtstrahl habe ihn, als er vor seiner Haustüre stand, erfasst und gleichzeitig geblendet und betäubt. Er sei dabei gestürzt, ohne jedoch völlig sein Bewusstsein zu verlieren. Unmittelbar nach diesem Angriff habe er sich entschlossen, seine Schwester aufzusuchen.
Noch am gleichen Abend begann Prestes, rapide zu verfallen. Unglaubliche Veränderungen gingen mit ihm vor. Zeugen berichteten später, dass sich sein Fleisch regelrecht von den Knochen abgelöst habe. Sie hatten den Eindruck, als sei sein Körper in siedendem Wasser gekocht worden, sodass Haut und Fleisch buchstäblich abfielen. João Prestes Filho selbst schien trotz dieser grauenerregenden Vorgänge keine Schmerzen zu verspüren, er verfiel jedoch vor Angst in große Panik.

Bald konnte er nicht mehr sprechen, da sich sein Muskelgewebe aufzulösen begann.
Die beunruhigten Dorfbewohner legten João auf einen Karren und schickten sich an, ihn ins Krankenhaus der nächsten Stadt zu bringen. Doch der bedauernswerte Mann starb bereits auf dem Weg dorthin – sechs Stunden, nachdem ihn dieser ominöse Lichtstrahl getroffen hatte. Ungeachtet der grauenvollen Begleiterscheinungen seines bizarren Todes blieb der Mann bis zu seinem letzten Atemzug bei vollem Bewusstsein.
Als die Dorfbewohner ihn wieder zurück nach Aracriguama gekarrt hatten, war sein Gewebe in der kurzen Zeit so stark zersetzt, dass die Leiche den Eindruck erweckte, als sei sie schon vollständig verwest. Mehrere Zeugen unterzeichneten eine Erklärung, die besagte, João Prestes Filho sei vermutlich »an starken Verbrennungen« gestorben. Daraufhin wurde er in aller Eile begraben, da es im tropischen Klima in diesem Teil der Welt zu den weniger angenehmen Dingen gehört, Leichen unbestattet herumliegen zu lassen.
Damals brachten die polizeilichen Ermittlungen kein brauchbares Ergebnis. Im Abschlussbericht wurde die Vermutung geäußert, das Opfer könnte von einem Blitz getroffen worden sein. Die Geschichte der Medizin kennt aber keinen einzigen Fall, in dem ein Blitzschlag derart bizarre und gleichzeitig schreckliche Folgen nach sich gezogen hätte. Diese Möglichkeit schloss auch der Freund von Prestes, Salvador dos Santos, vehement aus, als jener 1971 vom brasilianischen Forscher Dr. Felipe Machado Carrion zu dem tragischen Vorfall befragt wurde. Santos konnte sich auch nach 25 Jahren noch gut daran erinnern, dass der Himmel an dem Tag des Jahres 1946 klar gewesen, und auch kein Gewitter im Anzug war. Zu alledem berichtete João Prestes Filho, als er noch sprechen konnte, dass irgendetwas über seinem Haus in der Luft geschwebt

hatte, als er gerade im Begriff war, die Haustüre aufzusperren. Aus diesem Objekt sei dann der erwähnte »Lichtstrahl« auf ihn abgefeuert worden.[128, 129]

Von Mikrowellen gekocht?

Der Astronom und Leiter der Zentraleuropäischen Sektion des »Mutual UFO Network« (MUFON-CES), Illobrand von Ludwiger, ist einer der ganz wenigen Forscher, die sich auch dieses kaum erfreulichen Aspektes des UFO-Phänomens annehmen. Er zitiert einen Fall aus Neuseeland mit ganz ähnlichen Auswirkungen wie in dem vorerwähnten. Am frühen Morgen des 2. Februar 1968 war der damals 39-jährige Schafzüchter Amos Miller gemeinsam mit seinem 17-jährigen Sohn damit beschäftigt, einen Weidezaun zu reparieren. Plötzlich war von oben ein eigenartiges Summen zu vernehmen. Ungefähr 200 Meter entfernt erschien ein »leuchtender Teller mit einem Turm«, aus dem drei Stelzen herausgeschoben wurden, auf denen das Objekt zu stehen kam.
Die warnenden Rufe seines Sohnes missachtend, lief Amos Miller auf das Flugobjekt zu. Als er sich nur noch ein paar Meter davor befand, wurde er ohne Warnung von einem blendend hellen »Lichtstrahl« aus dem Objekt getroffen und zu Boden gestreckt. Wie gelähmt vor Schock musste der Junge beobachten, wie das Objekt gleich darauf wegflog. Als er sich aus seiner Erstarrung lösen konnte und zu seinem Vater lief, fand er diesen tot auf dem Boden liegen. Die Polizei nahm später den rätselhaften Umstand zu Protokoll, dass die Hälfte der Gesichtshaut des Schafzüchters fehlte. Und an der Stelle, an der das Objekt gelandet war, wurden bei der Spurensicherung drei Löcher im Boden sowie mehrere verbrannte Büsche gefunden.[130]

Sucht man nach einer plausiblen Erklärung, was dem glücklosen Schafzüchter in Neuseeland wie auch seinem brasilianischen Leidensgenossen zum Verhängnis geworden sein könnte, kommt man einmal mehr in die Verlegenheit, eine der unsrigen weit überlegene Technik in Betracht zu ziehen. Die dazu ohne jede Rücksicht, ganz gleich ob die Folgen tödlich sind oder nicht, eingesetzt wurde.
Was könnte da zum Einsatz gekommen sein? Und kennen wir wenigstens im Ansatz eine vergleichbare Technologie, um der Antwort zumindest ein Stück weit näher zu kommen? In unserer Zeit arbeiten die Großmächte mit Hochdruck an der Entwicklung revolutionärer Waffensysteme auf der Basis hochfrequenter Wellen. Diese Mikrowellentechnologie (*High Power Microwaves*, HPM) soll in erster Linie dazu dienen, alle elektronischen Einrichtungen feindlicher Flugzeuge, Raketen oder Panzer zu stören oder gar zu eliminieren. Auch bei diesen Strahlenwaffen sind sogenannte »Kollateralschäden« schon vorprogrammiert. Denn ein bekannter biologischer Effekt von Mikrowellen besteht darin, dass sie das Gewebe von innen aufheizen. Eine intensive Bestrahlung vorausgesetzt, kann man Menschen regelrecht zu Tode kochen oder innerlich verbrennen. Der amerikanische Experte für ionisierende und nicht ionisierende Strahlen, Dr. Keith Florig, betonte, dass bei darauf basierenden Strahlenwaffen der Unterschied zwischen einer lähmenden und einer tödlichen Wirkung einzig eine Frage der Entfernung ist.[131]
Solche Strahlenwaffen benötigen sehr viel Energie, deswegen sind sie entweder landgestützt oder müssen auf großen Schiffen installiert werden. Bei unserem Stand der Technik fällt es jedoch schwer, sich Generatoren für pulsierende Mikrowellen vorzustellen, die in einem fliegenden Objekt transportiert werden können, das im Extremfall nicht größer als ein Kühlschrank ist. Die von diesen Flugobjekten emittierten Strahlen

sind indessen nicht unsichtbar wie Mikrowellen, sondern werden von Betroffenen und Zeugen übereinstimmend als Lichtblitze beschrieben.

Klima voller Angst und Panik

Aus unerklärlichen Gründen hat sich der Nordosten von Brasilien im Laufe der vergangenen drei Jahrzehnte zu einem herausragenden Ziel feindseliger UFO-Aktivitäten entwickelt. Die Angriffe erreichten in kürzester Zeit die Dimension einer vordem nicht dagewesenen, akuten Bedrohung.
In den 1970er-Jahren begannen sich an der Küste und im Landesinneren der Bundesstaaten Pará und Maranhao äußerst beunruhigende Vorfälle abzuspielen. Aus diesen Regionen wurde immer häufiger über verhängnisvolle Lichtstrahlen berichtet, die von UFOs abgeschossen wurden, die ihrer Form wegen von den Einheimischen »Chupa-Chupa« – »Kühlschrank« oder »Eisbox« – genannt wurden. Es kamen aber auch Objekte der »klassischen« Form vor, also scheibenförmige UFOs.
Die meisten dieser sinistren Zwischenfälle ereigneten sich in der Nacht, und alle hatten sie eines gemeinsam: Auf die Opfer – gleichermaßen Männer wie Frauen – wurde eine regelrechte Jagd veranstaltet. Diese Menschen erlitten schwerste Brandwunden und verloren auch Blut. Das Verhalten der beobachteten Objekte ließ darauf schließen, dass diese Verbrennungen und Verletzungen keineswegs zufällig geschahen. Sondern vielmehr das erklärte Ziel jener hinter den Attacken steckenden Intelligenzen zu sein schienen. Nicht selten wurden die Zielpersonen angegriffen, während sie schliefen.
Diese Gewaltorgien wurden zu einer Bedrohung, wie sie sich gefährlicher und anhaltender noch nie vorher in der Ge-

schichte des UFO-Phänomens manifestiert hatte. Innerhalb weniger Wochen machte das Wissen um diese Angriffe seine Runde in den Staaten Pará und Maranhao und erzeugte ein angespanntes Klima voller Angst, Schrecken und kollektiver Panik.[132]

Dann kam es im Jahr 1981 in der Umgebung der Stadt Parnarama serienweise zu von UFOs verursachten Todesfällen, die zweifelsfrei erkennen ließen, dass die Fremden bis zum Äußersten zu gehen bereit sind. Interessant ist, dass es sich bei den Opfern meist um Jäger handelte, die plötzlich selbst zu Gejagten wurden. Sie campieren in Hängematten und warten in Bäumen auf das Wild, das sie mit Lampen blenden und dann abschießen. Auf eine Weise, die ihrer eigenen Jagdtechnik nicht unähnlich ist, wurden auch sie von oben von einem Strahl erfasst.

In einer Augustnacht des Jahres 1981 befand sich der damals 40 Jahre alte Jäger Raimundo Souza gemeinsam mit seinem Kollegen Anastasio Barbosa auf der Pirsch in den Wäldern bei Parnarama, südöstlich der Hafenstadt Bélem. Als sie nachts campierten, tauchte ganz unvermittelt ein leuchtendes Flugobjekt über ihnen auf und richtete ohne Warnung einen Strahl auf die beiden Männer. Barbosa hechtete sofort aus seiner Hängematte und schlug sich in die Büsche, wo er bis zum Morgen des anbrechenden Tages blieb. Zitternd beobachtete er, wie das UFO in niedriger Höhe kreiste, bis es nach einiger Zeit verschwand.

Am Morgen entdeckte er die Leiche seines Jagdgefährten Raimundo Souza. Sie lag unter der Hängematte und wies ungezählte rötliche Flecken auf. Die Ermittlungen der Polizei unter Leitung von Leutnant Magela ergaben, dass sich die Male an Händen und am Torso des Toten befanden, nicht aber in dessen Gesicht. Sie waren kreisförmig und von sehr gleichmäßiger Struktur; ihr Durchmesser bewegte sich zwischen zweieinhalb und sechs Zentimeter. Der Polizeileutnant war übrigens der Ansicht, dass Souza nicht an den Strahlen, welche die Flecken verursacht haben, gestorben sei, sondern an den Folgen eines auf die Begegnung hin eingetretenen Herzinfarktes. Er begründete dies damit, dass andere Opfer, die jedoch überlebt hatten, ebenfalls Flecken dieser Art aufwiesen.[133]

Ich habe bereits an früherer Stelle den Experten für Strahlen Dr. Florig zitiert, für den der Unterschied zwischen einer tödlichen und einer nicht tödlichen Wirkung lediglich eine Frage der Entfernung darstellt.[131]

Anlässlich einer 1988 durchgeführten Forschungsreise des kanadischen Astrophysikers Dr. Jacques Vallée in besagter Region Brasiliens konnte dieser recherchieren, dass es dort alleine im selben Jahr zu etwa 500 UFO-Sichtungen kam. Er sprach mit mehr als 50 Augenzeugen und Betroffenen, sah medizinische Protokolle ein und begutachtete Narben, die offenbar von UFO-Angriffen herrührten. Vallée sammelte Berichte über den Tod von weiteren Jägern, die im selben Zeitraum unter vergleichbaren Umständen dort ums Leben gekommen waren.

Abel Boro starb zwei Monate nach Souza, als er am 17. Oktober 1981 mit seinem Freund Ribamar Ferreira auf die Jagd ging. Der beschrieb ein Licht, das über ihm und Boro dahinschwebte. Es war so hell, dass die Nacht buchstäblich zum Tag wurde. Abel schrie auf, als ihn das UFO, das wie ein riesiger, sich drehender »Reifen mit Scheinwerfern« aussah, in ein unheimlich gleißendes Licht einhüllte. Ferreira lief indessen zum Haus seines Freundes und alarmierte dessen Familie. Als sie alle zum Wald zurückkehrten, fanden sie Abel Boro tot auf. Er war so bleich, als hätte man ihm das ganze Blut entzogen.[128]

Die Jäger José Batista Lima und Pedro Barbosa da Silva wurden in der Nacht des 20. August 1986 mit einem leuchtenden UFO konfrontiert, das »wie eine Eisbox« geformt war. Das Fluggerät machte ein lautes Geräusch und erzeugte eine schier unerträgliche Hitze. Als die Männer davonrannten, um sich unter Bäumen zu verstecken, stolperte Lima und fiel der Länge nach zu Boden. Damit war er der Strahlung des Objekts voll ausgesetzt. Als es verschwunden war, lief da Silva zu Lima, der schwer atmend und schwitzend auf der Erde saß. Sein Gesicht war rot, auf seiner Stirn hatte er eine große runde Verbrennung, wo ihn vermutlich ein von dem Objekt abgeschossener »Lichtstrahl« getroffen hat. Minuten später war José Batista Lima tot. In ihrem Bericht gab die Polizei *Apoplexie* als Todesursache an. Einen Schlaganfall, welcher im Fall des Jägers durch »unkontrollierte Furcht« ausgelöst worden sein soll.[31]

Stets sagten die überlebenden Zeugen jener verhängnisvollen nahen Begegnungen der fünften Art aus, dass die ermordeten Kameraden von gut sichtbaren Lichtstrahlen getroffen worden waren. Diese Strahlen wurden von zuweilen rechteckig geformten Flugkörpern, deren Dimensionen niemals den Einsatz eines normal gewachsenen Piloten erlauben würden, auf die Opfer gerichtet. Häufig waren dabei surrende Geräusche, ähnlich wie bei einem Transformator, zu vernehmen.[133]

Einige Opfer starben nicht zur selben Zeit und am Ort der Attacke durch die Flugobjekte, sondern erst einige Tage danach. Es dürfte überflüssig sein zu erwähnen, dass manch zuvor passionierter Jäger sprichwörtlich die Flinte an den Nagel gehängt hat. Schnell hatte sich herumgesprochen, dass diese Getöteten nicht »zufällig« starben, weil sie, banal gesprochen, »zur falschen Zeit am falschen Ort« waren. Sie wurden ganz bewusst verstrahlt. Ihr Tod war das erklärte Ziel!

Die Angriffe dauern bis zum heutigen Tag an. Im August 2001 präsentierte ein brasilianischer Fernsehsender seinen Zuschauern einen Mann, der glücklicherweise mit dem Leben davongekommen war. Ein Farmer aus dem Bundesstaat Minas Gerais hatte auf seinem Weidegrund eine verstümmelte Kuh gefunden, der das Blut vollständig entzogen worden war. Zudem waren verschiedene Körperpartien des Rindes fein säuberlich wie mit einem Laser entfernt worden.
Als der Farmer zu seinem Haus zurückkehrte, wurde er plötzlich von einem unbekannten Flugobjekt angegriffen. Dieses UFO schoss einen grellroten Lichtstrahl *gezielt* auf ihn ab. Später berichtete der Mann im Fernsehen, dass ihm durch besagten Lichtstrahl binnen Bruchteilen einer Sekunde ein Stück Fleisch seines Oberschenkels abhanden kam. Die Wunde zeigte der Mann vor laufender Kamera. Nach der UFO-Attacke war er für mehrere Minuten gelähmt.[134]
Auch wenn die Anzahl derartiger Fälle schier unerschöpflich scheint, lasse ich es jetzt mit diesen Attacken durch Strahlen bewenden und komme zu dem entsetzlichsten aller Albträume. Er ist seit ein paar Jahren Realität geworden. Ein Vorfall unweit von São Paulo dürfte weltweit und offiziell der erste sein, bei dem es keinen Spielraum mehr für Interpretationen gibt. Er bestätigt, dass nicht von dieser Welt stammende Wesen das gleiche mit Menschen tun, was sie nicht erst seit ein paar Jahrzehnten mit unschuldigen Weide- und Wildtieren veranstalten.

Grauenhafter Fund am Stausee

Am 29. September 1988 fanden zwei Kinder an einer schwer zugänglichen Stelle am Guarapiranga-Stausee, nahe der Stadt São Paulo, die sterblichen Überreste eines bestialisch verstümmelten männlichen Opfers. Die herbeigerufene Polizei hielt ihn zunächst für einen Landstreicher. Aber schnell stellte sich heraus, dass es sich um den Wächter einer Farm handelte. Das Opfer war 53 Jahre alt, verheiratet und pflegte in dem Stausee häufiger zu angeln. Die Behörden ließen ihn erst als unbekannten Toten anonym begraben, doch seine Familie erwirkte bei Gericht die Umbettung seines Leichnams. Aufgrund der abscheulichen Details seines Todes verfügte der zuständige Bezirksstaatsanwalt Dr. José Roberto Cuenca die Wiederaufnahme des zuvor ungewöhnlich schnell abgeschlossenen Falles.

Die Identität des Opfers wird auf Bitten seiner Angehörigen bis auf den heutigen Tag geheim gehalten. Als man ihn auffand, galt er bereits drei Tage als vermisst.

Die Obduktion der Leiche, die nur mit Shorts bekleidet aufgefunden worden war, ergab, dass der Tod zwischen mindestens 48 und höchstens 72 Stunden vor deren Entdeckung eingetreten sein musste. Das Gewebe des Toten befand sich in einem unerwartet guten Zustand, die Haut war noch weich und äußerst geschmeidig. Aber großflächige Gewebepartien des Unter- und Oberkiefers wie auch die Augen waren entfernt worden. Es fehlten Teile der Ohren und selbst der Gehörgänge im Inneren des Schädels, darüber hinaus die Zunge und einige Gesichtsmuskeln. Die Mundhöhle des Opfers war regelrecht ausgeleert worden.

Zwischen den Fingern und den Zehen stellte man Durchbohrungen von etwa zwei Zentimetern Durchmesser fest. Aus dem oberen Gesichtsbereich war ein großes, rechteckiges Stück entnommen, und auf dem offen zutage liegenden Fleisch breitete sich eine schwarze, fettartige Substanz von unbekannter Herkunft aus. Im Bereich des Schädels wurden mehrere kreisrunde Inzisionen entdeckt, durch die Gehirngewebe herausgeholt worden war. Gleichfalls exakte, runde

Bohrungen von vier Zentimetern Durchmesser fanden sich unter den Achseln.
An dieser Stelle wäre noch hinzuzufügen, dass – wie bei entsprechenden Tierverstümmelungen – am gesamten Körper keinerlei Anzeichen für Verletzungen durch Raubtiere festgestellt werden konnten. Dass der Leichnam noch nicht in Verwesung übergegangen war und auch der hierfür typische Geruch ausblieb, machte dieses Mysterium nur noch größer.
Damit aber noch lange nicht genug des Grauens. Die Fortsetzung des Untersuchungsberichtes liest sich wie die Schilderung von Frankensteins Gruselkabinett. Mit den bis heute unzähligen Fällen von Animal Mutilations identisch, fand man auch im Körper und in den Organen des Guarapiranga-Opfers so gut wie keinen Tropfen Blut. Ebensowenig am Fundort der wie Müll entsorgten Leiche oder in der näheren Umgebung. In den Oberschenkeln, der Magengegend, dem Brustkorb sowie im Bereich des Unterleibs waren *Inzisionen*, also kreisrunde Löcher, die wie eingestanzt aussahen. Durch diese waren, so unglaublich es klingt, der Magen, die Leber, das Herz und Teile der Lunge sowie der Gedärme regelrecht herausgesaugt worden. Unsere Medizin ist zu solchen »Kunststücken« nicht in der Lage. Aufgrund der Entnahme dieser Organe war der Brustkorb des Getöteten auffallend eingesunken. Es mag respektlos, ja sogar verachtend klingen, aber das Opfer war ausgenommen worden wie die sprichwörtliche Weihnachtsgans!

Bei vollem Bewusstsein

Auch die Keimdrüsen waren entfernt und die Harnröhre extrem erweitert worden, als wäre irgendeine Art von Sonde eingeführt worden. Wie der Brustkorb war auch der Unterleibsbereich merklich eingesunken. Schließlich war aus der Rektalgegend ein genau acht mal fünfzehn Zentimeter großes Teil chirurgisch exakt und sauber herausgetrennt worden. Eine ganze Partie des Mast- und des Dickdarmes sowie der Anus fehlten. Der Leichnam jedoch war, wie der Fundort, blutleer.[135, 136]

Die Art und Weise, wie die Schnitte durchgeführt worden waren, lässt nur den Schluss zu, dass hier genau wie bei den Cattle Mutilations mit einem laserartigen Instrument operiert wurde. Und zwar mit größter Geschwindigkeit. Durch die hohen Temperaturen, die es dabei erzeugte, wurde das Gewebe an den Rändern des Schnittes sofort kauterisiert. Dieses »Verbacken« unterbindet jede Blutung von Anfang an.

Wie bei den Tierverstümmelungen, erhebt sich auch hier die Frage: Wer verfügt über eine dermaßen ausgefeilte Technik, die zudem auch noch »auf freier Wildbahn« verfügbar ist? In Vorbereitung einer Sendung zum Thema »Außerirdische« mit dem früheren ARD-Talkmaster Jürgen Fliege hatte ich die Gelegenheit zum Gespräch mit einem Chirurgen vom Fach. Dr. Koch, ein Mediziner aus Berlin, der im klinischen Alltag mit Lasertechnologie operierte, stellte klar, dass wir zum gegenwärtigen Zeitpunkt noch meilenweit von einer Technologie entfernt sind, die notwendig wäre, um dieselben Resultate zu erzielen. Es stimmt: In unseren Kliniken benötigt man für Laser-Operationen eine voluminöse Ausrüstung von den Dimensionen eines respektablen Büroschreibtisches. Und für Laserschnitte braucht man ungleich mehr Zeit als jene unglaublichen zwei Minuten, wie dies bei den schrecklichen Mutilationen der Fall ist.[114]

Wenn es also keine irdische Elite ist, die über eine ausgesprochen unirdische Technologie verfügt, wären ja die in Frage kommenden Verursacher schon eingegrenzt.

Das mit Abstand Erschreckendste jedoch, was man bei der Obduktion des Toten vom Guarapiranga-Stausee herausgefunden hat, ist der Sachverhalt, dass der Mann im Laufe der ganzen Vorgänge am Leben war. Höchstwahrscheinlich musste dieser bei vollem Bewusstsein miterleben, wie ihm verschiedenste Körperpartien und Organe entfernt wurden. Und trotzdem fehlten, wie der Polizeibericht festhielt, sämtliche Anzeichen eines Todeskampfes. War er mit Medikamenten ruhiggestellt worden? Zumindest wurden keine Spuren uns bekannter Sedativa, wie Beruhigungsmittel in der Medizin genannt werden, festgestellt. Er war auch nicht gefesselt, als diese grausamen Verstümmler ihr menschenverachtendes Werk mit eisiger Präzision an ihm vollendeten.[135, 136]

All das zeigt uns in schlafraubender Weise, dass jene Wesen, die hinter dem schwärzesten Kapitel des UFO-Phänomens stecken, in beispielloser Gleichgültigkeit gegenüber dem Leben auf diesem Planeten agieren. Die Anwendung einer Technik, über welche wir noch nicht verfügen, spricht ebenso für außerirdische Verursacher wie die Beobachtung unbekannter Flugobjekte zum Zeitpunkt des Verbrechens über dem Stausee und dessen Umgebung. Es spricht aber nicht für die Fremden, dass sie die »Reste« ihres Treibens zurückgelassen haben wie Abfall. Diese unmenschlichen Wesen gehen vor wie einige unserer Weißkittelträger bei deren unnötigen Vivisektionen: Eiskalt und einzig mit dem Ziel, zweifelhafte Daten zu gewinnen. Hier wie dort sind es *Laborratten*, die seziert werden. Ich kann es nicht treffender formulieren.

»Ja, es gibt ähnliche Fälle ...«

Der »Caso Guarapiranga« ist nicht der einzige Fall von Menschenverstümmelungen. Inzwischen sprechen Insider von mehr als 30 Fällen alleine in Brasilien. Und alle stehen ganz offenbar in enger Verbindung mit dem UFO-Phänomen.

Ich versuchte daher, an weitere Informationen zu jenem »Super-GAU des UFO-Phänomens« zu kommen. Unterstützung bekam ich von einem älteren Herren, der mehr als 30 Jahre lang in Brasilien gelebt hatte. Nach wie vor bestehende Familienbande haben ihn veranlasst, mehrere Male im Jahr in die frühere Heimat zu fliegen. Dort setzte er mit Hilfe von Angehörigen und Freunden umfangreiche Recherchen in Bewegung, die dank guter Verbindungen auch zur Polizei erfolgreich waren.

Mein Informant und dessen Gewährsleute im fernen Südamerika brachten in Erfahrung, dass dort bereits deutlich über 20 Fälle von »Mutilaçaos de Humanos« bekannt sind. Dies deckt sich auch mit den Informationen, die die brasilianische Forscherin Encarnacion Zapata Garcia gesammelt hat. Demnach fragte der leitende Beamte der Mordkommission von São Paulo bei der staatlichen Gesundheitsbehörde IML (Instituto Medico Legal) an, ob weitere vergleichbare Fälle bekannt geworden seien. Worauf er von den Medizinern der Behörde die eindeutige Antwort erhielt: »Ja, es gibt zahlreiche ähnliche Fälle …«[137]

Bald wurde eine »offizielle« Erklärung für die erschreckenden und bizarren Todesfälle ersonnen. Sie präsentiert eine Minderheit als Sündenbock, die in dem südamerikanischen Land keine Lobby hinter sich weiß. Stellvertretend für zahlreiche seiner Kollegen »erklärte« Dr. Fabian Correio, *Jefe Investigador* der Mordkommission von Recife, solche stetig zunehmenden Fälle von Verstümmelungen als »Racheakt der Indianer am weißen Mann«. Zumindest offiziell. Hinter vorgehaltener Hand sind aber ganz andere Versionen in Umlauf.

Die chirurgisch so präzise durchgeführten Operationen, welche nicht in das gewohnte Bild spontaner Morde oder satanistischer Rituale passen, lassen nicht nur kritische Journalisten und an rätselhaften Phänomenen Interessierte hellhörig werden. Selbst in den Reihen der brasilianischen Polizei hat man inzwischen erhebliche Zweifel an der von den Behörden verbreiteten Erklärung. Man muss sich nur ein wenig umhören. Dann wird rasch klar, dass die meisten Polizisten die Behauptung, Indianer hätten »Skalpierungen« an Weißen vorgenommen, für einen blühenden Schwachsinn halten. Indianer leben in Brasilien überwiegend in den Reservationen Amazoniens und im Mato Grosso. Die so fachmännisch verstümmelten Opfer wurden jedoch dummerweise in solchen Gebieten aufgefunden, in denen gar keine Ureinwohner ihr armseliges Dasein fristen.

Eine weitere »Erklärung«, die mit an Sicherheit grenzender Wahrscheinlichkeit von dem einen oder anderen Skeptiker in die Diskussion eingebracht werden wird, haben die brasilianischen Ermittlungsbehörden schon von vorneherein *ad absurdum* geführt. Nichtsdestoweniger werde ich mich auch damit beschäftigen, auf dass man mir keine einseitige Betrachtung des Problems zum Vorwurf machen kann.

Organjäger oder Todesschwadronen?

Die Rede ist von den Aktivitäten der berüchtigten Organ-Mafia. Das verbrecherische Treiben jener in ihrer Menschenverachtung nicht mehr zu überbietenden Kriminellen hat in vielen armen Ländern epidemische Ausmaße angenommen. Nicht nur in Südamerika. Besonders unter den Bewohnern der Favelas, den heimatlosen Straßenkindern und Streunern, macht die Organ-Mafia reiche Beute. Meist verfügen die besagten Kreise über keine Angehörigen oder andere soziale Bindungen. Und so laufen sie nicht selten Gefahr, als ausgeschlachtetes menschliches »Ersatzteillager« zu enden. Und als weiterer, ungeklärter Mordfall in den Akten der notorisch

überlasteten Polizei. Kein Mensch vermisst sie. Und Spenderorgane sind zur lukrativen Einnahmequelle für Schlächter geworden, die vor nichts zurückschrecken.
Doch solche Fälle sind inzwischen kaum mehr zu zählen. Jene erwähnten 20 bis 30 Fälle von Human Mutilations fallen dagegen überhaupt nicht ins Gewicht. Der Unterschied kann kaum krasser sein. Auf der einen Seite stehen die von Organjägern ausgeweideten, buchstäblich zerfledderten Überreste unfreiwilliger Organspender. Das genaue Gegenteil hierzu sind die unter Einsatz von für uns nicht greifbarer Hochtechnologie chirurgisch genau zerlegten Alien-Opfer.[138]
Und was ist mit den gefürchteten »Todesschwadronen«, welche seit Jahrzehnten Jagd auf Dealer, Kleinkriminelle und Straßenkinder machen? Diese im Schutz der Nacht agierenden Kommandos, die sich meist aus den Reihen von Polizei und Militär rekrutieren, richten ihre Opfer regelrecht hin. Stets wiesen die Toten Einschusslöcher großkalibriger Waffen auf und waren mit Stacheldraht umwickelt, als man sie an den Rändern der Städte fand. Die Exekutionen sollten ihre abschreckende Wirkung keinesfalls verfehlen. Doch mit Human Mutilations hatte das Ganze genauso wenig zu tun wie der organisierte Organraub. Wen verwundert es da, wenn selbst in Polizeikreisen so »abgefahrene« Erklärungen die Runde machen, wie Außerirdische, die sich nach ungezählten Viehverstümmelungen nun auch am Menschen selbst vergreifen.[108]

Nichts Neues unter der Sonne?

Diese Fälle aus Brasilien, um die es in letzter Zeit wieder ein wenig ruhiger geworden ist, stellen gewiss nur die »Spitze des Eisbergs« dar. In ähnlicher Weise schlugen unheimliche Wesen schon viel früher zu. Zwei Jäger stolperten 1979 mitten in der Wildnis zwischen Jerome und Bliss, im Gebiet des Snake River im US-Bundesstaat Idaho, über die unbekleidete Leiche eines grässlich verstümmelten Mannes. Diesem waren die Genitalien entfernt worden, ebenso diverse Gesichtspartien sowie die Lippen. Obwohl er in einer sehr unwegsamen Gegend gefunden wurde, machten seine nackten Füße nicht den Eindruck, als sei er über offenes Gelände geflüchtet. Und es gab keine Spuren, weder von Wildtieren noch von Menschen. Seine Kleider wurden meilenweit entfernt und erst nach längerer Suche gefunden.

Natürlich wurde nie geklärt, wie die verstümmelte Leiche an ihren abgelegenen Fundort gelangt war. Nicht unerwähnt bleiben sollte der dezente Hinweis, dass in derselben Gegend über viele Jahre hinweg unbekannte Flugobjekte beobachtet sowie verstümmelte Rinder und Pferde gefunden wurden.[139]

Bereits im Jahre 1956 hatte ein Major der US Air Force, der es vorzog, anonym zu bleiben, eines Nachts Ungeheuerliches beobachtet. Auf dem Raketenversuchsgelände von White Sands in New Mexico wurde er Zeuge, wie der Sergeant Jonathan P. Louette in ein diskusförmiges Fluggerät entführt wurde. Der Soldat war in jener Nacht auf der Suche nach den Trümmern einer abgestürzten Versuchsrakete gewesen.

Drei Tage später fand man Louettes verstümmelte Leiche. Der gesamte Rektalbereich bis zum Dickdarm war unglaublich präzise herausgeschnitten worden, und auch die Genitalien des Soldaten waren entfernt. Die Augen waren nicht mehr in ihren Höhlen und der Körper war blutleer.[140,141]

Vielleicht erfahren wir noch nähere Einzelheiten über einen Vorfall, der sich angeblich während des Vietnamkriegs ereignet haben soll. Die gesamte Besatzung eines B-52-Bombers soll verstümmelt aufgefunden worden sein.[135] Ich habe schon an anderer Stelle angemerkt, dass immer mehr Begegnungen mit Flugobjekten aus der Zeit dieses unseligen Krieges ans

Licht des Tages kommen, weil sich immer weniger Veteranen an das damals erlassene Schweigegebot halten und auspacken.[83] Sollte an diesem Gerücht um die mutilierte Flugzeugcrew tatsächlich etwas dran sein, so werden wir es möglicherweise noch erfahren.

Wir können zeitlich sogar noch weiter zurückgehen und stoßen dabei immer wieder auf Fälle von Human Mutilations. Sicher nicht im Verdacht, nur ein Gerücht zu sein, ist ein Zwischenfall, der sich vor nunmehr 250 Jahren ereignete. Selbiger gilt sogar als gut dokumentiert und gesichert, weil ein ausführlicher Bericht darüber an der Französischen Akademie der Wissenschaften existiert. Dessen Verfasser, ein gewisser Monsieur Morand, hielt sich kurz nach dem grässlichen Vorfall am Ort des Geschehens auf.

Im Jahre 1761 sammelten fünf Frauen aus einem Dorf nahe der norditalienischen Stadt Ventimiglia Brennholz im Wald. Als sie sich auf den Heimweg machten, stürzte plötzlich eine der Frauen mit einem grauenvollen Aufschrei zu Boden. Als ihre Begleiterinnen sich umsahen, war sie bereits tot.

Ihr Körper bot einen furchterregenden Anblick. Über das beklagenswerte Opfer schien eine unsichtbare, zerstörerische Gewalt hinweggegangen zu sein. Und dies offensichtlich in Sekundenschnelle. Das Kreuzbein der Frau war gebrochen, und auf ihrer rechten Körperseite waren keine Bauchmuskeln mehr vorhanden. Dadurch waren ihre Eingeweide sichtbar. Die meisten Organe waren gerissen und blutleer. Die Schädelknochen lagen blank, wie auch eine Hüfte und ein Oberschenkel. Das Schambein sowie der aus der Gelenkpfanne gedrückte und teilweise zersplitterte Oberschenkelkopf waren ebenfalls deutlich zu erkennen. Der Unterleib der Frau war von unzähligen tiefen und parallel verlaufenden Schnitten übersät.[72]

Geradezu unheimlich war auch hier die Tatsache, dass in der Umgebung der Leiche weder Blut noch Gewebefetzen zu finden waren. Ein Detail, wie wir es auch von den Menschenverstümmelungen aus unserer Zeit kennen. Darüber hinaus erinnern die sinistren Vorgänge aus dem Jahre 1761 ganz frappierend an den Fall von 2001, den ich weiter vorne zitiert habe. Erinnern wir uns: Da war einem brasilianischen Farmer gleichfalls in Bruchteilen einer Sekunde ein beträchtliches Stück Fleisch und Gewebe aus dessen Oberschenkel entzogen worden. Er hatte indes mehr Glück als die Holzsammlerin aus Norditalien und überlebte diesen aggressiven Angriff.

Sollte also der Spruch Gültigkeit besitzen, dass es im Grunde nichts Neues unter unserer Sonne gibt, dann geschehen diese schrecklichen Dinge nicht erst seit ein paar Jahren oder Jahrzehnten. Wir müssen ganz weit ins Grau der Zeiten zurückgehen, um festzustellen, dass bereits die alten »Götter« alles andere als zimperlich mit ihrem »Ebenbild« umgesprungen sind. Gut möglich, dass schon unsere Vorfahren mit Schaudern beobachtet haben, wie die vom Himmel gekommenen Fremden Menschen und Tieren Gewebe und Organe entnommen haben. Wofür sie diese benötigten, darüber lässt sich genauso spekulieren wie über die Verstümmelungen, die uns bis ins 21. Jahrhundert hinein gefolgt sind.

Von Angesicht zu Angesicht

Auch damals hatten die Menschen keine Ahnung, weshalb diese scheinbar allmächtigen Wesen, die für sie nur Götter sein konnten, so handelten. So imitierten sie einfach, was sie nicht zu verstehen vermochten. Daraus entstanden die grausamen Menschenopfer der Azteken, die Opferkulte der indischen Kali-Anhänger oder der alten Phönizier für ihre Götter Baal und Marduk. Noch heute spricht man von einem

Moloch, wenn etwas außergewöhnlich viele Opfer fordert. In Human Mutilations haben sie alle ihren gemeinsamen Ursprung.
Und ob es uns nun behagt oder nicht, gehört auch dieser wenig erfreuliche »Baustein« zum großen Puzzle des UFO-Phänomens. Von manchen Skeptikern vorschnell zu Grabe getragen, hat es im angebrochenen 21. Jahrhundert nichts an Aktualität und Brisanz verloren. Ganz im Gegenteil: Was vorgestern in Norditalien und gestern in Brasilien geschah, kann sich morgen an wirklich jedem Ort dieser Welt wiederholen. Wir dürfen die stets präsente Bedrohung nicht ignorieren. Der Traum von den »edlen und weisen Brüdern aus dem All«, wie er noch unlängst die Runde machte, war schön – aber eben nur ein Traum.
Das abgelaufene 20. Jahrhundert vermochte das Rätsel nicht zu lösen. Zu viele Konventionen, Denkverbote und konservative Lehrmeinungen haben dies vereitelt. Sind wir nicht wachsam, so werden diese gefährlichen Hemmnisse unser Denken auch im neuen Jahrhundert auf kaum absehbare Zeit lähmen. Die »Political Correctness«, welche so freudig von Betroffenheit zelebrierenden Gutmenschen aufgegriffen wurde, streckt ihre unheilvollen Tentakel nicht nur in das politische und gesellschaftliche Denken. Sie will uns in sämtlichen Bereichen am freien Denken hindern und ist womöglich als letztes Aufbäumen einer im Untergang begriffenen Weltanschauung zu begreifen.
Ich wage auch nicht zu prophezeien, dass sich im schicksalhaften Jahr 2012, in das meiner Ansicht nach zu vieles hineingeheimnisst wird, alles offenbart. Wir werden erst Fortschritte machen, wenn wir es endlich schaffen, unser antiquiertes Weltbild zu erneuern. Und wir dürfen unsere Augen nicht vor Realitäten verschließen, nur weil diese mit dem sogenannten »Mainstream« offizieller Lehrmeinungen kollidieren.

Doch wenn wir diese Hürde genommen haben, kann alles in Bewegung kommen, und Jahrzehnte währende Spekulationen verwandeln sich in neue Erkenntnisse. Dem englischen Historiker und Theologen an der ehrwürdigen Universität von Oxford, Clive Staple Lewis (1898–1963), mögen ähnliche Gedanken durch den Kopf gegangen sein, als er die ungemein treffenden Worte formulierte:

»Die Götter werden erst von Angesicht zu Angesicht mit uns sprechen, wenn wir selbst ein Gesicht haben.«

Anhang: Ein wenig System ins Chaos

Beobachtungskategorien des UFO-Phänomens

In den mittlerweile mehr als sechs Jahrzehnten, in welchen das »moderne« UFO-Phänomen die Menschheit begleitet, erwies es sich als unumgänglich, eine Systematik in die Abertausende von Sichtungsberichten zu bringen. Besonders durch die Arbeit des 1986 verstorbenen Astronomen J. Allen Hynek, der von Anhängern wie Gegnern gleichermaßen als »UFO-Papst« betitelt wurde, entstand eine systematische Klassifizierung, welche Beobachtungen von und Begegnungen mit Flugobjekten und/oder deren Besatzungen in feste Rubriken einteilt.[54, 142]

Dr. Hynek, der zuletzt Leiter des »Center for UFO Studies« (CUFOS) in Evanston/Illinois war, konzipierte das Schema systematisch nach zunehmender Fremdartigkeit der Sichtungen und Begegnungen in den eingegangenen Berichten. In jüngerer Zeit hat es sich als notwendig erwiesen, die ursprüngliche Nomenklatur um zwei zusätzliche Kategorien zu erweitern. Das geschah nicht zuletzt infolge der Forschungen des kanadischen Astrophysikers Dr. Jacques Vallée, der sich vor Ort in Brasilien von der Realität von Angriffen auf Menschen überzeugte, die in voller Absicht geführt wurden und häufig tödlich endeten.[128]

1. Nächtliche Lichter (Nocturnal Lights)

Das sind die in der Vergangenheit am häufigsten geschilderten, gleichzeitig aber auch am wenigsten fremdartigen Vorgänge am Himmel. Sie bergen den größten Prozentsatz an möglichen Erklärungen konventioneller Art. Geschätzte 99 Prozent der Beobachtungen nächtlicher Leuchterscheinungen lassen sich in Wirklichkeit als Meteore, Suchscheinwerfer, den Planeten Venus sowie als Party-Ballons oder Disco-Laser-Spektakel identifizieren. In zahlreichen Radio- und Fernseh-Interviews habe ich das Beispiel geprägt, dass ein grelles, offenbar in der Luft schwebendes Licht am nicht zu späten Abendhimmel eher die »LH 174« ist. Die letzte Linienmaschine, die von Frankfurt kommend über dem Münchner Flughafen noch eine Platzrunde drehen muss, bevor ihr die Fluglotsen Landeerlaubnis erteilen. Und leider kein außerirdisches Späherschiff von den Plejaden.

Wenn man sich bewusst macht, wie wenig vertraut die Öffentlichkeit mit derartigen »natürlichen« Lichtern ist, wird klar, warum es zu so vielen UFO-Berichten dieser Art kommen kann.

2. Tageslicht-Scheiben (Daylight Discs)

In dieser Beobachtungskategorie haben wir es vorwiegend mit scheibenförmigen oder ovalen Flugobjekten zu tun. Aus Gründen, wie ich sie für die »nächtlichen Lichter« dargelegt habe, gibt es deutlich weniger Berichte über Wahrnehmungen bei Tage. Denn die Anzahl der Möglichkeiten einer Verwechslung mit konventionellen Objekten ist hier stark eingeschränkt.

Ein geradezu »klassischer« Fall der Beobachtung jener Tageslicht-Scheiben ist die inzwischen in die Geschichte eingegangene Sichtung des Piloten Ken Arnold. Ihm fielen während seines Fluges am 24. Juni 1947 über den Cascade Mountains im amerikanischen Bundesstaat Washington neun mit sehr hoher Geschwindigkeit fliegende, scheibenförmige Objekte auf. Als der erfahrene Flieger nach seiner Landung von Journalisten interviewt wurde, prägten die Presseleute einen seither viel benutzten Begriff: Die »fliegenden Untertassen« waren geboren, das »moderne« UFO-Zeitalter angebrochen.

3. Radarbeobachtungen als Unterstützung visueller Beobachtung (Visual Sighting confirmed by Radar)

Dieser Kategorie wird, obwohl auch ihr verschiedene Möglichkeiten der Fehlinterpretation innewohnen, ein ungleich stärker ausgeprägter Grad an Fremdartigkeit zugebilligt als den beiden vorangegangenen Sichtungsarten. Denn hier besteht die Möglichkeit zu einer gegenseitigen Kontrolle. Zusätzlich zur Beobachtung durch Menschen verfügen diese Fälle über eine »instrumentale Konfrontation«, die das Erlebte mit einem sehr hohen Grad an Wahrscheinlichkeit bestätigen kann.

Dass Fälle dieser Kategorie in der Literatur keine so häufige Erwähnung finden, liegt primär nicht daran, dass unidentifizierte fliegende Objekte selten auf Radarschirmen auszumachen sind. Das genaue Gegenteil ist der Fall! Denn militärische und zivile Dienstvorschriften, die unter Strafandrohungen strengste Geheimhaltung erzwingen, sind der wahre Grund, warum so relativ wenige dieser radar-visuellen Beobachtungen bekannt werden. Der visuelle Sichtungsanteil kann sowohl nächtliche Lichter umfassen als auch Tageslicht-Scheiben.

Kommen wir nun zu den dramatischeren Erscheinungsformen unter der Bezeichnung »Nahe Begegnungen« oder auch »Unheimliche Begegnungen« der ersten bis fünften Art.

4. Unheimliche Begegnungen der ersten Art (UB 1, Close Encounters of the First Kind oder auch CE-1-Erlebnisse)

Ein allem Anschein nach unter intelligenter Kontrolle fliegendes Objekt wird gesichtet, und zwar in einer Entfernung von nicht mehr als 100 bis 150 Metern. Es hinterlässt weder Spuren, noch sind Insassen darin auszumachen. Es existiert offen-

sichtlich keine erkennbare physikalische Wechselwirkung des Objekts mit seiner Umgebung. Bereits bei Begegnungen dieser Kategorie lassen sich wesentliche Einzelheiten an den gesichteten Fluggeräten sehr gut erkennen.
Es ist zu vermuten, dass diese Unterabteilung der UFO-Wahrnehmung keine grundsätzlich andere Art von Berichten darstellt als in den vorangegangenen Kategorien. Es sind wahrscheinlich Berichte über dieselben Stimuli, die nun aber aus nächster Nähe gesehen werden. Hierbei sind Verwechslungsmöglichkeiten mit konventionellen Objekten in noch höherem Maße auszuschließen. Es scheint logisch, dass man UFOs, wenn man sie aus großer Ferne sieht, ebenso gut aus der Nähe beobachten kann. Ganz streng betrachtet stellt diese Art der Sichtung nur eine räumlich engere Variante der vorangegangenen Unterteilungen dar.

5. Unheimliche Begegnungen der zweiten Art (**UB 2, Close Encounters of the Second Kind oder auch CE-2-Erlebnisse**)
Ein nichtidentifiziertes Flugobjekt hinterlässt, in der Regel im Verlauf einer Landung oder einer Sichtung in Bodennähe, deutliche Spuren. Das können entweder mechanische Einwirkungen am Landeplatz sein, aber ebenso Brand- und Strahlungsspuren am Boden, an der Vegetation oder sogar bei Lebewesen. Gleichfalls können Substanzen zurückgelassen werden, die man im Labor analysieren kann. Bei Augenzeugen kann es – neben den bereits erwähnten Effekten – zu körperlichen Schädigungen wie Übelkeit, Fieber und Lähmungserscheinungen oder auch zu psychischen Ausfällen kommen. Diese Wirkungen sind hier glücklicherweise noch von vorübergehender Dauer.
Eine bemerkenswerte und in zahlreichen Berichten eigens erwähnte physikalische Wechselwirkung betrifft massive Störungen in elektrischen und elektronischen Systemen. Diese

führen dazu, dass Automotoren plötzlich stehen bleiben, Radios und Funkanlagen ausfallen sowie wichtige Navigationssysteme in Flugzeugen und auf Schiffen ihren Dienst versagen und Ähnliches mehr.
Das nachweisliche Vorhandensein greifbarer, physikalischer Wechselwirkungen, die nicht auf Betrug oder Halluzinationen zurückgeführt werden können (es sei denn, man ignoriert gröblich die Fakten), verleiht dieser Beobachtungskategorie eine Dimension, die an echte Beweise heranreicht.

6. Unheimliche Begegnungen der dritten Art (UB-3, Close Encounters of the Third Kind oder auch CE-3-Erlebnisse)
Innerhalb oder in unmittelbarer Nähe eines gelandeten Flugobjekts werden Gestalten beobachtet. In den meisten Fällen handelt es sich um humanoide, also menschenähnliche Lebensformen, wenn auch meist von kleinerem Körperwuchs. Nicht selten findet auch eine Kontaktaufnahme mit diesen Wesen statt. Die Bezeichnung dieser spezifischen Beobachtungskategorie lieferte im Übrigen den Titel zu einem sehr erfolgreichen Kinofilm zu dieser Thematik: »Unheimliche Begegnung der Dritten Art« von Starregisseur Steven Spielberg.
Doch trotz des sehr hohen Fremdartigkeitsfaktors, den diese nahen Begegnungen der dritten Art besitzen, steigt die Glaubwürdigkeit solcher Fälle erst durch die Bestätigung seitens unabhängiger Augenzeugen. Denn nichts wäre einfacher, als Erlebnisse dieser Art frei zu erfinden, was zweifellos schon häufiger geschehen ist. Eine weitere Möglichkeit zur Verifizierung dieses Geschehens wären physikalisch nachweisbare Wirkungen oder Spuren am Landeort, wie unter der Rubrik »Unheimliche Begegnungen der zweiten Art« beschrieben.
Bis zu dieser Kategorie reichte die ursprüngliche Nomenklatur der Konfrontationen mit dem Unbekannten nach Dr. Hynek. In den vergangenen Jahren musste selbige jedoch

um die beiden folgenden Beobachtungskategorien erweitert werden.

7. Unheimliche Begegnungen der vierten Art (UB 4, Close Encounters of the Fourth Kind oder auch CE-4-Erlebnisse)
Eine ständig wachsende Zahl ernst zu nehmender Menschen behauptet, von den Insassen eines offenbar nicht von unserer Erde stammenden Flugobjektes gegen ihren Willen in dasselbe verschleppt worden zu sein. Dort wurden in der Mehrzahl der Fälle medizinische Eingriffe und Experimente an den Betroffenen vorgenommen. An Frauen wurden eindeutige Zeichen einer Schwangerschaft festgestellt, die dem Anschein zufolge im Verlauf einer weiteren Entführung (»Abduktion«) drei Monate nach der Befruchtung beendet wurde. Bei Folge-Entführungen wurden jenen Frauen oft kleine Hybridkinder präsentiert, die eine Mischrasse zwischen Aliens und Menschen darstellen könnten.
Ebenso wurden in die Körper mancher entführter Personen Implantate appliziert. Einige davon konnten entfernt werden, und mittlerweile existieren Fotos und Röntgenaufnahmen jener Artefakte. Erste Materialanalysen deuten auf biotechnische Produkte hin, die wir derzeit noch nicht herstellen können. In zahlreichen Fällen kamen detaillierte Erinnerungen an die bizarren Entführungsszenarien erst durch die Anwendung regressiver Hypnosetechniken ins Bewusstsein der Entführungsopfer zurück. Man ist inzwischen davon abgerückt, solche Erfahrungen vorschnell als Geisteserkrankungen zu betrachten oder als Fantastik abzutun. Immer mehr Ärzte, Psychologen und Wissenschaftler anderer Gebiete billigen diesen traumatischen Erfahrungen einen realen Charakter zu. In den USA wurde eine vielbeachtete Studie durch den 2004 verstorbenen Dr. John Mack erstellt.[87] Und im deutschsprachigen Raum hat sich Dr. Johannes Fiebag (1956–1999) einen

Namen mit ausgedehnten Studien gemacht, die bewiesen, dass Entführungen kein typisch amerikanisches Problem sind.[79,88,90]

8. Unheimliche Begegnungen der fünften Art (UB 5, Close Encounters of the Fifth Kind oder auch CE-5-Erlebnisse)
Ist das Entführungssyndrom alleine schon besorgniserregend und für die Opfer ausnahmslos traumatisch, so haben wir es nun zweifellos mit der »schwärzesten Seite des gesamten UFO-Phänomens« zu tun.
Von Begegnungen der fünften Art sprechen wir, wenn das mit einem UFO oder dessen Besatzung in Kontakt gekommene Individuum ernste und bleibende körperliche Schäden wie starke Verbrennungen oder Verstrahlungen erleiden musste. Mitunter führen diese Kontakte unmittelbar zum Tod. In dieselbe Kategorie gehören auch die unseligen Mutilations. Das sind Verstümmelungen, die nicht nur Tieren, sondern auch menschlichen Opfern beigebracht wurden und noch immer werden. Fälle dieser Art, die zeitlich weit zurückreichen, unterstreichen die Kontinuität dieses schwärzesten Kapitels eines facettenreichen Mysteriums.
Die Bedrohung besteht schon länger, aber ein weiteres Ignorieren der Problematik erscheint äußerst verantwortungslos, da sie den Dunstkreis des Verborgenen längst verlassen hat.

Entsprechend dieser Katalogisierung erstellte auch der kanadische Astrophysiker Dr. Jacques Vallée eine Einteilung in sogenannte Gruppen von Anomalien, die er mit AN1 bis AN5 bezeichnet hat. Des Weiteren übertrug er diese Einteilung auch auf Kategorien, die er unter den Stichwörtern »Manöver« und »Vorbeiflüge« führt. Innerhalb dieser beiden Kategorien wendet er die den Nahbegegnungen entsprechenden Unterteilungen an. In »Manöver 5« sammelt er Fälle, in denen

UFOs dauerhafte Verletzungen oder den Tod verursachen. Und bei »Vorbeiflug 3« sind auch bei Vallée Insassen fliegender Objekte auszumachen.
Zusätzlich führte der Kanadier noch eine dreistellige Skala mit Kriterien zur Bewertung der Glaubwürdigkeit der Fälle ein. Bei weiterem Interesse sei hier das entsprechende Werk Jacques Vallées empfohlen.[128]
Das gesammelte Material der jüngsten Jahre zeigt deutlich auf, dass diese Systematik auch im 21. Jahrhundert ihre volle Gültigkeit behält.

Danksagung

Auch dieses Buch wäre ohne die Hilfe und Anregungen einiger Menschen nicht zustande gekommen. Mich bei ihnen ganz herzlich zu bedanken, ist mir ein wichtiges Anliegen. Dass zwei Freunde, denen ich viel zu verdanken habe, nicht mehr unter uns weilen, stimmt mich traurig: Johannes Fiebag und Peter Krassa, die mich etliche Jahre auf meinem literarischen Weg begleiteten.

Zuvorderst danke ich Josef Schedel, meinem Freund und Webmaster. Mit neuesten Fällen aus seinem unerschöpflichen Archiv trug er entscheidend zum Gelingen dieses Werkes bei. Und Erich von Däniken, ohne dessen »Initialzündung« es auch nicht den Buchautor Hartwig Hausdorf geben würde. Dank auch an Werner L. Forster von Deutschlands ältester UFO-Zeitschrift und Douglas Spalthoff, der viel Neues aus Südamerika mitbrachte. Wie an meine Autorenkollegen Illobrand von Ludwiger, Timothy Good, Viktor Farkas und Walter-Jörg Langbein, an Alexander Knörr und Peter Hattwig von der Forschungsgruppe DEGUFO. Großer Dank geht an meinen Informanten George H. und seine Angehörigen und Freunde in Brasilien und an Jan P. Mulder (er heißt wirklich so!) für die Beschaffung neuer Informationen zu den albtraumhaften »Human Mutilations«.

Last but not least danke ich meiner rührigen Verlegerin des Verlagshauses Langen*Müller* Herbig nymphenburger, Frau

Brigitte Fleissner-Mikorey, und dem ganzen bewährten Verlagsteam meiner »literarischen Heimat«. Dies gilt auch für meinen langjährigen Lektor Hermann Hemminger, mit dem es immer wieder große Freude bereitet, ein neues Buch heranreifen zu lassen. Ein herzliches Dankeschön auch an meine Leser in aller Welt, die mich auf den Spuren der größten Rätsel seit Jahren treu begleiten.

Hartwig Hausdorf

Quellenverzeichnis

1 Papagiannis, M. D.: »The Search for Extraterrestrial Life. Recent Development.« Boston University 1984
2 Tarter, J.: »SETI Observations Worldwide«, aus: Papagiannis, M. D.: »The Search for Extraterrestrial Life. Proceedings of the 112th Symposium IAU.« Boston University 1985
3 McDonough, T.: »Continuing SETI«, aus: »The Planetary Report«, Vol. IX, 1/1989
4 Meinert, Peer: »Suche nach einer zweiten Erde. NASA schickt Weltraumteleskop ›Kepler‹ ins All«, aus: »Passauer Neue Presse« vom 12. März 2009
5 o. V.: »Das weiß der Himmel. 400 Jahre nach Kepler und Galilei rufen die UN das Jahr der Astronomie aus«, in: »Süddeutsche Zeitung« vom 10./11. Januar 2009
6 Buttlar, Johannes von: »Einstein hoch zwei. Der Quantensprung des neuen Wissens.« München 1998
7 Online-Ausgabe der »Neuen Zürcher Zeitung«, auf: www.nzz.ch/nachrichten/wissenschaft
8 Hausdorf, Hartwig: »Nicht von dieser Welt. Dinge, die es nicht geben dürfte.« München 2008
9 Hausdorf, Hartwig: »Begegnungen mit dem Unfassbaren. Reiseführer zu phantastischen Phänomenen.« München 2008
10 Hausdorf, Hartwig: »Die weiße Pyramide. Außerirdische Spuren in Ostasien.« München 1994
11 Olchowikow, Oleg: »Die Sternengeheimnisse des Steingrabes«, in: »Sagenhafte Zeiten«, Nr. 2/2009
12 Michailov, V. M.: »Das Steingrab.« Dnepropetrowsk 1979 (in russischer Sprache)
13 Hausdorf, Hartwig: »Wenn Götter Gott spielen.« München 1997
14 Hausdorf, Hartwig, und Krassa, Peter: »Satelliten der Götter. In Chinas verbotenen Zonen.« München 1995

15 Kolosimo, Peter: »Viel Dinge zwischen Himmel und Erde.« Wiesbaden 1970
16 Schneider, Adolf: »Besucher aus dem All.« Freiburg 1974
17 Michel, Aimé: »Paleolithic UFO Shapes«, in: »Flying Saucer Review«, Ausgabe Mai/Juni 1970
18 o. V.: »Kirche: Auch Außerirdische dürfen auf Erlösung hoffen«, in: »Süddeutsche Zeitung« vom 22. August 1996
19 Greer, Steven (Übers.: Barneveld, Marleen van): »Vatikan-Experte: ›Außerirdische existieren!‹«, in: »UFO-Nachrichten«, Nr. 377, Mai/Juni 2006
20 Good, Timothy: »Beyond Top Secret. The Worldwide UFO Security Threat.« London 1996
21 Rosenthal, Elisabeth: »In UFOs, Beijing Finds an Other-worldly Interest It Can Live With«, in: »New York Times Service« und »International Herald Tribune« vom 12. Januar 2000
22 Bourdain, G.: »The Death and Rebirth of Official French UFO Studies«, in: »IUR«, Vol. 31, Nr. 2/2007
23 Charter, David: »How Britain's X-Files Said That UFOs Were Just a Waste of Time«, in: »The Times« vom 4. Februar 2005
24 Hausdorf, Hartwig: »Experiment: Erde.« München 2001
25 Vallée, Jacques: »Five Arguments against the Extraterrestrial Origin of UFOs«, in: »Journal of Scientific Exploration«, Nr. 4/1, 1990
26 Meckelburg, Ernst: »Zeittunnel. Reisen an den Rand der Ewigkeit.« München 1991
27 Meckelburg, Ernst: »Besucher aus der Zukunft.« München und Bern 1980
28 Meckelburg, Ernst: Zeitschock. Invasion aus der Zukunft.« München 1993
29 Deardorff, J., Haisch, B., Maccabee, B., und Puthoff, H. E.: »Inflation-Theory Implication for Extraterrestrial Visitation«, in: »Journal of the British Interplanetary Society«, Band 58, Januar 2005
30 Jones, Eric M.: »Discrete Calculations of Interstellar Migration and Settlement«, in: »ICARUS«, Bd. 46/1981
31 Ludwiger, Illobrand von: »UFOs – die unerwünschte Wahrheit.« Rottenburg 2009
32 Torke, H. J. (Hrsg.): »Historisches Lexikon der Sowjetunion 1917/21 bis 1991.« München 1993
33 Mantle, Philip, und Stonehill, Paul: »Mysterious Sky: Sovjet UFO Phenomena.« Maryland 2006

34 Howe, Linda M.: »U. S. Military Close Encounter in Cambodia«, in: »NEXUS«, Vol. 6 Nr. 1, Dez. 1998/Jan. 1999
35 o. V.: »Dänische Luftwaffe gibt geheime UFO-Akten frei«, in: »DEGUFORUM« Nr. 61, März 2009
36 Good, Timothy: »Need to Know. UFOs, das Militär und die Geheimdienste.« Rottenburg 2008
37 Cid, Ana Luisa: Bericht in »Inexplicata«, 20. Oktober 2005
38 Simons, Paul: »Flying Saucer Punches a Hole in the Clouds«, in: »The Times« vom 10. Januar 2007
39 Bürgin, Luc: »UFOs eröffnen uns völlig neue Perspektiven«, in: »mysteries«, Ausgabe November/Dezember 2008
40 Cooper, Gordon, und Hendersen, Bruce: »Leap of Faith: An Astronaut's Journey Into the Unknown.« New York 2000
41 McClelland, Clark C., Schneider, Marianne (Übersetzerin): »NASA-Astronaut bestätigt Anwesenheit Außerirdischer«, in: »UFO-Nachrichten«, Nr. 387, Januar/Februar 2008
42 Hattwig, Peter: »Sowjetische Kosmonauten verschweigen Wahrheit über UFOs«, in: »DEGUFORUM« Nr. 60, Dezember 2008
43 Forster, Werner L.: »Mysteriöse Flugobjekte über Mexiko«, in: »UFO-Nachrichten«, Nr. 365, Mai/Juni 2004
44 Fosar, Grazyna, und Bludorf, Franz: »Top Secret Umbra. Die Geheimakten der NSA.« Marktoberdorf 2006
45 Barneveld, Marleen van (Übersetzerin): »UFOs im indischen Luftraum«, aus: »Daily Indian« vom 9. Oktober 2004
46 Schlotterbeck, Ingrid: »Der Besuch von oben. Weltweite UFO-Sichtungen 2008«, in: »Magazin 2000 plus, Sonderheft UFOs und Kornkreise«, September 2008
47 o. V.: »SVP-Präsident sichtet ein UFO«, aus: »Tages-Anzeiger«, Bern, vom 4. August 2008
48 Equipe do Grupo Ufológico do Guarujá: »Oude está o Extraterrestre de Varginha?«, in: »ISTOE« vom 22. Mai 1996
49 Good, Timothy: »Unearthly Disclosure: Conflicting Interests in the Control of Extraterrestrial Intelligence.« London 2000
50 Leir, Roger: »UFO Crash in Brazil. A Genuine UFO Crash with Surviving ETs.« San Diego/CA 2005
51 Spencer, John: »Geheimnisvolle Welt der UFOs.« Gütersloh 1992
52 Jäger, Manfred: »Zuviel Lärm um ›fliegende Untertassen‹?«, in: »hobby«, Ausgabe Oktober 1954

53 Condon, Edward U.: »The Scientific Study of Unidentified Flying Objects.« New York 1968

54 Hynek, J. Allen: »UFO-Report. Ein Forschungsbericht.« München 1978

55 Brookesmith, Peter (Hrsg.): »UFOs. So rund wie Untertassen.« Augsburg 1992

56 Buttlar, Johannes v.: »Das UFO-Phänomen.« Bergisch-Gladbach 1980

57 Story, Ronald D.: »The UFO Encyclopedia.« London 1980

58 Aus »Time and Life International« vom 5. Mai 1952, zitiert in: Leslie, Desmond, und Adamski, George: »Flying Saucers Have Landed.« London 1953

59 Keyhoe, Donald E.: »Flying Saucers from Outer Space.« London 1970

60 Stellungnahme zum Tremonton-Film im UFO-Forschungsprojekt »Blue Book« der US Air Force vom 11. Februar 1953

61 Ruppelt, Edward J.: »The Report on Unidentified Flying Objects.« New York 1956

62 Good, Timothy: »Jenseits von Top Secret.« Frankfurt 1991

63 Nally, Carl: »Aircraft Buzzed by Giant Triangular UFO Over Slane«, in: »UPRI Newsletter«, Dublin/Ireland, Nr. 1/2004

64 Butler, Dermot, und Nally, Carl: »Conspiracy of Silence. UFOs in Ireland.« Cork/Ireland 2006

65 »North American Newspaper Alliance« vom 7. Juli 1952, zitiert in: Leslie, Desmond, und Adamski, George: »Flying Saucers Have Landed.« London 1953

66 Edwards, Frank: »Flying Saucers – Serious Business.« New York 1966

67 o. V.: »Incontro ravvicinato nell' Aretino«, in: »Il Giornale dei Misteri«, Anno XIV, April 1984

68 »Idaho Pioneer«, Shelley/ID vom 7. Dezember 1967

69 »UFO-Investigator«, Washington DC, Sept./Oktober 1969

70 Güsten, Susanne: »Schießen Sie nicht auf Steinewerfer aus dem All!«, in: »Allgäuer Zeitung«, Ausgabe vom 8. Juni 2001

71 Archiv Josef Schedel/vfgp: Humanoidensichtungen 2009

72 Michell, J., und Rickard, R. J. M.: »Phenomena. A Book of Wonders.« London 1977

73 o. V.: »RAAF Captures Flying Saucer on Ranch in Roswell Region«, in: »Roswell Daily Record« vom 8. Juli 1947

74 McAndrew, James: »The Roswell Report – Case Closed.« Headquarters of the United States Air Force, Washington/DC 1997

75 Shi Bo: »UFO-Begegnungen in China.« Berlin 1997
76 Wellner, Axel: »Der deutsche ›Roswell‹-Fall: Großmoor 1957«, in: »UFO-Nachrichten«, Nr. 374, November/Dezember 2005
77 Bewersdorff, H.: »Die UFO-Verschwörung. Was vertuschte die NASA im Wald von Kecksburg?«, in: »BILD« vom 23. Oktober 2003
78 Gordon, Stanley: »The Kecksburg UFO Case«, in: »MUFON-UFO-Journal«, Nr. 247, 2/1991
79 Fiebag, Johannes: »Die Anderen. Begegnungen mit einer außerirdischen Intelligenz.« München 1993
80 Iljin, Vadim (Übers.: Malinin, Irene): »UFO-Abstürze in Russland?«, in: »UFO-Nachrichten«, Nr. 359, Mai/Juni 2002
81 Archiv Josef Schedel/vfgp: 2004 Sighting Reports
82 Rogozhkin, Viktor in: »Perekryestok Kentavra«, Rostow am Don (Russland), Nr. 5/2007
83 Hausdorf, Hartwig: »Geheime Geschichte 3. Wer manipuliert den Lauf unserer Geschichte?« Marktoberdorf 2005
84 Hong Hanh in: »The Thanh Nien Daily« vom 28. Mai 2008
85 Wosnesenskaja, Antonina (Übers.: Brückner, Tatjana): »Eine unterirdische Basis am Boden eines Brunnens«, in: »UFO-Nachrichten«, Nr. 378, Juli/August 2006
86 Florenz, Karl: »Japanische Mythologie.« Tokio 1901
87 Mack, John E.: »Entführt von Außerirdischen.« München 1995
88 Fiebag, Johannes: »Sternentore. Sie sind hier.« München 1996
89 Fiebag, Johannes: »Von Aliens entführt.« Düsseldorf 1997
90 Fiebag, Johannes: »Kontakt. UFO-Entführungen in Deutschland, Österreich und der Schweiz.« München 1994
91 Persönliches Gespräch des Autors mit der Zeugin vom August 1994
92 Persönliches Gespräch des Autors mit den Zeuginnen vom Oktober 1994
93 Hopkins, Budd: »Von UFOs entführt.« München 1982
94 Magin, Ulrich: »Von UFOs entführt. Unheimliche Begegnungen der vierten Art.« München 1991
95 Archiv Josef Schedel/vfgp: Humanoidensichtungen 1996
96 Archiv Josef Schedel/vfgp: Humanoidensichtungen 1999
97 o. V.: »Possibly an Unexplored Abduction Event«, in: »UFO Roundup«, Vol. 10, Nr. 31, 2005
98 Archiv Josef Schedel/vfgp: Humanoidensichtungen 2008
99 Carrico, James A.: »Life of the Venerable Mary of Agreda.« San Bernardino/CA 1962

100 Hind, Cynthia: »UFOs – African Encounters.« London 1982
101 Chalker, B., und Harrison, D. in: »Australian UFOlogist«, Vol. 5, Nr. 4/2001
102 Archiv Josef Schedel/vfgp: 2007 Sighting Reports
103 Hausdorf, Hartwig: »Rätselhafte Erlebnisse einer Südtirolerin«, in: »UFO-Nachrichten«, Nr. 400, März/Apr. 2009
104 Strieber, Whitley: »Die Besucher.« Wien 1988
105 Langbein, Walter-Jörg: »Das Sphinx-Syndrom. Die Rückkehr der Astronautengötter.« München 1995
106 Buttlar, Johannes von: »Drachenwege. Strategien der Schöpfung.« München 1990
107 Lammer, Helmut, und Sidla, Oliver: »UFO-Geheimhaltung.« München 1995
108 Hausdorf, Hartwig: »Unheimliche Begegnungen der 5. Art.« Marktoberdorf 2002
109 Retyi, Andreas von: »Tierverstümmelungen und UFOs – eine erschreckende Botschaft«, in: »UFO-Kurier«, Nr. 10, August 1995
110 Spalthoff, Douglas: »Wenn Flugzeuge vom Himmel fallen.« Marktoberdorf 2002
111 Zitiert aus: »Gazette Telegraph«, Colorado Springs, vom 23. Oktober 1975
112 Howe, Linda Moulton: »An Alien Harvest. Further Evidence Linking Animal Mutilations and Human Abductions to Alien Life Forms.« Linda Moulton Howe Productions, Pennsylvania 1989
113 Stripling, Juanita: »›Cookie Cutter‹ Excisions of Heifer on L. C. Wyatt Farm Near Hope, Arkansas«, in: »Little River News« vom 11. März 1989
114 Howe, Linda Moulton: »Alien Life Forms.« North Yorkshire, England, o. J.
115 »Report of Laboratory Examinations.« Veterinary Diagnostic Laboratory, College of Veterinary Medicine at the Oregon State University, Corvallis/Oregon 1991
116 Good, Timothy: »Alien Liaison. The Ultimate Secret.« London 1991
117 o. V.: »Phänomene. Die Welt des Unerklärlichen.« Erlangen 1993
118 Aus: »Kreisbote Murnau« vom 31. Januar 2001, zitiert in: »UFO-Nachrichten« Nr. 352, März/April 2001
119 »Cover-up Alleged Over UFO-linked Animal Slaughter«, in: »Sunday Times«, Perth (Australien) vom 15. Juli 1984

120 Dodd, Anthony: »Animal Mutilations Continue«, in: »UFO Magazine. The Official Publication of Quest International.« März/April 1992
121 Archiv Josef Schedel/vfgp: Humanoidensichtungen 2002
122 Hattwig, Peter: »Blitzschlag tötete angeblich Kühe«, in: »Deguforum«, Nr. 60, Dezember 2008
123 Matthews, Major Armond E.: »Report an Aircraft Crash.« Wright Field Service Center, Dayton/Ohio vom 9. Januar 1948
124 »Analysis of Flying Objects Incidents in the U.S. (Top Secret). Air Intelligence Division Study No. 203.« Directorate of Intelligence and Office of Naval Intelligence. Washington D.C. vom 10. Dezember 1948
125 Cannon, Brian: »Strange Case of Falcon Lake – Part I«, in: »Canadian UFO Report«, 2/1969
126 Rutkowski, Chris: »The Falcon Lake Incident, Part I–III«, in: »Flying Saucer Review«, Nr. 1–3, 1981
127 Schuessler, John F.: »UFOs: The Medical and Scientific Evidence, Part I«, in: »Quest UFO Magazine«, Vol. 12, Nr. 5, November/Dezember 1993
128 Vallée, Jacques: »Confrontations. A Scientist's Search for Alien Contact.« New York 1990
129 Corales, Scott, in: »UFO Magazine«, September 1999
130 Guttilla, P., in: »UFO Special III«, 1972, zitiert in: Ludwiger, Illobrand von: »UFOs. Die unerwünschte Wahrheit.« Rottenburg 2009
131 Florig, H. Keith: »The Future Battlefield. A Blast of Gigawatts«, in: »IEEE Spectrum«, März 1988
132 Geise, Daniel Rebisso: »The Phenomenon ›Chupa-Chupa‹ in Amazonia«, in: »UFO« Nr. 7, Mai/Juni/Juli 1989
133 Vallée, Jacques: »Recent Field Investigations into Claims of UFO-related Injuries in Brazil«, in: »MUFON UFO Symposium Proceedings.« Las Vegas, Nevada (USA) 1989
134 Spalthoff, Douglas: Persönliche Mitteilung an den Autor vom 20. November 2001
135 Schellhorn, G. Cope: »UFO-related Homicide in Brazil: The Complete Story«, in: »UFO Magazine«, 1991
136 Mulder, Jan P.: »Assunto: Human Mutilations in Brazil.« Persönliche Mitteilung an den Autor, 21. Juli 1997
137 Zapata Garcia, Encarnación: »Caso Guarapiranga: Sera esta a temida seqûência das mutilaçoes de animais?«, in: »UFO« (Brasilien), September 1993

138 Hausdorf, Hartwig: »Die schwärzeste Seite des UFO-Phänomens«, in: »UFO-Kurier«, Nr. 28, Februar 1997
139 Ecker, Don: »The Human Mutilation Factor«, in: »UFO Magazine«, Sunland/CA, März 1996
140 Lear, John: »Statement Released by John Lear, December 29, 1987 – Revised March 25, 1988«, zitiert in: Retyi, Andreas von: »Das Alien-Imperium. UFO Geheimnisse der USA.« München 1995
141 Dodd, Anthony: »The Invisible Predators. The Human Factor«, in: »UFO Magazine. The Official Publication of Quest International.« Mai/Juni 1992
142 Hynek, J. Allen: »UFO-Begegnungen der erste, zweiten und dritten Art.« München 1979

Register

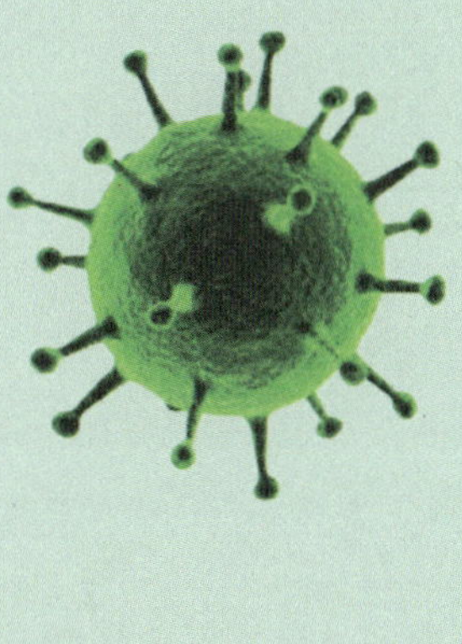

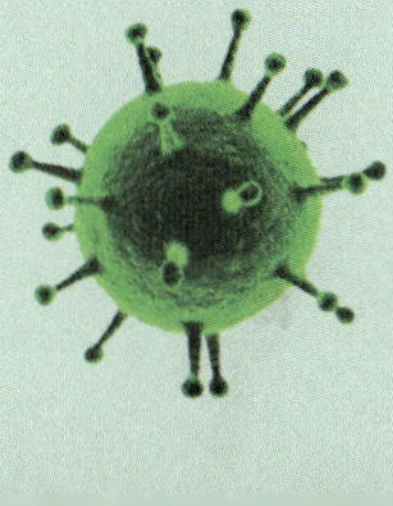

CORONA NATÜRLICH BEHANDELN

Dr. med. Johannes Wilkens
Dr. med. Frank Meyer

CORONA NATÜRLICH BEHANDELN

Covid-19 ganzheitlich verstehen, vorbeugen, heilen

at VERLAG

Widmung

Wir widmen dieses Buch Urs Hunziker.
Urs Hunziker, seit Kurzem im Ruhestand, hat den AT Verlag dreiunddreißig Jahre lang geleitet und in dieser Zeit eine enorme Bandbreite an beeindruckenden, vielfältigen, sorgfältig gestalteten, sinnvollen Büchern herausgegeben, die ihresgleichen suchen. Er vermochte die Bedürfnisse des Publikums mit den Wünschen der Autoren zu verbinden und wird uns dankbar in Erinnerung bleiben. Ohne seine Anfrage wäre dieses Buch nicht entstanden!

Haftungsausschluss

Die in diesem Buch dargestellten Inhalte dienen der Information über die durch das neuartige Coronavirus SARS-CoV-2 hervorgerufene Erkrankung, auch Covid-19 genannt (fachsprachlich meist COVID-19 geschrieben). Unsere Ausführungen sollen insbesondere zu einem ganzheitlichen Verständnis der Erkrankung selbst sowie einiger noch wenig bekannter, aus der Naturheilkunde, der Homöopathie und der anthroposophischen Medizin stammender Möglichkeiten der Vorbeugung und Behandlung beitragen. Sie wurden mit großer Sorgfalt erstellt. Covid-19 ist eine neue Erkrankung, und das Wissen über sie wächst rasant. Für Vollständigkeit, Aktualität oder Richtigkeit wird daher keine Haftung übernommen. Bitte beachten Sie folgende Punkte:

- Keine der in diesem Buch dargestellten Methoden ersetzt die empfohlenen Hygienemaßnahmen, Impfungen oder infektionsschützenden Verhaltensregeln. Bitte halten Sie sich unbedingt an die gesetzlichen Vorschriften!
- Unser Buch kann und soll eine individuelle fachliche Beratung durch Ärztinnen oder Ärzte nicht ersetzen. Für die Diagnose und Behandlung von Covid-19 müssen Sie sich an qualifizierte Ärztinnen oder Ärzte wenden.
- Bei Covid-19 handelt es sich um eine Infektion, die auch einen lebensbedrohlichen Verlauf nehmen kann. Bei akuten oder bedrohlichen Beschwerden wie hohem Fieber, Atemnot oder Schmerzen rufen Sie bitte sofort den örtlichen Notfalldienst an (einheitliche europäische Notrufnummer: 112).
- Die von uns dargestellten Behandlungsmöglichkeiten stellen keinen Ersatz für die üblichen Behandlungsmethoden dar. Falls Sie sich bereits in Behandlung befinden, klären Sie bitte gegebenenfalls mit Ihrer Ärztin oder Ihrem Arzt, ob diese verändert oder reduziert werden kann.
- Wir haften nicht für Schäden, die durch die Verwendung der in diesem Buch dargestellten Mittel oder durch die Unterlassung anderer Möglichkeiten entstehen könnten.
- Bei Covid-19 und der in diesem Buch erwähnten Virusgrippe (Influenza) handelt es sich um meldepflichtige ansteckende Krankheiten. Bitte wenden Sie sich im Verdachtsfall umgehend an Ihre Ärztin/Ihren Arzt oder die für Sie zuständige Gesundheitsbehörde.

Bitte beachten Sie unbedingt die allgemein anerkannten Informationen über Covid-19, die Sie in den Tagesmedien und unter den folgenden Links im Internet finden. Wir setzen für die Lektüre unseres Buchs deren Kenntnis voraus.

- Bundesministerium für Gesundheit (Deutschland), www.bundesgesundheitsministerium.de
- Bundeszentrale für gesundheitliche Aufklärung (Deutschland), www.infektionsschutz.de
- Robert-Koch-Institut Berlin, www.rki.de
- Bundesamt für Gesundheit BAG (Schweiz), www.bag.admin.ch
- Sozialministerium (Österreich), www.sozialministerium.at
- World Health Organization, www.who.int

Nun wünschen wir Ihnen viel Freude mit unserem Buch; auf dass es Ihnen zu neuen Einsichten und Erkenntnissen über Corona, die Welt und Sie selbst verhelfen möge!

Inhalt

Einleitung

Corona hatte mich auf dem falschen Fuß erwischt – auf dem, der sagte, dass alles nicht so schlimm werden würde, der genervt war von diesem dauernden Warnen vor einer Katastrophe apokalyptischen Ausmaßes.

Als dann um Ostern herum einige Patienten gestorben waren und auch viele unserer Krankenhausmitarbeiter teilweise schwerer erkrankten, konnte ich die Bedeutung und Andersartigkeit von Covid-19 nicht mehr leugnen und suchte nach Heilmitteln.

Wieder einige Wochen später waren erste Heilmittel empirisch gefunden. Doch Corona war in unserer Region auf dem Rückzug. Die Medien berichteten fast nur noch über die Hoffnung auf eine neue Impfung. Wie sollte man da Erfahrungen aus homöopathischer und anthroposophischer Sicht überhaupt einbringen können? Die Medienschelte der letzten Jahre zum Thema Naturheilkunde und Homöopathie hatte Spuren hinterlassen – und eines war seither dem Publikum und noch mehr der Fachwelt klar: Aus dieser Ecke der Medizin konnte keine Hilfe kommen. Ein Irrtum, wie wir später noch sehen werden.

So blieb uns nur, aus unterschiedlichen Sichtweisen die Erkrankung Corona zu betrachten und über dieses Verstehen die Sinnhaftigkeit des Ansatzes unserer Therapie darzustellen. Als Schwerpunkt kristallisierte sich dabei die Frage nach der Bedeutung der Sinnesorgane heraus. Nicht nur die teilweise schweren Sinnesstörungen bei den Patienten (Geschmack/Geruch) legten eine Auseinandersetzung mit diesem Problem nahe, sondern auch, dass die moderne Medizin ohne die technischen Sinneserweiterungen (Ultraschall, CT, MRT) kaum noch denkbar erscheint, während die anthroposophische Medizin ergänzend eine konsequente Erweiterung der menschlichen Sinne einfordert. Corona ist eine Krise der Sinne, eine Krise der Wahrnehmung. Welche Wahrnehmung zu Corona trügt nicht?

Johannes Wilkens, November 2020

Corona – ein Virus verändert die Welt

Als ich im Sommer 2019 nach China reisen durfte, war ich überwältigt. Geschichte und Kultur dieses Landes berührten mich zutiefst. Für einen Arzt, der mit der Traditionellen Chinesischen Medizin vertraut ist und seit einem Vierteljahrhundert Akupunktur einsetzt, ist China ein Ort der Sehnsucht. Am eindrücklichsten war es jedoch für mich als »Westler« zu erleben, wie durchorganisiert die Gesellschaft dort ist. Staunend und nicht ohne eine gewisse Beklemmung nahm ich zur Kenntnis, wie weit die Möglichkeiten der digitalen Überwachung und der mithilfe von Künstlicher Intelligenz gesteuerten Kontrolle mittels Überwachungskameras, Smartphone-Apps und anderer technischer Mittel schon gediehen sind. »Das ist die Zukunft Europas«, war mein erster Gedanke, als ich realisierte, was hier auf höchstem technologischem Niveau umgesetzt wurde. Denn es erschien mir nur als eine Frage der Zeit, bis es bei uns so weit ist, dass jeder Restaurant- und Museumsbesuch erfasst würde und der Umgang mit QR-Codes und Überwachungs-Apps genauso selbstverständlich werden würde, wie früher das Vorzeigen eines Fahrscheins oder einer Kinokarte. Ich dachte an etwa zehn bis fünfzehn Jahre Verzögerung, bis dieser Digitalisierungsschub unsere Gesellschaft erreichen würde.

Es sollte alles viel schneller kommen. Ende Januar 2020 wurden in Europa die ersten Fälle einer Lungenerkrankung beobachtet, die durch ein neuartiges Coronavirus ausgelöst wird und zunächst in Wuhan, China aufgetreten war. Ich bin Hausarzt in einer Großstadt mit einem internationalen Flughafen, und so hielt ich mich von den ersten Meldungen aus China an auf dem Laufenden. Als ein Freund mich fragte, was ich von dem Ganzen hielte, antwortete ich sinngemäß, die Krankheit als solche bereite mir viel Kopfzerbrechen, zugleich beunruhige mich aber auch, was die Menschen daraus machen. Ich meinte die Auswirkungen auf die Gesellschaft, auf Rechte und Freiheiten, auf unsere Art zu leben. Was wird sich als stärker erweisen: der Freiheitssinn oder das Sicherheitsbedürfnis der Menschen? Dann kam es Schlag auf Schlag, von der Schließung der Spielplätze über den Lockdown, Reisebeschränkungen, Milliardeninvestitionen in die Impfstoffentwicklung bis hin zur Einführung der Corona-Warn-App.

Von Anfang an habe ich die Krankheit, die Covid-19 getauft wurde, respektiert und insbesondere die gehäuften tödlichen Verläufe bei alten, vorerkrankten Menschen als Problem erkannt. Als ich die ersten CT-Aufnahmen aus Wuhan sah, bin ich regelrecht erschrocken über das Ausmaß der Zerstörung, das auf den Darstellungen der Lunge zu erkennen war. Und so war ich in meinem Umkreis der erste Arzt, der bei Besuchen im Alten- und Pflegeheim einen Mundschutz aufsetzte, noch bevor Italien zur Sperrzone erklärt wurde, die Leute wie verrückt Klopapier kauften, der Aktienmarkt zusammenbrach, die Weltgesundheitsorganisation WHO die Pandemie ausrief, Virologen für traumhafte Einschaltquoten in den Medien sorgten und Kanzlerin Merkel vor einer Überlastung des Gesundheitssystems warnte. Zunächst hatte ich Sorgen, dass die OP-Maske in meinem Gesicht die Patienten erschrecken würde, aber das Gegenteil war der Fall: Sie fühlten sich sicherer und waren dankbar, einen so »fortschrittlichen« Hausarzt zu haben. Denn die Angst vor Ansteckung breitete sich dank digitaler und klassischer Medien schneller aus als die Krankheit und die Hygienemaßnahmen, die wegen Engpasssituationen und anderen Widrigkeiten nur verzögert umgesetzt werden konnten.

Inzwischen ist auch der Mundschutz, der in asiatischen Metropolen seit vielen Jahren zum Alltagsbild gehört, längst bei uns »angekommen« und wird so schnell nicht wieder verschwinden. Denn in einem Land mit einer Altersstruktur wie Deutschland steht Sicherheit an oberster Stelle der gesellschaftlichen Werthierarchie. Corona verändert die Welt auf ungeahnte Weise, und es ist noch völlig offen, in welche Richtung die Entwicklung geht. So futurisch viele Auswirkungen auf unseren Lebensstil, auf die Arbeitswelt, auf nahezu alle Bereiche des Alltags auch erscheinen mögen, die treibenden Kräfte sind vielfach Urbedürfnisse, Urängste und konservative Werte. Wird Corona der Menschheit zu einem Neuanfang verhelfen? Oder entwickeln wir uns zurück in Richtung eines dumpfen Kollektivismus, in dem individuelle Freiheiten einem diffusen Wir-Gefühl geopfert werden und der einzelne Mensch nicht mehr wichtig ist?

Die meisten Corona-Infizierten, die ich in unserer hausärztlichen Gemeinschaftspraxis behandeln und begleiten durfte, haben ihre Krankheit gut überstanden. Darunter sind auch ältere Menschen gewesen und auch solche mit Vorerkrankungen, die als Risikofaktoren für schwere Verläufe von Covid-19 gelten. Die guten Verläufe sind meiner Ansicht nach vielfach der durch die Isolation erzwungenen Ruhepause zu verdanken, den in Eigeninitiative gewählten Hausmitteln, aber auch den Naturheilmitteln, homöopathischen und anthroposophischen Arzneien, die ich empfohlen und verordnet habe.

Als mein Freund Johannes Wilkens mich im September 2020 fragte, ob ich zu seinem Buch über die natürliche Behandlung von Covid-19 etwas beitragen möchte, habe ich zunächst gezögert. In Deutschland gab es zwar immer noch viele positiv auf das neuartige Coronavirus getestete Menschen, aber aktuell nur vergleichsweise wenige Kranke. In den chinesischen Großstädten war allmählich wieder Normalität eingekehrt, und in Ländern wie Russland und China waren inzwischen bereits unzählige Menschen gegen Covid-19 geimpft (mit welchen Folgen, bleibt abzuwarten). Auf der anderen Seite wurde mir jedoch klar, dass die psychosozialen Dimensionen dieser Erkrankung mindestens genauso wichtig sind wie ihre physische Manifestation, vielleicht sogar noch wichtiger, denn mit ihnen werden wir uns noch lange auseinandersetzen müssen, egal wie viele Infektionswellen noch kommen und welche Auswirkungen die Massenimpfungen auf der ganzen Welt letztlich auf das Infektionsgeschehen haben würden.

Dabei bin ich vor allem auf ein Phänomen aufmerksam geworden: Dass die potenzierten Arzneimittel wie Arsen, Bryonia und Zinn, die spezifisch für die körperlichen Symptome von Corona sind, zugleich auch die pathologischen Reaktionen im Seelischen und im sozialen Organismus abdecken und aufzeigen, in welche Richtung eine Transformation ins Gesunde stattfinden könnte. Daher kann eine Beschäftigung mit diesen Substanzen auch wegweisend sein, wenn man sie gar nicht physisch erkrankten Menschen verordnen will, sondern in dieser Krise nach Richtkräften für die Zukunft sucht. Denn Corona ist mehr als ein Virus. Corona ist die Zeit, in der wir leben, eine Herausforderung ohnegleichen, voller Widersprüche, Abgründe und Verheißungen.

Frank Meyer, Oktober 2020

Wege zum Verständnis von COVID-19

Die Sinnkrise der neuzeitlichen Medizin

Es mag merkwürdig klingen, aber gerade die moderne Medizin steckt in einer Sinnkrise. Dabei hat sie es enorm weit gebracht und uns ein schier unerschöpfliches Repertoire an Möglichkeiten der Diagnostik und Therapie gegeben. Noch nie wurden wir so alt, oft auch gesund alt. Noch nie war so schnell ein Arzt zur Stelle, der zu helfen vermag, und noch nie wurde für all das so viel Geld ausgegeben. Wollen wir das alles missen? Natürlich nicht – und dennoch: Immer mehr Menschen haben das Gefühl, dass sie von ihrem Arzt nicht ganzheitlich, sondern nur in Teilbereichen betrachtet werden und dass er ihnen nicht wirklich zuhört. Kein Wunder, dass sich bei den zwei bedeutendsten Sinnen des Menschen – Hören und Sehen – viele Patienten nicht richtig wahrgenommen fühlen.

Moderne Medizinausbildung ist eben keine Entfaltung der Sinne (Kükelhaus 2008), sondern eher das Gegenteil: ein Misstrauen in die Fähigkeit der eigenen Sinne. Stattdessen – und um maximal objektiv zu sein – erfolgt ein Transfer der menschlichen Sinnesleistung auf technische Apparate. Vergessen wird hierbei, dass ein spezifischer Teil der menschlichen Sinnesleistung verloren geht. Beispiele: Ein CT oder MRT kennt keine Farben, höchstens nachträgliche Einfärbungen; der Ultraschall hört sehr genau, aber eben nur in einem gewissen Frequenzbereich; das Elektronenmikroskop tastet Zellbestandteile ab, aber ohne Gefühl für hart und weich.

Wir können es aber auch positiv sehen: Fortschritt bedeutet dann eine technische Erweiterung des Erfahrungsfeldes der Sinne, bedeutet den Aufbruch in Dimensionen, die der primären Wahrnehmung nicht zugänglich waren – und ermöglicht die Verlegung der Ursache einer Erkrankung in bisher nicht zugängliche primäre Regionen. Ursprünglich war es der ganze Mensch, der erkrankte, dann wurden Organsysteme ins Auge gefasst, später Organe, dann – seit Ende des 19. Jahrhunderts – die einzelnen Zellen und ihre Pathologie, und heute sind es Fragmente der Erbsubstanz, DNA- oder RNA-Viren.

Was nicht messbar, wägbar, zählbar ist, wird ausgeschlossen

Die moderne Medizin verlagert die Ursache einer Erkrankung immer weiter in Strukturen jenseits der sinnlichen Wahrnehmungen. Sie kann das tun, weil sie sich von den primären Sinnen unabhängig macht und in den erweiterten »Sinnen« der Maschinen Dinge »sieht« und »hört«, die objektiver und glaubwürdiger erscheinen als das weite Feld der primären Sinneserfahrungen, das manchmal verwirrend wirken kann.

Der renommierte deutsche Physiker und Philosoph C. F. von Weizsäcker schrieb dazu: »Die neuzeitliche Naturwissenschaft hat ihren eigenen historischen Mythos. Es ist der Mythos von Galilei: Dieser Mythos versichert, man habe im dunklen Mittelalter die Spekulationen des Aristoteles hochgeschätzt, die sich um Beobachtungen nicht kümmerten, aber Galilei habe der Wissenschaft die Bahn gebrochen, indem er die Welt so beschrieb, wie wir sie wirklich erfahren. Wie jeder Mythos drückt auch dieser ein Stückchen Wahrheit aus; sicher hat er recht mit der hohen Schätzung Galileis. Aber er entstellt vollkommen die Natur von Galileis wahrer Leis-

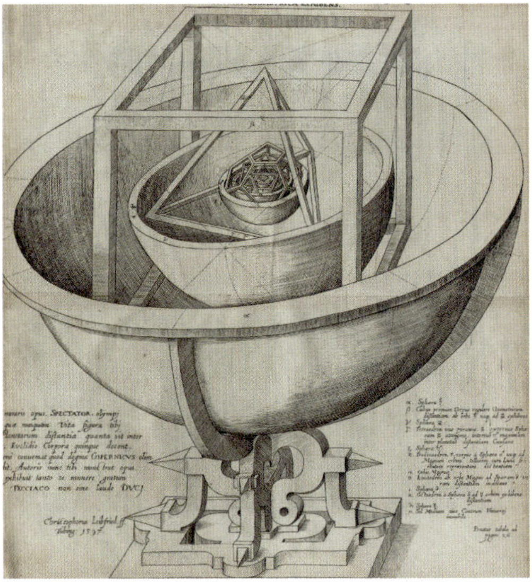

Modell des Sonnensystems als in sich verschachtelte platonische Körper in Keplers *Mysterium Cosmographicum* (1596)

tung. Ich wäre bereit, diese Leistung zu charakterisieren, indem ich in jedem Punkt genau das Gegenteil des Mythos ausspräche. Daher sage ich: Das späte Mittelalter war in keiner Weise ein dunkles Zeitalter; es war eine Zeit hoher Kultur, von gedanklicher Energie sprühend. Jene Zeit übernahm die Philosophie des Aristoteles, weil er sich mehr als irgendein anderer der sinnlichen Wirklichkeit annahm. Aber die Hauptschwäche des Aristoteles war, dass er zu empirisch war. Deshalb brachte er es nicht zu einer mathematischen Theorie der Natur. Galilei tat seinen großen Schritt, indem er wagte, die Welt so zu beschreiben, wie wir sie nicht erfahren. Er stellte Gesetze auf, die in der Form, in der er sie aussprach, niemals in der wirklichen Erfahrung gelten und die darum niemals durch irgendeine einzelne Beobachtung bestätigt werden können, die aber dafür mathematisch einfach sind.« (von Weizsäcker 1976) Es geht also um ein mathematisches Verständnis der Welt – und das ist der Grundzug, der seit Kepler und Galilei den Duktus der Forschung bestimmt.

Ähnlich äußert sich der berühmte englische Biologe Rupert Sheldrake: »Kepler glaubte, dass die sinnliche Erkenntnis der Dinge dunkel, unklar und unzuverlässig sei. Gewissheit der Erkenntnis liegt für ihn ausschließlich in den quantitativen Zügen der Welt. Die wirkliche Welt besteht allein in der mathematischen Harmonie, die in den Dingen liegt. Die sich wandelnden Qualitäten der Dinge, die wir sinnlich wahrnehmen können, bilden eine niedere Ebene der Wirklichkeit, besitzen kein wahrhaftes Sein.« (Sheldrake 1993)

Sheldrake zu Galilei: »Geschmack, Geruch und Farbe eines Gegenstandes, die in diesem Gegenstand zu existieren scheinen, sind nichts als bloße Namen und haben ihren Ort einzig und allein in dem empfindenden Körper; wird dieser entfernt, so werden damit auch alle diese Qualitäten zunichte. Diese Unterscheidung war von großer Bedeutung für die weitere Entwicklung der Naturwissenschaft, denn sie leitet die Verbannung der unmittelbaren Erfahrung aus dem Reich der Natur ein. Bis zu Galilei hatte es als selbstverständlich gegolten, dass Mensch und Natur Teile eines größeren Ganzen seien. Jetzt wurden alle Aspekte der Erfahrung, die sich nicht auf mathematische Prinzipien zurückführen ließen, die nicht messbar, wägbar, zählbar sind, aus der objektiven, äußeren Welt ausgeschlossen. Als die einzige Gemeinsamkeit zwischen den Menschen und dem mathematischen Universum blieb die Fähigkeit des Menschen übrig, die mathematische Ordnung der Dinge zu erfassen.« (Sheldrake 1993)

Immer kleiner, immer unklarer

Beim Blick in die Tiefen des menschlichen Organismus werden wir aber nicht nur »mathematischer«, wir erleiden auch einen Dimensionsverlust. Menschsein bedeutet eigentlich ein Angelegtsein auf »Sein und Zeit« (Martin Heidegger), ein Leben als Zeitwesen – und verlangt damit ein Interesse für die Entwicklung einer Erkrankung. Leider haben wir dafür höchstens in der Psychosomatik noch Zeit. Auf der Suche nach Fakten wird der »Mensch als

Zeitwesen« in der Regel ausgeblendet, beginnt wissenschaftliche Medizin mit der Untersuchung des Körpers. Alsbald wird die Dreidimensionalität des Körpers verlassen und auf die Schnittbild-Ebene von Ultraschall, CT und MRT (Kernspintomografie) zurückgegriffen. Diese zweidimensionale Schnittbild-Ebene bedeutet aber den Verlust der vorherigen Dreidimensionalität, die erst künstlich wieder erzeugt werden muss. Auch die farbliche Vielfältigkeit des Lebens leidet. Sie kann zwar künstlich ergänzt werden, ist aber primär nicht mehr erfahrbar. So landete die Medizin früher bei der Organpathologie, seit Virchow bei den Zellen und in unserem neuen Jahrtausend mehr und mehr bei der Erbsubstanz und den Viren, diesen fast schon punktförmigen eindimensionalen Gebilden.

Doch selbst die Viren sind noch zu komplex für die modernen Untersuchungsmethoden. Eine wesentliche Untersuchung, die bei Covid-19 zentral ist, ist die PCR, die Polymerase-chain-reaction, bei der nur einzelne Gen-Sequenzen, also Moleküle, nachgewiesen

Der Mensch in Sein und Zeit, modifiziert nach K. Dumke (Dumke 1988)

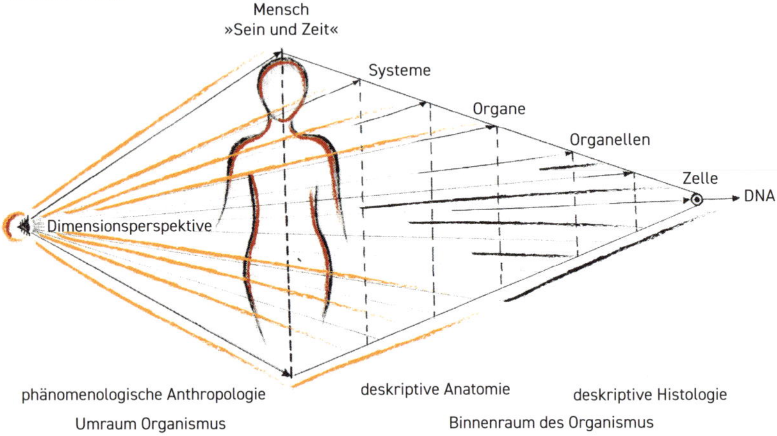

werden. So kommen die »Fälle« in der Corona-Statistik zustande, von denen niemand sagen kann, worum es sich denn eigentlich handelt, um infizierte, ansteckende, kranke oder gesunde Menschen. Hier erscheint der Reduktionismus auf die Spitze getrieben. Bei der PCR handelt es sich um eine reduktionistische Simulation des Geruchssinns, bei dem es ebenfalls Moleküle sind, die mit dem Sinnesorgan reagieren und einen Reiz auslösen. Die PCR wird in der Kriminologie eingesetzt, um einen »genetischen Fingerabdruck« zu erheben, und ersetzt dort vielfach die Nase des Spürhundes. So hilfreich ein PCR-Test im Einzelfall sein kann, um beispielsweise einen Verdacht zu bestätigen oder einen Verlauf zu beurteilen, so sehr können die bei Massentestungen erhobenen Zahlen ins Nebulöse führen, wenn über die getesteten Menschen gar nichts bekannt ist.

Sinnesverlust in der modernen Medizin. Spezifikation des Sehens: Mikroskopieren geht immer mit dem Verlust der Ganzheit und der Farbe einher.

Auge – Brille – Mikroskop – Elektronenmikroskop

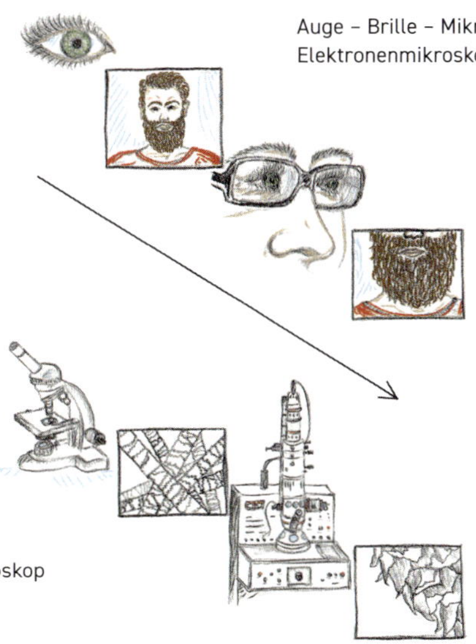

Mensch – Barthaar – Haar – Haar unter dem Mikroskop – Haar unter einem Elektronenmikroskop

Spezifikationen des Hörens
in der Medizin

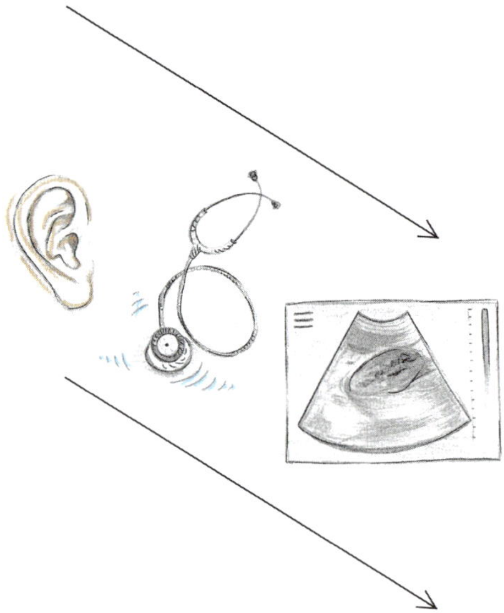

Ohr – Stethoskop – Ultraschall

Der Blick in die »Unterwelt« des Menschen bedarf regelmäßig der »Tötung«. Denn Organmaterial, das in die Pathologie Einlass erhält, ist aus dem lebendigen Leib ausgeschiedenes Gewebe. Das gilt schon für eine Laborprobe, mehr noch für subzelluläre Elemente bis hin zu einzelnen Molekülen. Der Tod ist also Grundbedingung der Forschung. Wo der Tod aber Grundbedingung ist, da herrscht der Zeitmodus »Ver-gangen-heit« des Gewordenen vor. Es sind Erfahrungen aus der Pathogenese, nicht der Salutogenese, die in diesen Ausschnitten aus dem Körper gemacht werden können.

Ebenen der Erkrankung: die Viren

Wenn man in die Sphäre der Viren eintaucht, so geht dies – wie auf den vorangehenden Seiten veranschaulicht – nur unter Verzicht auf echte Sinneswahrnehmungen. Auf der Ebene der Viren sind stattdessen Rasterelektronenmikroskope »tastend« tätig. Was sie aber »sehen«, das verblüfft: mathematisch-philosophische Gebilde.

Der Philosoph G. W. Leibniz (1646–1716) hätte an diesen Gebilden seine helle Freude gehabt, stellen doch die Viren ein Zwischending zwischen Monade und platonischem Körper dar. Leibniz verwendete den Begriff Monade – in Anlehnung an Giordano Bruno – erstmals 1696. Nach ihm sind diese immateriellen-materiellen einheitlichen Substanzen überall in der Materie zu finden. Sie können unterschiedliche Wachheitsgrade aufweisen und sind »entweder merklich aktiv (erwacht), wenn sie die zentrale oder herrschende Monade bilden, die das Zentrum der Aktivität und des Erlebens in einem Organismus ist, oder nur schwach aktiv (schlafend), wenn sie zu den zahllosen untergeordneten Monaden innerhalb oder außerhalb organischer Körper gehören. Monaden sind die Quellen von spontanem, mechanisch nicht erklärbarem Wirken in der Natur und konstituieren die Einheit eines jeden Einzeldings oder Individuums.«[1]

1 https://de.wikipedia.org/wiki/Mondale_(Philosophie)

Kapsid des Adenovirus

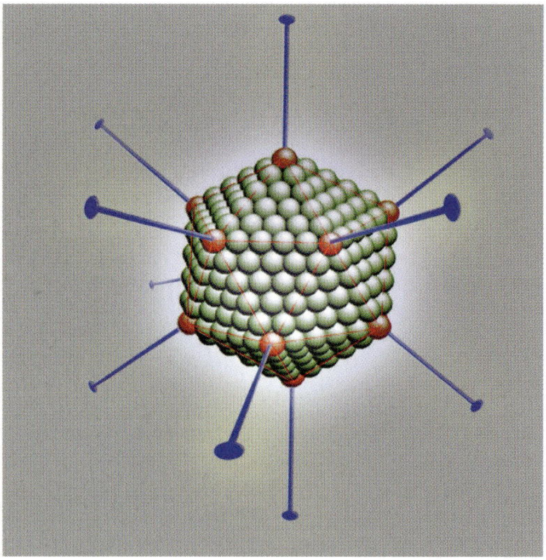

Wir werden später sehen, dass genau diese Fähigkeiten die Viren charakterisieren und es tatsächlich wache aktive Viren (RNA-Viren) oder mehr schlafende (DNA-Viren) gibt, wobei uns hier schon wieder ein alter typischer Fehler unterläuft, denn letztlich können nur Tiere und Menschen, nicht aber Viren schlafen oder wach sein. Viren sind noch nicht einmal Lebewesen.

Doch Leibniz war nicht nur Philosoph, sondern – mehr noch – Mathematiker und hat als solcher die Integral- und Differentialrechnung erfunden. Er hätte auch da seine helle Freude an den Viren gehabt, tragen sie doch durchaus Zahlenordnungen in sich und gehorchen speziellen Formen der Geometrie, die sich so schon bei dem griechischen Philosophen Platon finden. Platon erläutert in seinem Dialog Timaios ein Modell des Kosmos, worin er die regelmäßigen Körper mit den vier Elementen Erde (Würfel), Wasser (Ikosaeder), Feuer (Tetraeder) und Luft (Oktaeder) verbindet. Zahlreiche Viren – und auch die Coronaviren – zeigen im Aufbau des Kapsids, den kapselartigen Hüllen des Genoms, einen regelmäßigen Aufbau als Ikosaeder (Zwanzigflächner).

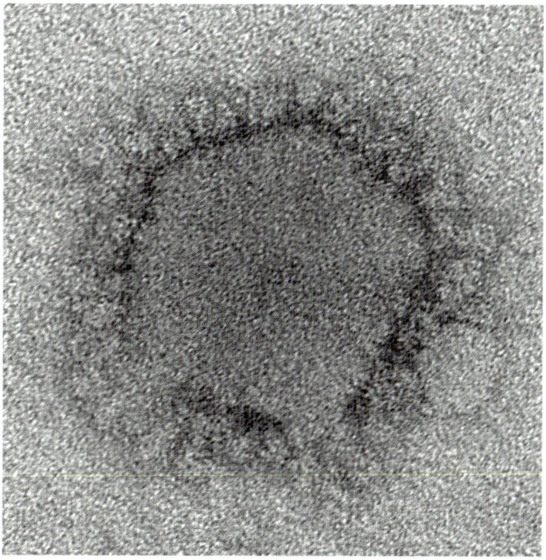

Elektronenmikroskopisches Bild eines Coronavirus (MERS-CoV)

Das Kapsid umfasst das ein- oder doppelsträngige Erbmaterial. Nach außen kann sich eine Virushülle anschließen, die in der Regel von einer Biomembran der Wirtszelle abstammt. An diesem Phänomen zeigt sich schon, dass ein Virus ohne eine entsprechende Umgebung nicht oder nur eingeschränkt lebensfähig ist.

Viren: Motoren der Evolution

Viren sind nicht eigentlich »böse«, sondern für die Evolution des Menschen eine integrale Voraussetzung. Thomas Hardtmuth schreibt: »Wie sich in den letzten Jahren herausstellte, sind die infektiösen, hochgefährlichen Auswirkungen viraler Infektionen eine Art Sonderfall und kennzeichnen jene Viren, die keinen dauerhaft sesshaften Lebensstil in Wirtsorganismen entwickeln können. In den meisten Fällen leben Viren in einem Wirtsorganismus und helfen ihm dabei, konkurrierende Parasiten abzuwehren. Sie werden damit oft zu einem Teil der Evolutionsgeschichte des

Wirtsorganismus bzw. der ganzen Wirtsart. Sesshafte Viren sind entscheidend für die Artenvielfalt und Wirts-Genom-Bearbeitung. Praktisch alle Kompetenzen der natürlichen Genombearbeitung, wie sie in der Konservierung von Gen-Ablesung, Transkription, Translation und Rekombination repräsentiert sind, stammen von viralen Fähigkeiten ab. Seit durch mehrere Beobachtungen klar geworden ist, dass Viren fähig sind, genetisches Material in die Wirtsgenome zu integrieren, wurde deutlich, dass Viren neben infektiösen Lebensstrategien auch symbiotische und symbiogenetische Lebensstile haben. Sie übertragen phänotypische Eigenschaften auf den Wirt, die ein nicht infizierter Wirt der gleichen Wirtsart nicht hat.« Und weiter: »Wie alles Neue und Fremde, das wir aufnehmen aus der Umwelt, muss auch ein Virus erkannt, verarbeitet und integriert werden. Unser gesamtes Immunsystem hat sich nicht nur in der Auseinandersetzung mit Viren entwickelt, die gesamten Abwehrfunktionen bestehen aus internalisierten Viren!« (Hardtmuth 2019)

Doch nicht nur das Immunsystem ist – wie festgestellt – viralen Ursprungs. »Ein Hauptteil unseres Erbmaterials ist also auf die Integration von Viren während der Evolution zurückzuführen. Ein Vergleich des nichtkodierenden DNA-Anteils bei verschiedenen Spezies mag dies verdeutlichen: Bei Bakterien ist er mit 1 bis 12 Prozent relativ gering, bei Würmern sind es etwa 12 Prozent, bei der Taufliege 15 bis 22 Prozent, bei der Maus 40 Prozent, beim Frosch 77 Prozent und beim Menschen 98 Prozent.« (Hardtmuth 2019)

Viren stellen also eine Art Urmeer der Informationen dar. Sie sind keine aberranten Formen von bestehender DNA, sondern können durch Integration unsere DNA bereichern. »90 Prozent der Viren-Genome zeigen keine Verwandtschaftsverhältnisse mit bekannter Gensequenz, das heißt, es sind neue Viren mit eigenen Eigenschaften!« (Hardtmuth 2019)

Man kann sich fragen, wo der Ursprung dieser Informationsfülle liegt. Wieder lässt sich da ein verblüffendes Phänomen finden.

Ein sogenannter kohliger Chondrit. Meteoriten wie dieser enthalten kosmische Biomoleküle und können vor Urzeiten zur Bildung von RNA beigetragen haben. (Foto: Frank Meyer)

1969 schlug in Australien in Murchison ein Meteorit[2] auf, von dessen Masse hundert Kilogramm übrigblieben. Er war mit 4,6 Milliarden Jahren älter als die Erde. Obwohl noch unbeeinflusst von irdischen Einflüssen, ließen sich in dem Material neben zahlreichen Mineralien auch verschiedene Nucleobasen und Aminosäuren nachweisen, was die Hypothese einer extraterrestrischen Herkunft der RNA stark untermauert. Der Informationsfluss der Viren, die Nucleobasen und Aminosäuren erhärten die These einer kosmologischen Ursache der Viren. Inzwischen wurden viele solcher kohlenstoffhaltiger Meteoriten aus der Frühzeit unseres Sonnensystems identifiziert.

Viren sind so gesehen Träger kosmischer Intelligenz. Und diese Intelligenz ist überall anzutreffen, überall wo Leben ist, so extrem auch die Bedingungen sein mögen: tief verborgen unter der Eisdecke Sibiriens und in kochend heißen Quellen, zu Millionen in jedem Tropfen Meerwasser und milliardenfach in jedem Gramm Salat, das wir essen.[3] (Zimmer 2012) Überall sind Viren in einer unvorstellbaren Zahl und Vielfalt und von Anfang an bei der

2 https://de.wikipedia.org/wiki/Mondale_(Philosophie)
3 https://www.spektrum.de/news/wie-viren-unseren-darm-beherrschen/1426006

Ausschnitt einer DNA

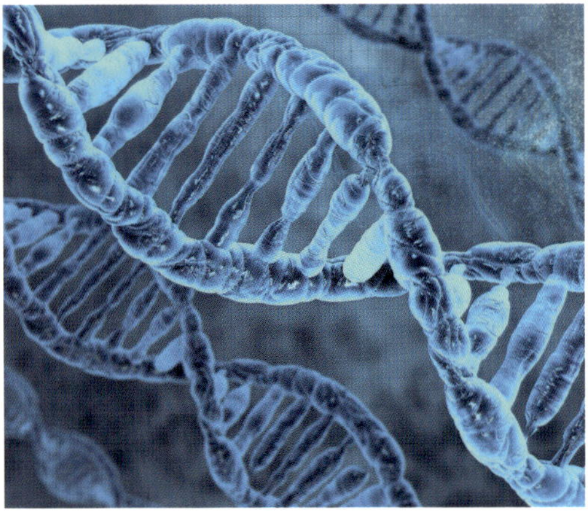

Entwicklung des Lebens auf der Erde dabei. Die Zahl der Virustypen wird auf circa 100 Millionen geschätzt. Jeder Winkel unseres Köpers ist von Viren besiedelt. In der Lunge sind normalerweise allein 174 verschiedene Viren anzutreffen (Zimmer 2012).

Diese Intelligenz kann – wie bei der vergleichsweise stabilen DNA (1,5 bis 2 Prozent des Genoms) – mehr statischen Bibliothekar-Charakter haben oder auch mehr angewendeten aktiven Textbausteinen ähneln, der RNA. Dazu Thomas Hardtmuth: »Mit Aristoteles gesprochen, entspräche die DNA dem Ergon, das heißt dem statischen Werk, und die RNA der Energeia, der aktiven Tätigkeit.« (Hardtmuth 2019) RNA-Viren sind in steter Bewegung, entstehen und vergehen schnell: »80 Prozent der RNA-Elemente haben eine Halbwertszeit von weniger als 2 Minuten, der Rest etwa 5 bis 10 Minuten.« Hingegen kann eine DNA viele Jahre und Jahrhunderte stabil überdauern.

Wenn wir die bisherigen Gedanken ernst nehmen und mit Erstaunen die zahlreichen lebenswichtigen Aufgaben der Viren aufzuzeigen vermochten, warum werden dann Viren mit hochgefährlichen Erkrankungen in Verbindung gebracht? Was passiert da?

Thomas Hardtmuth: »Nun ist es vor diesem Hintergrund mehr als naheliegend, dass diese viralen und mikrobiellen Sphären geradezu seismografisch den Zustand eines Ökosystems widerspiegeln. Wir wollen das am Beispiel der Vogelgrippe verdeutlichen:

Dass die modernen Geflügelmästereien mit artgerechter Haltung wenig zu tun haben, braucht wohl nicht extra betont zu werden. In den letzten Jahren tauchten plötzlich mutierte Virenstämme (H5Nx) auf, die zu einem Anstieg der Sterberaten durch Vogelgrippe führten und von denen befürchtet wurde, sie könnten auf den Menschen überspringen und eine globale Seuche auslösen. Es wurden nun – aus welchen Gründen auch immer – hauptsächlich Forschungsresultate der industrienahen Institute publiziert, wonach dieses neue Virus angeblich von asiatischen Wildvögeln nach Europa importiert worden sei. Wie der US-amerikanische Evolutionsbiologe Robert Wallace von der Universität Minnesota in seinem Buch *Big Farms make big Flu* stichhaltig nachwies, stammen die neuen Erreger (Campylobacter, Nipah-Virus, Q-Fieber, Hepatitis E und verschiedene neuartige Influenza-Varianten) ausnahmslos aus der industriellen Landwirtschaft. Bei Wildvögeln konnten die mutierten Stämme nicht nachgewiesen werden.« (Hardtmuth 2019)

Damit werden Viren erst dann gefährlich, wenn sich das Mikrobiom zum Beispiel durch den vermehrten Einsatz von Antibiotika verändert.

Nun hat jeder Hühnerstall und sogar jedes einzelne Huhn sein eigenes, ganz individuelles Mikrobiom, das durch jede Antibiotikagabe zu großen Teilen zerstört wird. Das hat auf Dauer zwei gravierende Folgen:

Zum einen wird die Diversität des Mikrobioms reduziert, was den Gesundheitszustand der Tiere insgesamt schwächt. Man kann es nicht oft genug wiederholen: Die Diversität eines jeden biologischen Systems ist der Indikator für die Gesundheit des Systems, weil eben die Vielfalt der Bakterien ein viel größeres Stoffwechsel-

Repertoire bereithält. Ein hoch diverses Darm-Mikrobiom ist biologisch flexibler, wenn es um verschiedene Nahrungsstoffe geht.

Zum anderen bleiben nach jeder Antibiotika-Gabe einzelne resistente Keime zurück, die nun die leer gewordenen Nischen besiedeln. Es werden also auf Dauer die resistenten herausselektiert, sie werden dominant, und in ihrer Überzahl stören sie das mikrobielle, auch das virale Gleichgewicht weiter und führen zu neuen Krankheitsdispositionen. Denken wir an den horizontalen Gentransfer zwischen den Bakterien und die hohe Mutationsrate bzw. Plastizität der Viren: Die Resistenz-Gene verbreiten sich, und durch das insgesamt dysbiotische Milieu werden besondere, pathogene Viren herausselektiert. Bei der Mehrzahl der Fleischprodukte aus Großmästereien sind heute multiresistente Keime als auch Antibiotika-Spuren nachweisbar, die jetzt in die Nahrungskette gelangen und so das Problem weiter verschärfen. Es ist nur noch eine Frage der Zeit, bis dieses kranke System kollabieren wird. Dieser Zustand scheint heute erreicht zu sein, und Covid-19 ist in gewissem Sinne sein Ausführungsgehilfe.

Viren haben eher einen Bezug zum Nervensystem, Bakterien zum Bauch – sie wurden auch schon als vagabundierende Bäuche dargestellt. So gesehen sind Viren vagabundierende Nerven. Tatsächlich finden sich Viren mehr in sinneswachen Tieren (wie Maus und Fledermaus), und die »Mehrzahl der viralen Infekte findet sich in Bereichen, die mit den Bewusstseinsprozessen des Menschen zu tun haben; eine bakterielle Gehirnhautentzündung beispielsweise ist extrem selten, in über 90 Prozent finden sich dabei Viren. Je weiter wir im Respirations- oder Verdauungstrakt nach unten (kaudal) gehen, umso weniger Bewusstsein einerseits und virale Infekte andererseits gibt es dort. 80 Prozent der Infekte der oberen Atemwege sind mit Rhino-, Astro-, Parainfluenza- und Metapneumo-Viren vergesellschaftet, die unteren Atemwege und die Lunge (nur 5 Prozent der unteren Atemwegsinfektionen sind durch Viren verursacht), aber auch der ›unbewusste‹ Darm sind meist von bakteriellen Infekten betroffen.« (Hardtmuth 2019)

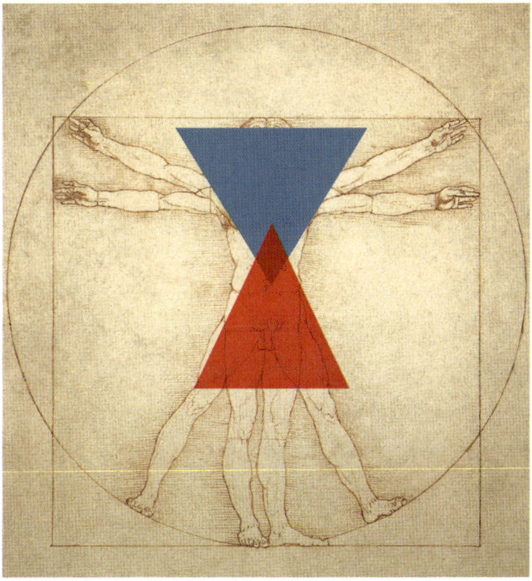

Viren (blau) finden sich in der Regel im Kopf-Lungen-Bereich und nur selten im Urogenitalbereich (HPV-Viren). Umgekehrt haben die Bakterien (rot) als Schwerpunkt ihrer Tätigkeit den Bauch und werden nur selten bis zum Gehirn gelangen (Meningokokken).

Ein Virus ist an sich nur ein Informationspartikel, modern gesprochen eine kleine App. Es bedarf aber, um aktiv werden zu können, eines Wirtes, der zu ihm passt. Sinneswache Tiere passen zu ihm, besonders die Fledermaus.

Die Besonderheit der Coronaviren

Coronaviren gehören eigentlich eher ins Tierreich und kommen auf der ganzen Welt in vielen Tieren vor. Coronaviren wurden zum ersten Mal 1937 aus Hühnerembryonen isoliert (Infektiöse-Bronchitis-Virus, IBV), finden sich bei zahlreichen Tieren und sind daher in der Veterinärmedizin allgegenwärtig[4]. Bei den Tieren führen sie zu Atemwegs-, Darm- und Systemerkrankungen. Es gibt wirtspezifische und wirtunspezifische Coronaviren. Die größte Vielfalt dieser Viren findet sich in Fledermäusen. Beim Menschen sind Coronaviren seit den 60er-Jahren bekannt. Dort führen sie in der Regel zu Erkrankungen des oberen und unteren Atemtraktes. Erst seit dem 21. Jahrhundert wird der Transfer der Coronaviren von Tieren auf den Menschen beobachtet. Wie bei Covid-19 war China 2002/2003 der Ausgangspunkt für die SARS-Epidemie (SARS = Schweres Akutes Respiratorisches Syndrom). Der Ursprung sollen Fledermäuse oder Schleichkatzen gewesen sein. 2012 bei der MERS-Epidemie (MERS = Middle East Respiratory Syndrome) waren Dromedare Überträger und Erreger-Reservoir. Im Jahr 2013 waren in Frankreich einzelne, schwer verlaufende Atemwegsinfektionen mit Coronaviren aufgetreten. Auch bei diesen sowie weiteren schweren Fällen in Deutschland, Frankreich, Tunesien und Großbritannien führten Spuren in den Nahen Osten[5]. SARS-CoV-2, wie man das neuartige Coronavirus, den Erreger von Covid-19 nennt, soll hingegen einen komplexeren Ursprung haben. Vermutet wird wieder die Fledermaus, und dann erst erfolgte über einen Zwischenwirt der Transfer auf den Menschen.

4 https://www.zoonosen.net/coronaviren-gefahr-fuer-tier-und-mensch
5 https://m.focus.de/gesundheit/news/who-warnt-corona-virus-ist-gefahr-fuer-die-ganze-welt_aid_1000460.html

Was haben Fledermäuse mit COVID-19 zu tun?

»Fühlen Sie doch, wenn wir uns so recht in ihre Form vertiefen, wie verwandt dieses Anschauen einer Fledermaus mit dem Träumen ist!« (Steiner 1993)

Betrachtet man die Anatomie einer Fledermaus, so lässt sich schnell der durchaus berechtigte Name erkennen: Es sind, sagte der berühmte Gründer der Anthroposophie, Rudolf Steiner, »Luftmäuse«, also in die Sphäre der Luft gehobene Mäuse, die vor allem mit ihren Händen (*Chiroptera* = griechisch für Handflügler) in der Dämmerung die Luft durchziehen.

Seit rund fünfzig Millionen Jahren finden sich Fledermäuse auf der Erde. Sie sind die einzigen Säugetiere, die es in die Luft geschafft haben – mit Flügeln, die Otto Lilienthal bei der Konstruktion seines ersten Flugapparates als Vorbild gedient haben könnten. Heute gibt es mehr als 1200 Fledermaus-Arten, wobei die meisten von ihnen die tropischen Klimazonen bevorzugen. Nur wenige finden den Weg nach Norden. In Deutschland fliegen 25 Fledermaus-Arten durch die Dämmerung.

Fledermäuse »sehen« mit den Ohren. Sie haben die Entwicklung der modernen Medizin vorweggenommen und sich auf den Ultraschall spezialisiert. Während der Mensch sich auf seine Augen

Anatomie der Fledermaus

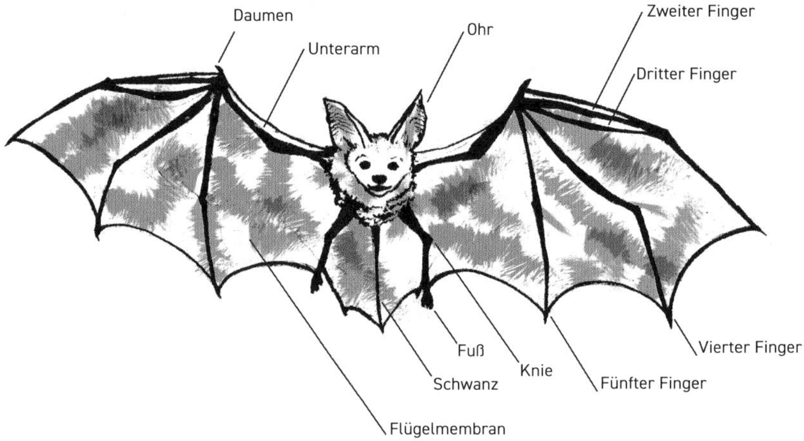

auch über weite Entfernungen verlassen kann, funktioniert die Echo-Ortung der Fledermäuse nur über wenige Meter, dort aber mit extremer Präzision.

Eine Fledermaus sendet etwa zehn Rufe pro Sekunde aus. Nähert sich ein Insekt, werden das bis zu 200 Rufe pro Sekunde. »Das Ganze geschieht nur etwa 50 Millisekunden vor dem Fang. Dass die Fledermaus in dieser kurzen Zeit tatsächlich noch die aufgefangenen Informationen verwerten und entsprechend reagieren kann, weiß man erst seit wenigen Jahren. Münchner Wissenschaftler haben in einer Studie gezeigt, dass die Reaktionszeiten der Fledermäuse bei 50 bis 100 Millisekunden liegen. Das ist schneller als die Pupillenreaktion beim Menschen – die braucht 200 bis 300 Millisekunden. Die Rufe der Fledermäuse können je nach Art sehr laut werden, sie bespielen Frequenzen zwischen neun und 200 Kilohertz. Da Erwachsene Töne nur bis etwa 18 Kilohertz wahrnehmen können, ist das Geschrei der Fledermäuse für uns nicht hörbar – dabei erreichen viele Arten die

Lautstärke eines Presslufthammers. Ihre Rufe erzeugt die Fledermaus im Kehlkopf. Sie presst die Luft durch die Stimmbänder, die in Schwingung geraten und Töne erzeugen. Die so entstehenden Schallwellen werden in der Kehle verstärkt und auf die Reise geschickt.«[6]

Die Nahrungsauswahl erfolgt bei allen Fledermaus-Arten ausschließlich auf Grundlage des Geruchssinnes. Fliegende und auf Bäumen befindliche Insekten werden im Fluge ausgewählt und angesteuert, auf dem Boden krabbelnde hingegen beim Laufen. Die Fledermäuse machen ihre Nahrung mit dem Geruchssinn ausfindig und treffen mit ihm zugleich die Nahrungsauswahl.

Neben der Ultraschall-Einrichtung ist der Geruchssinn der wichtigste Sinn der Fledermäuse. Für die Ernährung kann er sogar eine größere Rolle als der Ultraschall spielen.[7]

Der Sehsinn einer Fledermaus ist eher rudimentär angelegt; sie erkennt grobe Strukturen, jedoch keine Details. Im Sehen verzichtet sie auf die Farbwahrnehmung und begnügt sich mit Schwarz-Weiß-Sehen. Positiv steht sie der Magnetresonanz gegenüber. Bei Langstreckenflügen scheinen Fledermäuse über einen speziellen Magnetsinn zu verfügen, da sie sich am Erdmagnetfeld orientieren.

Fledermäuse sind hochsoziale Wesen, die engen Körperkontakt suchen. Es gibt Höhlen, wo bis zu 20 Millionen Tiere als Fledermauspulke, einem Schlafverband, zusammenleben. Gleich den Mäusen sind sie aber auch hier nicht vor Ängsten gefeit. »Einige Arten reagieren bei leichten Störungen mit einer Schreckstellung, bei der sie sich auf den Boden pressen, bei intensiveren Bedrohungen stellen sich diese Arten tot (Schreckstarre).«[8]

6 https://www.planetwissen.de/natur/wildtiere/fledermaeuse/fledermaeuse-echoortung-100.html
7 https://link.springer.com/article/10.1007/BF00297870
8 https://de.wikipedia.org/wiki/Flederm%C3%A4use

Warum erkranken eigentlich Fledermäuse nicht an Covid-19? Auch da war die Forschung schon aktiv.[9] Eine aktuelle Untersuchung kommt zu dem Ergebnis, dass Fledermäuse eine übermäßige Entzündungsreaktion durch Covid-19 unterdrücken, was ihnen im Lauf einer langen Evolution gelungen ist. So wird der gefürchtete Zytokin-Sturm, eine heftige Entzündungsreaktion, wie er beim Menschen nach einer Infektion mit Covid-19 auftreten kann, verhindert. Die Fledermäuse sind also optimal daran angepasst, mit RNA-Viren zu leben - ja, sie scheinen über diese ein höheres Immunitätsniveau erreicht zu haben. »In den meisten Fällen leben Viren in einem Wirt-Organismus und helfen ihm dabei, konkurrierende Parasiten abzuwehren.« (Hardtmuth 2019)

Fassen wir unsere Betrachtungen zusammen und gehen wir weiter davon aus, dass eine Sympathie-Geste, ein »morphogenetisches Feld« (Sheldrake 1993) zwischen Fledermaus und Covid-19 besteht, dann sind Wesenszüge der Fledermaus in dem Virus zu finden. Eine Fledermaus erhebt sich in die Luft, erreicht aber nie die Erhabenheit im Flug wie der Vogel, sondern muss sich stetig via Ultraschall und wacher Ohren sichern. Sie meidet das Licht und liebt die Dämmerung, will so gar nicht wirklich gesehen werden, versteckt sich am Tag und im Winter in Höhlen. So scheint zu stimmen, was R. Steiner einmal zu den Fledermäusen sagte: »Sehen Sie sich die Fledermausohren an. Sie können es den Fledermausohren ansehen, dass sie auf Weltenangst gestimmt sind.« (Steiner 1993) Eine Weltenangst, die sich auf das Virus zu übertragen haben scheint.

9 Banerjee, A. et. al.: Novel Insights Into Immune Systems of Bats, Frontiers in Immunology, 24. Januar 2020, https://doi.org/10.3389/fimmu.2020.00026

Die Entfaltung der Sinne: erst 5, dann 9, jetzt 12

Den Sinnen hast du dann zu trauen,
Kein Falsches lassen sie dich schauen,
Wenn dein Verstand dich wach erhält.
Mit frischem Blick bemerke freudig
Und wandle, sicher wie geschmeidig,
Durch Auen reichbegabter Welt.

Vermächtnis, Johann Wolfgang von Goethe

Versuchen wir nun, Corona zunehmend »sinnvoll« und weniger mathematisch zu verstehen. Wir verabschieden uns dabei von der mehr technischen Herangehensweise an Corona und suchen den Schwerpunkt der Erkrankung eher wie Aristoteles ganz empirisch in den genauen Symptomen, die sich uns an Covid-19-Patienten zeigen.

In dem Spruch von Goethe, dem Sinnesmenschen par excellence, ist schon klar darauf hingewiesen, was die Sinne uns ermöglichen: Sie sind unsere Tore zur Welt und lassen uns diese Welt in unterschiedlicher Weise erleben. Je intensiver wir die Welt mit allen Sinnen erfassen, umso umfassender wird unsere Sinneserfahrung. Wahrnehmungen der Sinnesorgane machen wir immer im Zeitmodus der Gegenwart. Auch spüren wir hier nicht der Krankheit und den Bestätigungen der Pathologie nach, sondern den konkreten Wahrnehmungen an den im Hier und Jetzt vor uns stehenden oder liegenden Patienten. Es geht um das individuelle Kranksein.

In der Regel unterscheiden wir nur fünf klassische Sinne. Sie sind unsere Tore zur Außenwelt:

- das Sehen (visuelle Wahrnehmung)
- das Hören (auditive Wahrnehmung)
- das Riechen (olfaktorische Wahrnehmung)
- das Schmecken (gustatorische Wahrnehmung)
- das Tasten (haptische Wahrnehmung)

Der Philosoph Aristoteles (384–322 v. Chr.) gibt eine erste Darstellung der Sinnesphysiologie in seinem Werk *Über die Seele*. Er betont die Anzahl der fünf Sinne und legt ihre Reihenfolge fest: erst das Gesicht, dann Gehör, Geruch und Geschmack und zuletzt den Tastsinn.

Die Sinne sind unsere Tore zur Welt, aber nicht nur zur Welt, parallel auch zu unserer Person. Jeder Sinn vermittelt Qualitäten, die uns selber seelisch stärken (Soesman 1995).

So schenkt uns der *Tastsinn* das Gefühl für unsere eigene »Begrenztheit«, dass wir ein Etwas sind und nicht ein Nichts. Der Tastsinn gibt andererseits das Gefühl der Geborgenheit im zärtlichen Berühren. Er bildet so die Grundlage für Vertrauen.

Der *Hörsinn* schenkt uns die Tonerlebnisse, ist aber auch Türöffner für den seelischen Innenraum.

Der *Sehsinn* vermittelt uns das Hell und Dunkel sowie das Farbenerleben, schenkt aber auch »erhellende« Erlebnisse im Inneren und hier vor allem im Denken.

Der *Geruchssinn* gibt uns Aufschluss über das Innere von Gegenständen, mehr noch von Pflanzen und Tieren. Nach innen hin ist er dadurch unser Erzieher zur Beherrschung von Sympathie oder Antipathie.

Der *Geschmackssinn* wirkt ähnlich. Er gibt uns Kunde von den inneren Qualitäten der Speisen im Flüssigen. Da wir nur selten Speisen einnehmen, die uns unsympathisch berühren, agiert er stärker mit Sympathie und weniger mit Antipathie in der Aufnahme der Genussmittel dieser Welt.

In den letzten zweihundert Jahren hat die Physiologie am Menschen vier weitere Sinne entdeckt, die sich mehr ins Körperinnere erstrecken und so die (gestörte) Welt unseres Körperinneren wahrnehmen lassen. Es sind dies:

- der Wärmesinn (Thermozeption)
- die Schmerzempfindung (Nozizeption)
- der Gleichgewichtssinn (vestibuläre Wahrnehmung)
- der Muskelsinn (Tiefensensibilität oder Körperempfindung, Propriozeption)

Diese Sinne werden noch heute als subjektiv betrachtet. Dabei geben sie uns objektiv Bericht von unserem Körperzustand – eben eine ganz reale Wahrnehmung des Körperinneren. Es ist ein grundlegender Irrtum der Moderne, dass sie hier eine Subjekt-Objekt-Spaltung vornimmt, die nicht haltbar ist. Auch die angeblich subjektiven Sinne sind durchaus objektiv wirkend und haben wie die äußeren Sinne nur eine Aufgabe: wahrnehmen! Insofern gibt es keine Subjekt-Objekt-Spaltung, die die Philosophiegeschichte so lange postulierte, sondern nur zwei charakteristische Fähigkeiten des Menschen: Wahrnehmung (nach außen oder nach innen) und Begriffsbildung. Der Mensch kann die Wahrnehmung durch stetes Üben der einzelnen Sinne stärken – wie auch die Begriffsbildung durch Gedankenschulung.

Der *Wärmesinn* lässt uns den eigenen Körper und die Umwelt mit dem Jahreskreislauf in seinen Wärme- und Kälteverhältnissen erleben. Er bildet aber auch die Grundlage für die sozialen Fähigkeiten. Ob wir mit jemanden warm werden oder wir in sozialer Kälte leben, hat ganz erhebliche Auswirkungen.

Ähnlich ist es bei der Nozizeption, dem *Schmerzempfinden*. Dieser Sinn ist über den ganzen Körper ausgebreitet und gibt uns

Mitteilung in Form von Wohlbefinden, mehr aber von Schmerzen. Schmerzen führen zu einem Bewusstsein des eigenen Körpers oder bestimmter Körperteile, ist letztlich gesteigertes körperbetontes Selbst-Bewusstsein. Er macht uns unsere inneren Grenzen als Menschen bewusst. Ohne den Umgang mit Schmerz könnte und würde sich der Mensch nicht weiterentwickeln. Der Umgang mit diesem Sinn lehrt uns in einem gesteigerten Sinn, die Verletzlichkeit der Welt wahrzunehmen und Mitleid zu entwickeln.

Der *Gleichgewichtssinn* führt zum Erleben der Lage im physischen Raum, zur Bildung der Mitte zwischen links und rechts, oben und unten, vorne und hinten. Dieses ist die Grundlage für die Bewahrung eines inneren Gleichgewichts auch in seelischen Notlagen. Kann ein seelischer Gleichgewichtspunkt nicht gefunden werden, resultieren daraus Schwindel und tiefe körperliche und seelische Unsicherheit. Der Gleichgewichtssinn schenkt uns unseren eigenen Standpunkt, die Sicherheit im physischen Sein.

Der *Muskelsinn* lässt uns die Stellung der Gelenke im Raum innerlich wahrnehmen, gibt Kunde von der Selbst-Beherrschung der jeweiligen Bewegung. Er bildet damit die Grundlage für das Erlebnis der menschlichen Freiheit und von Selbstbeherrschung.

Was aber schon die klassischen Sinne von den neueren unterscheidet, das ist der Bewusstseinsgrad: »Man kann also eine Skala von Sinnesorganen aufstellen, die auf dem Umfang der spezifischen Leistungen und dem jeweiligen Bewusstseinsgrad basiert: An oberster Stelle dieser Reihe würden dann das Seh- und das Gehörorgan stehen. Etwas weniger differenziert sind dann schon Geruchs- und Geschmacksorgan, wie auch die verschiedenen Hautsinnesorgane, die neben Tast-, Druck-, und Vibrationsempfinden auch Temperaturunterschiede und Schmerzsensationen vermitteln. Am unteren Ende der Skala würden die Sinnesorgane des Körperinneren stehen, die ganz unbewusst arbeiten und nur für die Regulation elementarer Lebensprozesse wie zum Beispiel Osmo-, Chemo- oder Blutdruckregulationen verantwortlich sind.« (Rohen 2000) Sinnesorgane sind Innenwelt-orientiert, eher unbewusst und mehr bei Störungen, das heißt Erkrankungen, erlebbar. Rohen bezeichnet diese als Nachtsinne. Es gibt dann Sinne, die sowohl nach innen wie nach außen vermitteln und in der Regel halbbewusst funktionieren wie der Gleichgewichtssinn oder der Muskelsinn. Mit gesteigerter wacher Bewusstseinsfähigkeit gehen Hör- und Sehsinn einher. Fast schon überbewusst sind dann drei Sinne, die Rudolf Steiner in die Sinneslehre eingeführt hat und so das Spektrum der Sinne auf zwölf Sinne erweiterte (Steiner 2017). Die fehlenden drei Sinne sind:

- der Sprachsinn
- der Denksinn
- der Ich-Sinn

Diese fehlenden Sinne sind nicht auf die Wahrnehmung der Innen- und Außenwelt, sondern auf die Wahrnehmung rein geistiger Inhalte gelenkt – und bedürfen der vollbewussten Wachheit gegenüber dem Wesen eines Wortes, eines Gedankens und noch mehr eines anderen »Ich«. Bisher ist eine konkrete Lokalisation dieser Sinne – zum Beispiel auf ein spezifisches Organ – nicht gefunden worden. Sie scheinen mehr »synthetische« Sinne zu sein, die sich im ganzen Körper befinden. Andererseits sind zumindest bestimmte Areale im Gehirn mit diesen Sinnen korreliert, besonders beim Sprach- und Denksinn.

Eine Störung des *Sprach- und Denksinnes* ist vor allem nach einem Schlaganfall ersichtlich. Dabei wird zwischen einer Einschränkung der Sprachproduktion, der Broca-Aphasie, und einer Einschränkung des Sprachverständnisses, der Wernicke-Aphasie, unterschieden. Gerade bei dieser Erkrankung ist eine Unterscheidung zwischen Sprach- und Denksinn grundlegend.

Wundern wird sich der moderne Mensch über einen *»Ich-Sinn«*. Doch auch hier ist das 20./21. Jahrhundert voll von Beispielen, dass ein Ich-Sinn wirklich notwendig geworden ist. Dies wird erkenntlich an Menschen, denen dieser Sinn zu fehlen schien wie Hitler, Stalin und zahlreichen anderen Diktatoren des 20. Jahrhunderts. Andererseits ist auch das 21. Jahrhundert beängstigend gefüllt mit Menschen, denen dieser Sinn abgeht. Die Neuzeit sieht eine bedrohliche Welle an Narzissten heranwachsen, die nur sich kennen und dem Du kaum eine Chance geben.

Wie erhebend ist es hingegen, wenn dich ein anderer Mensch im Innersten erkennt und eine Ich-Du-Beziehung aufzubauen vermag – mit Einfühlungsvermögen, Respekt und Achtung vor dem anderen. Martin Buber hat sich um die Pflege dieses Sinnes besonders verdient gemacht (Buber 1997).

Johannes Rohen hat neun Sinne bildlich dargestellt: vom Ursprung aus dem unbewussten, undifferenzierten Schmerz-Erleben bis zu den höchsten Sinnen. Die Sinne haben sich evolutionär langsam aus den dumpfesten (Schmerz-)Empfindungen über die Eingeweidesinne und die Hautsinne hin zur Welt erst geöffnet. Sie wirken aber als Integral, also fast immer gemeinsam. So ist kaum ein Tasterlebnis ohne eine Eigenbewegung des Fingers und des Wärmesinns möglich. Nutzen wir unsere Augen, suchen wir dabei

Die Sinne nach Johannes Rohen (nach Rohen 2000)

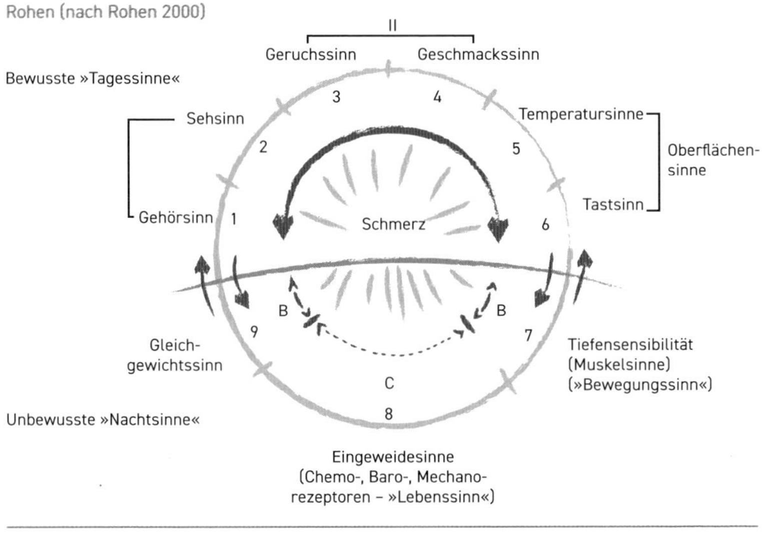

aber gleich auch ein Gleichgewicht herzustellen, »ertasten« mit den Augen die Umgebung usf.

Zusammenfassend sei noch einmal Goethe zitiert: »Die Sinne trügen nicht, das Urteil trügt« (aus: *Maximen und Reflexionen*).

Der Mensch ist in der unterschiedlichsten Weise in die Welt eingespannt, aber immer geben ihm die Sinne Kunde von der Welt – und sind so primär für ein originäres Weltverständnis. Insofern sollte es oberstes Prinzip der Medizin sein, sich auch Covid-19 sinn-voll zu erarbeiten. Bisher haben wir uns dem Verständnis von Covid-19 mehr untersinnlich-technisch als Krankheit genähert. Nun wollen wir die Sinne in Richtung auf das konkrete Kranksein lenken.

Phänomene der Erkrankung

»Ich habe bis heute keine Ahnung, wo und wie ich mich infiziert habe, es muss irgendwo in Berlin gewesen sein, im Café, auf einer Ausstellungseröffnung, ich war viel unterwegs. Die Krankheit an sich war sehr eigenartig. Es begann am 11. März 2020. Ich bekam leichtes Fieber, war schlapp, eine Erkältung, dachte ich. Nach zehn Stunden Schlaf fühlte ich mich besser und bin dann auch wieder rausgegangen. Vier Tage später, an einem Sonntag, bekam ich plötzlich Schüttelfrost, nachdem ich mit einer Freundin spazieren war. Ich habe mich hingelegt und bin bis Donnerstag quasi nicht mehr aufgestanden. Mein Fieber war nicht sonderlich hoch, um 38 Grad herum, aber ich war so fertig, dass es drei Tage dauerte, bis ich meine Ärztin anrufen konnte. Als sie gehört hat, dass ich nichts schmecke und nichts rieche, wollte sie sofort auf Corona testen. Den Test sollte jemand für mich in der Praxis abholen. Das war eine wahnsinnig seltsame Situation. Ich kenne so viele Leute – aber ich habe lange überlegt, wen ich fragen kann. Wer wird wie reagieren? Als wäre Corona ein Stigma. Schließlich ist ein Freund von mir extra aus Hamburg angereist, um mir den Test vor die Tür zu legen. Als ich am nächsten Tag das positive Ergebnis bekam, hat mich das nicht mehr gewundert. Der schmerzhafte Husten und ein Brennen in der Lunge, als hätte ich Sand eingeatmet. Mir ist vollkommen klar, dass eine Person mit Vorerkrankung oder ein alter Mensch das nicht so leicht wegstecken kann. Noch jetzt fühlt

Geruchs- und Geschmacksstörungen (2-mal auch Überempfindlichkeit dieser Sinne, vor allem gegen Küchengerüche)	17 ×
Trockener Husten	12 ×
Halskratzen	10 ×
Schwere Atemnot	7 ×
Glasscherbenartiges Reiben der Lunge	2 x
Kopfschmerzen (dumpf im Stirnbereich; »die schlimmsten Kopfschmerzen, die ich je hatte«; plötzlich im hellen Tagelicht, stechend; im Nackenbereich; rechts frontal; drückend hinter den Augen)	16 ×
Gliederschmerzen	13 ×
Rückenschmerzen, vor allem stechend in der LWS	3 ×
Schnupfen oder Gefühl »wie ein Kloß« von Schnupfen um die Nase	4 ×
Schwindel	8 ×
Augenprobleme, vor allem seit Corona schlechteres Sehen, aber auch Schmerzen in den Augen	6 ×
Durchfall	4 ×
Beinvenenthrombose	1 ×
Zittern und Schwäche über Wochen »wie nach einem Marathonlauf oder als ob man 100 Jahre alt ist«	12 ×

Die häufigsten Symptome von 23 befragten Mitarbeitern, die an COVID-19 im Frühjahr 2020 erkrankt waren

sich meine Lunge irgendwie kleiner an als zuvor. Wenn ich Fahrrad fahre, komme ich schnell aus der Puste. Meine Ärztin meinte, so eine Krankheit sei für den Körper Hochleistungssport. Auf der anderen Seite genieße ich die neu gewonnene Freiheit, weil ich mich nicht mehr anstecken und niemanden anstecken kann. Als hätte ich in Drachenblut gebadet.«[10]

Ein guter Freund berichtet:
»Mitte März 2020 kam unsere Tochter von einer Feier aus London verschnupft und erkältet zurück. Es dauerte nur wenige Tage, da

10 https://www.sueddeutsche.de/leben/corona-covid-19-erkrankungsymptome-1.4875058

lag die ganze Familie gemeinsam im Corona-Fieber darnieder. Die Kinder waren nach 2 bis 3 Tagen schnell wieder wohlauf. Nicht aber wir und vor allem nicht ich. Am 13. März kam schnell das Fieber bis 39,5 Grad mit Schüttelfrost. Es blieb über 3 Tage hoch, danach weitere zwei Wochen bei 38 Grad. Anfänglich hatte ich Gliederschmerzen, später Durchfall. Ich hatte keinen Appetit über fast drei Wochen und Geschmacks- und Geruchsverlust ab dem 3. Tag der Infektion. Das Schmecken ist auch jetzt noch nicht vollständig zurück. Die Müdigkeit blieb über vier Wochen.«

So oder so ähnlich sehen die Berichte derer aus, die Corona im Vorrentenalter durchlebt haben. Ausführlich haben wir das an der Alexander von Humboldt Klinik von Corona betroffene Personal (35 Mitarbeiter) befragt. 23 der Befragten haben ihre Beschwerden dokumentiert. Die Tabelle auf Seite 45 gibt an, welche Symptome sich vor allem zeigten.

Berichtete Symptome einer Covid-19-Infektion
bei Patienten in England und den USA
(nach Menni et al. 2020)

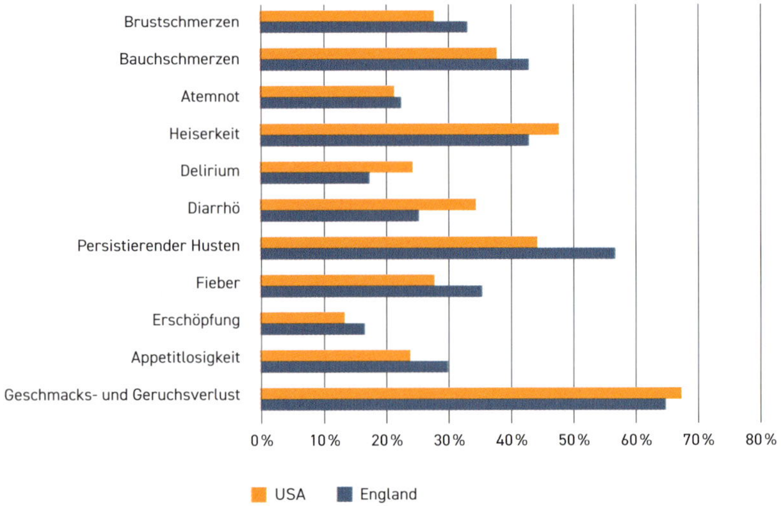

Diese konkret vor Ort erhobenen Symptome korrelieren sehr gut mit der größten Datensammlung zu Corona, die in den USA und Großbritannien benutzt wird (siehe Grafik Seite 46).

Damit wird klar ersichtlich, dass die Kombination aus Erschöpfung und Husten in Verbindung mit dem charakteristischen Verlust des Geruchs- und Geschmackssinns einschließlich Appetitlosigkeit pathognomisch für Covid-19 ist. Doch auch andere Sinne leiden.

Die Sinnesstörungen bei COVID-19

Wir hatten bereits gesehen, dass ein wichtiges Erkennungszeichen der Erkrankung die Geschmacks- und Geruchsstörungen ausmachen. Wie ist es aber mit den anderen Sinnen? Auch hier lassen sich auffallend häufig wesentliche Veränderungen erkennen, die eher selten in der medizinischen Welt kommuniziert werden. Patienten berichten von einer Verschlechterung der Sehfähigkeit, von Gehörstörungen bis hin zur Taubheit und von Gleichgewichtsstörungen. Beim Tastsinn finden sich Dysästhesien, Missempfindungen, wie das Gefühl, dass sich Dinge beim Tasten merkwürdig anfühlen. Manche Patienten empfinden ihre Muskelsinne als gestört. Sie nehmen die Stellung ihrer Gelenke als »unnormal« wahr – und obwohl sich da nichts finden lässt, haben sie Probleme mit bestimmten Bewegungsabläufen.

Der Geruchs- und Geschmackssinn

Mit weitem Abstand war auch bei unseren Patientinnen und Patienten – mehr noch bei den Mitarbeiterinnen und Mitarbeitern in der Klinik – am häufigsten der Geschmacks- und Geruchssinn durch Corona beeinträchtigt. Seit der Entdeckung dieser

Geruchssinn	Geruchsverlust
Geschmackssinn	Geschmacksverlust, bitterer Geschmack, merkwürdiger metallischer Geschmack
Tastsinn	Seltsames Gefühl auf der Haut beim Kontakt mit synthetischen Materialien Überempfindlichkeit der Kopfhaut, die sich schon bemerkbar machte, wenn man nur das Haar berührte Gefühllosigkeit der linken Körperseite Taube Hände und Füße
Hörsinn	Massiver Tinnitus, Verschlechterung des Gehörs
Sehsinn	Seit Covid-19 erheblich schlechteres Sehen
Gleichgewichtssinn	Schwanken, wie besoffen. Steter Schwindel
Muskelsinn	Seltsames, anhaltend unangenehmes Gefühl im Bein, merkwürdiges Gefühl, als ob der Ellenbogen nicht richtig gestellt sei
Schmerzsinn	Stechende Schmerzen in der Brust bei jedem Husten, stechende Schmerzen in der Wirbelsäule
Gedankensinn	Unkonzentriertheit, findet die Worte nicht, geistige Erschöpfung, Verwirrtheit
Sprachsinn	Aphasie, Verschlechterung des Sprechvermögens
Ich-Sinn	Demenz, Verschlechterung der Demenz; Delir
Wärmesinn	Fieber, Schüttelfrost

Beispiele der Sinnesstörungen bei eigenen Patienten

Eigentümlichkeit durch Hendrik Streeck[11] hat sich dieses Phänomen immer wieder als fast schon spezifisch für Covid-19 gezeigt. Wenngleich es häufiger bei oder nach grippalen Infekten zu Geschmacks- und Geruchsstörungen kommt, so ist doch die Verbindung von Covid-19 mit diesen beiden Sinnen auffallend.

Der Riechsinn hat schon seit einigen Jahren an Aufmerksamkeit gewonnen. Das ist zum einen dem Weltbestseller von Patrick Süskind *Das Parfum* geschuldet, zum anderen dem 2004 für die detaillierte Enträtselung des Geruchssinns verliehenen Nobelpreis für Medizin an Richard Axel und Linda Buck. Sie konnten aufzeigen, dass der Mensch rund 10 000 Gerüche unterscheiden kann.

Im Riechvorgang wenden wir uns dem Seelischen in der Umwelt zu, im Schmecken den verborgenen Qualitäten des Physischen, wenn sie verflüssigt werden. Das Riechen ist ein eher äußerlicher, das Schmecken hingegen ein innerlicher Vorgang. Interessanterweise ist das Riechhirn eng mit dem Hypothalamus und mit Teilen der Amygdala sowie dem limbischen System verbunden. Riechen hängt also eng mit emotionalen Reaktionen antipathischer wie auch sympathischer Art zusammen. Geruch und Gefühl gehen Hand in Hand und sind nicht nur bei der Partnerwahl von entscheidender Bedeutung. Die Nase, ein genuin menschliches Organ – Tiere haben nur eine Schnauze –, ist kein passives Organ, sondern kann – besonders beim Schnüffeln – sehr aktiv genutzt werden. Überhaupt ist der Geruchssinn nicht nur bei den Nasentieren Hund, Schwein oder Elefant empfindlich. Selbst der Mensch bedarf nur einer homöopathischen Dosierung. Konzentrationen von 10–13 g/ml an Äthylmercaptan reichen, um ein Geruchsempfinden hervorzurufen. Insekten – und gerade auch Schmetterlinge – riechen noch besser: »An die Luft abgegebene Pheromone weisen oft eine Kohlenstoffkette von 5 bis 20 Atomen und eine molare Masse von etwa 80 bis 300 g mol^{-1} auf.«[12] Im Geruchssinn sind wir quasi immerzu homöopathisch tätig und nehmen die Welt real in ihren seelischen Qualitäten wahr.

Geruchsverlust zeigt umgekehrt die Unfähigkeit zu einem Miterleben des Seelischen in der Umgebung. Die Eigenschaft, »seine

11 https://www.faz.net/aktuell/gesellschaft/gesundheit/corona virus/neue-corona-symptomeentdeckt-virologe-hendrikstreeck-zum-virus-16681450.html

12 https://de.wikipedia.org/wiki/Insektenpheromone (09.07.20)

Nase überall hineinzustecken«, wird reduziert – und damit auch die Fähigkeit, sich die Umgebung über den Geruch seelisch aufzuschließen.

Gerüche haben einen besonders kurzen Draht zum Großhirn – das ist durchaus konkret gemeint. Alle anderen Sinne werden mehrfach umgeschaltet, bis sie schließlich in den Kortex gelangen. Nur die Riechzellen gelangen vom Riechkolben direkt in das Riechhirn, einen Teil der Großhirnrinde im vorderen Bereich des Schläfenlappens. Noch bei den niederen Tieren sind Vorderhirn und Geruchssinn ein Synonym. »Bei den niederen Tieren versteht die Nase die ganze Welt.« (Soesman 1995)

Das niedere instinktgebundene Tier ist faktisch noch ganz und gar Geruch und so mit der Welt verbunden. Die höhere Entwicklung verläuft mit der Rückbildung des Riechhirns und dessen Aussonderung im Vorderhirn parallel. Sehr groß ist das Riechhirn beim Hund, beim Affen schon recht klein und am kleinsten beim Menschen. Riechen und Aufbau des Großhirns sind fast umgekehrt proportional miteinander verbunden. Noch bei niederen Säugern macht der Riechkolben den größten Teil des Gehirns aus. »Beim Menschen hat sich die Großhirnrinde (Neocortex) mächtig entfaltet und dadurch die archaischen (alten) Gebiete, die zum olfaktorischen System gehören, wie auch den Riechlappen selbst, zurückgedrängt. Diese heute als Palaeo- und Archaeocortex bezeichneten Gebiete sind in der evolutionären Entwicklung an die Innenseite des Gehirns gedrängt worden und nehmen im erwachsenen Gehirn nur noch wenig Raum ein. Sie haben durch diesen Verdrängungsprozess eine eingerollte Form an der Innen- und Unterseite der Großhirnhemisphären – sozusagen an einer Grenzzone, was ihnen den Namen limbisches System eingetragen hat. Man spricht dem limbischen System heute sogar eine zentrale Stellung für das Persönlichkeitserleben, das Erinnerungsvermögen und die gesamte emotionale Grundhaltung des Menschen zu.« (Rohen 1995) Beim Menschen ist das Riechen nicht mehr instinktiv die Grundlage für das Welterleben wie bei den niederen Tieren, sondern einem viel mehr innerlichen Riechen gewichen. Der Mensch will zu einem guten Geruch erst erzogen werden, muss über die Eltern erst lernen, was gut und was schlecht riecht. Sympathie und Antipathie der Gerüche liefern die Grundlage für das intellektuelle Urteilen - nicht umsonst sprechen wir von einem scharfsinnigen Denker -, welches das Fundament für unsere innere Moral bildet. Entsprechend riecht es in der Hölle infernalisch, duftet der Himmel, können wir jemanden gut oder schlecht riechen.

Beim Riechen sind wir der Außenwelt ausgeliefert, die Gerüche kommen einfach herein, ob wir wollen oder nicht. Das ist deutlich anders beim Geschmack. Hier können wir selbstständig entscheiden, was wir essen wollen und was nicht. Die Geschmacksunterschiede sind beträchtlich, obgleich vor allem von den Eindrücken süß, salzig, sauer und bitter bestimmt. Der Geruch lebt im Luftigen, der Geschmack im Wässrigen. Alle Nahrung muss erst aufgeschlossen und »verwässert« werden, damit sie gut durchspeichelt in ihren Qualitäten wahrgenommen werden kann. Das lässt sich bei Gourmets in der Weinverkostung gut erleben, aber auch jegliches Brot und jede Speise will erst einmal langsam und in Ruhe aufgenommen werden.

Betrachtet man die einzelnen Geschmacksrichtungen, so fällt hier eine gewisse Gliederung auf. Das Süße weckt Sympathie und Behagen (aber bitte mit Sahne). Das Bittere wirkt eher antipathisch, zieht den Leib zusammen und übt die Kraft der Überwindung, weshalb in der Krankheit die Bitterstoffe häufig einen hohen Stellenwert haben. Sauer macht lustig und belebt die Lebenskräfte. Kefir, Joghurt oder eben Sauerkraut und andere haben da einen wichtigen Stellenwert. Das Salzige regt hingegen das Denken an und war nicht umsonst lange Zeit ein sehr kostbares Gut.

Das Schmecken führt dazu, dass die Welt in ihren Qualitäten ganz real wahrgenommen werden kann. Wer sich vielfältigen Geschmäcken aussetzt, weiß auch leichter im Seelischen, sich um den guten Geschmack zu kümmern. Nicht umsonst sprechen wir von Menschen, die einen guten Geschmack haben, Haus und Hof und auch sich selbst geschmackvoll kleiden können. Der so transformierte Geschmack bildet tatsächlich die Grundlage der Kulturbildung.

Die Psychologie hat den Geschmackssinn in seiner Bedeutung für das gesamte Leben gut erfasst, wenn sie seit Sigmund Freud von einer oralen Phase spricht. Darunter versteht sie eine Entwicklungsperiode, die im Säuglings- und Kleinkindalter bis etwa zum zweiten Lebensjahr stattfindet. In dieser stellt der Mund und damit wesentlich das Geschmackserleben die primäre Quelle der Befriedigung dar. Doch auch in späteren Phasen sind zahlreiche Menschen vom oralen Lustgewinn abhängig. So gesehen hängt vom Geschmackserlebnis ganz wesentlich die Befriedigung primärer Bedürfnisse ab. Leben wie Gott in Frankreich, der Genuss der Natur, ist nur mit einem guten Geschmack möglich.

So schließen uns Riechen und Schmecken die konkreten Qualitäten des Lebendigen auf und sind doch auch Erzieher hin zu einer guten Moral (Geruch) und zu einer lebendigen Kultur. Eine Abschwächung oder gar Abtötung dieser beiden Sinne lässt wesentliche Bereiche des Seelenlebens (Kultur- und Moralbildung) veröden und die Gastronomie und Parfümerie darben. Covid-19 ist da tatsächlich ein Kultur- und Moralzerstörer, individuell und mehr noch gesamtmenschlich.

»Es kann angenommen werden, dass in der westlichen Welt drei bis sieben Prozent der Gesamtbevölkerung klinisch relevante Riechstörungen aufweisen. Diese Zahl steigt jedoch auf 60 Prozent bei 65- bis 80-jährigen Personen und bei über 80-jährigen sogar auf etwa 75 Prozent.«[13] Riechstörungen treten besonders häufig bei der Alzheimer- und der Parkinson-Krankheit auf.

Covid-19 »geriatrisiert« und gibt einen »Vorgeschmack« auf das Alter. Der im Riechen und Schmecken geschwächte Mensch zieht sich in einem beachtlichen Maße aus dem Erleben der Außenwelt zurück und wird innerlicher, auch älter – eben parkinson- und alzheimerartiger.

Die schweren Atemstörungen

Etwas Ähnliches passiert bei den schweren Atemstörungen. Vor allem in der Anfangsphase von Covid-19 waren die Ärzte mit Patienten konfrontiert, denen es zunächst recht gut zu gehen schien, bevor sie um den zehnten Tag herum sehr schnell schwerer erkrankten und auf die Intensivstation mussten. Die Sauerstoffsättigung des Blutes war sehr niedrig, obwohl die Patienten weiter das Gefühl hatten, genug Luft zu bekommen. Viele Patienten mittleren Alters um 50 bis 60 Jahre gingen teils noch problemlos zu Fuß in die Klinik und entwickelten dann mitunter innerhalb weniger Stunden einen so schlechten Verlauf, dass sie künstlich beatmet werden mussten.[14] Als pathologische Ursache wird heute die Ausbildung eines diffusen alveolaren Schadens mit Ödembildung angenommen. Diese Phänomene treten so eigentlich nur bei der Höhenkrankheit auf. In der Regel überlebt ein Mensch ohne vorhergehende Höhenadaption auf Bergen über 5000 bis 7000 Meter den entsprechenden Abfall der Sauerstoffsättigung auf 50 und 60 Prozent nur für kurze Zeit. Die bisher erfolgreichste Therapie bei Covid-19 entspricht den Erfahrungen der Bergsteiger: Dexamethason – ein Medikament, das Höhenbergsteiger und Trekkingurlauber, die im Himalaya unterwegs sind, seit Langem kennen. Nach den Ergebnissen einer britischen Studie[15] hat sich ergeben, dass die Todesrate bei künstlich beatmeten Covid-19-Patienten um etwa ein Drittel sank, wenn ihnen die Ärzte Dexamethason verabreichten.

Eine weitere erfolgreiche Maßnahme ist ebenfalls der Therapie der Höhenkrankheit entnommen: die Überdruckbeatmung. Eine Überdruckbeatmung versucht, ohne invasive Tätigkeit die

13 https:// www.aerzteblatt.de/archiv/2244 0/Riech-und-Schmeckvermoegen-im-Alter

14 https:// www.ndr.de/ratgeber/gesund heit/Coronavirus-Verlauf-vonCovid-19-wird-oft-abrupt-schlechter,coronapatienten104.html

15 The RECOVERY Collaborative Group, Dexamethasone in Hospitalized Patients with Covid-19. Preliminary Report, https://www.nejm.org/doi/10.1056/NEJMoa2021436

Sauerstoffversorgung der Lungen zu verbessern. Der erhöhte Sauerstoffpartialdruck im Inneren führt zu einer Verbesserung der Symptomatik der akuten Höhenkrankheit, die mit einem Ödem der Lunge und des Gehirns einhergeht. Überhaupt ist Covid-19 in vielen Bereichen mit der Höhenkrankheit vergleichbar. Bei dieser Erkrankung der Bergsteiger, die sich nicht so schnell auf den mangelnden Sauerstoff in der Höhe einstellen können, kommt es zu Symptomen, die sich ähnlich bei Corona-Patienten finden: Kopfschmerzen, Appetitverlust, Übelkeit und Erbrechen, aber auch Schwindel, Schwäche und Erschöpfung, Tinnitus und Apathie.

Corona-Patienten mit den schweren Atemstörungen erkranken in gewisser Weise an der Höhenkrankheit. So entzieht sich die Lunge mehr und mehr den irdischen Gegebenheiten – und die Seele, die sich mit dem ersten Säuglingsschrei inkarniert, weilt dann in fast schon kosmischen Höhen und droht zu exkarnieren.

Die schweren Covid-19-Verläufe

Über die Neigung zu schweren Covid-19-Verläufen ranken sich zahlreiche Mythen und Geschichten. Gerne werden in den Medien Geschichten von den zahllosen Patienten gezeigt, die ohne jegliche Vorerkrankungen schwer erkrankten und vielleicht sogar starben. Oft genug seien diese auch sehr jung. Ohne Zweifel, diese Geschichten gibt es, aber sie stellen nicht die Mehrzahl der Fälle dar. Nach wie vor sind es weniger als 1000 Menschen unter 50 Jahren, die in Deutschland bis zum Mai 2021 an Covid-19 verstarben. Die schweren Verläufe sind in der Regel erst bei Patienten ab den späten Fünfzigern zu sehen. Das Alter ist immer noch entscheidend.

Daneben spielt natürlich das Immunsystem eine wesentliche Rolle. Bekannt geworden ist der sogenannte Zytokinsturm. Diese Freisetzung von Entzündungsstoffen ist als an sich erwünschte immunologische Aktivierungsreaktion bei viralen Erkrankungen zu beobachten, kann aber bei Covid-19 so stark werden, dass die Entzündungsreaktion nicht mehr zu stoppen ist und ein Multiorganversagen und damit der Tod eintritt.

Andere Forscher sehen in der Ausbildung von Antikörpern, die körpereigene Strukturen angreifen, das zentrale Problem. Diese sogenannten Autoantikörper (Wang 2021) werden im Blut von schwer betroffenen Patienten gehäuft gefunden. Sie richten

Rangfolge der Risikofaktoren für einen schweren Verlauf von Covid-19 nach Zahlen des Robert Koch-Instituts Berlin (Epidemiologisches Bulletin 2021, siehe Fußnote 16). Leukämien, Krebserkrankungen und Demenz nehmen die ersten Plätze ein.

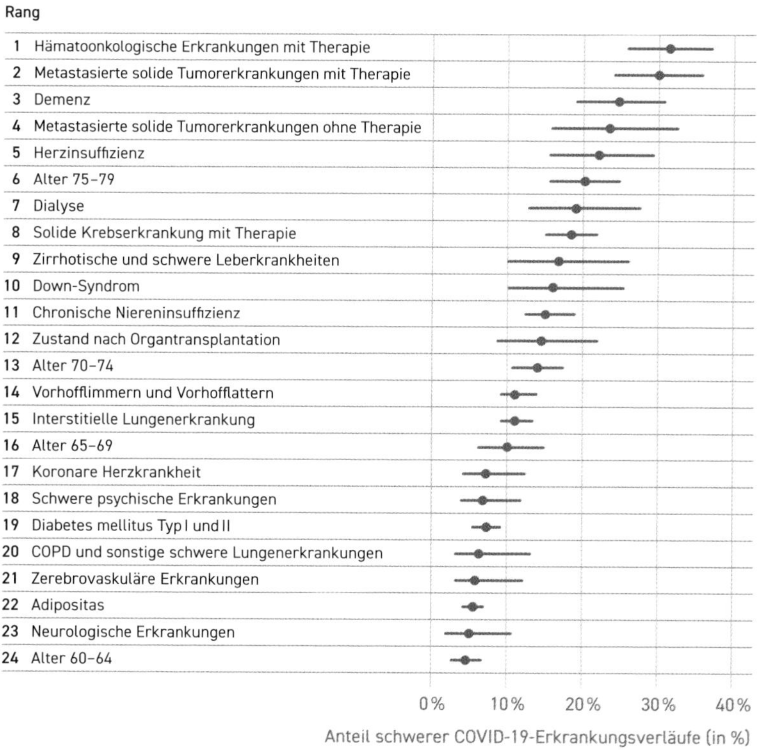

sich gegen Typ-I-Interferone oder auch Phospholipide – Substanzen, welche die Blutgerinnung beeinflussen. Je mehr Autoantikörper zu finden sind, desto höher ist der Anteil schwerer Verläufe.

Demnach müssten nun Medikamente gegen diese Irrläufer des Immunsystems gefunden werden. So richtig dieser Ansatz sein mag, so wenig ist er wirklich zielführend. Da ist es dann doch besser, den Ausführungen des Robert Koch-Instituts zu folgen. Im Mai 2021 erschien dort ein sehr interessantes Bulletin mit spannenderen Ergebnissen bezüglich der Risikofaktoren für einen schweren Verlauf von Covid-19.[16]

Verblüfft stellt man fest, dass gerade Krebs in seiner flüssigen Form, also die Leukämie, sowie metastasierte Karzinome und die Demenz die wichtigsten Faktoren für einen schweren Verlauf darstellen, noch vor der Herzmuskelschwäche und dem Alter. Es sind also doch eher die klassischen schweren Erkrankungen, bei denen Covid-19 gefährlich werden kann. Diese Erkrankungen stellen eine Domäne der Misteln, der Christrose und der Herbstzeitlosen dar, dem Triumvirat in der anthroposophischen Krebstherapie. Vor allem steht hier sicherlich die Christrose *(Helleborus niger)* im Mittelpunkt, da sie sowohl bei Leukämie, Metastasen, Demenz sowie Herz- und Niereninsuffizienz eine wichtige Rolle spielt. Auf sie werden wir später noch einen Blick werfen.

16 Hierarchisierung von Risikofaktoren für schwere COVID-19-Erkrankungsverläufe im Kontext der COVID-19-Schutzimpfungen. Eine gepoolte GKV-Routinedatenanalyse basierend auf 30 Mio. Versicherten, in: Epidemiologisches Bulletin 19 (2021); https://www.rki.de/DE/Content/Infekt/EpidBull/Archiv/2021/Ausgaben/19_21.pdf?__blob=publicationFile

Langzeitfolgen (Long-Covid oder Post-Covid)

Wir haben gesehen, dass Viren physikalische Strukturen und keine Lebewesen sind. Sie besitzen lediglich eine Eiweißhülle und eine Erbsubstanz, die sie in ihren Wirt einschleusen, um sich dort zu vermehren. Außerhalb des Wirtsorganismus sind sie nicht lebensfähig. Um sich zu vermehren, greifen sie auf die Lebensprozesse und die physischen Strukturen der Wirtsorganismen zurück. Sie zweigen Lebenskräfte ab, woraus sich der oft fatale Verlauf der für die meisten Menschen eher ungefährlichen Viruserkrankungen wie Covid-19 bei den Senioren mit ohnehin schwacher Vitalität erklärt. Häufig kommt es im Anschluss an die Virusinfektion zu länger anhaltenden Erschöpfungssyndromen, was auch bei jüngeren Menschen, zum Beispiel nach einer Grippe, nach einem Pfeifferschen Drüsenfieber (Infektion mit dem Epstein-Barr-Virus, EBV), einer Infektion mit Coxsackie oder eben auch bei Covid-19 der Fall sein kann. Man nennt dieses Erscheinungsbild der reduzierten Lebenskräfte auch postvirales Erschöpfungssyndrom, das mehrere Monate und länger anhalten kann. In manchen Fällen geht es in ein dauerhaftes chronisches Erschöpfungssyndrom, auch chronisches Müdigkeitssyndrom genannt (Chronic Fatigue Syndrome, CFS), über. Bei diesen Erschöpfungssyndromen besteht häufig ein Miteinander von körperlichen und seelischen Symptomen wie Depression, Ängsten und Konzentrationsstörungen. Phasen von Desorientierung und sogar Verwirrtheit können auftreten. Andererseits beobachten wir chronische Schmerzen, Herzrhythmusstörungen, Atemnot, Schlafstörungen, Intoleranzen und Überempfindlichkeiten gegen Nahrungsmittel mit Durchfällen und vielfältigen Verdauungsstörungen.

Sah man anfänglich bei Covid-19 die große Bedrohung der Atemwege mit der Gefahr einer notwendigen intensivmedizinischen Behandlung und einem Mangel an Beatmungsgeräten, so stehen nunmehr die chronischen Schädigungen der unterschiedlichsten Organsysteme im Fokus der Wissenschaft. Bei den

Langzeitsymptome bei COVID-19-Patienten

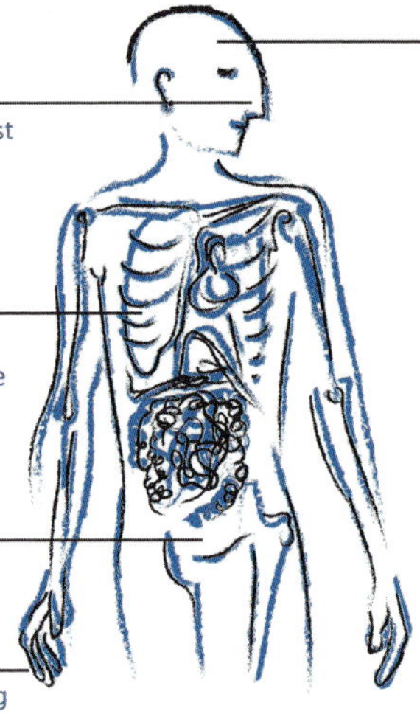

Länger als 30 Tage; Analyse einer Studie über COVID-19-Symptome vom King's College London; 8065 positiv getestete Personen, von denen 857 Langzeitsymptome hatten

Erschöpfungssyndromen ist die Schulmedizin allerdings eher hilflos. Für die Komplementärmedizin besteht hier eine große Herausforderung, und es gibt auch bereits wirksame Arzneien, zum Beispiel das Levico-Wasser (siehe Seite 188). Neben der anhaltenden Erschöpfung berichten speziell bei Post-Covid viele Betroffene über fortbestehende Symptome wie Brust- und Gelenkschmerzen, Husten und Atemnot. Auch die Störungen von Geschmack, Geruch und anderen Sinnen halten bei vielen Patienten selbst über Monate an. Noch bedrohlicher aber wirken die Mitteilungen, dass Covid-19 zahlreiche innere Organe angreife – und zwar tiefgreifend. Praktisch kann davon jedes Organ betroffen sein: Herz, Lunge, Niere, Leber und Gehirn.

Am Herzmuskel treten wohl häufiger als bisher nach Viruserkrankungen bekannt Entzündungen auf.

An der Bauchspeicheldrüse können Patienten plötzlich die Zuckererkrankung Diabetes mellitus entwickeln, im Gehirn wurden schon sogenannte neurodegenerative Symptome, das heißt, Folgen von Abbauvorgängen mit gehäuftem Auftreten von Gedächtnisstörungen, Schlaganfällen und Hirnblutungen festgestellt.

Das alles hat leider auch Folgen für die weiteren Überlebenschancen. Nach einer englischen Studie (Ayoubkhani 2021) sterben 12 Prozent der Patienten innerhalb der kommenden 5 Monate, müssen mehr als 30 Prozent erneut in stationäre Behandlung. Natürlich betrifft das vor allem schwersterkrankte Patienten, die auf der Intensivstation lagen. Doch auch zahlreiche Jüngere scheinen betroffen zu sein, und erstaunlicherweise darunter auch Menschen, die zunächst einen milden Krankheitsverlauf unter Covid-19 zeigten (Al-Aly 2021). Nach Schätzungen des Robert Koch-Instituts[17] sollen circa 10 Prozent der positiv auf Covid-19 getesteten Patienten später unter Long-Covid leiden. Nach Daten aus England ist diese Zahl aber deutlich zu hoch gegriffen. »Data from our COVID Symptom Study suggests that while most people recover from COVID-19 within two weeks, one in ten people may still have symptoms after three weeks, and some may suffer for months.«[18]

Wie auch immer, diese Erkrankung wird zu einem zunehmenden Problem in den Praxen. Verkompliziert wird dieses Phänomen dadurch, dass sich ähnliche Probleme bei manchen Patienten zeigen, die eine Impfung gegen Covid-19 erhalten haben, und bald werden auch die meisten ehemaligen Covid-19-Patienten geimpft sein. Gerade die erstaunlich genaue Kopie des Krankheitserregers in der Impfung führt bei sensiblen Patienten zu fast exakten Symptomen, die so ebenfalls über Monate anhalten können.

17 https://www.aerzteblatt.de/archiv/217002/Long-COVID-Der-lange-Schatten-von-COVID-19

18 How long does COVID-19 last? https://covid.joinzoe.com/post/covid-long-term

Fallbeispiel Covid-19

Ein 40-jähriger Bauarbeiter kannte bisher keine Ängste und auch keine Ängste vor Corona. Er war immer stark, arbeitete 16 Stunden am Tag und gerne auch am Wochenende. Zu Corona hatte er seine eigene Meinung und positionierte sich bei den Querdenkern. Im Dezember 2020, kurz vor Weihnachten, kamen die ersten Krankheitssymptome mit hohem Fieber, Gliederschmerzen, Kopfschmerzen und erschwerter Atmung. Auch alle anderen Familienmitglieder erkrankten. Er musste bei zunehmender Atemnot stationär aufgenommen werden, blieb aber von der künstlichen Beatmung verschont. Seither ist nichts mehr wie früher. Schon 100 Meter gehen sind zu viel, das Treppensteigen in den ersten Stock gelingt nur mit Mühe, die Atmung geht nur wie gegen Widerstand. Er hat muskelkaterartige Schmerzen über den ganzen Körper, besonders aber in den Beinen. Er hofft nun, im Mai 2021, dass er alsbald eine Reha genehmigt bekommt.

Fallbeispiel Impfung BioNTech/Pfizer

Eine 55-jährige Frau hatte schon im Frühjahr 2020 eine coronaartige heftige Grippe (immer negative Abstriche trotz typischer Covid-19-Symptome) hinter sich gebracht und sich davon schnell erholt. Im Januar 2021 erhielt sie die erste Impfung von BioNTech/Pfizer, im Februar die zweite. Schon nach der ersten Impfung traten heftige, nicht vergehen wollende Kopfschmerzen im Stirnbereich auf sowie eine Muskelschwäche und Stechen in der Lebergegend. Diese steigerten sich nach der zweiten Impfung auf ein unerträgliches Maß. Sie kann sich nur noch mit Mühe konzentrieren, der Blutdruck »fährt Achterbahn«, mal ist er zu hoch, dann zu niedrig. Noch mehr als drei Monate später bestehen diese Symptome unverändert fort.

Vom Wesen der Erkrankung Corona

Angst macht sprachlos

Wir haben bisher in unterschiedlicher Weise mit unseren Sinnen oder auch den mechanisch erweiterten Sinnen Covid-19 erfahren können. Drei Sinne sind aber bisher kaum zum Einsatz gekommen: der Sprach-, der Denk- und der Ich-Sinn.

Damit besteht die Notwendigkeit, die Corona-Erkrankung auch mit diesen Sinnen zu erfahren. Was spricht sich in den Gedanken zu Covid-19 aus, was verrät die Sprache zum Umgang mit Covid-19 – und letztlich: Was für ein ich-artiges Wesen steht wesenhaft *hinter* oder auch *in* dieser Erkrankung?

Die Perspektive mag ungewöhnlich sein, aber es ist eine Perspektive der Philosophen, Schriftsteller, Künstler und Dichter. Gerade der »Dichter« zeigt einen ganz anderen Wesenszug bei diesen Sinnen. Nicht die analytische Methode ist hier führend, sondern die synthetische Zusammenfassung in Gedanken, Sprache und Bildern, um Covid-19 einen »dichten« Ausdruck zu geben, eine »Synästhesie«. Wo bleibt die künstlerische Antwort auf die Coronakrise?

Es ist ein wirklich erstaunliches Phänomen, dass die Elite-Gruppe der Dichter, Denker und Künstler in einem hohen Maße gerade zu Anfang der Pandemie sprachlos geblieben ist. Kaum einer war da, der eine andere Sprache eingebracht hätte, der in der Seele erschüttert auf dieses Ereignis geschaut hat. Einzig die Schriftstellerin Juli Zeh[19] und der ehemalige Chefredakteur der Süddeutschen Zeitung, Heribert Prantl[20], sowie der Herausgeber der Zeitung *der Freitag*, Jakob Augstein[21], stechen da heraus, vermochten sie früh ihre Meinung klar auszudrücken, wo andere sprachlos blieben. Damit ist ein erster wesenhafter Zug des Virus erkennbar: Er führt, gesellschaftlich betrachtet, zu Denk- und Sprachlosigkeit. Warum eigentlich? Zum einen, weil auch diese Sinne von der Krise nicht ausgenommen sind. Auf der kollektiven Ebene wird die Sinneskrise zur Sinnkrise! Zum anderen aus einem Gefühl heraus, das tief mit diesem Virus verbunden ist: Angst!

Tatsächlich ist die »Weltenangst« gerade bei Corona enorm hoch. Dies umso mehr, als sich das Virus ziemlich »intelligent« verhält. So verfügt es bei aller Gemeinsamkeit doch über länderspezifische Besonderheiten. In manchen Ländern fordert es deutlich mehr Opfer als in anderen. Eine Besonderheit ragte allerdings heraus: Die meisten Todesfälle gab es bisher dort, wo Populisten an der Macht waren oder sind. In Norditalien die Lega unter Matteo Salvini, in England Boris Johnson, in Amerika Donald Trump, in Brasilien Jair Bolsonaro. Umgekehrt zeigen sich bislang wenig Tote in Ländern ohne derart überhöhtes Geltungsbedürfnis wie zum Beispiel in Griechenland, Portugal, Korea, Japan und Taiwan.[22] In Ländern wie Deutschland, wo es zunächst scheinbar gelungen ist, durch die Hygienemaßnahmen die Infektionskurve abzuflachen, kann die Bilanz erst dann gezogen werden, wenn die Ausbreitung

19 Zeh, J.: Die Bestrafungstaktik ist bedenklich, https://www.sueddeutsche.de/kultur/juli-zeh-corona-interview-1.4867094

20 Prantl, H.: Was war mit Glaube, Liebe, Hoffnung, https://www.sueddeutsche.de/politik/kirche-corona-kolumne-prantl-1.4992658?reduced=true; https://www.sueddeutsche.de/politik/corona-massnahmen-coronavirus-1.5040677; https://www.sueddeutsche.de/politik/corona-verwarnungen-der-neue-bussgeldwahn-1.5051097

21 Augstein, J., https://www.spiegel.de/politik/deutschland/corona-krise-angst-frisst-demokratie-a-ad8799db-8941-4c40-9a50-1dfff591ffb6

22 https://www.spiegel.de/politik/ usland/corona-pandemiepopulismus-toetet-kolumne-a00000000-0002-0001-0000- 000170435611

des Virus an ein Ende gekommen und eine ausreichende Immunität in der Bevölkerung (»Herdenimmunität«) vorhanden ist.

Vom Tier im Menschen

Abgesehen von Elendsvierteln wie den Favelas in Brasilien oder den Slums von Buenos Aires scheinen sich die Infektionsherde vor allem da festzusetzen, wo Menschen in Partystimmung auf ihre Verstandes- und Vernunftkräfte, ihre Ich-, Sprach- und Denksinne verzichten und sich ganz den Emotionen und *basic instincts* hingeben. Bei zwei zentralen Verbreitungsstätten in Europa war das auf alle Fälle zu erkennen. In einem Interview mit dem passenden Titel »Einen Instinkt fürs Tier« mit dem Fotografen Lois Hechenblaikner berichtet die *Frankfurter Allgemeine Zeitung*:

»Wieso ist gerade Ischgl so ein Ort der Extreme? – *Der ganze Ort funktioniert wie ein Hirnnebel* (Hervorhebung d. V.). Es geht nur darum, den Menschen außer sich zu bringen, das steckt schon im Slogan ›Relax if you can‹. Und an dem Punkt, an dem die Enthemmtheit kippt und wo man eigentlich sagen müsste, nein, es reicht jetzt, da kommen in Ischgl ganz gezielt Brandbeschleuniger dazu. So kommt es zu dieser Verwilderung, diesem Vulgarismus, dieser Nivellierung nach unten. Und das Besondere in Ischgl ist, dass 40 Prozent geschieden sind. Ischgl ist nichts anderes als ein hormoneller Second-Hand-Markt und so etwas wie ein Überdruckventil für die Leistungsgesellschaft.

Wie unterscheidet sich Ischgl von den anderen Après-Ski-Orten, an denen es ja auch wild zugeht? – In Ischgl gibt es die meisten Après-Ski-Lokale, und die meisten Wirte haben einen bäuerlichen Hintergrund. Das heißt, sie haben einen *Instinkt fürs Tier* (Hervorhebung d. V.).[23]

23 https:// www.faz.net/aktuell/reise/ warum-das-coronavirusausgerechnet-in-ischglperfekte-bedingungen-vorfand16791850.html

Ähnlich ideale Verhältnisse findet das Virus in Norditalien in Bergamo vor, wenn Fußballfans in Ekstase geraten:

»Nach Ansicht italienischer Gesundheitsexperten könnte das Achtelfinal-Hinspiel in der Champions League zwischen Atalanta Bergamo und dem FC Valencia (4:1) ein Grund sein, weshalb die Stadt Bergamo und deren Umgebung besonders stark vom Coronavirus betroffen sind. Die Partie war am 19. Februar 2020 vor 44 236 Zuschauern im Mailänder San-Siro-Stadion ausgetragen worden, die Rede ist in Italien nun vom ›Spiel null‹.

›Wegen des Champions-League-Spiels sind 44 000 Atalanta-Tifosi zum San-Siro-Stadion nach Mailand gereist. Sie waren in Bussen, Zügen oder auf Autobahn-Raststätten und Restaurants in engem Kontakt. Die Epidemie ist in Bergamo genau zwei Wochen nach diesem Spiel explodiert‹, sagte Francesco Le Foche, Leiter der Abteilung für Infektiologie der römischen Poliklinik, Umberto I. Zuvor soll die hohe Anzahl internationaler Unternehmen in der Gegend um Bergamo die Ausbreitung des Virus gefördert haben.«[24]

In unserer Region in Nordbayern ist Mitterteich, ein eigentlich sehr kleiner Ort, Zentrum der Epidemie gewesen – vermutlich aufgrund eines Starkbierfestes. Ähnliches wird aus anderen Orten berichtet. Wo das Volk in »Auerbachs Keller« strebt, wo sich das Individuum im gemeinschaftlichen Rausch zu verlieren droht, da scheint das Virus nur zu warten. Corona wird als eine dionysische Erkrankung begünstigt durch ungezügelte Lust, Rausch und Ekstase bis hin zur Bewusstlosigkeit. So gesehen wäre es nur konsequent, dass sie »apollinische«, strengen Ordnungsprinzipien folgende Gegenmaßnahmen auf den Plan ruft, bis hin zu Lockdowns und Sperrstunden und streng ritualisierten Abstands- und Hygieneregeln.

Leidtragende sind aber in der Regel an anderen Orten zu finden: dort, wo Menschen in Massenunterkünften, mehr wie Tiere und nicht menschengemäß untergebracht werden oder auch – wie passend – in den Schlachthöfen dieser Welt, egal ob bei uns oder in den USA. Das Virus scheint an diesen Orten ganz vehement auf die Nöte der Menschen (und Tiere!) aufmerksam zu machen. So gesehen wirkt das Virus ganz real als »Bewusstmacher« sozialer Brennpunkte und als Weckruf an die Menschheit, eine faire, die Menschheit und den Kosmos berücksichtigende, gesundheitsbewusstere Lebensweise anzunehmen. Das schließt die Beziehungen der Menschen untereinander sowie die Beziehungen zu den Tieren mit ein.

Spezialisten für Zivilisationskrankheiten

Als Todesbote agiert das Virus in der Generation 80+. Hier lässt das Virus häufig den Lebensfaden abreißen. Fast immer bezieht sich das aber auf vielfach Vorerkrankte und Menschen, deren Wachheit durch Demenz und metabolische Erkrankungen gelitten hatten. Kein Wunder also, dass die Altenheime, und hier insbesondere die Demenzstationen, vielfach betroffen waren und sind. Insgesamt fällt auf, dass einerseits Menschen, die ihr Wachbewusstsein dämpfen, das Virus besonders leicht übertragen (nach einer japanischen Studie[25] sind es vor allem junge Frauen in Partylaune zwischen 20 und 39) und dass andererseits häufig Menschen sterben, die mehr träumerisch als wach am Ende ihres Lebens stehen. Während die Protagonisten der »Spaßgesellschaft« maßgeblich zur Verbreitung des Virus beitragen, liegen die Risiken, schwer an Covid-19 zu erkranken, vor allem bei den trägen, bewegungsarmen, überernährten Zeitgenossen, die an Adipositas, Diabetes mellitus und Folgeerkrankungen leiden.

24 https:// www.faz.net/aktuell/sport/fuss ball/champions-league/coronavirus-war-bergamo-gegenvalencia-spiel-null-in-italien16692610.html
25 https://www.theeuropean.de/en/stefan-gross-lobkowicz/women-under-30-are-the-superspreaders/

Nicht das Virus ist das Problem, sondern der Gesundheitszustand und die Altersstruktur der Menschheit zum Zeitpunkt seines Auftretens. Hinzu kommen die Vernichtung der Lebensräume von Tieren wie Fledermäusen, die dadurch den Menschen näherkommen, und die unwürdigen, krankheitsfördernden Zustände in der Massentierhaltung. Dabei geht es noch nicht einmal nur darum, die Gier nach Fleisch zu stillen, sondern auch um Prunksucht, die unter anderem nach pelzbesetzten Kleidungsstücken verlangt. Die 17 Millionen Nerze, die auf Pelztierfarmen in Dänemark dahinvegetierten und getötet werden mussten, weil dort neue Virusmutationen aufgetreten sind, welche die Entwicklung der Impfungen infrage stellen könnten, sind ein Extrembeispiel dafür, wie kapitalistische Dekadenz als Evolutionsbeschleunigerin krankheitserregender Viren fungiert. Corona zeigt uns überdeutlich, wie Tierleid und Menschenleid, Tiergesundheit und Menschengesundheit untrennbar miteinander verbunden sind.

Fast könnte man sagen: Die übersättigte, träge und überalterte Menschheit war »reif« für Covid-19, denn die Zivilisationskrankheiten und die sozialen Zustände, von denen sie hervorgebracht werden, stellen ein ideales Milieu für diesen Krankheitserreger dar, dessen Auftreten vor einigen Jahrzehnten noch wahrscheinlich völlig unbemerkt geblieben wäre. Niemals zuvor hat es ein Pathogen gegeben, das so exakt auf die bereits vorhandenen Sterblichkeitsrisiken der Menschen der westlichen Welt – Fettleibigkeit, Bewegungsmangel, hohes Alter – fokussiert war, das die Alten und Kranken derart heftig dahinrafft und die jungen Gesunden weitgehend verschont. SARS-CoV-2, der Erreger von Covid-19, ist quasi ein Super-Spezialist für Zivilisationskrankheiten. Wenn er eine Stimme hätte, würde er lauthals rufen: »Ändert eure Art zu leben!« Das schließt unser Verhältnis zu der Tierwelt, aus der das Virus stammt, selbstverständlich mit ein. »Am Tier können wir lernen, dass die Natur nicht aus Dingen besteht, sondern aus Wesen!« So der Kinderarzt Georg Soldner mit Blick auf die Corona-Gesundheitskrise, und weiter: »Das Gute ist, dass wir nicht bei null anfangen, sondern dass wir auf hundert Jahre biologisch-dynamische Landwirtschaft zurückgreifen und aus dieser Erfahrung ein integratives Verhältnis zum Tier aufbauen können, sodass wir Mensch und Tier und einer artenreichen Pflanzenwelt ihren jeweils passenden Platz geben.«[26]

Bisher hat – außer zu Kriegszeiten – noch keine Krise unsere Wirtschaft fast zum Erliegen bringen können. Wachstum ging immer vor, nicht der Mensch. Corona verändert diese Tradition, ja zerschlägt sie. Plötzlich wird alles heruntergefahren, was vorher notwendig zu sein schien. Sparpläne werden über den Haufen geworfen, Milliarden ausgegeben, um Mensch und Wirtschaft bei Laune zu halten, eherne Grundsätze von einem Augenblick auf den anderen über Bord geworfen. Die Menschen entdecken die Qualitäten in häuslicher Umgebung und arbeiten im Homeoffice, manche Kinder lernen erst jetzt ihre Eltern richtig kennen. Erstaunlicherweise scheinen die Menschen in Deutschland dadurch (zunächst) glücklicher zu werden.[27] Sie entdecken den Konsum nach Maß, achten beim Einkauf mehr auf Qualität. Nach Lockerung der Beschränkungen waren es nicht die üblichen Einkaufsmärkte der Konsumbranche, an denen die Menschen Schlange standen, sondern der Bioladen und der Fahrradhändler.

Corona zwingt uns offensichtlich, unsere Teilhabe an der Gesellschaft zu überdenken, den Respekt vor dem anderen neu zu definieren, und sei es über Abstandsregeln. Weltgemeinschaft, Kosmopolitismus waren gestern, heute gelten wieder Regionalität und Rückbezug auf kleine und kleinste Einheiten. Warum ans Mittelmeer oder an den Atlantik reisen? Man kann den Sonnenuntergang doch auch auf der Bank am Dorfteich genießen … Zyniker sprechen schon vom »Corona-Biedermeier« als einer neuen Form

26 Soldner, G.: Das Goetheanum, Die drei Gesichter der Coronapandemie, 17. September 2020, http://dasgoetheanum.com/die-drei-gesichter-der-coronapandemie/

27 https://www.spiegel.de/psychologie/corona-krise-konsum-nachmass-als-neue-glucksformela-9c400e4f-bd20-4afc-a950- 805077e82e45

des Spießertums. Bayern oder Thüringen erscheinen da zu uneinheitlich, auf Landkreisebene passt es schon eher. Corona macht uns die Bedeutung des Hier und Jetzt sehr bewusst.

Ein Drama mit Fortsetzungen

Andererseits waren wir Tag für Tag und Nacht um Nacht an die Weltbühne angeschlossen, die fast ohne Unterlass nur noch ein Schauspiel aufführt: Covid-19. Die Theater und Lichtspielhäuser sind geschlossen, doch gleich dem Schauspiel in der griechischen Tragödie macht die gesamte Bevölkerung über die intensive mediale Auseinandersetzung mit der Erkrankung ein welthistorisches Schauspiel in Form eines Dramas durch, das die Menschheit als Ganzes tief verändert. Es ist ein Mysterienspiel, das uns wie ein groß angelegter Roman oder ein Monumentalfilm mit mehreren Fortsetzungen von den lärmenden Tiermärkten Chinas über die malerische Lombardei und virologischen Labors der Charité bis ins Epizentrum des amerikanischen Wahlkampfes führt, in die Machtzentralen der Superreichen und in Elendsviertel, welches das Sterben auf Intensivstationen und das unendliche Leid in den Tierfarmen auf die Bildschirme bannt und damit die widersprüchlichsten Narrative befeuert, von der nüchternen Sichtweise der Virologen bis hin zu den abenteuerlichsten Verschwörungsgeschichten. So werden die unterschiedlichsten menschlichen Reaktionen hervorgerufen: Das Rentnerehepaar im Salzkammergut, das sich freut, wenn dank Lockdown die Touristen ausbleiben und sie ihr Dorf mit Seepromenade und Badeinsel endlich wieder für sich haben, und die alleinerziehende, alleinverdienende Mutter in einer Berliner Mietswohnung, die verzweifelt ist, weil die Spielplätze abgesperrt wurden und die Kita geschlossen ist, ganz zu schweigen von den Menschen in jenen armen Ländern, in denen ein Tag ohne Arbeit ein Tag ohne eine warme Mahlzeit ist – für sie alle bedeutet Corona jeweils etwas ganz anderes.

Covid-19 katapultiert uns – statt mit konkretem Unterricht oder echten Gesprächen – mit Mundschutz, Abstandsregelung und Zoom in eine virtuelle Welt der Maskerade, die vom Individuum und damit der Ausgestaltung des Ich-Sinns weg geht, dem Sprachfluss eine medial vorgegebene Richtung gibt und das Denken dem Computer überlässt. Man muss, um so zu urteilen, kein Verschwörungstheoretiker sein, womit auch gleich jegliches anders gerichtete Denken verunglimpft wird. Ganz vernünftige bodenständige Menschen wie Heribert Prantl und der Präsident der Kassenärztlichen Vereinigung Hamburgs, Walter Plassmann, sprechen sich eigentlich recht klar aus: »Wer die Gesellschaft mit immer neuen Hiobsbotschaften auf immer höhere Bäume treibt, der macht die Gesellschaft krank«[28] – Adressaten der Kritik waren die führenden Corona-Mahner in Deutschland. Vor allem das permanente Heraufbeschwören von Gefahren und die politisch-mediale Aufgeregtheit, die von den Alarmisten ununterbrochen befeuert wird, stören den Vorstand der Kassenärztlichen Vereinigung Hamburg.

Ähnlich mahnend die Worte von Heribert Prantl, dem ehemaligen Chefredakteur der *Süddeutschen Zeitung*, in einem wunderbaren Artikel über die Wahrheitsfrage in der Corona-Krise[29]: »Zwei wissenschaftliche Studien haben nun untersucht, wie es sich damit in der journalistischen Begleitung und Behandlung der Corona-Krise verhält. Die eine Studie stammt vom Schweizer Forschungszentrum Öffentlichkeit und Gesellschaft (fög) und befasst sich mit der ›Qualität der Berichterstattung zur Corona-Pandemie‹; sie kommt zwar zu einem tendenziell eher positiven Ergebnis, legt aber den Finger in einige tiefe Wunden, wie sie der Journalistikprofessor Klaus Meier von der katholischen Universität Eichstätt-Ingolstadt schon im April 2020 beschrieben hat: ›zu wenig Einordnung, zu wenig Recherche, zu behördennah‹.

28 https://www.spiegel.de/psychologie/corona-krise-konsum-nachmass-als-neue-gluecksformela-9c400e4f-bd20-4afc-a950- 805077e82e45
29 Prantl, H.: Corona und die Wahrheit, https://www.sueddeutsche.de/politik/prantls-blick-corona-presse-1.5007606

Die andere Studie stammt von den Medienforschern Dennis Gräf und Martin Hennig, die an der Universität Passau arbeiten und mehr als 90 Sendungen von ›ARD-Extra‹ und ›ZDF-Spezial‹ untersucht haben. Die Gräf/Hennig-Studie erhebt den Vorwurf, es werde nicht genügend differenziert; die Sender hätten einen massenmedialen ›Tunnelblick‹ erzeugt. Schon die Häufigkeit der Sondersendungen vermittle Zuschauern ein permanentes Krisen- und Bedrohungsszenario. Die immer wieder gezeigten Bilder kennt man ›aus Endzeiterzählungen und Zombiegeschichten‹, meinte der Literaturwissenschaftler Gräf. ›Sondersendungen wurden zum Normalfall und gesellschaftlich relevante Themen jenseits von Covid-19 ausgeblendet‹, fasste Gräf gegenüber der Nachrichtenagentur epd zusammen.

Der Schweizer Studie zufolge umfasste in den ersten Märztagen 2020 der tägliche Anteil journalistischer Beiträge mit Referenz auf Covid-19 zwischen 20 und 50 Prozent der gesamten Berichterstattung, von Mitte März bis Ende April waren es pro Tag zwischen 50 und 75 Prozent aller Beiträge. Wann je in den vergangenen Jahrzehnten hat ein Thema so dominiert und andere wichtige Themen verdrängt?

Die fög-Studie sagt: Vor allem in der Phase vor dem ersten Lockdown ›haben die Medien geholfen, den Lockdown kommunikativ vorzubereiten, aber wenig dazu beigetragen, mögliche Entscheidungen und Folgen des Lockdowns im Vorfeld kritisch abzuwägen‹. Eine ›systematische Auseinandersetzung mit der drastischsten Maßnahme, nämlich einem möglichen Lockdown (...), findet in den untersuchten Medienbeiträgen nur am Rande statt‹.

Zur Pressefreiheit gehört auch die Selbstreflexion. Der Journalismus wird sich daher mit solchen Studien und Analysen befassen müssen. Das gehört zur Zuverlässigkeit, das schafft Vertrauen. Der Eichstätter Journalistikprofessor Klaus Meier meint: ›Zumindest Teile des Journalismus sind im anhaltenden Rausch hoher Nutzungszahlen auf dem Weg vom Früh- zum Dauerwarnsystem‹.

Das wäre nicht so gut. Dies könnte sich für die demokratische Gesellschaft noch als sehr problematisch erweisen. Die Presse ist nicht Lautsprecher der Virologie, sondern der Demokratie.«

Man mag einwenden, die Manipulation durch die Medien sei nötig, um die Menschen zu vernünftigem Handeln zu bewegen und Schlimmeres, nämlich massenhaftes Sterben, zu verhindern, und selbst in einer »Gesundheitsdiktatur« (Glöckler 2020) würde ja niemandem Gewalt angetan, anders als in einer »echten« Diktatur. So fragwürdig eine solche Argumentation schon dem Faktischen nach ist (niemand kann beweisen, wie viele Menschen durch Lockdowns und ähnliche Maßnahmen denn tatsächlich gerettet werden), sie blendet etwas ganz Wesentliches aus: nämlich die traumatisierende und krankmachende Wirkung der Angst, die hier als Mittel der Politik und der Meinungssteuerung eingesetzt wird. Angst hinterlässt, anders als physische Gewalt, keine sichtbaren Narben. Es handelt sich jedoch bei ihrer bewussten Erzeugung um eine Form von seelischer Verletzung, die nicht minder grausam ist als körperliche. Angst macht unfrei. Sie wirft uns auf uns selbst zurück, weckt längst überwundene Urinstinkte und behindert uns dabei, unsere spezifisch menschlichen Potenziale wie besonnenes Denken und die Fähigkeit, frei zu entscheiden, zu entfalten. Mit ihren individuellen und gesellschaftlichen Folgen werden wir noch leben müssen, wenn Covid-19, wenn ein Virus namens SARS-CoV-2 längst verschwunden ist. Angst ist keine gute Lehrmeisterin, um den Menschen Gesundheit näherzubringen. Angst macht an Seele und Körper krank.

Was will Corona von uns?

Anstatt das Virus nur zu bekämpfen und um jeden Preis besiegen zu wollen, sollten wir uns vielleicht auch fragen, was Covid-19 denn von uns will. Das neuartige Coronavirus ist kein »Feind der Menschheit«, wie es WHO-Chef Tedros Ghebreyesus genannt hat.[30] Dieses kriegerische Denken, das letztlich, wie wir an so mancher Corona-Maßnahme sehen, in der Selbstzerstörung mündet, ist hier völlig fehl am Platze. Es ist das totalitäre Freund-Feind-Denken ideologisch verblendeter Kriegsherren, die eher eine Politik der verbrannten Erde betreiben, als dass sie klein beigeben. Fragen wir doch lieber einmal ganz anders, nehmen wir dabei eine gänzlich ungewohnte Haltung ein, nämlich die der Unbefangenheit, und versuchen wir erst einmal zu verstehen, was bedrohlich erscheint, ohne es vorschnell zum Feind erklären zu wollen: Was will das neue Coronavirus eigentlich (von uns)? Was hätte Covid-19 denn bewirkt, wenn es sich ungehindert ausgebreitet hätte?

Die Antwort liegt mit Blick auf die geschilderten Besonderheiten von SARS-CoV-2 fast auf der Hand. Man muss dazu nur einmal Afrika mit einem Durchschnittsalter von rund 17 Jahren mit den westlichen Ländern und einem Durchschnittsalter von etwa 45 Jahren vergleichen. In Afrika spielte SARS-CoV-2 bislang so gut wie keine Rolle. Es ist eindeutig ein Virus, das die ältere und vor allem die westlich geprägte Gesellschaft bevorzugt. Andererseits sind in Japan, obwohl auch dort eine sehr überalterte Gesellschaft lebt, die Auswirkungen vergleichsweise gering. Covid-19 ist also nicht wirklich gegen eine alternde Gesellschaft per se, sondern die Art des Alterns gerichtet. Vergleicht man hier Japan mit den westlichen Industrienationen, dann wird deutlich, dass Japan die Moderne zwar komplett integriert hat, aber parallel dazu die religiösen Traditionen des Shinto und des Buddhismus tief bewahrt wurden. Bis in die Verrichtungen des Alltags hinein ist das hochtechnisierte Japan zugleich eine spirituelle Kultur geblieben. Geistigkeit und Materialismus schließen sich hier nicht aus. Parallel sind in Japan all die Maßnahmen, welche die Verbreitung des Virus verhindern, in der Kultur gelebte Tatsachen schon lange vor Covid-19: Respekt und Achtung vor dem anderen mit Einhaltung des Abstandes, gegenseitige Rücksichtnahme, der Gebrauch des Mundschutzes in Eigenverantwortung, die zentrale Bedeutung der Hygiene. Dazu kommt eine vergleichsweise gesunde Ernährung und Bewegung bis ins hohe Alter. Das hat Folgen. Es gibt deutlich unter 30 Prozent übergewichtige Männer und bei Frauen sogar nur 20 Prozent, die einen BMI über 25 haben. Dazu kommt noch eine seelische Haltung, die spielerisch und mit viel Interesse Neues selbst im Alter noch aufzunehmen bereit ist. Japan kann uns da wirklich Vorbild sein.[31] Es gibt viel zu lernen, und Corona erwartet von uns, dass wir unsere Hausaufgaben machen.

Hinter Covid-19 steht ein Erneuerungsimpuls für die Menschheit, allerdings ein geistiger, dem wir erst auf die Spur kommen müssen. Er verbirgt sich vor dem oberflächlichen Blick, der nur auf die Zahlen gerichtet ist und nur das Ausmaß der Zerstörung wahrnimmt, welche die Pandemie anrichtet. Wenn wir die Ausbreitung des Virus durch Hygienemaßnahmen behindern, wie es ethisch geboten ist, und wir uns der Krankheit mit all unserem Heilerwillen entgegenstellen, dann handeln wir auf jeden Fall gut und richtig. Die Verbreitung von Covid-19 zu stoppen, Risikogruppen zu schützen, der Erkrankung vorzubeugen und sie – wo möglich – zu heilen, ist das Gebot der Stunde. Niemals darf ein zynischer Sozialdarwinismus Fuß fassen, der tatenlos zusehen will, wie diese oder eine andere Krankheit alte und geschwächte Menschen dahinrafft. Aber es ist zugleich unsere Aufgabe, den spirituellen Erneuerungsimpuls aufzugreifen, ihn auf nachhaltige Weise zu verwirklichen und Corona in einen ganzheitlichen Impuls für soziale und individuelle Erneuerung zu überführen: Erneuerungsarbeit, die nicht von der Krankheit erzwungen wird, nicht aus Angst geschieht, sondern die wir in Freiheit, aus eigenem Antrieb und uns selbst zuliebe leisten. In der individuellen Biografie kann sich das als Verjüngung auf unterschiedlichste Weise bemerkbar

30 https://www.aerzteblatt.de/nachrichten/111172/WHO-Chef-Ghebreyesus-nennt-Coronavirus-Feind-der-Menschheit

31 https://de.investing.com/news/coronavirus/virustickermerkel-nennt-japan-als-vorbild-bei-bekampfung-der-coronakrise-2070250

machen, und zwar bis ins hohe Lebensalter. Vielfach beobachten wir, dass Menschen plötzlich wieder ihre Jugendideale entdecken. Das können religiöse Ideale sein, soziale oder politische. Sie müssen nicht sonderlich fundiert oder gar praktisch umsetzbar sein, darauf kommt es nicht an. Entscheidend ist, dass die Menschen wieder Zugang zu ihren verschütteten Träumen erlangen, zu ihren Sehnsüchten, Hoffnungen, Utopien, zu ihren Jugendkräften. Diese Kräfte sind es, die uns gesund erhalten und uns auch den größten Herausforderungen mutig ins Auge blicken lassen. Auf diese Weise kann Corona das Beste in uns wecken.

Wege der Therapie von COVID-19

Über die adäquate Therapie bei Covid-19 wird und wurde viel geredet und geschrieben. Ein Wettlauf ist entbrannt, um den ersten und wirksamsten Impfstoff. Es ist nach den vorhergehenden Ausführungen kaum erstaunlich, dass Virologen nur in den Sphären eine Lösung sehen, wo sie ihre Wahrnehmungen machen. Das heißt aber auch, dass der Blick wieder nur auf die Virusebene geht. Dabei gilt es zu bedenken, dass ein dauerhafter Impfschutz gegen Coronaviren schwierig werden dürfte. »Vergleichen wir die Mutationsraten von menschlichen Körperzellen, Bakterien und Viren, so mutieren die Viren grob gesagt pro Zeiteinheit etwa 1000-mal häufiger als Bakterien, diese wiederum 1000-mal häufiger als menschliche Zellen. Viren wandeln sich also genetisch etwa eine Million Mal schneller als unsere Körperzellen.« (Hardtmuth 2019)

Damit ist schon jetzt deutlich, dass die Impfung immer nur begrenzte Hilfe leisten kann. Es bedarf spezieller Medikamente, wenn ein Mensch auch phänotypisch, also konkret, an Covid-19 mit den entsprechenden Symptomen erkrankt. Natürlich wäre es wünschenswert, wenn es nur eine konkrete Arznei für den »Genius epidemicus« geben könnte. Letzteres ist das Ideal der Homöopathie seit Hahnemanns Zeiten. Hier wie dort steht als Ziel ein guter Impfstoff oder eine einzige gute Arznei für diese spezifische Erkrankung. Hingegen wird man mehr auf niedrig potenzierte oder auch phytotherapeutische Zubereitungen zur Stärkung der betroffenen Organe oder betroffenen Organregionen angewiesen sein, was eine Stärke und Domäne der anthroposophischen Medizin darstellt.

Mit welchen Mitteln und wie dann bei Erkrankungen eingegriffen wird, das entscheidet sich letztlich an zwei Faktoren, an

Medizin der Moderne	Covid-19 als Krankheit, daher ist die Suche nach einem Impfstoff zentral. Andererseits geht die Forschung auf die Suche nach Arzneistoffen, die bestimmte Rezeptoren der Viren blockieren. Erst kommt das Labor, dann das Experiment, dann die klinische Prüfung. Bezüglich Covid sind somit die Impfung, Kortison und Mittel wie Remdesivir die Mittel der Wahl; bei schweren Verläufen die Möglichkeiten der Intensivmedizin einschließlich Beatmung und Lungenersatzverfahren (ECMO).
Homöopathie	Suche nach dem Genius epidemicus, dem Mittel, wo der Name der Pandemie und das Arzneimittel zu einem Begriff verschmelzen. Vergleich der spezifischen Symptome der Krankheit Covid-19 mit den Arzneimitteln, die diese Symptome am besten abbilden. Das ist mit Hinsicht auf Corona Bryonia, die Zaunrübe.
Anthroposophische Medizin	Auf der Suche nach einer Heilmittelkomposition, die das betroffene Organ, das Organsystem und vor allem das Individuum stärkt, oder nach mehreren Arzneimitteln, die sich für einen bestimmten Symptomenkomplex der Erkrankung eignen. Das ist vor allem Bryonia/Stannum, können aber auch andere Arzneimittel, Wickel, Auflagen und Öle sein.

Unterschiedliche Sichtweisen auf COVID-19

dem Erkrankungsstadium und an dem Bild vom Menschen, das die jeweilige Therapierichtung hat. Diese beiden Faktoren sind bei jeder Therapieentscheidung zu berücksichtigen und können je nach Krankheitsintensität von unterschiedlichem Gewicht sein: So sind bei schwerwiegenden Verläufen mit ausgeprägter Atmungsinsuffizienz und Organversagen intensivmedizinische Maßnahmen unverzichtbar, während den sanften Therapieverfahren bei der Vorbeugung, bei den milden Verläufen und bei der Nachbehandlung eine umso größere Bedeutung zukommt.

Rhythmus = Leben

Der Abbildung ist zu entnehmen, dass der Mensch ein sehr polares Wesen ist. Er ist einerseits ein Wesen, das dem Stoff zuzuordnen ist und dessen physische Gestalt auf Stoffe angewiesen ist. Die Untersuchung und Entwicklung dieser Stoffe und ihrer Wirkun-

Polarität von Allopathie und Homöopathie im Menschen: Allopathisch arbeitet der untere Mensch, homöopathisch der obere Mensch.

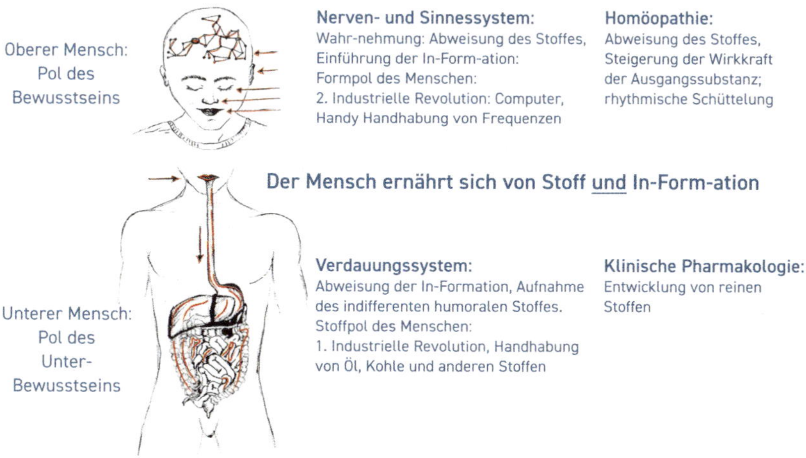

gen im Körper sind das Element der klinischen Pharmakologie – und tatsächlich lassen sich viele Erkrankungen allein durch die Verabreichung von bestimmten Stoffen heilen. Man denke da nur an die meistverkaufte Arznei Deutschlands: L-Thyroxin, das Hormon der Schilddrüse. Hierbei handelt es sich um reine Substitution, die im Sinne Galileis »nach Maß, Zahl und Gewicht« dosiert werden kann.

Andererseits – und das zeigt sich heute mehr und mehr in der Moderne – ist der Mensch auf Informationen angewiesen. Charakteristikum der Information ist die Form, nicht der Stoff. Information basiert technisch gesehen auf Wellenlängen, die nur geringer stofflicher Träger bedürfen.

Zwischen diesen beiden Polen vermittelt nun das rhythmische System per se: die Lunge mit der Atmung und das Herz mit dem Herzschlag. Der Rhythmus ist der Träger einerseits der Information im Sinnes- und Nervensystem, andererseits des Stoffes im Blutsystem.

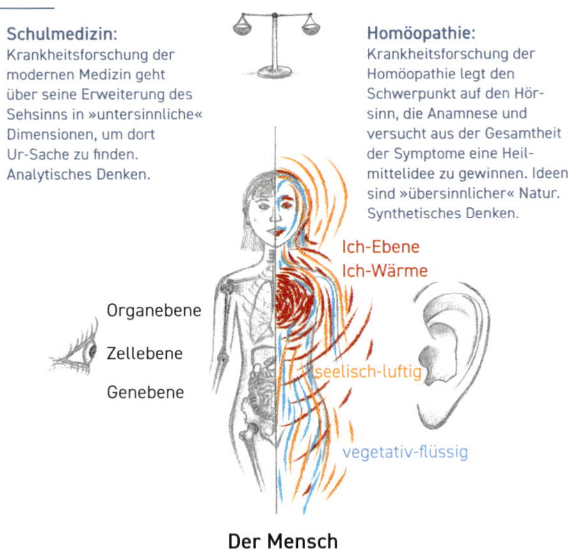

Gegenüberstellung Schulmedizin – Homöopathie

Ohne Rhythmus, besser noch Rhythmen, kein Leben! Wir vergessen es viel zu schnell, dass der Tag-, Monats-, Jahreszeiten- und Jahresrhythmus uns trägt. Bis heute ist es trotz geradezu verzweifelter Versuche nicht gelungen, das Leben aus dem Stoff und eben mehr noch aus dem toten Stoff zu entfachen. Noch immer sind Rhythmen im Flüssigkeitsgeschehen, später im Atem notwendig, um das Leben entstehen zu lassen. Der Rhythmus der Zeit und natürlich der große Rhythmus, der sich zwischen Geburt und Tod als polaren Ereignissen entspannt, sind hier zentral. Wieder einmal hat dieses Goethe in tiefster Weise ausgedrückt:

Und so lang du das nicht hast,
dieses Stirb und Werde,
bist du nur ein trüber Gast
auf der dunklen Erde.

J. W. von Goethe, *West-östlicher Divan*, Buch des Sängers, Selige Sehnsucht

Da die Forschung meistens im toten oder nahezu leblosen Bereich angesiedelt ist, vergisst sie die Frage nach dem Leben und den Rhythmen.

Die Bedeutung der Rhythmen wird in der Homöopathie gesehen und gepflegt. Potenzierte Arzneien sind tatsächlich rhythmisierte Arzneien. Der Rhythmus wird großgeschrieben, der Stoff klein – und entsprechend zerkleinert und verdünnt.

Beide Verfahren leben im Körper, die Information mehr im oberen Menschen, der Stoff, besser der Stoff-Wechsel, mehr im unteren Menschen. Stoff-Wechsel als Gasaustausch beherrscht die Lunge, das homöopathische Potenzieren das Herz bei jeder Herzaktion. Dazu einer der bekanntesten Anatomen Deutschlands, Prof. Johannes Rohen: »Zieht man nun in Betracht, dass nicht das gesamte Blutquantum ausgestoßen wird, sondern immer ein Teil zurückbleibt und sich mit dem neuen Quantum mischt, so kann man den ganzen Vorgang mit einem Homöopathisierungsvorgang vergleichen.« (Rohen 2000)

Links: Struktur eines terminalen Bronchiolus (letzte alveolentragende Bronchialaufzweigung)

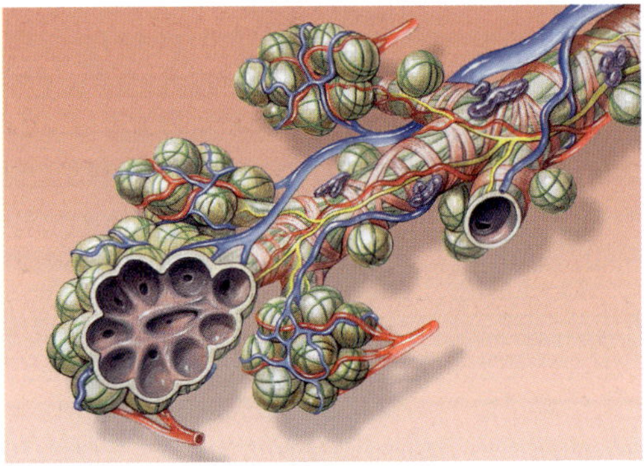

Phasen des Sinusrhythmus

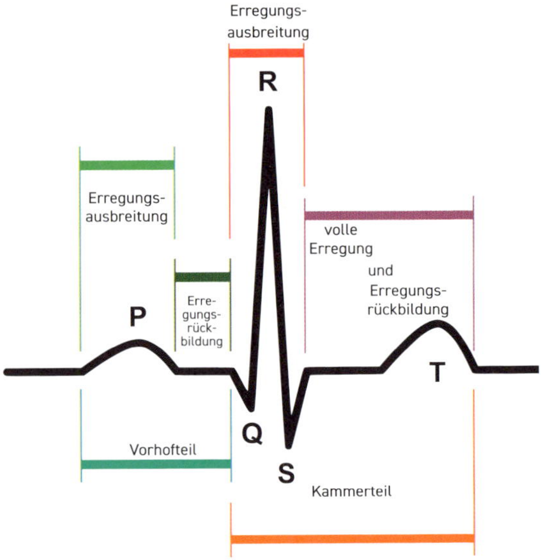

Beide Verfahren – die Schulmedizin wie auch die Homöopathie – leben im Menschen, und beide Verfahren sind für das Leben und die Gesundung unabdingbar notwendig.

Vom Bauplan zur Zeitgestalt

In den letzten zwei Jahrhunderten hat man sich in der Medizin vornehmlich um die »Raumgestalt« Mensch bemüht und den Körper des Menschen intensiv bis hinab in die Dimension der kleinsten Zelle hinein erforscht. Der Mensch als »Stoffwesen« ist den Medizinern heute ein Faktum, das der Mediziner jederzeit »durchleuchten« kann. Dennoch ist der Glaube an eine feste Gestalt des Menschen ein Trugschluss, eine »Maya« mit einem Begriff aus der indischen Philosophie. Bei einem Erwachsenen werden zum Beispiel pro Tag mehr als 200 g Darmzellen abgebaut und durch neue Zellen ersetzt. Setzen wir das Gewicht des Darmes auf 10 kg an, so ist also binnen 50 Tagen der komplette Darm ersetzt, die Leber benötigt rund ein Jahr für ihre Erneuerung und selbst die Knochenmasse ist in spätestens acht Jahren erneuert. Der Mensch muss sich seine physische Gestalt ständig neu erarbeiten. Das geht wie beim Haus nur mit einem komplexen Bauplan, der den Menschen seine Zeitgestalt gibt. Gene sind Programme für einzelne Teilschritte. Den großen Bauplan des Architekten können sie nicht ersetzen. Nach der philosophischen Richtung der Scholastik im Mittelalter war es eine tiefe Frage, warum ein Wolf, der regelmäßig Lämmer frisst, nicht zum Lamm wird. Solches müsste er eigentlich, wenn der Stoff wirklich entscheidend wäre. Ähnlich müsste ein Mensch, der sehr viel isst, mehr Energie haben als einer, der sich gemäßigt ernährt. In der Regel werden wir aber diese Wechselbeziehung so nicht finden. Es muss also eine dem Körper übergeordnete, zusammenhaltende Entität geben, die die Integrität des Körpers in der Zeit garantiert. In den Systemen des Ostens wurde diese Kraft als Chi oder Prana begriffen. Im Westen wird sie bei Paracelsus Archäus genannt, in der Homöopathie nach Hahnemann Lebenskraft und in der anthroposophischen Medizin nach Steiner Ätherleib oder Zeitleib.

Dieses uns organisierende »Kraftfeld« ist aber gleichzeitig auch unser Kraftreservoir – und sein zentrales Instrument ist der

Rhythmus. Jeder Organismus beginnt erst zu leben, wenn der Rhythmus ins Spiel kommt. Schon der Atemprozess ist mit dem ersten Geburtsschrei vom Aus- und Einatmen bestimmt. Gleiches gilt für das Herz im Spannungsfeld von Systole (Anspannung) und Diastole (Entspannung). Erst im ausgewogenen Wechsel von Aufbau und Abbau, von aktiver Leistung und der Regeneration bildet sich das Menschsein aus. Gerade im Vergleich zu den Maschinenprozessen darf der Mensch in so einem harmonischen Rhythmus leben. Maschinen »leben« im Takt, also in der festen Wiederholung des ewig Gleichen – dagegen wird Menschsein umfassend im Rhythmus ersichtlich. Vereinseitigung dieses Atemprozesses im umfassenden Sinne führt zur »sympathischen« Überforderung (Burn-out) oder auch parasympathischen »Überlangweilungssyndromen« (Bore-out). Wachen und Schlafen, Arbeiten und Regenerieren sind Vorgänge, die einen guten Rhythmus brauchen – er reguliert die Aufbau- und Abbauprozesse des Gesamtorganismus bis in die kleinste Zelle hinein.

Wenn man den Rhythmus eher physiologisch betrachtet, dann gerät der Begriff »Frequenzen« ins Blickfeld – sie sind Veränderungen einer Größe in der Zeit. Die einfachste »Frequenz« stellt der Tag-Nacht-Rhythmus dar. Er umfasst eine Periodenlänge von circa 24 Stunden. Weitere Frequenzen sind die Pulsfrequenz von 50 bis 90 Schlägen pro Minute oder auch die wahrgenommenen Schallwellen des Ohres von 20 bis 20 000 Hz. Aber auch andere Sinneseindrücke werden heute physikalisch als Frequenz begriffen. So liegt das fürs Auge wahrnehmbare Licht in einem Frequenzbereich von 400 bis 750 THz. Letztlich unterliegen alle Stoffwechselvorgänge und auch die heute messbaren Hirnströme bestimmten Zeitintervallen, die sich nur in der Periodendauer unterscheiden.

Noch für eine Generation vor uns war die Steuerungstechnik von Maschinen sehr aufwendig und bedurfte vieler mechanischer Verbindungen – sie konnte nicht schnell mal per Smartphone mittels winzigster »frequenzgestützter« Signale gesteuert werden. Umso mehr erstaunt, dass man den Menschen heute immer noch ausschließlich als physischen Leib betrachtet und die übergeordneten Zeitstrukturen nicht beachtet. Wir besitzen also - neben dem physischen Leib - auch noch eine »frequenzabhängige Zeitgestalt«. Die unterschiedlichen Rhythmen bilden zusammen beim gesunden Menschen eine Art harmonisches Orchester. Störungen in diesem Orchester haben eine Art Wächterfunktion, weil sie Erkrankungen ankündigen und dadurch diagnostisch wie prognostisch nutzbar sind. Kurzum: Der Mensch ist Rhythmus.

Merkwürdigerweise wird den Rhythmen in der Medizin bis heute nicht sonderlich viel Beachtung geschenkt. Dabei ist es

Spektrum der Periodendauer rhythmischer Funktionen beim Menschen. (modifiziert nach Hildebrandt 1975)

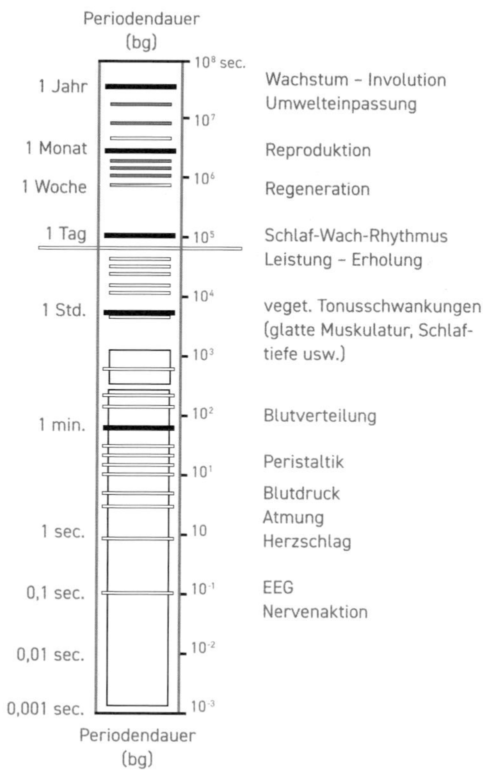

gerade unserer heutigen arhythmischen Lebensweise geschuldet, dass das rhythmische Organ per se, das Herz, erschreckend häufig von Erkrankungen betroffen ist. Herz- und Gefäßerkrankungen stellen in den westlich geprägten Ländern die Spitzenreiter unter den Erkrankungen einschließlich der höchsten Sterberate. Störungen der Zeitverhältnisse wirken sich gerade am Herzen und den Gefäßen aus.

Gunther Hildebrandt, verstorbener Professor für Physiologie an der Universität Marburg, hat sich mit der Bedeutung der Rhythmen für den Menschen und in der Arbeitswelt ausführlich auseinandergesetzt und erforscht. Er konnte zeigen, dass zur Erholung in der Nacht ein bestimmtes Verhältnis zwischen Atmung und Herzschlag erforderlich ist, das sich dem Wert 4:1 annähert (auf einen Atemzug vier Herzschläge). Kann ein Mensch dieses Verhältnis in der Nacht nicht erreichen, so korreliert dieses mit schweren Erkrankungen.

Hildebrandt fand noch weitere Biorhythmen, die den Menschen erst als Menschen konstituieren, und konnte damit Anregungen Rudolf Steiners, dem Begründer der anthroposophischen Medizin, bestätigen. Viele dieser Rhythmen basieren auf der Zahl 7. Sehr viele physiologische Regenerations- und Adaptationsprozesse erreichen den Normzustand nach ungefähr 4-mal 7 Tagen (= circalunar). Es ist oft ein Fehler, nach einer schweren Erkrankung frühzeitig an den Arbeitsplatz zurückzukehren, da die Erholung noch nicht stattgefunden hat. Nach Wundverletzungen bedarf es in der Regel recht genau 7 Tage, um die primäre Wundheilung abzuschließen.

Von den Wochen- und Monatsrhythmen ist es nicht weit zu den Jahresrhythmen und den kosmischen Rhythmen. Es ist der Mond, der uns den Monatsrhythmus schenkt, die Sonne den Jahresrhythmus. Noch größeren Rhythmen unterliegen der Jupiterumlauf mit fast 12 Jahren und Saturn mit 29 Jahren. Geht man noch weiter, kommt man zum platonischen Jahr. Damit wird die Präzessionsperiode der Erdachse von 25 700 bis 25 800 Jahren bezeichnet. In dieser wandert der Frühlingspunkt einmal durch alle Tierkreiszeichen (Sternbilder). Erstaunlicherweise steht der Mensch selbst zu diesem Rhythmus in einer mikrokosmischen Beziehung. Setzt man den Atemrhythmus mit 18 Zügen pro Minute an und multipliziert diesen Wert mit 60 Minuten und 24 Stunden, so erhält man mit 25 920 fast genau den Wert des platonischen Jahres. Wir atmen also jeden Tag ein platonisches Jahr. Gerade mit Bezug zu Covid-19 ist es interessant, dass Atemfrequenzen über 21 pro Minute oder unter 12 pro Minute mit einer deutlichen Erhöhung der Sterblichkeit bei Pneumonien einhergeht.[32]

Man kann es also drehen und wenden, wie man möchte: Der Mensch ist auf Rhythmus ausgelegt und eben nicht nur ein Haufen Materie aus dem Labor.

32 https://www.aerzteblatt.de/archiv/161078/Prognostische-Bedeutung-der-Atemfrequenz-bei-Pneumonie-Patienten

Wege der Heilung in der modernen Medizin

Corona-Impfungen: Der Impfstoff, der aus der Kälte kam

Es ist Mitte Oktober 2020. Während wir neben unseren jahreszeitlich bedingt wachsenden Verpflichtungen in Klinik und Praxis noch mitten in unserer Arbeit an diesem Buch stecken, nimmt die Diskussion um Corona eine neue Dynamik an. Getrieben durch die rasant steigenden Zahlen von positiven Tests und allmählich zunehmenden Erkrankungszahlen im Vergleich zum Sommer wächst die Nervosität. Die im Herbst häufiger akuten Atemwegsinfekte (»Erkältungen«) insgesamt tragen ihr Übriges zur Irritation bei. Vielfach wissen die Menschen nicht, wohin zum Corona-Abstrich, werden von Testzentren abgewiesen, und so treibt die wachsende Angst vor einer neuen Erkrankungswelle in der kalten Jahreszeit vermehrt auch Testwillige in die ohnehin vollen Hausarztpraxen und sorgt dort für Chaos. Die Verunsicherung ist groß, die Angst vor dem zweiten Lockdown noch größer, und viele ergriffene Maßnahmen lassen eine klare Perspektive vermissen.

Da trifft bei uns bayerischen Ärzten ein Schreiben der Kassenärztlichen Vereinigung ein, das aufmerken lässt. Denn es enthält erste konkrete Hinweise darauf, dass die von vielen herbeigesehnte Impfung wohl schneller zur Verfügung stehen wird, als erwartet, was ihre Besonderheiten sein werden und wie sie vonstattengehen wird. Wenn dieses Buch erscheint, wird das, was wir hier zum Thema der Corona-Impfungen schreiben, bereits Wirklichkeit sein. Wir würden uns in turbulenten Zeiten in einer seit langer Zeit nicht dagewesenen Situation befinden, heißt es in dem Schreiben, und insbesondere wir (die bayerischen Ärzte) stünden an vorderster Front beim Kampf gegen das Virus. Nun tritt dieser Kampf offensichtlich in ein neues Stadium ein. Denn wir werden nach unserer Bereitschaft für eine mögliche Impfung in speziellen Impfzentren gefragt. Die Impfstoffe werden zunächst nicht über die Apotheken ausgeliefert und nicht in der vertrauten Arztpraxis abgegeben. Die Verabreichung in Impfzentren sei erforderlich, da es sich um einen Impfstoff handeln wird, der bei hohen Minusgraden gelagert werden muss. Man kann es schon ahnen: Kaum etwas wird bei dieser Impfung so sein, wie wir es gewohnt sind. Der Presse ist dieser Tage zu entnehmen, dass bundesweit solche Impfzentren eingerichtet werden sollen und alle Landesregierungen aufgefordert seien, innerhalb von zwei Wochen Standorte für Impfzentren zu benennen.[33]

Bevor sie in die Impfzentren gelangen, werden die Impfdosen in speziellen, vom Logistikunternehmen UPS errichteten, Kühlhäusern gelagert. In einem solchen Kühlhaus, wie es in Deutschland in Frankfurt am Main errichtet wird, werden mehrere Millionen Impfeinheiten in speziellen Hochleistungskühlschränken untergebracht. UPS kann sie dank eigener Fluggesellschaft über Nacht unter extremer Kühlung an fast jeden Ort der Erde liefern. In einem solchen Gebäude sind 600 Kühleinheiten, in denen sich jeweils 48 000 Impfdosen befinden, also 28 800 000 – bei circa minus 70 Grad Celsius.[34] Sie dürften damit zu den kältesten Orten dieses Planeten gehören. Aber auch andernorts rüstet man sich für

33 https://www.bild.de/ratgeber/gesundheit/gesundheit/fertiger-corona-impfstoff-von-pfizer-lagert-in-kleiner-gemeinde-in-belgien-73465330.bild.html
34 https://www.dw.com/de/corona-impfstoff-lagern-und-liefern-bei-extremer-kälte/a-54707140

die Impfung. So lagern in dem belgischen Ort Puurs-Sint-Amands Mitte Oktober 2020 bereits Hunderttausende Ampullen eines Corona-Impfstoffs, den die amerikanische Firma Pfizer zusammen mit der deutschen Firma BioNTech produziert. Bis Ende 2020 will Pfizer 100 Millionen Dosen herstellen, 2021 will das Unternehmen dann 1,3 Milliarden Impfstoffdosen fertig haben.[35]

Das alles klingt ein wenig wie Science-Fiction. Und tatsächlich: Bei den Impfungen, um die es hier geht, handelt es sich um etwas ganz Neues, um spezielle Gen-Impfstoffe, sogenannte mRNA-Impfungen (oder mRNA-Vakzine). Diese sind zum Teil so temperaturanfällig, dass solche speziellen und extrem aufwendigen Vorkehrungen zur Lagerung und Verteilung getroffen werden müssen. Sie gehörten von Anfang an zu den meistdiskutierten Kandidaten für eine Corona-Impfung. Die Abkürzung mRNA steht für Messenger-RNA, ein Teil der Erbsubstanz in der Zelle, die an der Produktion von Eiweißen beteiligt ist. An Impfungen auf mRNA-Basis arbeiten unter anderem die US-Firmen Moderna, Pfizer und BioNTech sowie CureVac aus Deutschland.

Bereits weniger als elf Wochen nach der Entdeckung des Krankheitserregers am 9. Januar 2020 wurde am 16. März in Seattle (USA) den ersten Testpersonen ein solcher neuartiger Corona-Impfstoff von Moderna im Rahmen einer klinischen Prüfung injiziert. Diese Rekordzeit war möglich, weil es sich bei der mRNA-Vakzine um einen ganz neuartigen Impfstoff handelt, bei dem nicht wie üblich inaktivierte Partikel von Viren verwendet werden, die zunächst mühsam angezüchtet werden müssen. Man bedient sich vielmehr eines »Tricks« und schleust den Gen-Botenstoff mRNA (Messenger-RNA), welcher Erbinformationen des Virus enthält, in die Zellen ein. Diese werden dadurch veranlasst, den »eigentlichen Impfstoff«, nämlich Eiweißstrukturen, die typisch für das Virus sind und beispielsweise in den »Spikes«, den Zacken eines Coronavirus, enthalten sind, selbst zu bilden. Diese Eiweißstoffe gelangen auf die Oberfläche körpereigener Zellen, wo sich das Immunsystem mit ihnen wie mit Virus-Antigenen auseinandersetzen und Antikörper produzieren soll, die vor der jeweiligen Virusinfektion schützen. Anschließend, so das Konzept, unterliegen die Zellen dem normalen Abbau und die übertragenen Gene mit ihnen.

Doch die Impfwirkung soll bleiben, wie bei einer konventionellen Impfung. Das klingt genial. Wie gut wird es funktionieren? Wie sicher wird es sein? In der Vergangenheit waren Versuche, wirksame und sichere mRNA-Impfstoffe herzustellen, gescheitert. Diesmal setzt man aber alles daran, dass es klappt, und die ersten Ergebnisse der Zulassungsstudien, die auf eine Wirksamkeit schließen lassen, sind geeignet, eine Notfallzulassung für die ersten mRNA-Impfstoffe noch im Laufe des Jahres 2020 zu erwirken.[36]

Allerdings sind viele wissenschaftliche Fragen noch nicht vollständig geklärt, etwa wie gut die verschiedenen Impfstoffe schwere Covid-19-Verläufe und Todesfälle in bestimmten Bevölkerungsgruppen verringern, ob sie die Weiterverbreitung der Krankheit verhindern und zur Ausbildung einer sogenannten Herdenimmunität führen können und mit welchen sehr seltenen, aber schwerwiegenden Komplikationen zu rechnen ist. Antworten auf diese Fragen sind erst nach und nach zu erwarten, denn: »Keine der Studien, die derzeit laufen, sind darauf angelegt, eine Verringerung schwerer Verläufe zu erkennen, seien es Krankenhauseinweisungen, der Einsatz von Intensivmedizin oder Todesfälle. Auch sind die Impfstoffe nicht darauf untersucht, um festzustellen, ob sie die Verbreitung des Virus unterbrechen können.« Mit diesen Worten fasst der Forscher Professor Peter Doshi aus Baltimore, Mitherausgeber des renommierten *British Medical Journal* den Forschungsstand am 21.10.2020 zusammen. Sein Artikel trägt den vielsagenden Titel »Will covid-19 vaccines save lives? Current trials aren't designed to tell us« (Werden Covid-19-Impfungen

35 https://www.pfizer.de/presse/meldungen/pfizer-und-biontech-geben-potenzielle-liefervereinbarung-mit-der-eu-ueber-200

36 https://www.manager-magazin.de/finanzen/moderna-strebt-zulassung-fuer-corona-impfstoff-im-dezember-an-pfizer-und-biontech-im-november-a-b74c832f-7522-4cca-9ff4-44fc0489dc11

Leben retten? Aktuelle Studien sind nicht darauf angelegt, uns das zu verraten).[37] Vielleicht weiß man über diese offenen Fragen nach der Wirksamkeit und auch über die Nebenwirkungen in ein paar Jahren mehr, falls es dann Covid-19 noch gibt.

Mit RNA in eine neue Ära der Medizin starten?

Das Besondere an der mRNA-Impfung ist, dass es sich nicht nur um eine komplett neuartige Impfung handelt, sondern um eine sogenannte Impfplattform, die den Einstieg in eine ganz neue Ära der Medizin ermöglichen kann. Seit circa fünf Jahren wird weltweit mit Hochdruck an der Entwicklung solcher Impfstoff-Plattformen gearbeitet. Unter solchen Plattformen versteht man Impfungen, bei denen sehr schnell Bestandteile oder genetische Sequenzen neuer Erreger in eine vorhandene Matrix (z. B. ein Virus oder eine Hülle aus Nanopartikeln) »eingesteckt« werden, um im Falle einer Pandemie so bald wie möglich mit dem Impfen beginnen zu können. Sie werden manchmal auch als »Plug-and-play«-Impfstoffe bezeichnet. Im Falle der mRNA-Impfung ist es die Gensequenz in Gestalt eines mRNA-Moleküls, die in eine Hülle aus Nanomolekülen gesteckt wird und dann unseren Organismus umprogrammieren soll – wie ein Stück Fremd-Software. Was dann genau passiert, ist noch nicht vollständig geklärt. Entscheidend für den Erfolg ist, dass sich die synthetische Erbsubstanz im Gewebe oder in Organen anreichert, um dort die Produktion der Antigene, der eigentlichen Impfstoffe, zu bewirken. Mit dieser neuen Art von Impfung würden wir unseren Körper im Wesentlichen in eine eigene Impfstofffabrik verwandeln, fasst Microsoft-Gründer und Impfaktivist Bill Gates das Wesen dieser neuen Technologie treffend zusammen.[38]

Was wissen wir eigentlich über diese hochkomplexe und tief eingreifende Substanz namens RNA (*ribonucleic acid*, deutsch Ribonukleinsäure)? Welche Aufgabe hat sie normalerweise in unserem Körper? Sie ist im Gegensatz zu der im Zellkern lokalisierten DNA (*reoxyribonucleic acid*, Desoxyribonukleinsäure) im sogenannten Zytoplasma, dem Raum außerhalb des Zellkerns, zu finden. Die mRNA-Moleküle wandern dort vom Zellkern, der die Erbsubstanz in Form von DNA enthält, zu den Ribosomen, wie man jene Zell-Organellen nennt, welche die Eiweiße produzieren. Normalerweise vermittelt die mRNA also zwischen dem genetischen Code und der Eiweißsynthese. Durch die neuen Impfungen wird in diese hochkomplexen Prozesse eingegriffen, und die Zellen werden durch künstliche mRNA dazu gebracht, etwas zu produzieren, das sie normalerweise nicht herstellen würden, nämlich Strukturen eines Krankheitserregers. Es liegt auf der Hand, dass auch an Nutzungsmöglichkeiten dieser Impfungen für die Bekämpfung anderer Erkrankungen gearbeitet wird. Die moderne Impfstoffforschung hat so unterschiedliche Krankheiten wie Krebs, Bluthochdruck, Suchterkrankungen, Übergewicht, Asthma, Rheuma, Schuppenflechte, Multiple Sklerose, Darmentzündungen (Morbus Crohn) und andere im Fokus. Bill Gates ist begeistert von der Aussicht, diese Impfungen gegen Malaria einzusetzen. Den menschlichen Körper als Produktionsstätte zu nutzen – zu Ende gedacht, käme das einer neuen industriellen Revolution gleich. Und so könnte es sein, dass die Corona-Krise einen noch nie dagewesenen Innovationsschub im Bereich der Biotechnologien auslösen wird.

Eine ganzheitliche Betrachtung zeigt, dass die Funktion der Messenger-RNA eine vermittelnde ist: zwischen dem Informationspol der Zelle im Zellkern und den Stoffwechselvorgängen im Zellplasma. Sie stellt sicher, dass im gesunden Organismus immer genau die Eiweiße auf der Grundlage der Erbinformation gebildet werden, die unser Körper gerade benötigt.

In der anthroposophischen Medizin wird in diesen Vorgängen vor allem die steuernde Funktion des Ich gesehen, unseres Per-

37 Doshi, P. 2020. BMJ 371:m4037; doi: 10.1136/bmj.m4037

38 https://www.gatesnotes.com/Health/What-you-need-to-know-about-the-COVID-19-vaccine

sönlichkeitskerns, der sich seinen körperlichen Ausdruck schafft. Unter dem Einfluss des Ich und seiner auf den Körper gerichteten Organisation bildet der Organismus sein persönliches Eiweißmuster aus, legt die Grundlagen für seinen einzigartigen, unverwechselbaren Körper, dessen Unantastbarkeit ein Menschenrecht ist. Was bedeuten Eingriffe in diese Sphäre? Mit welchen Risiken, welchen Gefahren sind sie verbunden? Das wird in Zukunft wohl noch erforscht werden müssen. Fest steht jedoch: Die Vorgänge in den Zellen sind so komplex, dass sie sich nicht auf ein einfaches reduktionistisches Modell herunterbrechen lassen. Der Mensch – nicht mehr als ein Biocomputer? Und die Arznei ein Computerprogramm, eine App, ein Software-Update? Erfolgreiche Hightech-Unternehmer wie Bill Gates oder Tesla-Chef Elon Musk, der aktuell auch an der Verdrahtung von Gehirnen arbeitet und Maschinen zur Herstellung von mRNA-Impfstoffen für die deutsche Firma CureVac beisteuert, sind von einem solchen technokratischen, durch die Informationstechnik geprägten Menschenbild begeistert. Wo andere Probleme befürchten, sehen sie ganz neue Möglichkeiten: »Im Prinzip denke ich, dass synthetische RNA (und DNA) ein erstaunliches Potenzial haben«, so Elon Musk, »dies macht die Lösung vieler Krankheiten grundsätzlich zu einem Softwareproblem.«[39] Es ist vielleicht eine Art Signatur für das hinter diesen Produkten stehende mechanistische und reduktionistische Denken, dass diese Impfstoffe so extrem gekühlt werden müssen wie sonst nichts auf dieser Welt, weil sie unter dem Einfluss schon geringster Wärmezufuhr zerfallen würden. Der Impfstoff, der aus der Kälte kommt – die Rettung der Menschheit vor Covid-19 und darüber hinaus der Einstieg in die Industrialisierung unserer Köper, in ein goldenes Zeitalter der Biomedizin, einen neuen industriellen Zyklus mit dem Ziel, unseren Körper zu perfektionieren und in letzter Konsequenz Krankheit, Sterben und Tod zu überwinden?

Unbestritten ist die Rekordgeschwindigkeit, in der die Corona-Impfstoffe entwickelt und ganz neue Technologien mit Infrastrukturen wie Kühlhäusern, Flugzeugflotten und lokalen Impfzentren quasi aus dem Boden gestampft werden. Dazu braucht es Unsummen von Geld – und Institutionen, die solche Bestrebungen koordinieren und das nötige Geld dafür sammeln. Wie ist so etwas möglich geworden? Nur durch das rastlose Engagement von Impfaktivisten über Jahre hinweg, namentlich die deutsche Bundeskanzlerin Angela Merkel und Bill Gates. Beide waren federführend beteiligt an der Gründung der CEPI (Coalition for Epidemic Preparedness Innovations), einer Allianz von privaten und öffentlichen Investoren sowie Stiftungen (wie der Bill & Melinda Gates Foundation). Die CEPI, deren Motto »New vaccines for a safer world« (Neue Impfstoffe für eine sicherere Welt) lautet, wurde im Januar 2017 auf dem prestigeträchtigen Weltwirtschaftsforum in Davos gegründet. Auf dieser Veranstaltung im schweizerischen Davos treffen sich Jahr für Jahr die Reichen und Mächtigen dieser Erde, um dort vor alpiner Kulisse die Weichen für zukünftige globale Entwicklungen zu stellen. Dazu gehört es auch, Katastrophen wie Pandemien abzuwenden bzw. zu steuern. Vorausgegangen waren Initiativen von Bill Gates und Angela Merkel, beispielsweise auf der Geberkonferenz der Globalen Allianz für Impfstoffe und Immunisierung (Gavi) am 27. Januar 2015 in Berlin. Bundeskanzlerin Merkel, die Schirmherrin der Konferenz, traf sich bei dieser Gelegenheit mit Bill Gates. Sie legte bereits 2015 einen Sechs-Punkte-Plan vor, der zur Gründung der CEPI führte, die von der Bundesregierung mit mehr als 500 Millionen Euro unterstützt würde. Inzwischen sind aus verschiedenen Ländern, allen voran Deutschland, Steuergelder in Milliardenhöhe in diese Entwicklung eingeflossen. Die CEPI ihrerseits verteilt das Geld an die Impfstoffentwickler, die Impfstoffe kreieren, sie in klinischen Studien

39 https://www.teslarati.com/tesla-automation-covid-19-vaccine-microfactory/

testen und in einem letzten Schritt dann die Massenproduktion vorbereiten sollen. Mit staatlichen Hilfen wird auch dafür gesorgt, dass diese Neuentwicklungen ohne wirtschaftliche Risiken erfolgen können und dass die Firmen von der Produkthaftung befreit sind.

Nach Angaben der Weltgesundheitsorganisation WHO gab es im Oktober 2020 weltweit 190 Impfstoffentwicklungen gegen das Coronavirus, davon befanden sich 42 in klinischen Studien.[40] Länder wie China und Russland verimpfen seit Sommer 2020 bereits ihre Eigenentwicklungen in großem Umfang. Nicht alle Impfstoffe müssen bei extremen Minustemperaturen gelagert werden, viele Impfstoffkandidaten könnten ihre Wirksamkeit auch bei höheren Temperaturen behalten und auf konventionelle Weise gelagert und vertrieben werden. Das scheint selbst für mRNA-Impfstoffe anderer Firmen (Moderna, CureVac) zu gelten. Unter den wahrscheinlichen Kandidaten sind unterschiedliche Arten von Impfungen. Dabei handelt es sich sowohl um herkömmliche Impfungen, wie die sogenannten Totimpfstoffe, bei denen Viruseiweiße verwendet werden, als auch um neuartige, experimentellere Impfstoffe wie die sogenannten Vektorimpfstoffe auf Basis anderer Viren, die beispielsweise in Schimpansen vorkommen und in welche Genmaterial, das aus SARS-CoV-2 stammt, eingebaut wurde. Totimpfstoffe, Vektorimpfstoffe und allen voran mRNA-Impfstoffe werden, soweit sich derzeit Vorhersagen treffen lassen, wahrscheinlich in naher Zukunft zur Vorbeugung von Covid-19 zugelassen und breit eingesetzt werden. Aktuelle und vollständige Übersichten über die Entwicklung von Impfstoffen gegen Covid-19 sind im Internet zu finden, beispielsweise auf Wikipedia, wo es einen eigenen, laufend aktualisierten Eintrag zum Thema Covid-19-Impfstoffe gibt.[41]

Es ist erstaunlich, was hier in kürzester Zeit aus einer Art Goldgräberstimmung heraus entstanden ist, und nichts liegt uns ferner, als diese gigantischen Leistungen irgendwie schmälern zu wollen. Die Impfungen haben sich in atemberaubendem Tempo ihren festen Platz im Kampf gegen Covid-19 gesichert. Zunächst werden im Gesundheitswesen Tätige geimpft sowie Angehörige von Risikogruppen, das heißt Alte und chronisch Kranke. Vielleicht wird es Einreisebestimmungen geben, die eine Corona-Impfung voraussetzen, so wie man heute an manchen Grenzen einen Impfnachweis gegen Gelbfieber vorlegen muss. Die Frage nach einer allgemeinen Impfpflicht wird sich erst einmal gar nicht stellen, da die Nachfrage viel größer sein wird als das Angebot an Corona-Impfungen. Sie werden aber andererseits wie viele Impfungen auch neue Probleme mit sich bringen.

Grundsätzlich sehen wir ein Problem des Impfens darin, dass der menschliche Organismus zur Wahrnehmungs- und Gedächtnistätigkeit veranlasst wird, ohne dass seine Wärmeorganisation angemessen reagieren kann – zum Beispiel in Gestalt von Fieber (Soldner/Stellmann 2011), das im Rahmen einer Infektion eine wichtige Schutzfunktion hat. Das wird wohl auch für mRNA-Impfstoffe gelten – wegen ihrer ausgeprägten Affinität zur Kälte vielleicht sogar in besonderer Weise. Eine Impfung kann quasi den Sinnes- oder Kopfpol, den Kältepol des Menschen, einseitig überlasten und dadurch den Organismus konstitutionell schwächen oder gar zu Erkrankungen führen. Hier können wir dem geschwächten Organismus jedoch zu Hilfe kommen. In der anthroposophischen Medizin stärken wir den Nervensinnespol pflanzlich durch Arnika, den Bergwohlverleih *(Arnica montana)*. Arnika wird innerlich als homöopathische Zubereitung gegeben und kann auch äußerlich als Salbe, Gel oder Auflage angewendet werden. Mit Blick auf die notwendige Stärkung der Wärmeorganisation und des Gesamtorganismus werden auch Meteoreisen Globuli velati eingesetzt. Die Behandlung mit Arnika, der *Königin der Heilpflanzen* (Wilkens/Meyer/Mandera 2018) und Meteoreisen haben wir in unserem Kapitel über die Impfnebenwirkungen (Seite 102) dargestellt.

40 https://www.bmbf.de/de/corona-das-ist-der-stand-bei-der-impfstoff-entwicklung-11152.html
41 https://de.wikipedia.org/wiki/SARS-CoV-2-Impfstoff#SARS-CoV-2-Impfstoffkandidaten

Grippe-Impfung und Corona-Infektionen

Die jährliche Grippewelle beginnt bei uns in Deutschland meist kurz vor Weihnachten oder im Januar und hält dann etwa drei bis vier Monate an. Eine größere Grippewelle könne unser Gesundheitssystem während der Corona-Pandemie nicht verkraften, mahnte der Gesundheitsminister schon im Spätsommer 2020. Politiker und auch Virologen raten daher dazu, sich vermehrt gegen Grippe und andere Atemwegserkrankungen impfen zu lassen. Auch die Weltgesundheitsorganisation WHO und Impfvereinigungen wie die EU-Organisation Central European Vaccination Advisory Group CEVAG empfehlen die Grippeimpfung für jeden, aktuell bereits ab einem Lebensalter von 6 Monaten, wie in manchen Ländern (z. B. USA) schon seit Längerem üblich. Dabei wird argumentiert, auch gesunde Babys könnten durch Infektion mit Grippeviren (= Influenzaviren) besonders gefährdet sein, weil sie noch keinen natürlich erworbenen Immunschutz haben. Diese Argumente sind jedoch nicht ausreichend belegt, und so empfehlen maßgebliche Institutionen in Deutschland wie die Ständige Impfkommission (STIKO) am Robert-Koch-Institut RKI, im Kindesalter nur bei Vorliegen von gesundheitlichen Risiken für schwere Grippeverläufe zu impfen, vor allem bei chronischen Krankheiten der Atemwegsorgane sowie von Herz, Leber und Nieren.

Kinder sind selbst nicht besonders gefährdet. Aber Kinder können bei der Übertragung der Grippe eine relevante Rolle spielen – ganz anders als bei Covid-19 (daher ist das Unwort »Virenschleuder« für Kinder in der Corona-Diskussion nicht nur diskriminierend, sondern auch unsachgemäß). Niemand weiß, wie die aktuelle Grippewelle wird (die letzte Influenzawelle 2019/2020 verlief außerordentlich mild), aber wenn es um Viren geht, neigt man derzeit eher zum Aktionismus und rät etwa zur Grippeimpfung für das Baby – um die Großeltern zu schützen.[42] Dabei muss bedacht werden, dass Grippeerkrankungen vor allem bei älteren Menschen durchaus schwere Verläufe nehmen können. Von daher scheint es nicht verkehrt, wenn sich Angehörige impfen lassen – nicht um ihrer selbst willen, sondern um ihre Nächsten zu schützen. Ein solches altruistisches Motiv ist auf jeden Fall unterstützenswert. Ob andererseits die Schwächsten in der Gesellschaft, nämlich die Babys und Kinder, zum Schutz der älteren Generationen herangezogen werden dürfen, sollte auch unter ethischen Gesichtspunkten diskutiert werden – bei Influenza und ebenso bei Covid-19. Hier deutet sich wie auch bei so manchen kinderfeindlichen Pandemie-Maßnahmen (z. B. Schließung von Spielplätzen, Kitas usw. während der Lockdowns) ein Generationenkonflikt an. Denn schließlich kann die Grippeschutzimpfung auch Nebenwirkungen haben, und Kinder müssen beim ersten Mal sogar zweimal im Abstand von vier Wochen eine Injektion erhalten – zusätzlich zu all den vielen Impfungen, die für das Kindesalter empfohlen werden oder vorgeschrieben sind.

Jedes Jahr ein Update

Entwickelt wurde die Grippeimpfung unter dem Eindruck der sogenannten Spanischen Grippe. Dies war eine verheerende Grippe-

42 https://www.welt.de/gesundheit/article215203378/Gripppe-und-Coronavirus-Wie-sinnvoll-ist-Grippeimpfung-fuer-Kinder.html

pandemie, die 1918 bis 1920 mit bis zu fünfzig Millionen Toten auf der ganzen Welt die noch vom Ersten Weltkrieg gebeutelte, unter vielfachen Entbehrungen und Unterernährung leidende Menschheit heimsuchte. So etwas sollte sich nie mehr wiederholen! Da sich die Stämme der Grippeviren stetig wandeln, werden seit den 1950er-Jahren die Impfungen für jede Grippesaison in ihrer Zusammensetzung an die zu erwartenden Stämme angepasst. Referenzlabore auf der ganzen Welt (in Deutschland das Nationale Referenzzentrum für Influenza am RKI) untersuchen laufend die zirkulierenden Grippeviren und geben die Resultate an die Weltgesundheitsorganisation WHO weiter. Jahr für Jahr entscheiden auf dieser Grundlage die dafür zuständigen WHO-Experten über die Zusammensetzung der neuen Grippeimpfstoffe für die kommende Saison (Stammanpassung). Für Europa wird die für alle Hersteller verbindliche Empfehlung meist im Februar ausgesprochen, damit diese ausreichend Zeit haben, bis zum Herbst genügend Impfstoff zu produzieren. Es handelt sich also um eine Impfung, die man jährlich auffrischen muss. Man erhält quasi ein »Update« mit der jeweils neuen Stammzusammensetzung. Zum anderen ist die Auffrischung erforderlich, weil die durch die Impfung vermittelte Immunität ohnehin rasch wieder nachlässt, vor allem bei älteren Personen, die als durch die Erkrankung besonders gefährdet gelten. Denn die Wirksamkeit (Effektivität) der Grippeimpfung liegt bei Weitem nicht auf dem Niveau anderer empfohlener Impfungen, wie beispielsweise der Impfung gegen Wundstarrkrampf oder Masern-Mumps-Röteln. Studien zeigen meist eine Schutzwirkung um die 30 Prozent, zum Teil etwas mehr, zum Teil aber auch weniger. So lag die Impfeffektivität 2017/2018 bei 15 Prozent und 2018/2019 bei 21 Prozent.[43]

Die Wirksamkeit der Influenza-Impfung betrug nach Angaben des Robert-Koch-Instituts (RKI) für die Grippesaison 2019/20 rund 62 Prozent, wie im Epidemiologischen Bulletin 45/2020 (5. November 2020) berichtet wird.

In den Wintermonaten kommt es während der Grippewelle regelmäßig zu Überbelegungen in Kliniken. Da ältere Personen ab sechzig Jahren und solche mit schweren Vorerkrankungen zu den Risikogruppen sowohl für Grippe als auch für Covid-19 gehören, wurde das gesundheitspolitische Ziel formuliert, Doppelerkrankungen bei dieser vulnerablen Personengruppe zu vermeiden, um die Krankenhauskapazitäten nicht überzustrapazieren. Somit spricht hier einiges für die Grippeimpfung, die für diesen vulnerablen Personenkreis auch offiziell vom RKI empfohlen wird. Das entbindet natürlich nicht von der Notwendigkeit, die Abwehr- und Selbstheilungskräfte anderweitig zu stärken, durch einen gesundheitsfördernden Lebensstil wie auch durch gezielte Maßnahmen. In der anthroposophischen Medizin wurden gute Erfahrungen mit der prophylaktischen Einnahme von Meteoreisen-Globuli, 1-mal täglich 10 Stück gemacht, um während der Grippesaison die Abwehrkräfte zu stärken.

Kontrovers diskutiert wird die Frage, ob eine Grippeimpfung das Risiko, an Covid-19 zu erkranken, erhöhen kann. Ausgelöst wurde diese Diskussion durch eine Studie des amerikanischen Verteidigungsministeriums, in der untersucht wurde, ob die Grippeimpfung mit einer erhöhten Rate von Infektionen mit anderen Atemwegsviren einschließlich Coronaviren verbunden ist. Das zugrundliegende Phänomen wird Virusinterferenz genannt. »Von Impfstoffen herrührende Virusstörungen waren signifikant mit Coronaviren assoziiert«, heißt es in der Veröffentlichung von Greg G. Wolff in der Zeitschrift *Vaccine* vom 10. Januar 2020 (Wolff 2020). Wolff stellte keinen Zusammenhang zwischen der Influenza-Impfung und dem generellen Risiko einer Infektion mit anderen Atemwegsviren fest. Allerdings gab es bei der Untersuchung des Zusammenhangs mit der Influenza-Impfung und des Risikos einer Infektion mit bestimmten Viren zwei Viren, die signifikant erhöhte Raten zeigten, das endemische Coronavirus und

43 https://www.ptaheute.de/index.php?id=4889

das humane Metapneumovirus. Bei den Coronaviren in dieser Studie handelt es sich um die vier seit den 1960er-Jahren bekannten sogenannten endemischen, regelmäßig zirkulierenden Coronavirus-Stämme (229E, NL63, OC43 und HKU1) während der Influenza-Saison 2017/2018. Auf Infektionen mit dem neuartigen Coronavirus (SARS-CoV-2), dem Erreger von Covid-19, können daher die Ergebnisse nicht übertragen werden.

Es gibt aber immer wieder Patienten, die davon berichten, dass sie nach einer erstmaligen Grippeimpfung unter vermehrten Infekten gelitten haben. In solchen Fällen könnte durchaus eine Virusinterferenz vorgelegen haben – oder es handelte sich um eine bloße Koinzidenz. Das könnte sich zum Beispiel in den nächsten Jahren zeigen. Die meisten Menschen, die solche Erfahrungen gemacht haben, lassen sich nicht erneut gegen Influenza impfen.

Manche wissenschaftlichen Studien geben vor allem für grippegeimpfte Kinder ein erhöhtes Risiko an, an anderen, nicht durch Influenzaviren bedingten Virusinfekten zu erkranken. Es gibt allerdings auch Hinweise darauf, dass gegen Grippe geimpfte Menschen seltener an Covid-19 erkranken, weil Impfungen ein Training der Immunantwort darstellen.[44] Ein solcher Trainingseffekt, der in einer vorübergehenden unspezifischen Immunität besteht, kann natürlich nicht nur für Impfungen, sondern auch für die Influenza-Infektion als solche geltend gemacht werden:

»Während die Influenza-Impfung Schutz vor Influenza bietet, kann eine natürliche Influenza-Infektion das Risiko von Atemwegsviren ohne Influenza verringern, indem sie eine vorübergehende, unspezifische Immunität gegen diese Viren bietet. Andererseits haben kürzlich veröffentlichte Studien das Phänomen der Impfstoff-assoziierten Virusinterferenz beschrieben; das heißt, geimpfte Personen haben möglicherweise ein erhöhtes Risiko für andere Atemwegsviren, da sie nicht die unspezifische Immunität erhalten, die mit einer natürlichen Infektion verbunden ist.« (Wolff 2020)

So widersprüchlich die wissenschaftlichen Ergebnisse sind, eines wird deutlich: Gerade am Phänomen der Virusinterferenz zeigt sich, wie illusionär und auch potenziell gefährlich die Vision einer Virusfreiheit um jeden Preis sein kann. Denn die Bekämpfung des einen Virus kann die Infektionsrate mit einem anderen begünstigen, und wir verstehen immer noch viel zu wenig von den ökologischen Wechselwirkungen zwischen den verschiedenen Viren, um hier die Folgen des Handelns immer richtig abschätzen zu können. Viren beeinflussen sich wechselseitig, können sich gegenseitig verstärken oder schwächen. Das bedeutet nicht, dass man gegen gefährliche Krankheiten nicht impfen soll. Impfschutz kann gerade für Risikogruppen von großer Bedeutung sein. Es sollte, soweit es um die Impfung von gesunden und weniger gefährdeten Menschen geht, jedoch immer abgewogen werden, ob hier ein Nutzen wirklich zu erwarten ist – oder eher nicht. Denn wo kein Nutzen erkennbar ist, müssen wir uns meistens mit den Nachteilen auseinandersetzen.

44 Priya, A. et al., The effect of influenza vaccination on trained immunity: impact on COVID-19 https://www.medrxiv.org/content/10.1101/2020.10.14.20212498v1

Nebenwirkungen der Impfungen, deren Vorbeugung und Therapie

Seit Januar 2021 wird in Deutschland gegen das neue Coronavirus (SARS-CoV-2) geimpft. Schon die Covid-19-Erkrankung ist sehr komplex. Mehr noch gilt das für die Impfstoffe, die auf den schon gezeigten neuen Technologien basieren. Ihre Wirkung beruht überwiegend darauf, dass genetische Informationen in die Zellen eingeschleust werden, die den Organismus veranlassen, Viruseiweiße zu bilden. Erst diese vom Körper erzeugten Substanzen rufen eine Abwehrreaktion hervor mit dem Ziel, Immunität gegen das Virus zu erzeugen. Das heisst, der »eigentliche« Impfstoff, auf den das Immunsystem reagiert und Antikörper produziert, wird vom Körper selbst gebildet. Es handelt sich dabei um das sogenannte Spike-Protein, jenes Eiweiß, das für den Eintritt von SARS-CoV-2 in die Wirtszelle zuständig ist. Dieses Prinzip gilt für beide derzeit in Deutschland gängigen Impfstofftypen. Bei den mRNA-Impfungen, auch genetische Vakzine genannt, sind die aus dem Botenstoff mRNA bestehenden Genschnipsel von Lipid-Nanopartikeln, wasserunlöslichen Teilchen, umhüllt, die in das Zelleninnere (Zytoplasma) eindringen. Die sogenannten vektorbasierten Impfungen (Vektorvakzinen) hingegen enthalten genmanipulierte Viren, mit deren Hilfe die Information in den Zellkern eingeschleust wird. Beides scheint recht gut zu funktionieren und den Geimpften zumindest kurzfristig eine zuverlässige Immunität gegen die gefürchteten Coronaviren zu verleihen. Dieser Schutz geht aber mit Impfreaktionen und Komplikationen einher, wie wir sie zum Teil bei herkömmlichen Impfungen noch nicht beobachtet haben.

Die neuen Impfstoffe stellen den Organismus vor Herausforderungen, die zum Teil ähnlich sind wie jene von normalen Impfstoffen und sich etwa in leichten Schmerzen an der Injektionsstelle, leichtem Krankheitsgefühl oder Kopfschmerzen bemerkbar machen, zu einem großen Teil aber auch deutlich darüber hinausgehen. Das gilt vor allem für jüngere Menschen, bei denen Impfungen generell eine drastischere Immunantwort hervorrufen. Wir beobachten mehr und heftigere Nebenwirkungen als beispielsweise bei der Impfung gegen Grippe oder Wundstarrkrampf. Das ist nicht verwunderlich, denn im Laufe der Evolution mussten sich Organismen bislang weder mit freier Erbinformation (mRNA), Lipid-Nanopartikeln, wie sie bei den mRNA-Impfungen als «Verpackung» verwendet werden, oder mit genmanipulierten Viren wie bei den Vektorimpfstoffen auseinandersetzen. Sehr seltene, aber schwere bis schwerste Nebenwirkungen, zum Beispiel Sinusthrombosen des Gehirns, also Blutgerinnsel, die zu einem lebensbedrohlichen Blutstau im Kopf führen, vor allem bei jüngeren Frauen, haben Schlagzeilen gemacht und sind inzwischen weithin bekannt. Über die weniger spektakulären, aber dafür weit verbreiteten Impfreaktionen und Nebenwirkungen, die wir bei unseren Patientinnen und Patienten regelmäßig beobachten, wird eher wenig gesprochen. Diese häufig auftretenden Reaktionen können allerdings recht unangenehm und belastend sein und führen vielfach zu Arbeitsunfähigkeit und Einschränkungen im Alltag, in einem Ausmaß, das wir bislang bei den üblicherweise empfohlenen Impfungen nicht gesehen haben. Viele Geimpfte machen eine Art »Covid-light« durch, manchmal auch mit länger anhaltenden Beschwerden, wie wir das so von der Covid-19-Erkrankung kennen (Long-Covid). Schließlich bleibt die Frage nach den noch unbekannten mittel- und langfristigen Auswirkungen der neuen Impfstofftypen, zumal zu erwarten ist, dass es nicht bei einer einmaligen Grundimmunisierung bleibt, sondern regelmäßige Auffrischungsimpfungen stattfinden werden.

Gerade über die Frage der Langzeitwirkungen wird viel spekuliert, jedoch ist die Faktenlage im Augenblick noch dünn. Wir wissen einfach immer noch zu wenig über die neuartigen Impfstoffe. Impfkritiker raten daher vielfach, auf die Impfung zu verzichten. Das kommt jedoch für viele Menschen aus unterschiedlichen Gründen nicht infrage. Wir wollen daher hier einige praktische Tipps geben, wie man unangenehmen Impfreaktionen und -komplikationen vorbeugen kann. Dabei ist zu beachten, dass Impfnebenwirkungen, vor allem bei den neuen Impfstoffen, die zunächst über eine Art »Notzulassung« direkt in die Massenanwendung gekommen sind, ärztlich behandelt, erfasst und gemeldet werden müssen. Unsere Tipps widmen sich daher vor allem der Vorbeugung und nur in zweiter Linie der Therapie von meldepflichtigen Nebenwirkungen, die in der Regel individueller ärztlicher Behandlung bedürfen. Wer als Betroffener Nebenwirkungen selbst melden will, kann das beispielsweise beim Paul-Ehrlich-Institut tun. Dort steht unter https://nebenwirkungen.bund.de/ ein spezielles Meldeformular zur Verfügung.

Wir möchten uns zunächst den weit verbreiteten und in allen Altersgruppen verimpften genetischen Vakzinen (mRNA-Impfungen) widmen, die aktuell von den Firmen BioNTech/Pfizer (mit dem Markennamen Cormirnaty) und Moderna (COVID-19 Vaccine Moderna) angeboten werden. Dabei beziehen wir uns in erster Linie auf eigene Erfahrungen in unseren Praxen.

Am häufigsten treten lokale Nebenwirkungen an der Einstichstelle auf, die vielfach die bei Impfungen im Allgemeinen vorübergehenden, milden Schmerzen übertreffen. So haben wir bei einigen Patientinnen über mehrere Tage anhaltende, überwärmte, flächige Hautrötungen festgestellt, mit Schwellung der Umgebung, Schmerzen und Bewegungseinschränkungen des Armes. Die Lymphknoten in der Achselhöhle können angeschwollen und schmerzhaft sein. Vielfach erinnern die Hautreaktionen an Insektenstiche, zum Beispiel durch eine Biene. Sie treten ab dem Folgetag und bis zu circa 10 Tage nach der Impfung auf, kommen häufiger bei Frauen vor und sind scheinbar unabhängig vom Alter. Noch am Tag der Impfung finden sich ein ausgeprägtes Schwächegefühl und Kopfschmerzen, hinter den Augen und im Bereich der Stirn. Viele mit mRNA Geimpfte fühlen sich müde, schwach und hohl, oder sie klagen über eine »Matschbirne« oder das Gefühl, »wie mit dem Hammer auf den Kopf« geschlagen worden zu sein. Eine leichte Desorientierung, Koordinations- und Sprachstörungen sind häufig mit dabei, manchmal nur für Minuten. In der Regel sind diese Phänomene ab dem dritten Tag nach der Impfung wieder verschwunden, oft schon früher. Das gilt auch für Allgemeinreaktionen wie Kopf-, Glieder- und Rückenschmerzen sowie Schüttelfrost. In den ersten Tagen nach der Impfung scheint eine Abwehrschwäche vorzuliegen. Darauf weist die Beobachtung von Erkrankungen an Gürtelrose (Herpes zoster) unmittelbar nach der Impfung hin, einer Viruserkrankung, die sich häufig bei abwehrgeschwächten Menschen findet. Die Gürtelrose zeigt sich als ein schmerzhafter, streifenförmiger, auf eine Körperhälfte beschränkter Hautausschlag mit Bläschenbildung, der umgehend ärztlich behandelt werden muss. Auch schwere allergische Reaktionen vom »Soforttyp« auf Comirnaty und COVID-19 Vaccine Moderna kommen vor, bis hin zum lebensbedrohlichen sogenannten anaphylaktischen Schock. Ursächlich wird als auslösendes Allergen Polyethylenglycol (Macrogol, PEG) benannt, das in diesen Impfstoffen als Wirkstoffträger enthalten ist. Menschen mit bekannter Allergie auf PEG und allgemein schweren Allergien in der Vorgeschichte raten wir grundsätzlich, für die Impfung ein Impfzentrum aufzusuchen, wo in der Regel Notfallmediziner und Rettungssanitäter vor Ort sind und bei bekannter allergischer Vorgeschichte eine engmaschige Überwachung gewährleisten und Notfallmaßnahmen bereithalten.

Vorsicht ist bei Patienten geboten, die unter einer schweren Autoimmunerkrankung leiden oder bei denen eine schwere Herzerkrankung besteht und bei Patienten, die erst vor wenigen Tagen eine fieberhafte Erkrankung durchgestanden haben. Wir konnten schon öfter nach der Impfung eine Reaktivierung einer Grunderkrankung (zum Beispiel chronische Darmentzündung oder Rheuma) erleben. Eine Herzmuskelentzündung scheint der Impfstoff von BioNTtech besonders bei jungen Männern auslösen zu können.

Bei den Vektorimpfstoffen, die wegen der seltenen schweren Komplikationen (Sinusthrombosen) bei jüngeren Frauen in der Regel nur noch bei über 60-jährigen verabreicht werden, beschränken sich unsere Erfahrungen bislang vor allem auf den Impfstoff von AstraZeneca (Markenname: Vaxzevria), der ein genmanipuliertes, abgeschwächtes, nicht vermehrungsfähiges Adenovirus des Schimpansen enthält. Er ist aufgrund des eingesetzten Materials mit einer Lebendimpfung, wie sie zum Beispiel gegen Kinderkrankheiten gegeben wird, vergleichbar und führt unserer Erfahrung nach zu einer deutlichen Allgemeinreaktion mit typischen grippalen Symptomen wie Schüttelfrost, Fieber, Kopf- und Gliederschmerzen. Das Fieber misst oft mehr als 40 Grad, was ein für Erwachsene sonst eher seltenes Ereignis ist. Gliederschmerzen und Missempfindungen bis in die Fingerspitzen und Zehen können zum Teil wochenlang anhalten. Das gilt auch für ein Schwächegefühl und die Erschöpfung.

Fallbeispiel AstraZeneca

Eine junge Arzthelferin wurde gegen 19.30 Uhr geimpft. Ab 22.00 Uhr stellten sich eine extreme Müdigkeit und Kopfschmerzen ein. Es gab eine Fieberentwicklung auf circa 39 Grad. Gegen 01:00 Uhr nachts ständiges Erbrechen und unkontrolliertes Zucken der Gliedmaßen.

Ab 06:00 Uhr am nächsten Morgen Wortfindungsstörungen und Appetitmangel. Gegen 09:00 Uhr Arbeitsabbruch infolge Schwäche, Erschöpfung und Konzentrationsstörungen. Selbst Autofahren war nicht mehr möglich. Sie musste abgeholt werden. Nach viel Schlaf und Bewegung an der frischen Luft stellte sich eine schnelle Besserung der Beschwerden binnen 2 bis 3 Tagen ein.

Fallbeispiel AstraZeneca
Eine Frau in den Dreißigern leidet auch 4 Wochen nach der Impfung noch unter Gliederschmerzen, elektrisierendem Gefühl bis in die Finger und Erschöpfung. Laborwerte und nervenärztliche Untersuchung sind ohne krankhaften Befund.

Fallbeispiel BioNTech/Pfizer
Eine ältere Arzthelferin wurde gegen 10:30 Uhr geimpft. Ab 21:00 Uhr stellte sich hohes Fieber bis 40 Grad ein. Dabei bestanden starke Gliederschmerzen, insbesondere der Impfarm konnte nicht bewegt werden, sie vermochte keine Bettdecke aufzuschlagen oder den Schlafanzug anzuziehen. Stete Übelkeit. Auch drei Wochen später bestehen stete Kopfschmerzen mit dem Gefühl, als wenn alles im Kopf verstopft wäre.

Fallbeispiel BioNTech/Pfizer
Eine 72-Jährige leidet in der Nacht nach der Impfung unter Schmerzen in den Beinen, so als würden diese abgesägt. Sie hat das Gefühl, nicht mehr Herrin im eigenen Hause, sondern ferngesteuert zu sein und klagt auch nach 3 Wochen noch über anhaltende schwere Erschöpfung.

Allgemein gesprochen wirkt die AstraZeneca-Impfung stoffwechselbetonter, akuter und ähnelt in Wirkung und Wirkweise dem Gift der Kreuzotter. Sie scheint besonders bei eher kräftig gebauten Menschen hilfreich zu sein, hingegen wirkt der Impfstoff von BioNTech/Pfizer mehr nervenbetont und erinnert in der Wirkung an das Gift der Kobra, das deutlich neurotoxische Wirkungen aufweist. Es ist möglich, dass diesen beiden Schlangengiften in der Nachbehandlung eines unerwünschten Impfereignisses noch eine größere Rolle zukommt.

Die nun folgenden Hinweise gelten sowohl zur Vorbeugung der aufgeführten leichten bis mittelschweren Nebenwirkungen der Schutzimpfungen gegen Covid-19 als auch der seltenen schweren Nebenwirkungen wie beispielsweise Lähmungen und Thrombosen, welche wir hier nicht detailliert dargestellt haben, die aber allgemein bekannt sind, auch aus den Medien.

Zunächst einmal sollte jeder Impfung ein ärztliches Gespräch sowie wenn nötig eine kurze Untersuchung vorangehen. Keinesfalls sollte man in einer Situation von Erschöpfung oder akuter Erkrankung, zum Beispiel an einem Infekt, impfen. Bei bekannten Allergien sind entsprechende Vorkehrungen zu treffen (siehe oben). In den auf die Impfung folgenden zwei bis drei Tagen sollte die Möglichkeit bestehen, sich dem Alltagsstress zu entziehen und Ruhepausen einzulegen, falls die Impfreaktionen das erforderlich machen. Wie bei einer Infektion muss sich der Organismus hier mit einem fremdartigen Agens auseinandersetzen, und wir können ihn am besten unterstützen, indem wir ihn nicht überfordern, sondern in seiner Abwehrreaktion unterstützen. Dazu gehört es, ausreichend zu trinken und nicht bei den ersten Symptomen wie Kopfschmerzen oder Temperaturerhöhung nach den beliebten schmerzlindernden und immunschwächenden Mitteln wie Ibuprofen, Aspirin (ASS) und so weiter zu greifen, sondern Hausmittel wie Umschläge und Wadenwickel sowie Naturheilmittel zu bevorzugen. Die folgenden Vorschläge für eine allgemein vorbeugende und gezielt an den Reaktionen ausgerichtete Medikation beruht auf unseren eigenen Erfahrungen mit gegen Covid-19 Geimpften und der jahrzehntelangen Expertise der anthroposophischen Medizin in der Vorbeugung und Behandlung von Impfnebenwirkungen. Sie orientiert sich einerseits an den Symptomen, die wir nach den Impfungen beobachtet haben, und andererseits an den Arzneimittelbildern der eingesetzten Substanzen.

Zur allgemeinen Vorbeugung sowohl bei vektorbasierten Impfungen als auch bei mRNA-Impfungen:

> Apis/Arnica Globuli velati WALA
> *Dosierung:* Vom Tag vor der Impfung bis zum 3. Tag nach der Impfung 3- bis 4-mal täglich 5–10 Globuli
> Ergänzend kann Apis/Arnica durch eine anthroposophische Ärztin oder einen anthroposophischen Arzt gespritzt werden.

Arnica montana: zentrale Heilpflanze für Impfreaktionen und Impfnebenwirkungen. (Foto: Frank Meyer)

Begründung: Arnika, Bergwohlverleih, hat sich überall da bewährt, wo der physische Zusammenhalt des Organismus durch ein Trauma geschwächt wird. Das scheint bei den Covid-19-Impfungen in einem besonderen Maße der Fall zu sein. Apis, eine Zubereitung aus der Honigbiene, unterstützt Arnika dabei, die gestörten Prozesse neu zu integrieren und wirkt zudem antientzündlich und hat ähnlich wie Arnika eine positive integrative Wirkung auf das Nervensystem.

Lokale Behandlung von Nebenwirkungen an der Einstichstelle (wie oben beschrieben):

Arnika-Salbe 30 % (Weleda) auftragen oder ein Arnika Wundtuch (WALA) auflegen oder mit Combudoron (Weleda) behandeln.

Bei Kopfschmerzen, Müdigkeit und Erschöpfungssyndromen nach mRNA-Impfungen:

Meteoreisen-Globuli velati
Dosierung: 3- bis 4-mal täglich 5–10 Globuli einnehmen bis zum Abklingen der Kopfschmerzen
Ergänzend kann Meteoreisen-Inject durch eine anthroposophische Ärztin oder einen anthroposophischen Arzt gespritzt werden.

Begründung: Bei Meteoreisen handelt es sich um das potenzierte Material von Eisenmeteoriten. Besonders in der Verbindung mit Phosphor und Quarz, wie sie in diesem Arzneimittel gegeben ist, fördert Meteoreisen die körperliche und seelisch-geistige Präsenz, wirkt der Auskühlung entgegen und unterstützt die körpereigene Wärmeregulation. Meteoreisen ist zudem ein ausgezeichnetes Kopfschmerzmittel.

Der Eisenmeteorit Chulafinnee, gefunden 1873 in Alabama, USA. (Foto: Frank Meyer)

Achtung: Bei schweren anhaltenden Kopfschmerzen, insbesondere mit anderen unklaren Beschwerden wie Nackensteifigkeit, Sehstörungen, Erbrechen ist umgehend ärztliche Hilfe zu suchen.

Auch bei Kopfschmerzen kann das Auflegen einer Arnika-Salbenkompresse oder eines Arnika Wundtuchs (siehe oben) in kurzer Zeit für Entlastung sorgen.

Bei »grippalen« Beschwerden (wie oben dargestellt, zum Beispiel Gliederschmerzen und Missempfindungen), die wir vor allem nach vektorbasierten Impfungen (AstraZeneca) beobachtet haben, empfiehlt sich:

Gripp-Heel Tabletten
Dosierung: 3- bis 4-mal täglich 1 Tablette, bei Bedarf bis zu 12-mal täglich 1 Tablette

Gripp-Heel ist eine homöopathische Arzneimittelkomposition, die sich bei Grippe und grippalen Infekten bewährt hat. Die Kombination von pflanzlichen Wirksubstanzen mit Phosphor und dem Gift der in Mittel- und Südamerika heimischen Buschmeister-Schlange (Lachesis) passt genau zu den von uns beobachteten Reaktionen nach der AstraZeneca-Impfung und hat sich hier auch bei schon wochenlang bestehenden Beschwerden bewährt.

Auch bei vergleichbaren Problemen nach Verabreichung des Vektorimpfstoffs Janssen von der Firma Johnson & Johnson würden wir nach unserem aktuellen Wissensstand (Juni 2021) so vorgehen und die Gabe von Gripp-Heel empfehlen.

Fazit: Natürliche Arzneimittel und Allgemeinmaßnahmen sind geeignet, die Verträglichkeit von Impfungen gegen Covid-19 zu verbessern. Hinzu kommen auf ärztlicher Seite gute Beobachtung der Patienten und das Erfassen der aktuellen Situation, wie das am besten auf der Grundlage einer schon länger bestehenden Arzt-Patienten-Beziehung gelingt. Impfzentren bieten den Vorteil, dass hier für Risikopatienten (wie »Allergiker«) die notärztliche Bereitschaft und Versorgung routinierter sein dürfte als in den meisten Praxen.

Ganzheitliche Vorbeugung von Virusinfektionen

Warum sind viele Virusinfektionen so gefürchtet? Sie sind leicht übertragbar, und weil es sich immer wieder um neue Typen handelt, verfügt das Immunsystem vielfach noch nicht über spezialisierte Abwehrzellen (Lymphozyten) und Antikörper, die gezielt auf diese Krankheitserreger reagieren. Das gilt sowohl für die seit den 1960er-Jahren bekannten Coronaviren, bei denen es sich um übliche, in der kalten Jahreszeit vermehrt auftretende Erkältungsviren handelt, als auch für die sich ständig verändernden Grippe(= Influenza)-Viren und das sogenannte neuartige Coronavirus SARS-CoV-2, den Erreger von Covid-19. Erkrankungen mit diesen Viren treten meist als »Erkältungen« oder »grippale Infekte« mit Temperaturerhöhung, Husten usw. in Erscheinung. Häufig sind die Verläufe milde oder sogar komplett symptomlos, deshalb mischen sich viele Infizierte unter die Gesunden, lassen es an Vorsichtsmaßnahmen mangeln und geben so die Viren weiter. Es sind auch Übertragungen möglich, bevor Beschwerden oder Krankheitssymptome auftreten. So scheinbar harmlos auch die meisten Infektionen der Atemwege mit Grippe-, Corona- und anderen Viren in Erscheinung treten – umso gefürchteter sind die schweren, oft tödlichen Verläufe, vor allem bei Covid-19 mit Lungenentzündungen und vielen Komplikationen insbesondere bei älteren und geschwächten Menschen.

Was kann zur Vorbeugung getan werden? Aus Sicht der Mikrobiologie und Epidemiologie ist unbedingt auf die geeigneten Hygienemaßnahmen zu achten, wie sie derzeit überall veröffentlicht werden und sich zum Beispiel auf der Homepage der Bundeszentrale für gesundheitliche Aufklärung (www.bzga.de) finden. Hygienemaßnahmen wie Händedesinfektion und Mundschutz sind derzeit vielerorts vorgeschrieben und ganz besonders dort angebracht, wo Angehörige von Risikogruppen, alte und chronisch kranke Menschen besucht, behandelt oder versorgt werden. Wer diese Grundregeln missachtet, bringt nicht nur sich selbst und andere in Gefahr - sondern stellt sich damit ins gesellschaftliche Abseits.

Ein weiterer Gesichtspunkt, der nicht vernachlässigt werden darf, ist die Tatsache, dass wir keiner Infektion, auch nicht einer neuen Virusinfektion hilflos ausgesetzt sind. Wir müssen nicht passiv auf eine Impfung warten, um uns vor Ansteckungen zu schützen! Schon die naturwissenschaftliche Betrachtung zeigt, dass wir neben der durch Erregerkontakt oder Impfung erworbenen spezifischen Immunabwehr auch eine sogenannte angeborene oder unspezifische Immunabwehr (engl. *innate immune system*) besitzen. Dieses Immunsystem ist bereits bei der Geburt vorhanden und durch die Erbinformation lebenslang festgelegt. Dazu gehören verschiedene Entzündungsreaktionen, insbesondere auch das Fieber, das unter anderem das Eindringen und die Vervielfältigung von Krankheitserregern blockiert. Daher ist das vielfach immer noch betriebene Fiebersenken um jeden Preis in der Regel kontraproduktiv und in vielen Fällen sogar gefährlich.

Die Stärke dieser Immunantwort lässt sich auch durch den Lebensstil, durch seelische und körperliche Aktivitäten beeinflussen. Wer angsterfüllt und passiv nur darum bangt, dass ihn die Viren bloß nicht erwischen, und ansonsten keinerlei Anstrengungen in Richtung einer Stärkung des Immunsystems unternimmt, hat sicher keine guten Voraussetzungen, um gesund zu bleiben. Wer hingegen selbst etwas tun möchte, um seine Abwehrkräfte zu stärken, dem stehen viele Möglichkeiten offen, um Atemwegsinfektionen und Erkältungen vorzubeugen. Dazu gehören:

- Eine gesunde, faser- und bitterstoffreiche Ernährung, bei der Weißmehl- und andere Industrieprodukte sowie Lebensmittel tierischer Herkunft vermieden werden
- Genussmittelverzicht (insbesondere Süßigkeiten, Alkohol und Zigaretten)
- Ausreichend Schlaf (mindestens 6 bis 8 Stunden, Kinder auch mehr, je nach Lebensalter)
- Regelmäßige Bewegung, am besten im Freien, innerliches Aufwärmen durch Eigenaktivitäten wie regelmäßiges Spazieren, Walken, Joggen und andere sportliche Aktivitäten
- Wärmende Bäder (z. B. mit Rosmarin) und wärmende Einreibungen (z. B. mit Malven- oder Lavendelöl) – wichtig für alle, die nicht ausreichend rausgehen und Sport treiben können
- Inhalationen und Dampfbäder zur Pflege der leicht befallenen Schleimhäute
- Tagsüber ausreichend Sonnenlicht aufnehmen, und wenn das nicht möglich ist, ergänzend Vitamin D einnehmen
- Atemübungen zur Stärkung der Lunge
- Inneres Licht und innere Wärme durch Achtsamkeit, Meditation und Kunsterfahrung erzeugen
- Reizüberflutung meiden und innere Ruhe pflegen

Darüber hinaus stellt die anthroposophische Medizin eine ganze Reihe von Arzneimitteln zur Verfügung, um die Infektabwehr zu stärken und damit Infektprophylaxe zu betreiben. Dazu gehören folgende Empfehlungen aus unseren Praxen:

- Meteoreisen-Globuli velati 1-mal täglich 10 Globuli morgens einnehmen. Sie können helfen, sowohl Infekten vorzubeugen als auch in der Genesungsphase wieder schneller zu Kräften zu kommen.

Kampfer, ein uraltes Heilmittel, wirksam auch in der Vorbeugung und Behandlung von Atemwegsinfekten. Heiliger Kampferbaum vor einem Tempel in Tokio, Japan. (Foto: Frank Meyer)

- Für Patienten mit chronischen Erkrankungen: Cardiodoron/Aurum comp. Dilution 2-mal täglich 15 Tropfen als Herzschutz und Carduus marianus/Oxalis Globuli velati 1-mal täglich 10 Globuli zur Nacht als Leberschutz.

- Echinacea/Argentum Globuli velati 1-mal täglich 10 Globuli abends, vor allem bei Infektanfälligkeit. Argentum (potenziertes Silber) hält die Lebenskräfte zusammen, während Echinacea die Wärmeprozesse im Organismus unterstützt. Alternativ kann auch Echinacea-Presssaft eingesetzt werden.

- Echinacea Mund- und Rachenspray WALA. Es enthält neben Echinacea auch Calendula und Argentum nitricum und wirkt so nicht nur gegen die Viren und deren typische Reduplikation im Rachenbereich, sondern auch gegen Ängste und Fieber.

- Generell Campheröl; den Wirkstoff des Kampferbaums in die Duftlampe geben, um die Umgebung zu reinigen. Kampfer verfügt über eine antiseptische Wirkung, stärkt die Atmung und regt den Kreislauf an. Wenn die Wärme im Menschen nicht mehr gehalten werden kann, können Camphora D3 Ampullen WALA oral oder subkutan eine sehr gute Stütze sein.

Unserer Erfahrung nach machen Anordnungen für eine medikamentöse Vorbeugung nur Sinn, wenn sie auf den fruchtbaren Boden von Eigenaktivitäten im Sinne der Salutogenese fallen, worunter wir die Förderung von Gesundheit aus eigener Kraft, aus eigenem Antrieb und mit eigenen Mitteln verstehen.

Wege der Heilung aus dem Bereich der Homöopathie und der anthroposophischen Medizin

Wenn der Mensch tatsächlich auf Rhythmus angelegt ist, dann ist es folgerichtig, dass vor allem rhythmisierte Arzneien ihm in der Überwindung der Covid-19-Erkrankung helfen können. Betrachtet man den Verdauungsprozess, der ja auch nur ein stetes Verdünnen der Speisen darstellt, um dann aus den Grundbausteinen neu aufgebaut zu werden, sowie die Herztätigkeit, bei der ein steter intensiver Potenzierungsvorgang abläuft, oder das Gehirn mit seinen Millionen rhythmisch feuernden Neuronen, in denen Sinneswahrnehmungen in Einzelheiten zerlegt, um anschließend wieder neu zusammengefügt zu werden, dann ist das homöopathische Grundprinzip dem Menschen durchaus angemessener als das reine Stoffprinzip. Im homöopathischen Prozess durchlaufen die Arzneien eine stete Verdünnung und andererseits doch auch eine Steigerung der Kräfte im Potenzierungsvorgang. Nach wie vor sind diese Prozesse naturwissenschaftlich schwer zu verstehen, therapeutisch hingegen recht einfach umzusetzen.

Vom Mythos bis zur Intensivmedizin

In der Darstellung der notwendigen Arzneien greifen wir auch auf Quellen zurück, die mehr in mythischen Bildern leben. Der

Mythos kann in seiner Bilderdichte komplexe Verhältnisse häufig besser ausdrücken als das analytische Verstandesbewusstsein. Der moderne Mensch braucht heute beides, einerseits eine klar nachvollziehbare analytische Begrifflichkeit, andererseits aber auch Bilder, die die dargestellten Zusammenhänge umfassend darstellen.

In der Moderne ist es vor allem die anthroposophische Medizin, die sich um eine integrative Medizin bemüht. Integrative Medizin bedeutet in diesem Zusammenhang, dass moderne wissenschaftliche Erkenntnisse genauso ernst genommen werden wie die Bilder der Mythologie, Wahrnehmungen aus dem Bereich der Homöopathie sowie Anregungen und Ideen von Rudolf Steiner. Der dabei eingenommene Blickwinkel wirkt ungewohnt, kann aber wesentliche Aspekte zum Verständnis von Krankheiten und Arzneien geben und zeigt gerade in Hinsicht auf Corona seine praktische Bedeutung.

Um Missverständnissen vorzubeugen, möchten wir an dieser Stelle nochmals betonen, dass in einer modernen integrativen Medizin, wie wir sie vertreten, konventionelle und invasive Therapieverfahren ihren festen Platz haben und wesentlich in der Behandlung sind. Sie gehören genauso dazu wie die sanften Therapien aus dem Bereich der Naturheilverfahren einschließlich Homöopathie und Anthroposophie. Das gilt bei Covid-19 vor allem für die Behandlung schwerer Infektionen mit Beteiligung der tiefen Atemwege (Pneumonien). Auch in anthroposophischen Kliniken sind Beatmungsplätze für Patienten mit Covid-19 und anderen Erkrankungen eine Selbstverständlichkeit! So wurde das anthroposophische Krankenhaus Havelhöhe als Berlins erstes Covid-19-Schwerpunkthaus eingerichtet und deckt das ganze Spektrum der Covid-19-Behandlung ab – von anthroposophischen Arzneimitteln, wie wir sie in diesem Buch vorstellen, bis hin zu Standardtherapien im Rahmen von intensivmedizinischer Behandlung und Beatmung. Der Erfolg eines solchen integrativen Konzeptes spricht für sich: Während in Havelhöhe bisher kein Covid-19-Patient verstorben ist, liegt die Sterblichkeit sonst bei rund 30 Prozent aller Covid-19-Intensivpatienten! (Matthes 2020)

Im Folgenden werden die wichtigsten Arzneien, die sich bei Covid-19 bereits bewährt haben, und auch Arzneien, die nach Meinung der Autoren bei Covid-19 noch von Bedeutung sein können, dargestellt. Die Auswahl erhebt keinen Anspruch auf Vollständigkeit, dürfte aber im Alltag vollkommen bei den meisten festgestellten Beschwerden reichen.

Bryonia, die Zaunrübe

Rübe für die Krise des Materialismus

Die Zaunrübe ist in Europa und darüber hinaus weit verbreitet. Das gilt für beide medizinisch gebräuchlichen Arten, die Weiße Zaunrübe (*Bryonia alba*) mit ihren schwarzen Beeren und die Rotbeerige Zaunrübe (*Bryonia cretica* oder *dioica*). Letztere wird auch Zweihäusige Zaunrübe genannt, da sie zweihäusig ist, das heißt weibliche und männliche Blüten kommen nicht zusammen auf einer Pflanze wie bei der einhäusigen Weißen Zaunrübe vor. Heute wird arzneilich vor allem die häufigere Zweihäusige Zaunrübe (*Bryonia cretica* bzw. *dioica*) verwendet. Die hier dargestellten Überlieferungen und Anwendungen beziehen sich jedoch auf beide Arten. In Bezug auf ihre Inhaltsstoffe gelten die beiden Schwestern als völlig gleichwertig. Auch äußerlich sehen sie sich zum Verwechseln ähnlich, wäre da nicht die Farbe ihrer Beeren. Beide Arten stammen aus dem Süden Europas, haben sich jedoch bis nach Skandinavien und in Regionen Afrikas und Asiens verbreitet, die Weiße Zaunrübe mehr nach Osten und die Rotbeerige (Zweihäusige) Zaunrübe mehr Richtung Westen.

Wir treffen die Zaunrübe häufig als Zierpflanze an, auch wild oder verwildert, wie sie sich an Zäunen und Hecken emporrankt.

Dabei hinterlässt sie meist keinen besonderen Eindruck. Sie gehört zu den Pflanzen, die fast jeder schon einmal gesehen und dennoch nicht aktiv wahrgenommen hat. Das hängt damit zusammen, dass sie das Wesentliche, ihr Eigentümliche verbirgt. Weder ihre mehrfach gelappten Blätter noch ihre recht kleinen grün-weißen fünfblätterigen Blüten hinterlassen eine starke Impression. Auch die roten oder schwarzen, im unreifen Zustand grünen Beeren haben auf den ersten Blick nichts Besonderes. Mitunter bleibt der Blick an den korkenzieherartigen Ranken hängen, die etwas von der Hartnäckigkeit der Pflanze ahnen lassen. Trotz fehlender innerer Festigkeit (etwa in Form einer harten Sprossachse oder eines Stamms) verfügt sie dank ihrer Ranken über Möglichkeiten sich aufzurichten, hochzukommen, ihren Platz einzunehmen und am Erreichten festzuhalten. So gleicht die Zaunrübe, wie viele Kletterpflanzen, einem rückgratlosen Emporkömmling, der erstaunliche Fähigkeiten entwickelt hat. Kraftvoll zieht sie sich mithilfe ihrer Ranken an Hecken, Zäunen, Waldrändern und Gebüschen empor. Im Frühling sprossen ihre Stängel rasch nach oben und breiten sich stark verzweigend aus. Dabei hüllen die großen, handförmig gelappten Blätter jene Pflanzen, an denen sich die Zaunrübe hochrankt, oft nahezu vollständig ein. Ihre mosaikartig nebeneinanderliegenden Laubblätter verschmelzen zu einer großen anschmiegsamen, dem Licht zugewandten Grenzfläche - fast wie ein einziges Riesenblatt, das von allen Sprossen und Laubblättern gemeinsam gebildet wird und das fremde Leben neben und unter sich einhüllt (Simon 2001). So gesehen umhüllt die Zaunrübe Grenzen und überwindet sie gleichermaßen.

Das Eigentliche der Zaunrübe, das sie von der Gestalt her als Heilpflanze prädestiniert, ist ihre übergroße Wurzel, die, dem Blick verborgen, im Dunkel der Erde ruht. Bryonia gehört zur Familie der Kürbispflanzen, und ihre Charakteristika treten besonders im Vergleich mit ihren Verwandten deutlich hervor. Polar entgegengesetzt zu ihrer Familie, die in tropischer Wärme und Feuchte die größten Früchte des Pflanzenreiches hervorbringt, entwickelt die

Zaunrübe eine extrem dicke Wurzel – ihre charakteristische, oft mehrere Kilogramm schwere verzweigte Wurzelrübe, gelblichweiß und strotzend von Milchsaft. Die Früchte hingegen sind klein und trocknen rasch aus (Simon 2001). Verglichen mit einer köstlichen Melone oder einem großen Kürbis sind sie geradezu mickrig. Während sonst die Substanzbildung der Kürbisgewächse rasch und kräftig in die saftig schwellenden Früchte hinaufschießt, dreht die Bryonia diesen Substanzstrom um und verschiebt die nährstoffreiche Schwellung in die kühle Erdenfeuchte hinein. Wenn man auf die drei alchemistischen Substanzprozesse des Merkuriell-Flüssigen, des Sulfurisch-Feurigen und des Salinisch-Festen blickt, fällt auf, dass die merkuriellen und sulfurischen Prozesse, mit denen ihre Familienangehörigen köstliche Früchte hervorbringen, bei der Zaunrübe in den bei dieser Pflanze alles dominierenden Salzpol, die Wurzel, verlagert ist. Während Melonen und Kürbisse, Zucchini und Gurken ihre Substanz überirdisch speichern und in Gestalt ihrer schmackhaften und nahrhaften Früchte frei darbieten, bunkert die Zaunrübe Substanz unter der Erde und lagert sie in einer übergroßen, bisweilen monströsen und wie eine Menschengestalt geformten Wurzel ein. Entsprechend dem anthroposophisch-pflanzenkundlichen Leitgedanken, dass der Mensch eine umgekehrte Pflanze darstellt mit der Wurzel oben und dem Reproduktionsbereich (der »Blüte«) unten, entsteht so das Bild eines total verkopften Menschen, bei dem sich die Kräfte im Kopf zurückstauen und kaum in die Gliedmaßen, den Stoffwechsel und das rhythmische System (Atmung, Herzrhythmus) übergehen. Rudolf Steiner hat solche Wurzeln, namentlich Rübenwurzeln, die ganz und gar im Irdischen aufgehen, als »satten Bankier« bezeichnet (Steiner 1993). Behäbigkeit, Selbstzufriedenheit, Wohligkeit strahlt eine solche Wurzel aus, aber auch eine gewisse Brutalität, so Steiner weiter: »Ach, eine Pflanzenwurzel, je brutaler sie sich vor uns hinstellt, ist eigentlich etwas so furchtbar Irdisches.«

Akkumulation von Substanz im Verborgenen, Festhaltetendenz (bei gleichzeitiger innerer Haltlosigkeit), Vereinheitlichungstendenz (in der Neigung zur Bildung eines einheitlichen Riesenblattes) – vieles an der Zaunrübe deutet darauf hin, dass sie als Pflanze dem kapitalistischen Lebensgefühl, aber auch totalitären Gleichschaltungstendenzen (etwa über die Massenmedien) wie angemessen ist. Zugleich ist die Verkopfung eine treffende Metapher für die zunehmende Verwissenschaftlichung unserer Gesellschaft, wo nur noch zählt, was sich materialistisch-naturwissenschaftlich darstellen und beweisen lässt. »Brutal irdisch« wie eine Rübe ist eben nicht nur die Bank, die Geld anhäuft, sondern auch die Wissenschaft, die zusammenhanglose Fakten anhäuft und die Sinnfrage ausklammert. Bevor wir jedoch vielen der genannten und weiteren Wesenszüge im homöopathischen Arzneimittelbild von Bryonia wiederbegegnen, lohnt es sich, einen Blick auf die uralten Heiltraditionen zu werfen, die, in magischen und mythischen Kulturen wurzelnd, auch heute noch tiefe Einsichten über das Wesen und die Potenziale von Bryonia vermitteln können.

Dioskurides, Hippokrates, Hildegard von Bingen, Bock, Matthiolus, von Haller – alle großen Heilpflanzenkundigen kannten und nutzten sie, und dennoch ist sie heute vergleichsweise wenig bekannt, tritt in der Popularität weit hinter Stars wie Arnika, Calendula & Co. zurück. Das liegt sicher zum einen an ihrem bescheidenen, wenig spektakulären Auftritt, zum anderen wohl auch an ihren toxischen und sogar ein wenig unheimlichen Eigenschaften, denen wir uns ebenfalls widmen müssen. Natürlich ist es vor allem ihre Wurzel, die seit jeher im Zentrum des magischen und heilkundlichen Gebrauchs der Zaunrübe stand. Das galt vor allem für ihre Verwendung als Alraune. Eine Alraune ist eine menschenähnlich geformte Wurzel, die zu Zwecken der Zauberei einschließlich Heilmagie verwendet wurde. Bekannt ist das vor allem für die Mandragora-Wurzel, nicht zuletzt durch Harry Potter. Der Zaunrüben-Wurzel wurde nachgesagt, dass sie vor Blitz und anderen Gefahren schützt; sie diente aber auch, wie die Mandragora-Alraune, dem Liebeszauber. Aus dem Rheinland, wo sie als »Körfcheswurzel« bekannt war, ist der folgende Spruch überliefert: »Körfcheswurzel in meinem Schuh, ihr Junggesellen lauft mir zu!« Madaus berichtet, die Mädchen hätten sich Scheiben der Wurzel in ihre Schuhe gelegt, wenn sie zu einem Fest gingen (Madaus 1988).

Vor allem in Osteuropa war die Zaunrübe in viele magische Rituale eingebunden (Kujaska/Svanberg 2019), bis hin zur Verwendung als Beigabe bei Begräbnisritualen, wo man die Wurzel unter den Kopf legte. Der Kopfbezug der Bryonia-Wurzel erschließt sich, wie oben dargestellt, in der anthroposophischen Medizin durch die grundsätzliche Beziehung der Pflanzenwurzeln zum Kopf, wo ähnliche verhärtende Kräfte, letztlich Todeskräfte wirken – als Gegenbild zu den Reproduktionskräften im unteren Menschen. Als Bestattungsbeigabe könnte die Wurzel, nach dem Ähnlichkeitsprinzip ausgewählt, die Funktion gehabt haben, die verhärtenden seelisch-geistigen Kräfte, die »ganz und gar im Irdischen aufgehen« (Kujawska/Svanberg 2019), auf irdischen Besitz und irdische Erkenntnisse gerichtet sind, aufzuweichen, zu erweitern, um die Verstorbenen mit den erforderlichen Fähigkeiten für ihre Reise nach dem Tode auszustatten.

In der magischen Tradition hatte die Zaunrübe sowohl gute als auch negative Eigenschaften. Sie galt als ambivalent, insofern sie einerseits vor ungünstigen Einflüssen schützen und Glück, Wohlergehen und Reichtum vermehren konnte. So schützte sie als Amulett Haus und Hof und diente der Abwehr von Dämonen und anderen bösen Geistern. Andererseits konnte sie auch Unglück bringen und Mensch und Tier Schaden zufügen. Auf ihre richtige Verwendung kam es an. Geheimnisumwittert war ihre transformative Macht: Der Wurzel wurde die Kraft zugesprochen, sich in ein kleines Kind zu verwandeln und als solches frei umherzulaufen, in dieser Gestalt gefährliche Plätze aufzusuchen und dort verborgene Schätze zu finden, die ihre Besitzer reich machen konnten – um sie dann aber sogleich wieder in tiefes Unglück zu stürzen. Dieses »Kind in der Wurzel« musste auf bestimmte Art und Weise gepflegt und genährt werden. Wurde diese Pflege vernachlässigt,

Bryonia (Foto: Jan Albert Rispens)

dann konnten sich seine besonderen Kräfte unmittelbar ins Destruktive umkehren.

Slawischen Märchen zufolge durfte die Pflanze nicht ausgegraben werden, ohne ihr oder dem Platz, an dem sie wuchs, ein Opfer zu bringen, zum Beispiel ein paar Geldmünzen oder ein Stück Brot. Wer diese Regel nicht befolgte, lief Gefahr zu erkranken – oder es wird auch berichtet, dass dann das Kind in der Wurzel jämmerlich zu weinen beginnen und jedem, der das höre, Schaden zufügen würde.

Der Homunkulus des Paracelsus

Das Kind in der Wurzel: In diesem Zusammenhang ist auch die Überlieferung zu sehen, wonach die Zaunrübe etwas wie den Homunkulus des Paracelsus hervorbringen könne. Das lateinische Wort *homunculus* bedeutet »kleiner Mensch«. Es wurde wahrscheinlich von Paracelsus erfunden, der sich über die alchemistische Idee, ein menschenähnliches Wesen im Labor zu erzeugen, ausgelassen hatte. Es handelt sich um eine Art Retortengeburt – allerdings nicht im physischen Sinne, sondern »durchsichtig ohn ein corpus«, also körperlos sollte der Homunkulus nach den Worten von Paracelsus sein. Daher betonte der Paracelsus-Kenner Rudolf Steiner, dass der Homunkulus als astralisches, seelisches Wesen gedacht war:

»Denen, die während des Mittelalters von dem Homunculus sprachen, war er nichts anderes als eine bestimmte Form des astralischen Leibes.« Dieses reine Seelenwesen verfügt nicht nur über Seelenfähigkeiten, die ähnlich denen des Menschen sind; sie sind über das normale Alltagsbewusstsein hinaus sogar bis zur Hellsichtigkeit gesteigert: »Also Paracelsus dachte an gewisse Hantierungen, die den Menschen dahin bringen, vor sich ein körperloses Wesen zu haben, das aber so wie der Mensch eine Art Verstandestätigkeit, eine Art Intellektualität, ja sogar in höherer Steigerung entfaltet.« (Steiner 1981a)

Das Kind im verhärtenden Kopfpol der Pflanze kann auch als Bild gesehen werden, wie neue, verjüngende, gesteigerte seelisch-geistige Kräfte die verhärtenden, holzigen Strukturen des Materialismus und der auf ihn gründenden Kultur auflösen können. Diese neue Spiritualität deutet sich vielerorts in unserer Kultur an, wo neue, ganzheitliche Sichtweisen, zum Beispiel in Ökologie, Pädagogik und Medizin das alte, reduktionistische Denken ablösen. Wenn dieses »innere Kind« jedoch vernachlässigt wird, wie in den Bryonia-Legenden, dann nehmen wir als Individuen und als Gesellschaft Schaden.

Auch in der christlichen Überlieferung ist das Kind ein Symbol für spirituelle Erneuerung: »Wenn ihr nicht werdet wie die Kinder, werdet ihr nicht in das Himmelreich eingehen«, heißt es im Matthäus-Evangelium Mt 18,3. Man könnte auch oder anders herum formulieren: Verwandelt euch wieder in Kinder, dann werdet ihr in die geistigen Welten eindringen!

Das eindringlichste und populärste Bild für die Kopfgeburt eines neuen Menschen, neuer Fähigkeiten und einer neuen spirituellen Kultur findet sich wohl in der griechischen Mythologie. Es ist die Geburt der Pallas Athene, der jungfräulichen Göttin der Weisheit aus dem Kopf des obersten Gottes im griechischen Olymp, des Zeus (bei den Römern Jupiter). Wir werden Zeus bei unserer Darstellung des Zinns (Stannum) noch näher betrachten (Seite 125ff.). Der oberste aller Götter, der mit einem Adler alles irdische Geschehen überwacht und das Blitzlicht beherrscht, wurde trotz all seiner äußerlichen Macht von der Titanin Methis überwältigt, die als Fliege in seinen Kopf eindrang, wo er mit ihr die Weisheitsgöttin zeugte. Zeus, der Vertreter des alten männlichen Machtprinzips, wusste gar nicht, wie ihm geschah. Eines Tages bekam er starke Kopfschmerzen, sodass ihm der Schmied Hephaistos den Kopf spalten musste, um Erleichterung zu schaffen. Aus dem gespaltenen Kopf stieg die schon bei Geburt voll ausgewachsene Pallas Athene.

Die Geburt der Pallas Athene aus dem Gehirn Jupiters (Emblem 23 des alchemistischen Grundlagenwerks *Atalanta fugiens* von Michael Maier aus dem Jahr 1617)

Aber zurück zur Zaunrübe als solcher: Bryonia ist giftig und enthält einen stark hautreizenden Milchsaft. Die toxischen Hauptwirkstoffe (Bryonicin, Bryonol) zählen zur Giftstoffgruppe der triterpenoiden Cucurbitacine. Ferner enthält sie Bitterstoffe und Saponine. Albrecht von Haller schreibt 1755 in seinem *Medicinischen Lexicon*: »Die Wurzel wird hauptsächlich von den Ärzten gebraucht und hat vieles ganz besonders. Sie ist sehr saftig, außerordentlich groß, lang und dick, innen weiß.« Weit verbreitet war ihre Verwendung als Pflaster. »Was den innerlichen Gebrauch anbetrifft«, so von Haller, »so gründet sich die Hauptwirkung dieser Wurzel auf ihre starke eröffnende Kraft.« Verwendet wurde sie vor allem als Abführmittel, aber auch bei historischen Diagnosen wie Wassersucht und Fallsucht, bei psychiatrischen und fieberhaften Erkrankungen. Hervorgehoben werden in der alten Literatur regelmäßig ihre Schärfe und Bitterkeit. Die alte Bezeichnung Gichtwurz deutet zudem auf Verwendung bei rheumatischen Erkrankungen hin. Traditionell auch bei Pleuritis, Rippenfellentzündung, verwendet, woraus sich eine Verbindung zu Coronavirus-bedingten Infektionen herstellen lässt. Insgesamt galt die Zaunrübe als sogenannt drastisches Mittel – erst durch Homöopathie und die potenzierte Zubereitung fand sie eine weitere Verbreitung in gut verträglicher Form. Beim homöopathischen Arzneimittelbild gibt es frappierende Parallelen zu Corona, soweit man nicht nur die physische, sondern auch die psychosoziale Dimension der Erkrankung mit ins Auge fasst.

Wir haben Bryonia aufgrund der Pflanzenbetrachtung in Anlehnung an Rudolf Steiner bereits als pflanzlichen »Bankier« bezeichnet. Dem entsprechen Menschen, die ihre Ruhe haben wollen, die sich vor allem mit materialistischen Sorgen befassen und Furcht vor Armut haben, so ist es in den homöopathischen Arzneimittellehren zu lesen. »Irrationale Furcht, auf einen Bankrott zuzusteuern« oder auch »Bryonia ist das hervorstechendste Mittel in der Rubrik Furcht vor Armut«. Eine Pflanze, die eine so große Wurzel ausbildet, »will nicht bewegt werden«, wieder ein

Ranke der Zaunrübe
(Foto: Olaf Rippe)

typisches Kennzeichen von Bryonia. Dabei ist auch der Geist träge, nicht nur der Körper, auch die entsprechende Person ist leicht gereizt, »dass man glauben könnte, sie machten die anderen für ihre Leiden verantwortlich« (Vithoulkas 1990). Dennoch besteht eine tiefe innere Unsicherheit.

Die Beschwerden, die von Bryonia bekämpft werden, erstrecken sich über den ganzen Körper. Sie wirkt bei stechenden Schmerzen in allen Gliedmaßen wie auch im Lungen- und Kopfbereich. Druck wird zur Beschwerdeerleichterung als angenehm empfunden. Es besteht häufig eine extreme Trockenheit der Schleimhäute mit starkem Durstempfinden.

Bryonia in der Homöopathie

Betrachtet man die Pflanze in dieser Weise, die in der Homöopathie bekannten Symptome und die fast exakte Übereinstimmung mit vielen Symptomen von Covid-19, wird deutlich, was sich hinter der Erkrankung in der Grundtendenz verbirgt, was weiter oben bereits als kapitalistische und materialistische Grundeinstellung charakterisiert wurde. Zugleich deutet die Mythologie der Zaunrübe an, dass die Pflanze in sich Erneuerungskräfte bereithält, die den Menschen bei ihrer Transformation hilfreich sein können, so sie aufgrund von Corona eine Aufforderung spüren können.

Die Anwendung von Bryonia hat sich in den letzten Jahren in unseren Praxen verstärkt. Durch die Entwicklung der letzten Zeit, dass der Mensch immer weniger emotional und tatkräftig wirkt, mehr und mehr kopfmäßig tätig am Computer sitzt – wir leben nicht mit dem Internet, sondern leben inzwischen im Internet oder werden im schlimmsten Fall gar vom Internet gelebt –, wird die Reduktion des Menschen auf den Kopfpol unterstützt. Entsprechend sind gerade Pflanzen wie Bryonia oder auch die eigentliche Alraune (*Mandragora officinalis*) von enormer Bedeutung, und dies nicht mehr nur in der Geriatrie.

Da erstaunt es dann kaum noch, dass aus Indien die Nachricht kommt, dass Bryonia das Mittel der Wahl bei Corona sei. Professor Pradep Kummar aus Indien soll seine besondere Wirksamkeit bei der Anwendung von 570 Corona-positiv getesteten Patienten bestätigt haben![45] So skeptisch wir da auch im Einzelnen sein dürfen, decken sich diese Erfahrungen durchaus mit Erfahrungen aus europäischen Ländern.

Jens Wurster berichtet von einigen Fällen, die fast immer der Zaunrübe bedurften. »Ein weiterer Fall ist der eines Arztes, der selbst Covid-19-Patienten im Krankenhaus behandelt und sich

45 https://covid-19-virus.jimdofree.com/english/

vermutlich bei ihnen angesteckt hatte. Interessant war, dass die Infektion bei ihm mit Herzbeschwerden begann: mit Tachykardie (Herzrasen) und Bluthochdruckspitzen. Heute weiß man, dass SARS-CoV-2 über sogenannte ACE2-Rezeptoren die Lungenzellen angreift. Diese ACE2-Rezeptoren haben wir aber nicht nur in der Lunge, sondern auch am Herzen und in der Niere. Und bei diesem Patienten ging das Virus aufs Herz. Er wurde sehr schwach und hatte einen extrem starken Druck auf der Brust. Beim Versuch, den Rasen zu mähen, brach er vor lauter Schwäche zusammen. Wegen seiner Symptome gab ich ihm ebenfalls Bryonia. Die Schwäche verschwand, und es ging ihm schnell besser.« (Wurster 2020)

Bryonia-Gaben als Einzelsubstanz, diverse Hersteller:
Bryonia e radice Globuli velati D3, D4, D6, D12, D20
Dosierung: 3- bis 4-mal täglich, in akuten Fällen stündlich 5–10 Globuli

Bryonia e radice Ampullen D3, D4, D8, D12, D30, flüssige Verdünnung zur Injektion
Dosierung: 1-mal täglich, in akuten Fällen stündlich 1 ml subkutan injizieren

Blütenstand der Zaunrübe, *Bryonia cretica* (Foto: Frank Meyer)

Bryonia in Arzneimittelkompositionen

Hilfreich ist aber nicht nur Bryonia als Einzelsubstanz, sondern auch in Arzneien, die Bryonia in homöopathischer Dosis enthalten.

Bezüglich Covid-19 stechen drei Arzneimittelkompositionen heraus:

Pulmo/Vivianit comp. WALA

Diese Arznei enthält ein Organpräparat der Lunge in der D16, die Zaunrübe (Bryonia) in der D5, den Brechweinstein (Tartarus stibiatus) in der D7 sowie Vivianit in der D7. Vivianit ist ein eisenhaltiges Mineral und stellt die natürliche Form von Ferrum phosphoricum dar. Es wirkt bei fieberhaften Infekten regulierend auf die entgleisten Wärmeprozesse. Pulmo/Vivianit comp. gilt in der anthroposophischen Medizin bei (viralen) Lungenentzündungen als Standard. Es bewährt sich bei den typischen viralen Infektionen der Lunge mit eher milden Fieberverläufen um 38 bis 39 Grad.

Pulmo/Vivianit comp., flüssige Verdünnung zur Injektion (Ampullen)
Dosierung: 1-mal täglich, in akuten Fällen stündlich 1 ml subkutan injizieren

Gelsemium comp. WALA

Auch Gelsemium comp. enthält Vivianit D7, außerdem Bryonia und Gelsemium in verschiedenen Potenzen. Gelsemium sempervivens (Carolina-Jasmin) ist eine alte Heilpflanze der Indianer, deren alkaloidhaltige Wurzel auch zur Bereitung eines Gifttranks verwendet wurde. In toxischer Dosis führt Gelsemium zu einer Art Schockstarre, die den Köper lähmt, während das Bewusstsein jedoch erhalten bleibt: Bewegungsunfähigkeit und Hilflosigkeit bei vollem Bewusstsein – ein treffendes Bild dafür, wie sich viele Menschen in der Coronakrise fühlen. In die Medizin wurde Gelsemium von amerikanischen Homöopathen als tiefgreifendes Grippemittel eingeführt. Charakteristisch ist der Einsatz bei der sich langsam entwickelnden (Kopf-)Grippe bei mäßigem Fieber um 38 bis 39 Grad, mit zunehmender Lethargie, Schläfrigkeit und heißem Kopf. Oft können die Patienten vor Schwäche selbst die Augen kaum öffnen. Die Kopfschmerzen steigen in der Regel vom Hinterkopf hoch. Typisch ist eine Neigung zu Rückfällen um den fünften Tag. Gelsemium wirkt im weiteren Verlauf auch auf die schweren Folgezustände von grippalen Infekten wie Lähmungen der Gliedmaßen, unsicheres Gangbild, Zittern und Durchfall. Es gehört in der Homöopathie zu den Angstmitteln, wenn Menschen wie vor Schreck erstarren vor einer Prüfung etwa oder infolge schlechter Nachrichten. Es ist zudem das klassische Mittel für föhnbedingte Kopfschmerzen bzw. dann, wenn grippale Infekte oder Kopfschmerzen infolge von für die Jahreszeit zu warmem Wetter auftreten. Bezogen auf Covid-19 sind hier viele typische Wesenszüge der Erkrankung zu finden: die häufig auftretenden Ängste, Fieber, Durchfall und die später auftretenden Lähmungen oder lähmungsartigen Beschwerden. Da die Beschwerden sich auch ziemlich exakt mit den bisher bekannt gewordenen Nebenwirkungen der neuen Impfungen decken, könnte Gelsemium bzw. Gelsemium comp. bei Beschwerden nach Covid-19-Impfungen einsetzbar sein.

Gelsemium comp. Globuli velati
Dosierung: 3- bis 4-mal täglich, in akuten Fällen stündlich 5–10 Globuli

Gelsemium comp., flüssige Verdünnung zur Injektion (Ampullen)
Dosierung: 1- bis 3-mal täglich, in akuten Fällen stündlich 1 ml subkutan injizieren

Gripp-Heel

Gripp-Heel ist ein Klassiker bei grippalen Erkrankungen. Es enthält Aconitum napellus D4, Bryonia D4, Lachesis D12, Eupatorium perfoliatum D3, Phosphorus D5. Insbesondere das eingebrachte Lachesis, ein Schlangengift, lässt es zu einem Mittel gegen die Gefahr der thrombotischen Komplikationen bei/nach einer Infektion mit Covid-19 werden. Gripp-Heel wirkt deutlich besser als subkutane Injektion.

In einer Praxisstudie bei grippalen Infekten zeigte sich, dass Gripp-Heel zu einem Bruchteil der Kosten das kann, was Remdesivir bei Corona versprach: einen schnelleren Heilungsverlauf zu erreichen. Die Zeit bis zur Symptomlinderung bzw. Besserung betrug in der Gripp-Heel-Gruppe im Durchschnitt 2 Tage gegenüber 5,5 Tage in der Vergleichsgruppe (Rabe 2003).

Dosierung: Bei akuten Beschwerden jede halbe bis ganze Stunde, bis zu 12-mal täglich 1 Tablette einnehmen. Nach Besserung der akuten Beschwerden 1- bis 3-mal täglich 1 Tablette einnehmen. Anfänglich häufig sehr viel bessere Wirkung als Ampulle subkutan 1- bis 2-mal täglich.

Bryonia/Aconitum WALA

Bei Bryonia/Aconitum handelt es sich um ein Spezialmittel für Virusinfekte mit fieberhafter Bronchitis und auch Pneumonien. Beide Pflanzen ergänzen sich bei diesen Krankheitsbildern ideal, vor allem im akuten fieberhaften Zustand. Bryonia unterstützt den Organismus dabei, den Flüssigkeitshaushalt zu regulieren, der häufig gestört ist, was sich zum Beispiel in vermehrter Sekretbildung und Auswurf, in Ergüssen, aber auch in Kreislaufdysregulation zeigen kann. Aconit (Blauer Eisenhut) ist bei beginnenden Infekten mit akut einsetzendem Fieber wirksam. Es handelt sich beim Blauen Eisenhut um eine starke Giftpflanze, die im Gebirge die Spannung zwischen Sonnenwärme und Licht auf der einen und eiskalten Gebirgsbächen auf der anderen Seite sucht. Sie kann den Organismus einerseits vor zu starker Auskühlung und andererseits vor den seelischen und körperlichen Begleiterscheinungen des Fiebers wie Ängsten, Schmerzen, Schüttelfrost bewahren. Aconitum ist ein Mittel für Extremzustände, wie wir sie auch bei akuten Infektionen mit Coronaviren antreffen. Bryonia/Aconitum enthält Bryonia in D7 und Aconitum in D5. Ähnlich zusammengesetzt, mit denselben Bestandteilen in niedrigeren Potenzen, sind die rezeptpflichtigen Pneumodoron-1-Tropfen von Weleda. Sie enthalten Aconitum napellus D2 und Bryonia D2.

Bryonia/Aconitum Globuli velati
Dosierung: 3- bis 4-mal täglich, in akuten Fällen stündlich 5–10 Globuli

Bryonia/Aconitum, flüssige Verdünnung zur Injektion (Ampullen)
Dosierung: 1-mal täglich, in akuten Fällen stündlich 1 ml subkutan injizieren

Bryonia/Stannum WALA

Das Präparat enthält die Zaunrübe in Kombination mit Zinn in homöopathischer Verdünnung und ist eigentlich vor allem zur »Strukturierung des Flüssigkeitsorganismus bei Exsudat- und Transsudatbildung an den serösen Häuten« das Mittel der Wahl (Vademecum 2017). Damit sind Pleuraergüsse oder auch Schleimbeutelentzündungen an den großen Gelenken gemeint. Bei den Letzteren hilft Bryonia/Stannum ausgezeichnet in Form von Injektionen (Quaddeln in der Umgebung des betroffenen Gelenks). Bryonia hilft aber auch bei trockenen, schmerzhaften Hustenformen. In unserem Patientenkollektiv fanden sich sehr viele grippale Symptome, die für das Arzneimittelbild von Bryonia typisch sind: stechende Kopfschmerzen oder Gliederschmerzen, stechende Rückenschmerzen, Stechen beim Husten.

Bei Covid-19-Patienten konnten wir mit diesem Präparat die besten Erfolge erreichen.

Patienten und Pflegekräfte, die diese Arznei als Ampullen während der Corona-Pandemie einnahmen, zeigten einen verblüffend schnellen und guten Heilungsverlauf. Oft linderte sich der Husten schon nach den ersten zwei Gaben, besserten sich die Geschmacksstörungen oder der Geruchssinn, legte sich die Last von der Lunge oder auch der Tremor, verbesserte sich die Post-Corona-Schwäche zügig. Bei den so behandelten Mitarbeiterinnen und Mitarbeitern konnten wir nur wenige Male keine Wirkung finden.

Bryonia/Stannum Globuli velati
Dosierung: 3- bis 4-mal täglich, in akuten Fällen stündlich 5–10 Globuli

Bryonia/Stannum, flüssige Verdünnung zur Injektion (Ampullen)
Dosierung: 1- bis 3-mal täglich, in akuten Fällen stündlich 1 ml subkutan injizieren

Fallbeispiele

Einen 40-jährigen Patienten mit allergischem Asthma als Vorerkrankung hat es schwer erwischt. Das Fieber stieg schnell auf 39 Grad, dabei Schwäche, hämmernde Kopfschmerzen. Treppensteigen war kaum noch möglich. Beim Atmen das Gefühl wie von Sand oder Glasperlen, die eingeatmet werden. Geschmacks-/Geruchsstörungen. Drei Tage nach dem Auftreten des Fiebers erste Konsultation mit weiter bestehenden oben genannten Symptomen. Schon nach der ersten Ampulle Bryonia/Stannum, die er oral zu sich nimmt, spürt er eine Erleichterung der Atmung. Nach wenigen Tagen sind die Beschwerden gänzlich weg, sind Geschmack und Geruch wieder da, die Erschöpfung gewichen. In dieser Kasuistik zeigt sich eine schnelle und dauerhafte Besserung binnen weniger Tage, die seither anhält.

Eine 35-jährige Patientin zeigte den typischen Geruchs- und Geschmacksverlust, hohes Fieber um 38,5 bis 39,5 Grad, massive Kopfschmerzen mit Druck auf den Augen und das Gefühl, bei jedem Atemzug »wie unter einer Bettdecke« zu atmen. Nach wenigen Ampullen Bryonia/Stannum in oraler Dosierung 1- bis 3-mal täglich legten sich binnen eines Tages die Atemstörungen, waren Geruch und Geschmack zügig wieder da.

Stannum (Zinn) – das Corona-Metall

Die Kombination aus Zaunrübe und Zinn (lateinisch *stannum*) scheint zentral bei der Therapie von Covid-19 zu sein. Warum eigentlich Zinn? Die medizinische Verwendung von Metallen wie Quecksilber, Blei, Arsen, Eisen, Zinn und anderen sowie deren Verbindungen ist tief in den Heiltraditionen von Ost und West verwurzelt, in Ägypten genauso wie im Ayurveda oder in der tibetischen Medizin.

Heute ist sie ein Schwerpunkt der anthroposophischen Medizin, denn die Metalle wurden Anfang des 20. Jahrhunderts von Rudolf Steiner als Arzneimittel neu entdeckt. Metalle werden eingesetzt, um Lebensprozesse und Organsysteme gezielt anzusprechen und zu stärken. Sie dienen als Richtkräfte für den entgleisten Organismus und der Anregung von Selbstheilungsvorgängen. Besondere Bedeutung kommt dabei den sieben sogenannten Planetenmetallen zu: Saturn – Blei, Jupiter – Zinn, Mars – Eisen, Sonne – Gold, Venus – Kupfer, Merkur – Quecksilber, Mond – Silber. Einst hatte man sich die gesamten Metallvorkommen der Erde aus diesen charakteristischen sieben Vertretern zusammengesetzt vorgestellt, deren Qualitäten kosmischen Wirkungen der zugeordneten Planeten zu verdanken sind.

Auch der Mensch ist in dieser Hinsicht ein »siebenfaches Metall«, wie es Rudolf Steiner vor Ärzten darstellte. Das gilt nicht nur in räumlicher Hinsicht, für die inneren Organe, sondern auch in zeitlicher. So bringt die Biografie in den verschiedenen Lebensphasen unterschiedliche Aspekte einer Persönlichkeit zur Entfaltung, die sich ebenfalls den Planeten-Metallen und ihren Lebensphasen zuordnen lassen (siehe Tabelle rechts). Eine letzte Ahnung von der Beziehung der Planeten zum Menschen finden wir in den Wochentagen: Montag = Mondtag, Dienstag = Marstag usw. Zinn entspricht dem Seniorenalter, das traditionell dem Jahrsiebt von 49 bis 56 Jahren zugeordnet wurde. In ihrer Zinn-Phase sind viele Menschen auf dem Höhepunkt ihrer Machtentfaltung und ihres Wohlstandes, wobei berücksichtigt werden muss, dass diese Phase heute viel länger andauert als bis 56. Vertreter der Generation 70+ gehören vielfach auch noch dazu; da sind sie vor allem auf Top-Positionen wie beispielsweise als Staatsoberhäupter zu finden. Die viel gescholtenen »weißen alten Männer«, bei denen die Fäden der Macht zusammenlaufen, sind häufig Repräsentanten des Zinns. Das gilt natürlich auch für Frauen und grundsätzlich für alle Menschen, die bestimmte Machtpositionen erreicht haben und nicht mehr aufgeben, bevor sie durch Alterskrankheiten und andere Faktoren dazu gezwungen werden. Jeder Mensch hat im Leben seine persönliche Jupiter-Zinn-Probe zu absolvieren. Wir alle kommen an einen Punkt, an dem es uns schwerfällt, Erreichtes aufzugeben. Das kann materieller Besitz sein, Macht über andere Menschen, Gewohnheiten oder auch allzu festgefügte Vorstellungen. Alle diese Faktoren können uns in unserer weiteren Entwicklung einschränken, indem sie verhindern, dass wir uns für das Neue öffnen, das auch im Jupiteralter und danach noch vor uns liegt. Denn auch das Alter eröffnet neue Perspektiven.

Die Kunst besteht darin, bereit zu sein, rechtzeitig das Leben, das wir uns aufgebaut haben, loszulassen, um das Leben zu akzeptieren, das uns erwartet. Das bedeutet nicht, dass wir alles hinschmeißen und aussteigen sollten, sondern auf die innere Haltung, eine gewisse Gelassenheit dem Leben und letztlich uns selbst (!) gegenüber kommt es an.

Außerdem sind den Planetenmetallen noch weitere Körperregionen zugeordnet, in denen zum Teil in unterschiedlichen spirituellen Traditionen seelische Wahrnehmungsorgane, die Chakren, angesiedelt wurden. Für das Zinn ist es die Augenregion, wo sich zwischen den Augen traditionell das sogenannte dritte Auge oder Stirnchakra befindet. Zinn hat etwas mit Weisheit zu tun und den Qualitäten, die visionäre Führungspersönlichkeiten haben. Hier, hinter der Stirnhöhle, an der Basis der Frontallappen, liegt auch das Geruchsorgan, der Riechkolben, in den die Riechsinneszellen münden.

Merkur	Metall	Hauptorgan	Lebensphase in Jahren
Saturn	Blei (Plumbum)	Milz	Lebensabend und Sterben, ca. 56 bis Lebensende
Jupiter	Zinn (Stannum)	Leber	Wechseljahre: Klimakterium und Eintritt ins Seniorenalter, ca. 49 bis 56
Mars	Eisen (Ferrum)	Galle	Reife Erwachsenenzeit und Midlife-Crisis, ca. 42 bis 49
Sonne	Gold (Aurum)	Herz	Frühe Erwachsenenzeit, ca. 21 bis 42
Venus	Kupfer (Cuprum)	Nieren	Jugend, ca. 14 bis 21
Merkur	Quecksilber (Mercurius, Hydrargyrum)	Lungen	Schulzeit/Pubertät, ca. 7 bis 14
Mond	Silber (Argentum)	Gehirn, Reproduktionsorgane	Geburt und frühe Kindheit, 0 bis ca. 7

Übersicht über die Planetenmetalle, die ihnen zugeordneten Organe und Lebensphasen (nach Meyer 2012)

Was ist das Besondere an Zinn (Stannum)? Es ist weich und lässt sich wie das verwandte Blei sogar mit dem Fingernagel ritzen. Im Vergleich zum grauen, stumpfen Blei hat Zinn jedoch eine hellere, freundliche Ausstrahlung. Es ist biegsamer, nicht so brüchig und vor allem bei Weitem nicht so toxisch wie Blei. Zinn wird meist von einer zarten, Beständigkeit verleihenden Oxidschicht überzogen, lässt sich jedoch auf Hochglanz polieren. Zinn ist geschmeidig und erfreut das Auge. Daher wird es für viele Gebrauchsgegenstände verwendet, vom Zinngeschirr über Zinnsoldaten, Stanniolfolien bis hin zu Lametta. Zinn wird als Beschichtung von Weißblech (Konservendosen) und als Lötzinn gebraucht. Häufig ist Zinn Bestandteil von Legierungen, insbesondere Bronze. Ein ganzes Zeitalter verdankt dieser Mischung aus Kupfer und Zinn seinen Namen: Die Bronzezeit, die in Europa von circa 2200 bis 800 v. Chr. andauerte und wegen der überwiegenden Verwendung von Bronze so genannt wird. Zuvor hatte man

Jupiter, auf einer Wolke thronend, mit Blitz und Adler (Stich von Hendrick Goltzius nach Caravaggio 1592)

in der sogenannten Kupfersteinzeit bereits Kupfer verwendet. Bronze hat aufgrund des Zinngehaltes jedoch zahlreiche Vorteile. Zinn erhöht die Festigkeit und macht die Legierung wesentlich härter als Kupfer, verbessert die Verschleißfestigkeit und die Korrosionsbeständigkeit. Hervorzuheben ist die außerordentliche Schwingfestigkeit der Bronze, weshalb seit Jahrtausenden Glocken und Gongs aus ihr gefertigt werden. Gesellschaftlich ging die Bronzezeit, deren Kultur ihre Blüte den Notwendigkeiten für die Produktion, der vielfältigen Verwendung und einem ausgedehnten Handel von Bronze verdankte, mit der Herausbildung komplexer sozialer Strukturen, einschließlich einer Oberschicht, einer Aristokratie, einher, deren Privilegien vererbt wurden. Die Bronzezeit war die Geburtsstunde der sozialen Eliten. Eine Bronzemedaille hat ihren Platz gleich nach Silber und Gold. Eigentlich ist die Bronzezeit eine Zinn-Zeit, denn Kupfer, das der Bronze die goldene Farbe verleiht, wurde schon vorher verwendet. Zinn veredelte das Kupfer und verhalf der Aristokratie zum Durchbruch. Das passt zu der Rolle, welche der dem Zinn zugeordneten Planetengottheit, von den Römern Jupiter, von den Griechen Zeus genannt, zukam.

Regieren mit Adler und Blitz

Zeus-Jupiter war der oberste Regent im Olymp, der Ober-Gott sozusagen. Heute können wir in dieser Gestalt einen Archetypen sehen, der das Wesen des Zinns repräsentiert. Er verkörperte das Prinzip der Weltherrschaft par excellence – und ist damit hoch aktuell. Denn gerade im Zusammenhang mit der Corona-Krise erleben wir das Erstarken von einflussreichen globalen Institutionen (WHO, Weltbank, weltweit operierenden privaten Stiftungen und Nichtregierungsorganisationen), die gegenüber den Nationalstaaten immer mehr an Bedeutung gewinnen. Die Insignien von Zeus, der Adler und der Blitz, finden sich vielfach in der Heraldik, insbesondere auf Staatswappen. In die Verhältnisse des 21. Jahrhunderts übersetzt, steht der Adler mit seinen scharfen Augen für globale Überwachung, wie das heute mithilfe von Überwachungssatelliten und Drohnen erfolgt und auch in der Pandemiesteuerung eine wesentliche Rolle spielt. Der Blitz hingegen ist ein Symbol für machtvolles, potenziell tödliches, sofortiges Eingreifen, wie das ebenfalls mit den genannten Technologien und vor allem durch die globale Vernetzung möglich wird. Zeus-Jupiter – der Blitz- und Donnergott der Überwachungsgesellschaft? Und was hat das mit Corona zu tun? Der israelische Star-Historiker Yuval Noah Harari hat am 23. Oktober 2020 eine vorläufige Bilanz der Corona-Krise gezogen und stellt die folgende erstaunliche These auf: »In 50 Jahren werden sich die Menschen gar nicht mehr so sehr an die Epidemie selbst erinnern.« Vielmehr, so befürchtet er, werden sich »die Menschen (…) im schlimmsten Fall (…) daran erinnern, dass im Jahr 2020 mithilfe der Digitalisierung die allgegenwärtige Überwachung durch den Staat begann.«[46]

Zeus bzw. Jupiter ist der Archetyp des Herrschers. Er kann beides sein: sowohl Wohltäter als auch Diktator. Die irdische Regentschaft auf der Grundlage von äußerer Machtentfaltung stellt jedoch nur den äußerlichsten Aspekt von Zeus-Jupiter dar und ist eigentlich ein materialistisches Zerrbild. In der antiken Philosophie hatte man ein tiefes Verständnis für die spirituellen Aspekte der Macht und sah Zeus als Weltengrund an. Er war das Vorbild für den Vatergott der jüdisch-christlichen Tradition, wie er in der Formel des Vaterunsers angesprochen wird: »Denn Dein ist das Reich und die Kraft und die Herrlichkeit in Ewigkeit …« Zeus hat, wie das Zinn, auch eine ausgesprochen »weiche« Seite, die in dem modernen Kampf um die Weltherrschaft völlig fehlt. So werden mit Zeus-Jupiter Eigenschaften wie Weisheit, Würde, Gerechtigkeit, Milde, Sanftmut assoziiert. Diese entsprechen dem Glanz und der Geschmeidigkeit des Zinns, der »weiblichen« Seite die-

46 https://www.t-online.de/nachrichten/wissen/geschichte/id_88582030/harari-zur-pandemie-corona-hat-das-potential-die-welt-besser-zu-machen.html

ses ambivalenten Metalls, die in der Mythologie durch die Geburt der Athene aus dem Gehirn des Zeus dargestellt wurde (siehe Seite 128). Die Machtattribute des obersten Gottes hingegen entsprechen der inneren Festigkeit des Metalls. *Macht, verbunden mit Milde*, zeichnet den populären Herrscher aus, der bei aller Würde wohlwollende Volksnähe zeigt. Zinn ist ein Populist im besten Sinne des Wortes. In diesem Zusammenhang ist auch der Begriff »Jovialität« entstanden, der so viel bedeutet wie »zu Jupiter gehörig«. Im Lebenslauf kann man diese fürstlichen Eigenschaften am häufigsten und deutlichsten ausgeprägt bei Menschen in der vorletzten Lebensphase, bei den Senioren, finden (siehe Tabelle Seite 141), in dem Lebensabschnitt, der dem Jupiter zugeordnet ist.

Der zugeordnete Planet Jupiter ist übrigens der größte und schwerste Planet des Sonnensystems und trotz seiner Entfernung zur Erde (588,5 bis 968,1 Millionen Kilometer) einer der hellsten Himmelskörper. Er besteht, wie der Saturn, aus Gas. Die Umlaufzeit des Jupiters von rund 12 Jahren (so lange dauert ein »Jupiterjahr«) ist Ausdruck von Vollkommenheit. Sie spiegelt sich in vielen Mythen (12 Götter in verschiedensten Religionen, 12 Stämme Israels, 12 Jünger usw.), aber auch in verschiedenen Zeitordnungen (12 Doppelstunden des Tages, 12 Monate) wider. Ein Planet – des obersten aller Götter würdig.

Das Symbol des Jupiters ♃ besteht aus zwei Teilen: Es zeigt eine abgerundete Form, die einer 2 gleicht, in Verbindung mit einem Kreuz. Es verbindet Abrundung und Form, Weichheit und Struktur, Großzügigkeit und Bestimmtheit, Offenheit und Konzentration. Bei diesen Attributen handelt es sich um Gegensätze, die in einer höheren, nicht-dualen Weisheit aufgehoben werden. Der Jupiter verkörpert eine umfassende Weltenweisheit, man könnte sagen die »Weisheit unseres Planetensystems«.

Aber zurück von der Materialgeschichte und der Mythologie zu den physischen Eigenschaften des Zinns: Zinn ist wie gesagt sehr biegsam. Beim Biegen von reinem Zinn lässt sich jedoch ein eigenartiges Knirschen vernehmen. Dabei handelt es sich um das sogenannte »Zinngeschrei«. Zinn wehrt sich mit seiner inneren Kristallstruktur gegen die Verformung von außen. Das Geräusch entsteht durch die Reibung der Zinnkristalle aneinander. Das deutet auf eine gewisse innere Starrheit hin, die dem Zinn zu eigen ist. Zinn vereinigt, wie wir schon gesehen haben, Gegensätze in sich. Es ist einerseits geschmeidig und formbar, weich und anpassungsfähig, zugleich aber auch bestrebt, seine innere Struktur zu bewahren.

Zinn schmilzt sehr leicht. Sein Schmelzpunkt (ca. 232 Grad) liegt deutlich unterhalb desjenigen von Blei (327 Grad). Dann muss man das flüssige Zinn sehr lange weiter erhitzen, bis es schließlich bei 2620 Grad seinen Siedepunkt erreicht und in den gasförmigen Zustand übergeht. Vom Zinn sind verschiedene Modifikationen bekannt, die sich in der Kristallstruktur unterscheiden. Das sogenannte graue α-Zinn geht bei 13,3 Grad in das sogenannte weiße β-Zinn über. Erwärmt man das weiche, geschmeidige weiße β-Zinn über 162 Grad, so entsteht γ-Zinn, das ausgesprochen spröde ist. Es zerspringt wie Glas, wenn es auf den Boden fällt.[47] Zinn weist unter den Metallen mit 2388 Grad die größte Differenz zwischen Schmelz- und Siedepunkt auf. Es geht vergleichsweise früh aus dem festen in den flüssigen Zustand über und »weigert« sich dann quasi, ihn wieder zu verlassen. Zinn will, vereinfacht gesprochen, flüssig bleiben. Wir können festhalten, dass Zinn eine starke Affinität zum flüssigen Aggregatzustand hat. Aber zunächst muss es seine innere Starrheit überwinden, die sich im sogenannten Zinngeschrei zeigt, wenn es sich gegen das Verbiegen wehrt, aber auch in dem Sprödewerden, bevor es seinen Schmelzpunkt erreicht.

Diese Ambivalenz zeigt sich auch bei vielen Repräsentanten des Zinns, die wie zerrissen zwischen starren Konventionen und der Sehnsucht nach Jugendlichkeit wirken. Zu starke, unbewältigte Zinn-Kräfte führen in die Verhärtung. Vielfach zeigt sich das auch bei politischen Ideologien. Eine wunderbare Charakterisie-

47 http://anorganik.chemie.vias.org/zinn.html, H. Lohninger: Anorganische Chemie

rung des Zinns oder seiner Gefahren hat der Liedermacher Wolf Biermann in seinem unvergesslichen Lied »Ermutigung« (1968) geschaffen. Es passt sehr gut in unsere Zeit, in der die Menschen sich wieder, wie Ende der 1960er-Jahre, mit verhärteten und unversöhnlichen Ideologien gegenüberstehen. Dort heißt es: »Du, lass dich nicht verhärten / In dieser harten Zeit / Die all zu hart sind, brechen / Die allzu spitz sind, stechen / Und brechen ab sogleich.«

Das »Holz« unter den Metallen

Therapeutisch wird Zinn vielfach in der anthroposophischen Medizin eingesetzt, um Flüssigkeitsprozesse zu steuern, zum Beispiel bei Hydrocephalus (Wasserkopf), Gelenkergüssen oder Flüssigkeitsansammlungen in anderen Körperhöhlen. Bei Erkrankungen der Leber, unseres flüssigkeitsreichsten Stoffwechselorgans, ist Zinn ein Basismittel, vor allem bei Leberzirrhose. Die Leber ist traditionell das Zinn-Organ; als »Planetenorgan« ist sie dem Jupiter bzw. Zeus zugeordnet. In der griechischen Mythologie wird der rebellische Titan Prometheus von Zeus bestraft, indem er ihn an eine Säule kettet und ihm seinen Adler schickt. Dieser frisst jeden Tag die Leber des unsterblichen Prometheus, die sich dann nachts wieder erneuert. Das ist ein mythisches Bild für die Erneuerungskräfte der Leber, die wir mit dem Zinn stärken können. Sie sind nicht auf die Leber beschränkt, sondern vielerorts im Organismus tätig. Wo immer es gilt, weiche, fließende, abrundende plastische Formkräfte zu stärken, um Tendenzen der Verhärtung, Vertrocknung und Verformung entgegenzuwirken, ist Zinn angezeigt, sei es im Gelenkknorpel, in elastischen Geweben wie Sehnen oder in halbflüssigen, gelartigen Strukturen im Auge und im Gehirn. Die Hintergründe dafür finden sich sowohl bei Paracelsus als auch in der Traditionellen Chinesischen Medizin, in welcher Jupiter der Leber, den Sehnen und der Wandlungsphase Holz zugeordnet wird. Zinn ist das »Holz unter den Metallen«. (Meyer 2012)

Ein treffliches Bild für die Qualitäten des Zinns und seine therapeutischen Wirkungen ist ein frisch geschnittener, saftiger Zweig. Dieser ist einerseits biegsam und geschmeidig, andererseits bricht er jedoch nicht, sondern behält seine Form. So verbindet Zinn Formkräfte mit Lebenskräften, erhält lebendige Strukturen am Leben und verhindert deren Erstarren oder Vertrocknen. Das ist vor allem bei vielen degenerativen Erkrankungen im höheren Lebensalter von großem Nutzen.

Den höchsten Zinngehalt unter allen Organen hat übrigens die Zunge - ein Organ, das nicht nur der Nahrungsaufnahme, sondern vor allem dem Genuss dient. Auch da ist seine Bedeutung für die Behandlung der Geschmacksstörungen unter Covid-19 greifbar.

Andererseits ist damit auf den beliebten, aristokratischen Zinn-Typ und seine Schwächen hingedeutet: der Schlemmerei und der Genusssucht bis hin zum überheblichen Selbstgenuss. Der stets gutaussehende Zinn-Typ verbindet mit der ihm eigenen »königlichen« Würde und Heiterkeit zahlreiche Führungsqualitäten, für die ihm seine Mitmenschen oft uneingeschränktes Vertrauen, Bewunderung und Anerkennung entgegenbringen. Im Idealfall ist er männlich, charismatisch und - passend zur Lebensphase - grau meliert; man denke an George Clooney. Graue Haare, früher spöttisch Lametta (siehe oben) genannt, gehören ohnehin zum »Corona-Chic« und werden daher auch als »Coronablond« bezeichnet. Man/frau trägt in Pandemiezeiten die grauen Haare »erhobenen Hauptes«.[48] Überhaupt sind sie bis ins hohe Alter von aufrechter Statur, standhaft wie Zinnsoldaten trotzen sie vielen Unbilden des Lebens. Zinn-Typen sind ideale Repräsentanten, geborene Präsidenten, Vorsitzende und Generalsekretäre, in allen möglichen Vorständen ebenso zu Hause wie auf Regierungsbänken und Staatsbanketten. Menschen mit diesen Eigenschaften neigen oft zu Überheblichkeit und Arroganz, was selbst über lange Zeit unbemerkt bleiben kann, weil sie es mit ihrer Jovialität überdecken. Im Extremfall handelt es sich um »geborene Hochstapler«, die mit ihrem präsidialen Auftreten und ihren gediegenen Umgangsformen über die fehlende Substanz hinwegtäuschen. Wenn sie den ihnen eingeborenen Adel nicht auch als Verpflichtung der Allgemeinheit gegenüber ergreifen, dann verfallen sie oft einem raffinierten Egoismus, der ihnen selbst nicht immer bewusst ist, weil sie ihre Privilegien für selbstverständlich nehmen. Wenn ihnen im Leben alle Türen offenstanden und wenig Widerspruch entgegengebracht wird, neigen sie nicht selten auch zur Rechthaberei und zum Starrsinn, wie er eben auch dem Zinn zu eigen ist.

Leben wir als Mensch der wohlhabenden Länder nicht alle wie kleine Zinnkönige, nutzen die Möglichkeiten des Reisens, des Luxus und des Genießens und vergessen dabei allzu leicht, dass es unzählige Menschen gibt, die furchtbar hungern und alles andere als ein gutes Leben führen? Wir werden nun vielfach genötigt, zumindest temporär von diesem Überfluss und den Freiheiten, an die wir uns gewöhnt haben, Abschied zu nehmen. Bryonia und mehr noch Zinn helfen uns dabei, aber warum kann es das?

Von den positiven Attributen der Zinnpersönlichkeit ist bei einer Vergiftung mit Zinn und auch in den feintoxikologischen Erkenntnissen zu Zinn, den Symptomen der Homöopathie, nur wenig zu finden. Im Gegenteil sind Denkunfähigkeit, Schwäche und Erschöpfung wegleitend.

Doch der Reihe nach. Eine Vergiftung mit Zinn kann zu einer schweren Lungenkrankheit, der Pneumokoniose oder Stannose, führen.[49] An Symptomen finden sich dann Husten, zäher Auswurf, Atemnot bei Belastung und Lungenbelüftungsstörungen. Hier steht also eine erhebliche Schwächung der Lunge im Vordergrund. Doch nicht nur die Lunge leidet, Zinnvergiftungen können schwerwiegende Auswirkungen im zentralen Nervensystem haben. Im Detail werden Hyperaktivität, Schlaflosigkeit, Geistesabwesenheit, Erinnerungsschwäche, Desorientiertheit, epileptische Anfälle und

48 https://www.google.de/amp/s/www.harpersbazaar.de/beauty/graue-haare-trend-corona%3famp
49 https://de.wikipedia.org/wiki/Stannose

zerebrale Ödeme der weißen Substanz des Nervensystems festgestellt (Wilkens 2011). Der Toxikologe Daunderer konnte auch Geruchs- und Geschmacksverlust nach einer Zinnvergiftung nachweisen (Wilkens 2011).

Zinn in der Homöopathie

Bei dem Begründer der Homöopathie, Samuel Hahnemann, findet sich in seinem wichtigsten Werk *Die Chronischen Krankheiten* eine ausführliche Sammlung von Symptomen zu Stannum metallicum, soweit diese bis ins beginnende 19. Jahrhundert bekannt waren (Hahnemann 1839). Daraus hat sich in der Folge ergeben, dass Zinn sich bei (Lungen-)Schwäche sehr bewährt (Mezger 1993). Das Mittel sei geeignet für chronische Lungenleiden, besonders Folgezustände der Tuberkulose. Als weiteres typisches und wichtiges Symptom hat sich der langsame Beginn sowie die allmähliche Zu- und Abnahme von Beschwerden im Tagesverlauf herauskristallisiert. Schmerzen, die allmählich kommen und gehen. Man kann da direkt von einer Art großem Atemrhythmus sprechen.

Daneben besteht ein Gefühl der Leere in vielen Organen, als Ausdruck davon, dass die königliche Machtgewalt über die Organe daniederliegt.

Psychisch sind entsprechende Züge zu finden. So korreliert eine gewisse Mutlosigkeit, eine trübe hypochondrische Stimmung mit Stumpfheit des Geistes, die so ähnlich bereits bei Bryonia aufgefallen waren. Eine seelische Starrheit kann sich unter anderem darin zeigen, dass man Gedanken, die sich einmal in ihrem Gemüt festgesetzt haben, nicht wieder loswerden kann. Ein charakteristischer Begriff, der in der Homöopathie immer wieder fällt, wenn es um Zinn geht, ist Resignation. Das war und ist in der römisch-katholischen Kirche die Bezeichnung für einen freiwilligen Amtsverzicht, also der Rückzug von den quasi königlichen Ämtern. Resignation ist aber auch der Begriff, der in der Medizin und Psychologie eine Haltung ausdrückt, dass ein angestrebtes Ziel nicht erreichbar ist, weil man/frau eben leer geworden ist, nicht mehr über die entsprechenden Kräfte verfügt. Resignation führt zu Frust und im Extremfall zu Burn-out.

Diese seelische und körperliche Schwäche kann in der Folge zu einer Pneumonie/COPD oder auch zu chronischen Gelenkproblemen führen. Das sind aber die führenden Einweisungsdiagnosen in der Geriatrie. Es verwundert daher nicht, dass Zinn hier sehr häufig zu helfen vermag.

In der Therapie eines Bronchialkarzinoms kommen wir selten ohne die »wohltuende Wirkung« des Zinns auf den Atemrhythmus aus (Wilkens 2012).

Covid-19 hat als Leitsymptome die Inappetenz, die Lunge und die langanhaltende Schwäche. Doch auch andere Symptome erinnern an Covid-19 (Mezger 1993):

- Kratzen im Hals, Atemprobleme selbst bei geringsten Anstrengungen, viel Husten mit Auswurf, Wundheitsgefühl der Brust. Beklommenheitsgefühl der Brust, als wäre sie innerlich zusammengezogen. Schweregefühl in der Brust.
- Große physische und seelische Erschöpfung, die so bis zu einem Gefühl innerer Leere der Organe gipfelt.
- Betonung des Geruchssinnes: schon der Geruch von Kochen verursacht Erbrechen, aber auch Geschmacksstörungen wie saurer und bitterer Geschmack im Mund.
- Depressive Gefühle mit unbeschreiblicher Angst, Scheu und Abneigung vor den Menschen.

Letzteres Symptom erinnert doch sehr stark an die Menschen nach Corona im Allgemeinen. Denn wenn Corona eines geschafft hat, dann dass Menschen voreinander Angst bekommen und den direkten Kontakt zunehmend scheuen.

Fallbeispiel: Zinn und seine Kraft zur konstruktiven Veränderung des Bewusstseins (und der Nerven)

Vorstellig wird ein adipöser phlegmatischer 48-jähriger Patient mit einer sogenannten demyelinisierenden Polyneuropathie der Beine, die nach einer Borreliose-Erkrankung vor drei Jahren erstmalig aufgetreten sein soll. Mit der Erkrankung gehen ein stetes Schwitzen, unruhige Beine, eine massive Unkonzentriertheit und Lustlosigkeit einher. Die Muskulatur der Beine zittert und verhärtet sich abwechselnd fast wie »zu Beton«. Er kann kaum noch gehen, da er seine Beine nicht richtig spürt. An den Händen fallen ebenfalls Dysästhesien auf. Stete Schulterprobleme der rechten Seite. Morgensteifigkeit der Gelenke. Die bisher fünf bis zehn aufgesuchten Ärzte konnten gut diagnostizieren, aber nicht helfen, da es bei der Erkrankung bisher keine schulmedizinische Therapie gibt.

Auf Stannum metallicum praeparatum D8 Weleda morgens und abends 1 Messerspitze zeigt sich schnell eine wesentliche Verbesserung der Beinbeschwerden und eine Reduktion der Schmerzen. Die Müdigkeit war alsbald wie verflogen, und nach 2 Monaten der Therapie bemerkt er auch, dass seine ganze Bewusstseinshaltung anders geworden ist: Er ist viel ruhiger im Geschäft, überlegter und nicht mehr so hektisch.

Anthroposophische Zinntherapie

Arandisit D15 Weleda, Zinnsilikat

Die wichtigsten Informationen zur Therapie mit den unterschiedlichen Zinnverbindungen gehen auf den verstorbenen Internisten und Rheumatologen Ludger Simon zurück (Simon 2005), dem wir bereits bei der Vorstellung von Bryonia wichtige Hinweise verdankten: »Durch die innige Durchdringung von Zinnoxid, Hydro-Kassiterit, einer wie verfestigtes Gel aussehenden trüb-braunen Form des sonst schwarzen Kassiterit, mit Kieselsäure entsteht unter den besonderen örtlichen Bedingungen der Stiepelman-Mine in Südafrika dieses einzigartige Mineral in lichtgrünen, wachsglänzenden derben Bildungen, die unregelmäßig verteilt im zinnhaltigen Gestein herangewachsen sind. (...) Die innige Durchdringung im zähflüssigen-halbfesten Kieselmilieu ist eine für das Zinn selbst charakteristische Geste, wie sie sich auch in der sogenannten ›Vergreisung‹ des Granits in der Umgebung von Zinn-(Kassiterit-)Gängen zeigt. Die Tatsache, dass die naturwissenschaftliche Mineralogie den Arandisit nicht als selbstständiges Mineral anerkennt, macht nur deutlich, dass es sich weniger um eine definierte chemische Verbindung als um eine Art Assoziation handelt, die als Spur einer innigen Durchdringung von Zinn und Kiesel in einem ursprünglich flüssig-kolloidalen Gesteinszustand zurückgeblieben ist.« Das Zinn geht also im Arandisit eine merkwürdige fast organisch anmutende Verbindung mit der Kieselsäure ein. Silizium ist aber nicht nur das Synonym als Ort für die moderne Computerindustrie – Silicon Valley in Kalifornien –, sondern in der Therapie der Sinnesorgane in der anthroposophischen Medizin von höchster Bedeutung. Siliziumverbindungen bilden die stoffliche Grundlage für den Kieselsäureprozess. Silicea wirkt lichtdurchlässig gestaltend besonders auf den Kopf und die Sinnesorgane. »Im Arandisit geht die Zinnmetamorphose noch weiter über die Atmungsprozesse hinaus – in die Sinnestätigkeit als verfeinerte Atmung hinein, das heißt, sie erwacht zu einem wacheren

Bewusstsein: Substanziell gesprochen, dringt das oxidierte Zinn der äußeren Natur in Form des Hydrokassiterit in die Kieselsphäre ein.« (Simon 2005)

In der Regel wird Arandisit eher für Störungen der Atmung in den Gliedmaßen benutzt wie Karpaltunnelsyndrom, Schwellungen der kleinen Gelenke und Schulterbeschwerden.

»Da die rhythmisch wechselnden Druck- und Sogverhältnisse im belasteten Gelenk eine vergröberte Metamorphose der Lungenatmung ins Flüssige hinein repräsentieren, ist die subkutane Injektion für die genannten Indikationen unverzichtbar, zumindest in der Akutphase, wo die Schmerzen rasch gelindert und die Beweglichkeit erhalten werden soll.« (Simon 2005)

Laut Vademecum (2017) »belebt und löst [es] Lebensprozesse, welche zu stark geronnen und verhärtet sind, und verschafft ihnen wieder neu Anschluss an das rhythmische System, insbesondere hinsichtlich der Atmung bis ins Gerinnungssystem hinein (Thrombosen-Embolie-Neigung)«. *Besser kann man das Problem bei Covid-19 nicht beschreiben.* Das sandartige Reiben in der Lunge ist ein typischer Hinweis auf die Kieselsäure. Lungenschwäche bei

Arandisit aus der Stiepelman-Mine (Foto: Frank Meyer)

Karzinomen und Metastasen von eher hageren neurasthenischen Menschen sind im Allgemeinen Hinweise auf Arandisit, also wieder sehr schwere, vor allem auch sehr erschöpfende Erkrankungen.

Arandisit ist aktuell in Deutschland als D15 bei Weleda in Ampullenform erhältlich. In D6, D12 und D30 nur in der Apotheke von Weleda (apowelis.de) als Trituration.

Arandisit D6, D15 Ampullen, flüssige Verdünnung
Dosierung: 1-mal täglich, in akuten Fällen mehrmals täglich 1 ml subkutan injizieren

Arandisit D6, D12, D30 Trituration
Dosierung: 1- bis 3-mal täglich, in akuten Fällen stündlich 1 Messerspitze

Fallbeispiel: Arandisit in seiner Bedeutung für die Lunge

Ein 68-jähriger ehemaliger Elektroingenieur hatte bei einem Bootsunfall vor zehn Jahren einen schweren Schlag gegen die Rippen erlitten und bekommt seither nicht mehr richtig Luft. Das maximale Atemvolumen hat sich auf 1 Liter reduziert. Stete Verschleimung. Er ist immerzu müde und erschöpft. Niedriger Blutdruck. Hagere Gestalt.
Patient erhält Arandisit D15 Ampullen Weleda. 3-mal pro Woche verdünnt er den Inhalt mit Wasser und trinkt dieses. Noch in der Praxis erhält er eine Ampulle subkutan.
Schon nach einem Tag geht es ihm besser, er wirkt alsbald vitaler, sagt, er sei nicht mehr so schlapp und fühle sich auch nicht mehr so kalt. Er bekommt gut Luft und die Verschleimung ist kaum noch vorhanden.
Wieder ein halbes Jahr später kommt er gerade von einer schweren körperlichen Tätigkeit: Er hatte mit der Schaufel selbst das Erdreich für einen Teich ausgehoben.

Kassiterit – natürliches Zinnoxid

Auch die wichtigsten Grundgedanken zum Kassiterit verdanken wir Ludger Simon. Kassiterit ist als natürliches Zinn-(IV-)oxid das häufigste Zinnmineral. Es lässt sich als dunkelbraunes bis schwarzes Kristall (infolge seines Eisengehalts) oder auch farblos finden. Zinn gehört mit Kohlenstoff und Silizium zur IV.-Gruppe des chemischen Periodensystems und lässt sich als Analogon des Siliziumdioxids (Quarz, SiO_2) und des Kohlenstoffdioxids (CO_2) auffassen. Nach Ludger Simon (Simon 2005) haben diese drei Elemente eine Beziehung zur »Ich-Tätigkeit im physischen Leib – seiner Gestaltung und Auflösung bis hin zur Durchlässigkeit für die Sinneswahrnehmung. Im Kassiterit liegt Zinn oxidiert vor, das heißt, es hat Beziehung zur äußeren Luftatmung«, zu den oberen Atemwegen und zur Lunge. Der im Kassiterit enthaltende Eisenanteil weist sogar in Richtung der inneren Atmung. »Demnach sind dunkle eisenreiche Kassiterite besonders für die Lunge, die blutzugewandte Seite des Atmungssystems geeignet, und helle eisenfreie Kassiterite für die dem Bewusstseinsleben zugewandte Seite

Kassiterit, China
(Foto: Frank Meyer)

(Nase und Nebenhöhlen) zu bevorzugen. Typische Indikationen: Lungenemphysem, Wabenlunge, Bronchiektasen u. Ä. Abbauerkrankungen der Lungengestaltung; chronifizierte und träge-kalt verlaufende Verschleimungen von Lunge, Bronchien, Nebenhöhlen. Haltungsschwächen des Rückens, insbesondere der Brustwirbelsäule, die in Verbindung mit Atmungsschwäche erscheinen (kyphosierendes, schleppendes, in die Schwere fallendes Gangbild).« (Simon 2005)

Das Präparat ist aktuell in Deutschland nur über die Apotheke an der Weleda (apowelis.de) in D6 und D10 erhältlich.

Kassiterit D6, D10 Trituration
Dosierung: 1- bis 3-mal täglich, in akuten Fällen stündlich 1 Messerspitze

Juglans regia comp. WALA
(Walnuss, Zinn, Kalium phosphoricum)

In diesem Präparat ist die in den Blättern und in der Frucht sehr gerbstoffreiche Walnuss (Meyer 2007) enthalten, die die Verdauungskräfte kräftigt. »Dies ermöglicht eine stärkere Präsenz des Seelischen in der Verarbeitung und Integration der Sinneseindrücke« (Vademecum 2017). Die Aufmerksamkeitsspanne und die Kräfte im Denken nehmen zu. Ergänzend ist wieder Zinn in der D11 und Kalium phosphoricum D5 enthalten, die ebenfalls beide die Bewusstseinskräfte stärken und den Leberstoffwechsel kräftigen.

Die Walnuss verfügt über ganz ungewöhnliche Fähigkeiten und bildet im langsamen, aber stetigen Wachstum und Differenzieren eine im Baumreich absolut ungewöhnliche Samengestaltung, die sogar eine räumliche Orientierung einschließt. Sie kann Bild der Menschwerdung im Hirnbereich sein aus anfänglich plastischen Kräften im »Bolster« (Rispens 2019), wo die grünen Fruchtblätter noch den weichen Samen umschließen, bis zur endgültigen Ausreifung im Irdisch-Festen.

Räumliche Orientierung des Samens und des Scheidewandsystems der Frucht; die beiden Septen stehen im rechten Winkel zueinander (in ihrer Überkreuzung laufen die nährenden Leitbündel)! (Schema nach J. A. Rispens 2019)

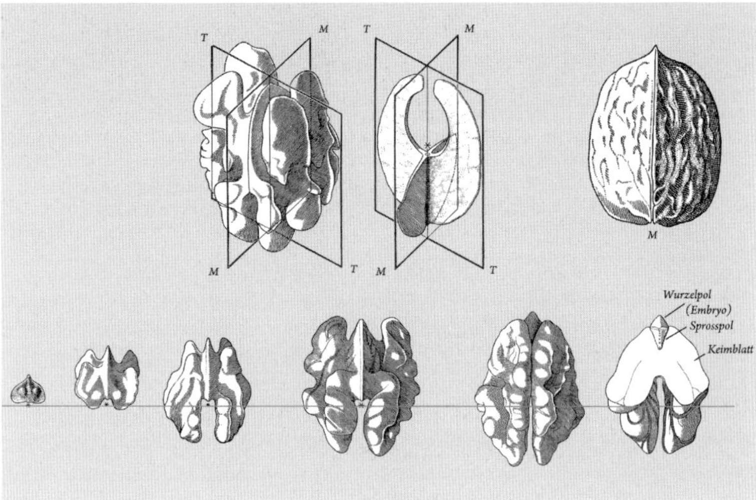

Eine Arznei aus den jungen Früchten wird entsprechend die Denkkraft stärken können.

Juglans regia comp. ist in der Regel der Standard in der anthroposophischen Medizin, wenn sich, nicht nur nach Narkosen, im Alter bei eher adipösen Patienten Bewusstseinsstörungen bis hin zur Demenz bilden. Es führt nicht nur im Kopf zu Besserung, sondern auch zu einer schnell wahrnehmbaren Verbesserung der »Durchatmung« der Leber und der Lunge. **Damit ist Juglans regia comp. die ideale Arznei in der Prophylaxe von Covid-19 bei (adipösen) Patienten mit Demenz oder auch bei Covid-19-Patienten mit Leberstörungen.**

Für die Signaturlehre des Mittelalters und der frühen Neuzeit ergaben sich aus der äußeren Ähnlichkeit des Walnusssamen mit dem menschlichen Gehirn Hinweise für eine therapeutische Anwendung. (Rispens 2019)

Juglans regia comp. Flüssige Verdünnung zur Injektion, Ampullen
Dosierung: 1- bis 3-mal wöchentlich, in akuten Fällen 1-mal bis mehrmals täglich 1 ml subkutan injizieren

Stannum metallicum praeparatum Weleda

Bei Stannum metallicum praeparatum handelt es sich um den potenzierten Metallspiegel des Zinns. Dieser wird durch Destillation gewonnen. Dabei wird aus Kassiterit hergestelltes Zinn in einer Retorte erhitzt, in der ein Vakuum erzeugt wird. Das Zinn schmilzt und verdampft im Vakuum bereits bei 1300 Grad. An der gekühlten Oberfläche schlägt es sich als dünner, glänzender Spiegel nieder. Zugleich muss durch gezielte Kühlung dafür gesorgt werden, dass der abgeschiedene Zinn-Spiegel wegen seines niedrigen Schmelzpunktes von 232 Grad nicht gleich wieder aufschmilzt. Der Metallspiegel wird anschließend mechanisch entfernt und potenziert. Das Metall wird bei diesem pharmazeutischen Prozess durch alle vier Aggregatzustände – fest, flüssig, gasförmig, Wärme – hindurchgeführt mit dem Ziel, eine Art Verjüngung und Dynamisierung zu erreichen, es aufzuschließen für die in ihm wirkenden Kräfte. Die Metallspiegel sind eine Spezialität der anthroposophischen Medizin (Engel 2017).

Unserer Erfahrung nach haben sie eine umfassende Wirkung, die den ganzen Indikationsbereich eines Metalls umfasst. Während natürliche metallische Verbindungen wie zum Beispiel Kassiterit oft eine mehr spezifische Wirkung haben, die sich aus ihrer Vereinigung mit anderen Elementen ergibt, ist die Wirkung der stets »metallicum praeparatum« genannten Metallspiegel eine mehr universelle.

Stannum metallicum praeparatum steht als Salbe (vor allem für Gelenkerkrankungen), Trituration und in Ampullen zur Verfügung. Es eignet sich für alle Indikationen des Zinns. Zur Unterstützung des Atmungsprozesses werden die Trituration und die Ampullen in D8 eingesetzt.

Stannum metallicum praeparatum Trituration D8
Dosierung: 2-mal täglich 1 Messerspitze

Stannum metallicum praeparatum Ampullen D8, flüssige Verdünnung zur Injektion
Dosierung: 1-mal täglich 1 ml subkutan injizieren

Coca, wenn die Höhenkrankheit sich einstellt

Wir konnten zeigen, dass sich bei Covid-19 durchaus Symptome finden, die der Höhenkrankheit entsprechen. In Südamerika wird dagegen das Kauen von Cocablättern empfohlen, eine indigene Arznei. Einer anderen Form der Höhenkrankheit unterliegen die Mitglieder des Jetsets, die dann nur zu gerne Kokain koksen. Gerade diese Schicht hat zur anfänglichen weltweiten Verbreitung von Covid-19 erheblich beigetragen. Es ist daher naheliegend, dass Coca in homöopathischer Dosierung bei Covid-19 eine Rolle spielen kann.

Durch eine Art Selbsttherapie mit Kokain ist der Begründer der Psychoanalyse, Sigmund Freud, zu seinen tiefenpsychologischen Erkenntnissen gekommen (von Scheidt 1973). Seine erste wissenschaftliche Arbeit aus dem Jahr 1884 ist eine ausführliche Abhandlung über Coca. Er war von der Wirkung des Kokains auf das Nervensystem überzeugt und suchte Kokain als Medikament für seelische Erkrankungen einzuführen. Seine ausführliche Literaturrecherche (Freud 1996) über die Verwendung von Cocablättern seitens der Indios als auch die differenzierte Darstellung und Auswertung der Befunde aus seinen Selbstversuchen ist heute noch bemerkenswert. Später hat er sich für diese Arbeit eher geniert und sie geflissentlich »verdrängt«. Dennoch ist diese Arbeit wichtig und mit zahlreichen Hinweisen auf die Coca-Wir-

Sigmund Freud (1856–1939), Vater der Psychoanalyse, hat im Selbstversuch die Wirkungen des Kokains erforscht.

kung gespickt. Mit Bezug auf Covid-19 sind folgende von Sigmund Freud beschriebene Symptome interessant:

- Bittere Geschmacksempfindungen
- Die Atemzüge werden verlangsamt und vertieft.
- Wiederholendes kühlendes Aufstoßen
- Trockenheit der Augen und der Nasenschleimhaut
- Fand seine Sprache gestört, seine Schrift unsicher
- Nervöse Erschöpfung (Neurasthenie)
- Schmerz- und krampfartige Magen-Darm-Beschwerden
- Gegen Dyspnoe, Herzklopfen und Schwindel (Höhenkrankheit)

Wichtiger ist bezüglich Covid-19, dass sich durch das Koksen die Nasenscheidewand aufzulösen droht[50] und auch Riech- und Geschmackssinn schwer beeinträchtigt sein können. **Gerade die Kombination aus Neurasthenie, Asthma und Atemnot und eben den Geruchs- und Geschmacksstörungen zeigt so nur Coca.**

Coca ist in unterschiedlichen Dosierungen von diversen Herstellern erhältlich.

Dosierung: 2-mal täglich 10 Globuli

50 Slavin, S.A., Goldwyn, R.M.: The cocaine user: the potential problem patient for rhinoplasty. Plast Reconstr Surg. 1990, 86(3):436–442. PMID: 2385660.

Colchicum autumnale, die Herbstzeitlose, Herrin der Unterwelt

Schon im Juni 2020 wurde eine kleine Studie aus Griechenland publiziert, die zeigte, dass die Herbstzeitlose den Verlauf einer Covid-19-Erkrankung positiv beeinflusst und die Heilung beschleunigt (Spyridon 2020). Im Februar 2021 wurden die Ergebnisse einer größer angelegten Untersuchung aus Kanada mit 4500 Patienten zur Wirkung von Colchicin, dem Gift der Herbstzeitlosen, veröffentlicht. Das Ergebnis verblüffte die Fachleute, denn die Wirkung dieser altbekannten Gift- und Heilpflanze stellte sich als beeindruckend gut heraus. Die Klinikeinweisungen bei positiv auf Covid-19 getesteten Patienten konnten um 25 Prozent vermindert, die Notwendigkeit einer künstlichen Beatmung um 50 Prozent und die Anzahl der Todesfälle um 44 Prozent reduziert werden (Tardiff 2021). Diese erstaunliche Besserung zeigte sich nach weiteren Studien nur, wenn direkt nach dem positiven Corona-Test mit der Therapie begonnen wurde. Behandlungen, die erst in der Klinik erfolgten, zeigten keine Wirkung mehr.

Colchicum ist wesentlich besser und günstiger als die Bestellung des deutschen Gesundheitsministers aus dem Frühjahr 2021 über 400 Millionen Euro für monoklonale Antikörper. Er verwies dabei auf Erfahrungen, welche die Ärzte bei Donald Trump mit dieser Arznei gemacht hätten. Eine eigentliche Studie gab es aber nicht. 400 Millionen Euro oder circa 2000 Euro pro Anwendung bei fraglicher Wirkung gegen circa 20 Euro für Colchicin. Was ist da ökonomisch, ökologisch und im Sinne des Patienten vernünftiger?

Die Herbstzeitlose könnte also zum neuen Star in der Covid-19-Therapie aufsteigen und damit auch den notwendigen Dialog mit der integrativen Medizin beschleunigen. Denn die Herbstzeitlose ist ein *hidden champion* der anthroposophischen Medizin. Kaum eine Schilddrüsenerkrankung, die ihrer nicht eventuell bedürfte, aber auch bei schwereren Erkrankungen wie bei Leukämien und Lymphomen wird sie von anthroposophischen Ärzten regelmäßig (erfolgreich) eingesetzt. Grundlage dafür sind Empfehlungen Rudolf Steiners und praktische gute Erfahrungen schon aus der Gründerzeit, die heute regelmäßig bestätigt werden.

Wie lassen sich nun diese ganz anders gelagerten Erkrankungen und Erfahrungen mit Covid-19 verbinden? Hier lohnt der konkrete Blick auf die Herbstzeitlose. Was macht sie denn so besonders, so andersartig im Pflanzenreich? Generell gilt, dass Pflanzen, die sich dem normalen Lauf des Jahres verweigern, Giftpflanzen und somit besonders wirksam werden. Das ist so bei der Mistel, das trifft aber auch auf die Christrose oder den Efeu zu. Efeu, Mistel und Christrose sind aber nur schwach giftig, hingegen können 12 Milligramm Colchicin einen Menschen töten. Colchicin ist jedem Biologiestudierenden ein Begriff, denn es lässt uns einen Blick werfen in die Welt der Zellteilung. Es wirkt als sogenanntes Mitosehemmgift, das die Ausbildung der Mikrotubuli im Spindelapparat hemmt. Die äquatoriale Ausrichtung der Chromosomen in der Metaphase der Zellteilung wird unterbunden. Besonders betroffen sind von dieser Wirkung Zellen, die sich schnell und häufig teilen wie zum Beispiel die Schleimhaut des Magen-Darm-Trakts und des Knochenmarks. Mikrotubuli spielen auch bei der Bewegung und Phagozytoseaktivität neutrophiler Granulozyten eine Rolle. Dies erklärt die bekannte Wirkung bei Gicht. An sich wäre es das ideale Gift gegen eine Krebserkrankung. Ihre Dosierung ist aber nur schwer handhabbar, da eine Abgrenzung zwischen heilenden und tödlichen Dosen nur sehr schwer möglich ist.

Die Herbstzeitlose *(Colchicum autumnale)* ist in allen Teilen stark giftig. Vorsicht, Lebensgefahr! (Foto: Ruth Mandera)

Doch zurück zur Fragestellung. Was ist anders bei Colchicum gegenüber anderen Winterblühern wie der cholerischen Mistel, der phlegmatischen Christrose oder dem sanguinischen Efeu? Ein letztes Blühen und Vergehen, das ist, was uns empfindungsmäßig beim Anblick der Blüte im Herbst anwehen kann. Die Herbstzeitlose blüht, aber eigentlich nur zum geringsten Teil oberirdisch. Tief unten entspringt die Blüte direkt aus der Knolle. Dort finden sich blass und verborgen die Blätter, die sich erst im Frühjahr emporstrecken und mit sich die reife Frucht heben. Im Boden ruht die Sprossknolle, und hier unten, nicht oberirdisch, kommt es zur Befruchtung im Winter. Die Herbstzeitlose hat tatsächlich die Jahreszeiten vertauscht und macht aus dem Herbst das Frühjahr, aus dem Frühjahr den Herbst, aus dem Sommer den Winter und aus dem Winter den Sommer mit der Befruchtung. Sie wendet sich vom kosmischen Umkreis ab und lässt die Befruchtung geophytisch, also in der Erde, sich vollziehen. Gleichzeitig zeigen sich transgenerative Aspekte. Denn unterhalb des Fruchtknotens findet sich eine zwiebelartige Knolle, die im Grunde aus zwei Knollen besteht: der jungen Tochterknolle, der die Blüte entsprosst, und der Mutterknolle. Aus dieser waren noch im Frühjahr die Blätter und die Frucht erwachsen, dient sie nun der Tochterknolle zur Ernährung. Mutter und Tochter hängen so intensiv aneinander und sind nur schwer zu trennen. Die Herbstzeitlose verbindet also eine vegetativ unterirdische mit einer oberirdisch geschlechtlichen Fortpflanzung, kann sich sogar selbst bestäuben und ist in der Vermehrung kaum auf die Oberwelt angewiesen.

Es ist in vielem ein Leben ähnlich dem der Kartoffel, die ja auch eine Knolle darstellt und keine Wurzel. Knollen sind Verdickungen im unteren Bereich des Stängels. Die Pflanze stellt nach der anthroposophischen Botanik den umgekehrten Menschen dar. Wurzeln wirken somit auf die Kopfkräfte, Blätter eher auf Lunge und Herz, Blüte und Frucht auf den Stoffwechsel. Der Stängel gehört zur Blattregion, ist aber auch mit der Wurzel verbunden. So lässt sich die Wirkung der Herbstzeitlosen auf den oberen Thoraxbereich mit der Schilddrüse sehr gut verstehen. Doch auch die Wirkung auf Leukämien und Lymphome wird verständlich, da Störungen in der Zellreifung und genetische Defekte bei diesen Erkrankungen des blutbildenden Systems vorherrschen und gerade Lymphome gerne den oberen Brustbereich betreffen.

Warum nun kann die Herbstzeitlose eine Wirkung auf Covid-19 haben?

Nach den Erkenntnissen des Robert Koch-Instituts vom Mai 2021 finden sich die schweren Verläufe einer Covid-19-Erkrankung vor allem bei Leukämiepatienten und Menschen mit Tumorerkrankungen unter Therapie. Das sind aber genau auch die Patienten, die von einer Colchicumtherapie profitieren. Zum anderen bestehen bei bestimmten Leukämien ausgeprägte genetische Veränderungen. Auch Covid-19 wirkt als Chimäre, das heißt als ein Virus, das unterschiedliche Gensequenzen in sich trägt, gen-technisch verändert wirkt und dadurch eine Vielfalt von Symptomen, die gar nicht zusammenzupassen scheinen, hervorrufen kann. Das scheint der Grund für die besondere Wirksamkeit von Colchizin zu sein, dem Zellgift der Herbstzeitlosen. Nicht vergessen werden sollte auch, dass die »Kinderstube« der T-Lymphozyten die Thymusdrüse darstellt, die sich in der Nähe von Herz und Schilddrüse findet. Auf diese Region des oberen Thorax wirkt die Herbstzeitlose intensiv ein.

In der griechischen Mythologie wurde die Herbstzeitlose mit dem Mythos der Zauberin Medea aus Colchis (=Colchicum) verbunden. Medea war nach unterschiedlichen Quellen eine Priesterin der Göttin Hekate, der Göttin der Unterwelt, oder auch der Artemis. Artemis ist als jungfräuliche Kriegerin Herrin über die Tiere, also die (tierischen) Leidenschaften. Dort, am Eingang zur Unterwelt, wuchsen die Herbstzeitlosen.

Wer also die »Tierheit« in sich nicht in Zügeln hält, das heißt, seinen Gelüsten wie Völlerei und Genusssucht freien Lauf lässt, mit den entsprechenden Folgeerkrankungen und andererseits eher den Einflüssen des Totenreiches in Form einer rein materialistischen Lebenseinstellung unterliegt, der bedarf der Herbstzeitlosen in schwach homöopathisierter Form zur Überwindung seiner seelischen Schwäche.

Medea kannte die Kräfte der Herbstzeitlosen. Sie vermochte aus dem alten Vater ihres Gatten Jason einen jungen Mann hervorzuzaubern, weil sie eben über die »unterirdische« Fähigkeit der »Gentechnik« verfügte, indem sie erst zerstörte und dann neu zusammenfügte. Sie konnte aber auch schnell »toxisch« reagieren und ihre eigenen Kinder und damit die Zukunft töten.

Im Augenblick scheinen wir in dieser Krise beides zu tun. Wir vermögen mit im Sinne einer Gentherapie wirkenden Impfungen und anderen Maßnahmen die alten Patienten zu retten und stehen zugleich in Gefahr, die Zukunft unserer Kinder durch unseren »geriatrischen« Umgang mit der Krise seelisch zu töten.

Beispiel
Ein 85-jähriger gesunder Mann erkrankte plötzlich um die Jahreswende 2020/21 an Covid-19 mit hohem Fieber, massiver Atemnot und einer Perikarditis, sodass sein Ableben zu befürchten war. Intensvimedizinische Maßnahmen über Wochen mit Punktionen an Pleura und Herzbeutel retteten ihn über diese Zeit. In der Rehabilitation erhielt er nun regelmäßig Colchicum dispert 2-mal täglich 0,5 Milligramm. Binnen weniger Wochen vermochte er sich darunter aus einer völligen körperlichen und seelischen Erschöpfung zu erholen. Herz und Lunge zeigten eine vollständige Genesung.
Gerade das Auftreten einer Perikarditis ist eine untrügliche Indikation für den Einsatz der Herbstzeitlosen.

Strophanthin: das bessere Remdesivir?

In der (Corona-)Not lässt die Europäische Arzneimittelagentur (EMA) ein besonderes Zulassungsverfahren zu, das bei Erkrankungen ohne Möglichkeit der Therapie eingesetzt werden kann. Ein Hersteller, Gilead Science, nutzte diese Möglichkeit. Gilead hatte zum Ebolavirus geforscht und dabei Remdesivir entwickelt. Bei Ebola war kein Nutzen zu erkennen.

Nach wenigen Monaten Erprobung bei Covid-19 konnte die Zulassung genehmigt werden. Schwer erkrankte Covid-19-Patienten erholten sich nach den bisherigen Daten unter Remdesivir nach 11 Tagen, ohne diese Arznei nach 15 Tagen. Bei leichtem oder mittelschwerem Verlauf profitierten die Patienten nicht (Wang 2020). Unklar war lange, ob die Sterblichkeit gesenkt werden konnte. Nach letzten Informationen der WHO ist das nicht der Fall. Daher rät sie inzwischen von der Gabe von Remdesivir ab, da es keine Belege für eine positive Beeinflussung des Krankheitsverlaufs von Covid-19 gibt.[51] Den also lediglich um vier Tage verkürzten Verlauf muss das Krankenkassenwesen mit etwa 2000 Euro pro Patient teuer bezahlen. Ginge das nicht billiger und vielleicht sogar besser?

Hier kommt eine Arznei infrage, die eine lange und bewährte Tradition in der Behandlung von schweren Herzerkrankungen

51 https://www.bmj.com/content/371/bmj.m4057

vorweisen kann und eben auch bei Ebola eingesetzt wurde. »Britische Forscher haben die Interaktionen zwischen viralen Proteinen des Ebolavirus und den Proteinen der Wirtszelle analysiert. Unter anderem die des Virusproteins VP24, das eine entscheidende Rolle dabei spielt, die Immunantwort des Wirts zu unterlaufen. Neben zahlreichen bereits bekannten Interaktionen wurde eine Wechselwirkung des viralen Proteins mit der Natrium-Kalium-ATPase ATP1A1 identifiziert. Blockiert man in der Zellkultur ATPA1 mit Quabain, wird die Virusreplikation behindert. Das Herzglykosid, das früher gegen Vorhofflimmern und Herzinsuffizienz eingesetzt wurde, hat in der Vergangenheit bereits mehrfach seine antivirale Wirksamkeit unter Beweis gestellt, zum Beispiel gegen Herpes-simplex-Viren. Die Forscher sind der Meinung, dass bereits eine Verlangsamung der Replikation, wie Quabain sie hervorruft, ausreicht, dem Immunsystem des Wirts genug Zeit für eine ausreichende Immunantwort zu geben.«[52]

Vermutlich wäre dieses aber nicht der einzige positive Effekt. »Schon frühzeitig in der Pandemie wurde erkannt, dass es bei vielen Patienten mit einer schweren Covid-19-Erkrankung zu einem Anstieg von Troponin T im Serum kommt, was auf eine Schädigung des Herzmuskels hindeutet. Sie könnte Folge von Lungenembolien, Tachykardien oder einer Sepsis sein, die zu den Komplikationen der Erkrankung gehören. Es ist jedoch auch möglich, dass das Virus das Herz selbst angreift.«[53]

All diese Symptome einer gravierenden Herzschwäche lassen sich erstaunlich gut mit in der Regel physiologischen Dosierungen von Strophanthin bessern. Es stehen nur leider keine Firmen dahinter, die eine Studie unterstützen würden. Strophanthin ist Prototyp von Arzneien, die im Körper keinen Arzneispiegel aufbauen und sich daher der Beobachtung entziehen. Auch ist es nicht patentierbar. Daher wurde und wird es belächelt. Im klinischen Alltag gibt es aber kaum eine Arznei, die sich so gut bei alten Patienten mit erschöpftem Herzen (Herzinsuffizienz) bewährt.

Besonders eignet sich Strophanthin bei Herzinsuffizienz in Verbindung mit Koronarsklerose, aber auch Sklerose der Herzklappen wie Mitralstenose, Aortenstenose, bei Angina pectoris, paroxysmaler Tachykardie, nervösem Herzklopfen. Auch bei Herzbeschwerden durch Alkohol, Tabak, Tee. Bezogen auf Covid-19 ist die Kombination aus Lungenentzündung und starker (kardialer) Erschöpfung eine durchaus sinnvolle Strophanthin-Indikation.

Besonders wirksam ist es bei Rauchern und Alkoholikern.[54]

Strophanthus kombe ist im Alter meistens als homöopathische Urtinktur hilfreich. Die Autoren machen sehr gute Erfahrungen mit Strophanthus kombe der Fa. Maros in Fürth, können aber auch Strophanthus aus der Apotheke am Markt in Ellwangen und den Schlossapotheken in Koblenz und Aulendorf empfehlen.

Viele Strophanthus-Arzneimittel sind rezeptpflichtig. Das gilt auch für die Strophantusöl-Kapseln von Weleda:

Oleum Strophanti 125 mg Weichkapseln
Dosierung: 2- bis 4-mal täglich 2 Kapseln

Eine Alternative zu den rezeptpflichtigen Mitteln ist Strophanthus kombe als potenziertes Arzneimittel:

Strophanthus kombe e semine Globuli velati D3, D6
Dosierung: 3- bis 4-mal täglich, in akuten Fällen stündlich 5–10 Globuli

Strophanthus kombe e semine Ampullen D3, D4, D6, D10, Flüssige Verdünnung zur Injektion
Dosierung: 1-mal täglich, in akuten Fällen stündlich 1 ml subkutan injizieren

52 https://www.deutsche-apotheker-zeitung.de/daz-az/2014/daz-38-2014/altes-herzmittel-gegen-ebola
53 https://www.aerzteblatt.de/nachrichten/115065/Covid-19-Haeufige-Herzbeteiligung-bei-Todesfaellen-und-Ueberlebenden-auch-nach-der-Erholung
54 Weitere ausführliche Informationen zu Strophanthin unter http://www.strophantus.de/dr-debusmann.html

Die Arsenverbindungen, zentraler Baustein gegen Ängste

»Es werden noch mehrere Millionen Menschen sterben, bevor die Pandemie vorüber ist. Es ist jedoch zu erwarten, dass fast 90 Prozent der Todesfälle durch Begleitumstände der Pandemie und nicht durch die Krankheit selbst verursacht sind.«[55] Bill Gates

Ein altes Arzneimittel mit zweifelhaftem Ruf

Bei dem Wort Arsen wird jeder unweigerlich an den berühmten Film mit Cary Grant »Arsen und Spitzenhäubchen« denken, wo Arsen, aber auch Strychnin und Zyankali eine Rolle spielen. Arsen bringt den Tod, kann aber in homöopathischer Dosierung gefährliche todesnahe Krankheiten heilen.

Schon die griechischen Ärzte, die Hippokratiker, verwendeten arsenhaltige Verbindungen bei Geschwüren, Augen- und Gefäßkrankheiten, Husten und asthmatischen Beschwerden. Für Paracelsus war es im Mittelalter eine der wichtigsten Arzneien. Doch auch die Neuzeit bediente sich seiner Wirkung gegen Mikroben. Es wurde gegen Syphilis und gegen tuberkulöse Geschwüre einge-

55 https://www.economist.com/podcasts/2020/08/20/what-will-it-take-to-defeat-the-coronavirus

setzt. Paul Ehrlich (1854–1915) entwickelte 1909 die arsenhaltige Verbindung »Salvarsan«, ein Präparat gegen die Syphilis und in gewissem Sinne die Geburtsstunde der Chemotherapie.

Die akute Arsenvergiftung zeigt Symptome des Magen-Darm-Traktes mit Appetitlosigkeit, Übelkeit, Erbrechen und Durchfall sowie einschießenden, meist brennenden Schmerzen. Es können sich eine Gelbsucht sowie Missempfindungen der Hände und Füße anschließen. An Haut und Haaren finden sich Haarausfall, brüchige Finger- und Zehennägel, Hyperkeratose mit Abschilferung der Haut an Handinnenflächen und Fußsohlen. An den Fingernägeln können weiße Streifen auftreten. Die Leberbeteiligung kann zur Leberzirrhose führen.

Die chronische Arsenvergiftung verläuft anfänglich schleichend und konnte bis in die Neuzeit bei den »Arsenikfressern« in der Steiermark und in anderen Alpentälern gefunden werden. Diese nahmen regelmäßig kleine, aber sich steigernde Dosierungen von Arsen ein, um dadurch eine scheinbar bessere Frische und Leistungsfähigkeit zu erzielen.

Als Spätkomplikation (Janzen 1982, Kunz 2020) von chronischen Vergiftungen können Karzinome an den Händen und der Haut (Basaliome), aber auch der Lunge auftreten. Arbeiter in Arsenbergwerken erkrankten häufig an Lungenkarzinomen und Hauttumoren. Letztlich sind dies alles Symptome wie nach einer modernen Chemotherapie, wo Arsen tatsächlich danach zur Dämpfung der Folgen in homöopathischer Dosierung geeignet sein kann.

Den Arsentypus der modernen Homöopathie hat vor allem der homöopathische Arzt Vithoulkas eingebracht (Vithoulkas 1990), er findet sich aber auch schon bei ihrem Begründer Samuel Hahnemann. Demnach hilft Arsenicum album vor allem neurasthenischen Menschen, die in steter Angst leben und um ihre (finanzielle) Sicherheit besorgt sind. Vorschriften sind bei ihnen präzise einzuhalten; das Outfit muss perfekt sein. Große Angst vor dem Alleinsein, stete nervöse Anspannung, Ehrgeiz und Ordnungsbedürfnis sprechen für eine Arsentherapie.

Die Arsenverbindungen erfreuen sich einer noch größeren Beliebtheit innerhalb der anthroposophischen Medizin (Janzen 1982, Kunz 2020, Wilkens 2017, Wilkens 2018). Da Arsen über eine stark ausgeprägte Affinität zu Schwefel verfügt, kann es den Eiweißstoffwechsel formen und strukturieren und von unverdautem »Fremdleben«, also Würmern, Bakterien oder auch Viren befreien. Der Zusammenhalt von Seele und dem Ätherleib wird gebessert und führt so zu einer Steigerung der Leistungsfähigkeit. Auffallend ist aber auch hier der starke Bezug zu seelischen Qualitäten wie Ängsten. Rudolf Steiner benützt den Ausdruck »arsenisieren« als gleichbedeutend für Seelentätigkeit (Steiner 1981b). Arsen hat somit eine enorme Wirkung auf vielfältige seelische Beschwerden, kann auch im Todesprozess der Seele helfen, sich leichter zu lösen (in hohen Potenzen), oder auch die Seele wieder mit dem Körper verbinden (unter Anwendung tiefer Potenzen). Für dieses tiefere seelische Ergreifen benutzt die Seele oder der Astralleib in der Sprache Rudolf Steiners (nach Wegman/Steiner 2014) vor allem die Fette. Entsprechend müsste Ärzten die Wirkung des Arsens auf Fettstoffwechselstörungen aufgefallen sein. Das ist in der Tat der Fall. Der Allgemeinarzt Dieter Walbaum konnte die Beziehungen des Arsens zum Fettstoffwechsel bestätigen (Walbaum 1982). In seiner retrospektiven Praxisstudie an 180 Patienten kam er zu dem Ergebnis, dass es unter Arsenicum album D4 bis D6, über ein Jahr gegeben, zu Reduktionen des Cholesterins um 25 Prozent bei Hypercholesterinämie kam, zu knapp 20-prozentigen Reduktionen, wenn sich eine Hypercholesterinämie in Verbindung mit einer Hypertriglyceridämie fand, und sogar zu 43-prozentigen Reduktionen bei alleiniger Hypertriglyceridämie. Walbaum kommt also zu Reduktionen, die denen der modernen Cholesterinsenker durchaus entsprechen, aber nicht mit deren sehr hohem Nebenwirkungspotenzial verbunden sind.

Nach den Angaben von Wegman/Steiner bildet das Gleichgewicht der Fette eine wesentliche Grundlage der Gesundheit (Wegman/Steiner 2014). Das Fett muss im gesunden Körper regelmäßig aufgezehrt werden, bei irrläufigem Fett bilden sich »Wärmeinseln« im Körper, die die Neigung zu entzündlichen Zuständen in sich tragen. Das entspricht genau der heute bekannten Pathogenese für die Atherosklerose. Die Aufzehrung der Fette kann nun durch bestimmte Einflüsse gestört werden. Nach Steiner besteht der Hauptzug der Arsenwirkung darin, dass im Menschen »Fettmassen sich ansetzen, alles ins Fett geht« (Steiner 1991). Besonders gefährdet sind Kinder zwischen dem siebten und fünfzehnten Lebensjahr. Die Verfettung führt dazu, dass der Astralleib nicht richtig an den Leib herangelangt und somit verkümmert. Besonders betroffen ist der Lungenbereich (»Schlaffwerden der Lungen«; Steiner 1991).

Die Beziehung zwischen Arsen und Verfettung ist auch der Umweltmedizin nicht unbekannt. Arsenhaltiges Wasser erhöht das Risiko für eine Hypercholesterinämie und vor allem die damit assoziierte Atherosklerose deutlich. Studien belegen eine klare Beziehung von Dosis und Wirkung zwischen dem Arsengehalt im Trinkwasser und der Verengung und Verkalkung von Arterien.[56] Das Risiko, an Atherosklerose zu erkranken, steigt für Menschen, die viel Arsen aufnehmen, um das Dreifache. Es leuchtet daher ein, dass homöopathisierte Arsenverbindungen umgekehrt den Fettstoffwechsel sehr gut regulieren können und damit einhergehend auch das »Schlaffwerden der Lungen« verbessern. **Letztlich sind es genau diese Patienten mit Fettsucht und Lungenschwäche, die durch Covid-19 besonders gefährdet sind.**

Da die Arsenverbindungen aber auch intensiv mit seelischen Ängsten verbunden sind bis hin zu der organischen Form der Angst, dem Asthma – wieder eine Lungenerkrankung –, und Covid-19 indirekt eine unglaubliche Welle von Angst über die Menschheit geschleudert hat, ist für den Arzt und Therapeuten das Wissen von der Wirksamkeit der unterschiedlichen Arsenverbindungen absolut zentral.

56 http://www. wissenschaft.de/home/-/ journal_content/56/12054/ 1173450/

Arsenicum album

»Gediegenes, in der Natur vorkommendes Arsen nennt man Scherbenkobalt. Es lässt sich mit dem Messer schneiden und zeigt schalige Stücke, die halbkugelig sind und wie die Häute der Zwiebel aufeinanderliegen.« (Janzen 1982)

Arsen hat eine zwiebelartige Erscheinung, und wenn die arsenhaltigen Erze geröstet werden, riecht der Rauch tatsächlich auch noch wie ein Zwiebelgewächs, wie Knoblauch. An kalten Flächen schlägt sich der Rauch als Arsen(III)-oxid nieder. Dieses leicht wasserlösliche Pulver wird Arsenicum album genannt.

Arsenicum album ist das wichtigste homöopathische Mittel zur Behandlung von Lebensmittelvergiftungen mit der Ausbildung schwerster Diarrhöen, vor allem durch verdorbenes Fleisch. Weitere typische Zeichen für den Einsatz von Arsen sind eine allgemeine körperliche Schwäche mit ängstlicher Unruhe. Die Beschwerden treten plötzlich auf und gehen mit einem raschen Kräfteverfall einher. Die Schmerzen sind stark brennend. Auch

Arsenknolle mit typischem schaligem Aufbau, Sachsen (Foto: Frank Meyer)

finden sich brennende Ausscheidungen, andererseits viel Frieren. Die Patienten klagen über großen Durst, es werden aber nur kleine Schlückchen auf einmal genommen. Starke Übelkeit, stetes Erbrechen. Die Beschwerden werden durch Wärme und warme Anwendungen gebessert und verschlimmern sich um oder nach Mitternacht oder ein Uhr nachts.

In Übereinstimmung mit dem homöopathischen Arzneimittelbild können wir einen Arsenicum-album-Typ identifizieren, der durch folgende Eigenschaften gekennzeichnet ist:

- Unsicherheit
- Verletzlichkeit
- Sorgen um das Wohlergehen und die materielle Sicherheit
- Panikattacken
- Angst vor Armut
- Zwanghaftes Hamstern und Horten
- Kontrollbedürfnis
- Perfektionismus
- Besserwisserei

Alle diese Eigenheiten können wir in Corona-Zeiten verstärkt beobachten – nicht nur bei Individuen, sondern auch im sozialen Miteinander. Arsenicum album ist unseres Erachtens das Mittel der Wahl für die seelischen Begleiterscheinungen der Corona-Krise, und zwar nicht nur für die unmittelbar Betroffenen. Wer ganz frei von den oben genannten Phänomenen ist, werfe den ersten Stein!

Arsenicum album D20 Globuli velati
Dosierung: 1-mal täglich 10 Globuli

Arsenicum album LM 18
Dosierung: 1-mal täglich 5–10 Tropfen

Fallbeispiele: Arsen und Ängste

Ein 47-jähriger Mann kommt akkurat gekleidet und äußerst pünktlich in die Praxis. Seit der Trennung von seiner Frau bestehen zahlreiche Ängste: Existenzängste, Angst, etwas falsch zu machen, bestohlen zu werden, dass jemand ins Haus einbricht, allein zu sein. Parallel besteht ein Reizdarm mit häufigen Stuhlgängen, die besonders nachts gegen ein Uhr auftreten. Er könne als Banker nicht länger arbeiten, sei total erschöpft und habe keinerlei Selbstsicherheit mehr. Er war deswegen sogar schon in einer psychiatrischen Klinik, habe aber von unterschiedlichen Arzneien gegen Depressionen nicht profitiert bzw. diese nicht vertragen. Der Zustand bestehe nun schon so seit 3 Jahren.

Auf die tägliche Gabe von Arsenicum album LM 18, 10 Tropfen, zeigt sich eine schnelle und dauerhafte Besserung. Er kann nun wieder durchschlafen, der Darm ist ruhig geworden, und die Ängste sind komplett verschwunden.

Ein 82-jähriger ehemaliger Fabrikdirektor kommt im Sommer 2020 mit seiner Frau in die Praxis. Er selber wollte nicht kommen, wir seien ja eine »Coronaklinik«. Seit Corona habe er nur noch Angst, er zieht sich in seinem Kämmerchen vom Leben zurück und hat andererseits fürchterliche Angst, wenn seine Frau aus dem Haus geht. Wegen Corona könne man nirgendwo mehr hingehen, kein Café aufsuchen oder Freunde besuchen. Nach Angaben seiner Frau bestehe er nur noch aus dieser Angst und retardiere in einem beängstigenden Maße. Er könne sich an nichts mehr freuen; es zeigen sich deutliche Anzeichen einer beginnenden Demenz mit Unsicherheiten in der zeitlichen und örtlichen Orientierung. Den ganzen Tag redet er nur noch über Corona, fast schon wahnhaft.

Eine anfängliche Therapie mit der Christrose Helleborus niger D12, 1-mal täglich 10 Globuli, zeigt nur leichte Verbesserungen. Nach Wechsel auf Arsenicum album LM 18 wirkt er 3 Monate später wie ausgewechselt, sprudelnd in der Sprache und dankbar ob der Therapie und dem verspürten Nachlassen der Ängste. Eine eigentliche Demenz lässt sich nunmehr in der Testung nicht mehr erkennen.

Eine Betrachtung der Arsenicum-album-Eigenschaften kann auch ein Licht auf mögliche zu erwerbende »Corona-Tugenden« werfen. Eine Krise wie diese ist geeignet, die besten und die schlechtesten Eigenschaften in jedem Menschen zum Vorschein zu bringen. Manchmal verstärken sich vorher schon vorhandene Wesenszüge. Oder aber, es setzt eine Art Erwachen ein, etwa im Sinne einer durchaus schmerzhaften Selbsterkenntnis, die den Wunsch entstehen lässt, Dinge zu ändern und Schwächen in Stärken, Unarten in Tugenden zu verwandeln. Wir beobachten in solchen Situationen, wie aus Unsicherheit Mut wird, wie aus der Verletzlichkeit neue Kräfte erwachsen und aus Verarmungsängsten Großzügigkeit und Zuversicht entspringen. Das geschieht meist dann, wenn Menschen feststellen, dass sie eigentlich nichts zu verlieren haben. Wenn es gelingt, alte liebgewordene Vorstellungen und Konzepte aufzugeben, dann treten an die Stelle von Kontrollbedürfnis, Perfektionismus und Dogmatismus oft wie von selbst Positivität, Vertrauen, Offenheit, Neugierde, Kreativität und Toleranz. Das sind die Eigenschaften, mit denen wir als Kinder in diese Welt eingetreten sind. Das ist der Reichtum, den wir wieder neu entdecken dürfen.

Aurum arsenicosum

Bei dieser Kombination legt sich die Arsenwirkung im wahrsten Sinne des Wortes um das Herz. Das Sonnenmetall Gold hat immer eine Beziehung zum Herzen und zum Bluthochdruck, aber auch zu schweren Depressionen, Arsen zu den Ängsten. Da kommt dann schon einiges an schweren Problemen zusammen, und entsprechend ist die Kombination bei sehr schweren Störungen im Körper und hier vor allem am Herzen durchaus geeignet.

Aurum arsenicosum D12 oder als LM 6
Dosierung: 1-mal täglich 10 Globuli bzw. 10 Tropfen

Fallbeispiel: Kombination von Fettstoffwechselstörung und schwerer Herzerkrankung

Ein 80-jähriger Patient leidet an einer koronaren Herzerkrankung und einer Aortenstenose, die bereits vor dreißig Jahren mittels mechanischem Klappenersatz operiert worden war. Das änderte aber nichts daran, dass zahlreiche Krankenhausaufenthalte (bisher über 200!) nötig waren. Nachts kommt es plötzlich zu paroxysmalen Tachykardien (anfallsweises schnelles Schlagen des Herzens) mit Aufschrecken beim Aufwachen. Neben der schweren Herzerkrankung besteht eine schwere Fettstoffwechselstörung mit Triglyceriden zwischen 350 und 900 mg/dl sowie einer Hypercholesterinämie. Es bestehen eine Adipositas, ein Schlafapnoe-Syndrom und ein leichter Diabetes mellitus.

Unter einer Therapie mit Aurum-/Lavandula-Einreibungen (Weleda) abends und Aurum arsenicosum LM6, 1-mal täglich 5 Tropfen, zeigt sich eine schnelle und nachdrückliche Besserung der Beschwerden. Seit nunmehr 5 Jahren muss der Patient nicht mehr ins Krankenhaus, der Blutdruck sinkt auf Normwerte, die Blutfette reduzieren sich fast auf Normalwerte. Der Diabetes ist verschwunden.

Natrium arsenicosum

Die Kombination aus einem Salz und Arsen führt direkt zum Kopfpol des Menschen. Sie ähnelt stark dem Arsenicum album, bezieht sich aber mehr auf Symptome im Kopfbereich. Anhaltende Schwäche nach einer Grippe, Vergesslichkeit, Verwirrung, Konzentrationsstörungen, Müdigkeit sowie Reizbarkeit gegenüber Kleinigkeiten. Dabei Schnupfen bis hin zur Sinusitis, Husten und Halsschmerzen. Herzsymptome wie von Beklemmungen sowie stechende Gelenkschmerzen.

Bezogen auf Covid-19: Der Schock über die Erkrankung sitzt tief und bleibt im Kopf als beständiges Gedankenkreisen (»Kopfkino«).

Natrium arsenicosum LM 6
Dosierung: 1-mal täglich 10 Tropfen

Calcium arsenicosum

Die Verbindung von Arsen mit dem für die Stabilität der Knochen, aber auch des ganzen physischen Körpers elementaren Calcium führt entsprechend zu Ängsten und einer Erschöpfung, die bis ins (Knochen-)Mark geht. In der Homöopathie eher ungebräuchlich, wird es in der anthroposophischen Medizin als Pharmakolith (natürliches Calciumarsenat) gerne benutzt, um bei muskulärer Schwäche und Erschöpfung älterer (eher kräftig gebauter und tendenziell phlegmatischer) Menschen zu helfen. Die Arsenkomponente führt zu Brennschmerzen der Knochen oder auch der paravertebralen Muskulatur bei Bandscheibenerkrankungen. Erschöpft kann aber nicht nur die Muskulatur sein, sondern auch der zentrale Muskel im menschlichen Körper, das Herz. In der D6 ist es hilfreich bei Herzinsuffizienz und dilatativer Kardiomyopathie und kann da zu einer wesentlichen Kräftigung führen und eben entängstigen.

Bewährt hat es sich auch, wenn ein übermäßiges Schlafbedürfnis vorhanden ist.

Bezogen auf Covid-19: Zunahme einer Herzschwäche, Erschöpfung und übermäßiges Schlafbedürfnis.

Calcium arsenicosum D6
Dosierung: 3-mal täglich 10 Globuli

Olivenit oder Cuprum arsenicosum

In der anthroposophischen Metalltherapie ist Kupfer eng mit der Niere (und der Nebenniere) verknüpft. Entsprechend müssten sich dort auch die besten Ergebnisse zeigen. Das ist auch durchaus der Fall.

Die Arznei stellt eines der besten und wirkungsvollsten homöopathischen Mittel bei Asthma und Keuchhusten dar, vor allem wenn die Beschwerden nach Mitternacht auftreten. Genutzt wird es bei Krämpfen, Epilepsie und einer Entzündung der Nieren, der Glomerulonephritis, und anderen Funktionsschwächen der Niere. Es kann so bei Niereninsuffizienz versucht werden, vor allem wenn parallel eine Neigung zu Krämpfen vorliegt.

Krämpfe, vor allem nächtliche Wadenkrämpfe, wenn Magnesium versagt.

Die Wirkung von Arsen auf den Darm wird hier noch gesteigert: bei Magen-Darm-Infekten mit heftigen Bauchkrämpfen, Erbrechen, Durchfall wie nach einer Lebensmittelvergiftung.

Somit hilft diese Arznei, wenn in der Akutphase heftige Durchfälle und Krämpfe vorherrschen, in der chronischen Phase, wenn Alpträume und eine Neigung zu Atemnot oder Asthma persistieren oder eine Nierenschwäche vorliegt.

Olivenit D6 Ampullen, flüssige Verdünnung
Dosierung: 1-mal täglich, in akuten Fällen mehrmals täglich 1 ml subkutan injizieren

Olivenit D6 Trituration
Dosierung: 1- bis 3-mal täglich, in akuten Fällen stündlich 1 Messerspitze

In der Homöopathie wird anstelle des natürlichen Minerals Olivenit die Verbindung Cuprum arsenicosum verwendet. Die Wirkung ist ähnlich. Bewährt hat sich hier die Gabe von D12, 1-mal täglich 10 Globuli.

Fallbeispiel: Wenn die Ängste den Traum aufsuchen
Bei einem 72-jährigen Patienten besteht seit der Jugend ein hoher Blutdruck, seit einigen Jahren nun auch eine chronische Niereninsuffizienz, Stadium 5, sowie eine periphere arterielle Verschlusskrankheit vom Becken-Bein-Typ, Stadium IIA. Es droht nun die Dialyse. Nachts nach Mitternacht kommen die Ängste, stellen sich Muskelkrämpfe über dem Wadenbein ein. Er sei sehr niedergeschlagen und könne aufgrund der Durchblutungsstörungen in den Beinen nur knapp 200 Meter laufen. Auf Cuprum arsenicosum D12, abends 10 Globuli, verbessert sich seine Situation schnell und nachhaltig. Der Blutdruck sinkt binnen weniger Wochen auf Werte um 160/90 mm Hg (vorher über 200/100 mm Hg), Wadenkrämpfe und Schwäche sind kaum noch vorhanden (er läuft jetzt 2 bis 3 Kilometer), und erst jetzt fühlt er, wie weit er seelisch und körperlich »schon unten« war. Auch drei Jahre später sind die Nierenwerte stabil, sodass weiterhin keine Dialyse notwendig ist.

Skorodit oder Ferrum arsenicosum

Skorodit hat seine Bezeichnung vom griechischen Wort *skorodion* (Knoblauch) und trägt damit den für Arsen typischen Geruch in seinem Namen.

Es ist in der Regel eines der wichtigsten Mittel bei Hypotonie und Schwäche, besonders auch nach einem fieberhaften Infekt, mit geschwächtem Selbstvertrauen und anämischen Anzeichen. Typisches Mittel für akute und chronische Erschöpfungszustände und Standard in der anthroposophischen Medizin bei Critical-Illness-Neuropathie nach überstandener schwerer Sepsis und maschineller Beatmung (Vademecum 2017).

Bezogen auf Covid-19 somit das Mittel der Wahl nach überstandenem Aufenthalt auf der Intensivstation.

Skorodit D8, D30 Ampullen, flüssige Verdünnung
Dosierung: 1- bis 3-mal wöchentlich, in schweren Fällen auch bis zu 1-mal täglich 1 ml subkutan injizieren

Skorodit D6, D10 Trituration
Dosierung: 1- bis 3-mal täglich, in akuten Fällen stündlich 1 Messerspitze

Skorodit aus Liskeard, Cornwall (Foto: Frank Meyer)

Fallbeispiel: Kurz vor dem Herztod ... und doch kommt die Kraft wieder

Ein 63-jähriger Patient leidet bei schwieriger Ehe und beruflichen Problemen seit 7 Jahren unter schweren Herzrhythmusstörungen. Mehrfach ist er »einfach so umgefallen« (Synkopen). Sein Herz war zuletzt so geschwächt, dass die Kardiomyopathie die Herzleistung auf zuletzt nur noch 18 Prozent einschränkte. Stete Atemnot bei Belastung. Zustand nach erfolglosen Kardioversionen. Niedriger Blutdruck.

Er erhält Skorodit Kreislauf Globuli WALA, 3-mal täglich, sowie Strophanthin in homöopathischer Dosierung, Strophanthus comp., 3-mal täglich 10 Globuli WALA. Schon nach dem ersten Tag kann er eine deutliche Verbesserung verspüren und seine Wassertabletten absetzen. Das Herz wird ruhiger, die Kraft besser, er leidet kaum noch unter Atemnot (Dyspnoe). Auch wirkt er zufriedener, kann sich mit seinem Schicksal aussöhnen. Befund bei Kontrolle in einem kardiologischen Zentrum: »Zum Zeitpunkt der Übernahme nach zwischenzeitlicher Behandlung in einer anthroposophischen Klinik deutlich stabilisierter Gesamtzustand. Herzleistung auf 50 Prozent gesteigert.« Und noch zehn Jahre später kommt jedes Jahr ein Dankesschreiben.

Realgar oder Arsenicum sulfuratum rubrum

Realgar ist ein eher unbekanntes Mittel. Es ist ein natürliches Arsensulfid (As_4S_4), das in seiner schönen roten Farbe an einen Rubin erinnert. In zahlreichen Medizinsystemen genießt es hohe Anerkennung. Schon von den Azteken und Inkas wurde seine antiseptische Wirkung erkannt und bei Krankheiten wie Syphilis verwendet. Im Ayurveda wird Realgar zur Behandlung von Ängsten und Geisteskrankheiten benutzt. Es spielt eine große Rolle im

Realgar aus Rumänien
(Foto: Frank Meyer)

Bereich der Traditionellen Chinesischen Medizin (TCM), wo es in zahlreichen Arzneien enthalten ist. Die TCM verwendet Realgar innerlich, um Parasiten aller Art zu bekämpfen. Auch zahlreiche neuere Forschungsarbeiten widmen sich dem Einsatz von Realgar. Insbesondere für den Bereich der Leukämien (akute Promyelozyten-Leukämie), von Melanomen und Magenkrebs gibt es ermutigende erste Studien mit Nanopartikeln von Realgar.

In der anthroposophischen Medizin erfreut sich Realgar ebenfalls einer gewissen Beliebtheit, wird hier aber seltener im onkologischen Bereich eingesetzt. Im Vademecum (2017) der anthroposophischen Arzneimittel sind die wesentlichen aktuellen Indikationen beschrieben. Diese ähneln dem Arzneimittelbild von Arsenicum album und beziehen sich auf die obstruktive Bronchitis, vor allem allergisches Asthma bronchiale, auf Pollinose und auf die Hypercholesterinämie. Die Konstitution wird als neurasthenisch-ängstlich beschrieben.

Wir selber schätzen Realgar als eine Arznei, die ganz real arteriosklerotische Ablagerungen zu beseitigen vermag. Bei hageren neurasthenischen Patienten wirkt es in hohen Potenzen, bei stoffwechselbetonten Patienten eher in tiefen Potenzen und senkt nachweislich Cholesterin und vor allem auch die Triglyceride. Damit ist ein Heilmittel gefunden, das im Vergleich zu den Statinen Plaques tatsächlich wieder aufzulösen vermag und nicht nur in diesem Punkt deren Wirkung deutlich übertrifft.

Realgar D10, D30 Ampullen, flüssige Verdünnung
Dosierung: 1- bis 3-mal wöchentlich, in schweren Fällen auch bis zu 1-mal täglich 1 ml subkutan injizieren

Fallbeispiel

Eine 62-jährige Patientin leidet seit einigen Jahren unter einer zunehmenden Arteriosklerose. In der Arteria carotis communis (ACC) finden sich rechts wie links Stenosen von 50 Prozent sowie eine 60-prozentige Stenose der Arteria carotis interna (ACI). Ansonsten keine großen Beschwerden. Sie sei vergesslich geworden und auch antriebslos. An Arzneien nimmt sie gegen Bluthochdruck Telmisartan 40 mg, 1-0-0. Blutwerte in der Norm bis auf einen Cholesterinwert von 300 mg.
Wir finden hier lediglich feststehende Erkrankungen: Hypercholesterinämie, Hypertonus, Arteriosklerose.
Die Verordnung lautet auf Realgar D30, 1-mal pro Woche als Trinkampulle. Die Stenosen sollen nach etwa drei Monaten beim Internisten kontrolliert werden. Die Kontrolle erfolgt vier Monate später. Es zeigt sich ein Rückgang auf maximal 20 Prozent in ACC und ACI und somit keine weitere Behandlungsbedürftigkeit. Nachbeobachtungszeit: 4 Jahre.

Bei Covid-19 ist Realgar dann in Betracht zu ziehen, wenn schwere Fettstoffwechselstörungen vorliegen und bei einem eher ängstlichen und hageren Patienten der Risikofaktor der Arteriosklerose besteht. In tieferen Potenzen (D6 bis D10) kann es mit Gewinn bei Patienten mit Lipödem versucht werden.

Levico, Italiens Teich Bethesda: lebendig bewegtes Wasser

Nach dem Johannesevangelium war Bethesda ein Ort in Jerusalem, wo rund um einen Teich fünf Säulenhallen standen. Dort warteten »eine Menge Kranker, Blinder, Lahmer, Dürrer« (Joh 5,3) auf einen Engel, der in das Wasser herabsteigt und das Wasser bewegt. »Wer nun nach der Bewegung des Wassers zuerst hineinstieg, wurde gesund, mit welcher Krankheit er auch behaftet war.« (Joh 5,4)

Schon zu Beginn des Christentums wusste man also, dass »bewegtes Wasser« zu einer Heilung notwendig ist. Dieses bewegte Wasser lässt sich in der Moderne in Levico Terme (deutsch Löweneck) finden, einem Kurort im Valsugana (Suganertal) in Südtirol bzw. im Nachbarort Roncegno Terme, wo sich die anthroposophische Kurklinik Casa Raphael befindet. Levico-Wasser entsteht durch einen vom Bergbau ausgelösten Naturprozess, indem abgelagerte Metallsulfide durch bewegtes Quellwasser in Lösung gebracht werden. Levico ist ein Ort mit heilkräftigen Quellen, die sich durch arsenhaltige (Eisen und Schwefelsäure enthaltende) Vitriolwässer auszeichnen. Daneben spielt Kupfer und auch Zink eine Rolle. In dieser Heilquelle »spielt« das Arsen sozusagen mit den Metallen.

Die Heilquelle wurde zur Roborisierung (Kräftigung) nach erschöpfenden Erkrankungen genutzt. Levico-Wasser hat eine deutliche Wirkung auf die Blutbildung und kann diese fördern. Eine spezifische Wirkung scheint gegen Schilddrüsenüberfunktionen vorhanden zu sein.

»Zusammenfassend kann man zu dieser Quelle sagen, dass die Besonderheit des Heilwassers von Vetriolo/Levico nicht in dem Gehalt an einer bevorzugten Substanz liegt, zum Beispiel dem Eisen, obwohl dieses im Vordergrund steht, sondern in der geradezu idealen Kombination sich gegenseitig unterstützender und harmonisierender Mineralien. Deshalb liegt die Hauptanwendung dieses Wassers bei nahezu allen chronischen Krankheiten, bei denen eben die Harmonie gestört ist. Im Einzelnen können nicht nur Blutkrankheiten (Eisenkomponente) und Hautkrankheiten (Arsenkomponente) als Indikation gelten, sondern besonders auch mangelnde Vitalität, Überlastung des Nervensystems mit den entsprechenden Folgezuständen sowie degenerative Prozesse.« (Wolff 1995) Die Wirkung ist ähnlich der von Skorodit, jedoch liegt der Schwerpunkt nach den bisherigen Erfahrungen der anthroposophischen Medizin im Schilddrüsenbereich (Hypo- wie auch Hyperthyreose) und bei Asthma bronchiale.

Entstehen nach einer Covid-19-Erkrankung im längerfristigen Verlauf Erschöpfung und/oder Atmungs-/Schilddrüsenprobleme, so sind eine Levico-Badekur in Roncegno Terme oder eine Therapie mit Levico-Tropfen von Weleda in Betracht zu ziehen.

Wir haben beim sogenannten postviralen Erschöpfungssyndrom, das im Anschluss an die akute Infektion auftreten kann, sehr gute Erfahrungen mit Levico D1 Dilution von Weleda gemacht. Häufig reicht eine 3-Wochen-Kur vollkommen aus.

Levico D1 Lösung
Dosierungsempfehlung: Beginn mit 1-mal täglich 1 Tropfen, jeden Tag um 1 Tropfen steigern bis zu 1-mal täglich 20 Tropfen, dann noch für ein paar Tage oder so lange wie erforderlich bei dieser Dosis bleiben. Einnahme wegen möglicher Reizerscheinungen verdünnt in einem Glas Wasser.

Chininum arsenicosum statt Hydroxychloroquin

Auf diese Arznei setzte Donald Trump anfänglich sein Vertrauen und hat sie für sich als Prophylaxe gegen Corona gewählt, allerdings in physischen Dosierungen und ohne den Arsenanteil. Chloroquin wird in der Regel für die Behandlung von Malaria und auch zur Rheumatherapie genutzt. Im Labor konnten antivirale Aktivitäten gefunden werden, jedoch wurde es vor Covid-19 nicht in der Behandlung von Viruserkrankungen eingesetzt.

Die besondere harmonische Qualität des Levico-Wassers lässt sich durch die Tropfbildmethode sichtbar machen.[57]

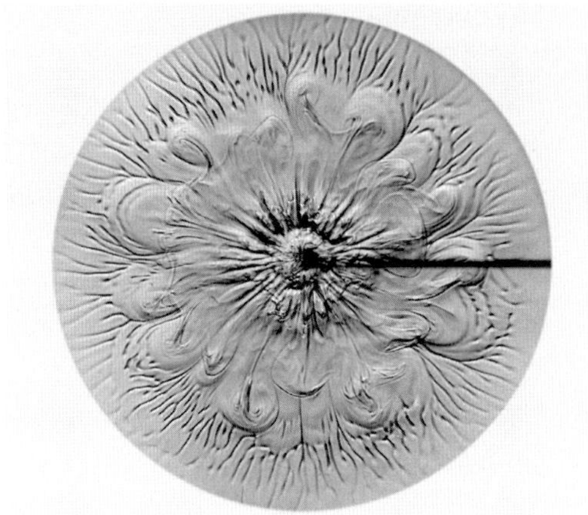

Aktuell lässt sich jedoch nach mehreren britischen und amerikanischen Studien keine sinnvolle Wirkung von Hydroxychloroquin belegen.[58] Chinin ruft in physiologischen Dosierungen bei Patienten sogar häufiger Herzrhythmusstörungen hervor; es zeigten sich vor allem vielfältige Nebenwirkungen.

In homöopathischer Dosierung wird man dieses Problem nicht finden. Vielmehr wird man Chininum arsenicosum bei Patienten einsetzen können, die gerade unter der Haupt-Nebenwirkung Herzrasen/Herzrhythmusstörungen und einer Schilddrüsenüberfunktion leiden.

In Fällen von Covid-19 ist Chininum arsenicosum dann geeignet, wenn sich ein Komplex aus Erschöpfung, Herzrhythmusstörungen, Blähungen und Kopfschmerzen zeigt.

Chininum arsenicosum D12
Dosierung: 1- bis 3-mal täglich 10 Globuli

57 https://stroemungsinstitut.de/wp-content/uploads/2016/01/WZ42_Levicoquelle.pdf
58 https://www.aerzteblatt.de/nachrichten/114829/Covid-19-Hydroxychloroquin-(auch)-bei-milden-Erkrankungen-ohne-Wirkung;
https://journals.plos.org/plosmedicine/article?id=10.1371/journal.pmed.1003252

Fallbeispiele

Eine 66-jährige Patientin von magerer Statur mit positivem Corona-Abstrich war zunächst symptomlos.
Nach einer drei Wochen später vorgenommenen OP am Handgelenk wurde sie dann zittrig und schwach, mit steter innerer Unruhe, massiver Blähungsneigung, vor allem direkt nach dem Essen, und Kurzatmigkeit.
Auf die Gabe von Chininum arsenicosum D6, 3-mal täglich 10 Globuli, ging es ihr binnen weniger Tage besser.
Nach einem Monat der Therapie waren alle Symptome verschwunden.

Eine 18-jährige feierfreudige Patientin war ein »Superspreader« und bekam schon früh im März 2020 die Diagnose eines positiven Corona-Abstrichs. Temperaturerhöhung auf 39 Grad, massive stete Kopfschmerzen, Schnupfen und Geschmacksstörungen. Kopfschmerzen, als ob der Kopf zerspringen würde. Keine Halsschmerzen oder Atemnot. Erschöpfung und Schwäche. Diarrhöneigung.
Auf Chininum arsenicosum D6 waren binnen zweier Tage die heftigen Kopfschmerzen gänzlich weg, der Allgemeinzustand schnell gebessert. Nach einer Woche auch keine Diarrhö oder Schwächeerscheinungen mehr.

Antimon (Stibium) – das Metall der neuen Erde

Dem Antimon, das auch als Stibium bezeichnet wird, kommt in der anthroposophischen Metalltherapie eine besondere Rolle zu. Anders als die klassischen »Planetenmetalle« hat es keinen eindeutigen Bezug zu einer Organregion, sondern eine mehr allgemeine Beziehung zur sich stetig erneuernden Gestalt des Menschen als solcher (Meyer/von Löwensprung 2010). Die übergeordnete Bedeutung des Antimons brachte Rudolf Steiner mit den folgenden Worten zum Ausdruck: »Der Mensch ist eigentlich Antimon, wenn man sich herausdenkt alles dasjenige, was von außen eingeführt wird. Er selbst ist Antimon.« (Steiner 1994) Als formgebendes Prinzip findet Antimon im Organismus seine Entsprechung in den sogenannten »antimonisierenden Kräften«, die den »albuminisierenden Kräften«, die für die Substanzbildung zuständig sind, polar gegenüberstehen. Gestalt- und substanzbildende Prozesse, Form und Stoff sind im gesunden Organismus im Gleichgewicht. Gerade bei Entzündungen kommt es immer wieder zu einem Entgleisen von Stoffwechselvorgängen mit Überwiegen der stoffbildenden, »albuminisierenden Kräfte«. Das geschieht zum Beispiel bei Lungenentzündungen in Gestalt vermehrter Schleimbildung, in Form des Übertritts von Flüssigkeit in die Lungenbläschen (Alveolen) sowie der Verdickung und Schädigung von Strukturen, die dem Gasaustausch dienen. Antimon kann hier das gestörte Gleichgewicht wiederherstellen, das pathologische Anfluten der Stoffe zurückdrängen und die Regeneration der geschädigten Strukturen fördern.

Antimon ist ein uraltes Arzneimittel mit einer schillernden Geschichte (Meyer 2012). Über lange Zeit war es wegen seiner Toxizität umstritten. Erst mit der Entstehung der Homöopathie und der Potenzierung war es möglich, nebenwirkungsfreie und zugleich hoch wirksame Arzneimittel aus Antimon zu gewinnen. Einen weiteren Fortschritt brachte die Herstellung und Verwendung von Stibium metallicum praeparatum, dem Metallspiegel des Antimons in der anthroposophischen Medizin. Stibium metallicum praeparatum wird wie der Metallspiegel des Zinns durch Destillation gewonnen (siehe Stannum metallicum praeparatum Seite 159).

Antimon (Stibium) wird wie Arsen als Halbmetall bezeichnet. Es verfügt über metallische Eigenschaften, so etwa eine silbrige Farbe und einen metallischen Glanz, aber auch Qualitäten, die wir sonst bei Metallen nicht finden. So ist es sehr bröselig und verbrennt leicht unter Bildung eines weißen Rauchs. Wenn sich der Rauch an einer Glasoberfläche niederschlägt, entstehen dort pflanzenähnliche Muster, die auch als Antimonblumen oder -blüten (Flores Antimonii) bezeichnet werden (Engel 2019). Blume heißt auf Griechisch *anthémion*, und so beruft sich eine Ableitung des Namens Antimon auf diese floralen Strukturen, die eine Affinität des Antimons zu pflanzlichen Lebensprozessen erahnen lässt.

Auskunft über die Qualitäten des Antimons kann auch die Betrachtung des populärsten Antimon-Minerals, des Antimonits (auch Stibnit oder Grauspießglanz genannt) geben. Dabei handelt es sich um eine Schwefelverbindung des Antimons (Antimonsulfid), die charakteristische, einzigartige strahlige Kristallstufen bildet, die von fast außerirdischer Schönheit sein können und daher in kaum einer Mineraliensammlung fehlen. Da sehe »man gewissermaßen äußerlich mit Augen die Kristallisationskräfte, die vom Außerirdischen in das Irdische hereinkommen«, so Rudolf Steiner,

Grauspießglanz (Antimonit, Stibnit) auf Calcit, China (Foto: Frank Meyer)

der sich intensiv mit dem Antimon und dem Antimonit beschäftigt hat (Steiner 1999).

In der Metallurgie und Alchemie wurde Antimon unter anderem zur Reinigung von Gold verwendet. Sein Symbol ist dasselbe wie das astrologisch-astronomische Symbol der Erde, ein Kreis mit einem darauf gesetzten Kreuz ♁. Der Kreis steht für die zyklische Entwicklung, der alles irdische Leben unterliegt, das Kreuz für den Tod, der dabei immer wieder durchlaufen werden muss. Antimon ist gerade bei krisenhaften Situationen immer wieder hilfreich. Es kann wie ein Gegenstück zum Arsen angesehen werden. Während Arsen als Arzneimittel viele Menschen da abholt, wo sie gerade sind, nämlich auf der destruktiven Seite, stärkt Antimon (Stibium) unmittelbar die aufbauenden Kräfte, indem es sich an die Stelle der geschwächten Formkräfte wendet.

Auch die »Antimon-Typen« unter den Menschen unterscheiden sich grundlegend von den »Arsen-Typen«. Die klassischen »Arsen-Typen« haben wir als Neurastheniker beschrieben, die in steter Angst um ihr irdisches Wohlergehen leben und um ihre finanzielle Sicherheit besorgt sind (siehe Arsenicum album, Seite 176). Die »Antimon-Typen« hingegen sind vielfach träumerische Menschen, die sich im Mondlicht wohlfühlen, hingebungsvoll, schwärmerisch und empfindsam, mitunter auch weltfremd sind und vielen irdischen Dingen abhold. Ihr Thema ist nicht Besitzstandswahrung; sie haben keine Angst vor Verlust, sondern sind ganz zukunftsorientiert, leben oft auf eine religiöse oder gesellschaftliche Utopie hin. Ihnen mangelt es vielfach an den oben geschilderten »albuminisierenden« Kräften, den materiellen Kräften, die uns körperlich wie seelisch in den irdischen Verhältnissen verankern. Sie sind wenig geerdet. So gleichen sie dem bröseligen Stoff Antimon, der als ein noch unfertiges Metall angesehen werden kann, das noch nicht richtig auf der Erde angekommen ist. Die Zeit des Antimon ist noch nicht gekommen, und so kann er mit Blick auf die Evolution als Metall einer neuen Erde angesehen werden, die erst noch im Entstehen ist.

Stibium-Therapie

Stibium metallicum praeparatum, flüssige Verdünnung zur Injektion Weleda

Stibium metallicum praeparatum hat sich zusätzlich zur intensivmedizinischen Standardtherapie besonders in der Behandlung von beatmeten Patienten mit Covid-19 bewährt. Auch in der Praxis kann es neben allen erforderlichen schulmedizinischen Maßnahmen bei Atemnot eingesetzt werden, ferner bei gleichzeitig bestehendem Asthma bronchiale. Verabreicht werden 10 ml Stibium metallicum praeparatum intravenös, in der Klinik auch als Perfusor (in 50 ml NaCl 0,9 %). Alternativ zu den 10-ml-Ampullen für die intravenöse Injektion kann Stibium metallicum praeparatum als 1-ml-Ampulle in D6 oder D10 intravenös injiziert werden.

Stibium arsenicosum D8 Dilution Weleda

Stibium arsenicosum ist eine Mischung aus Oxiden von Antimon und Arsen. Es vereinigt die tonisierende Wirkung des Arsens mit den gestaltenden Kräften des Antimons. Durch die Verbindung mit Sauerstoff wird eine besondere Beziehung zum Atmungsprozess hergestellt. Stibium arsenicosum wirkt der Verselbstständigung von Flüssigkeitsprozessen in den Atemorganen entgegen, aber auch in Darm und Haut, indem Atmung und Flüssigkeitsprozesse wieder rhythmisch aneinandergekoppelt werden (Leitgedanke Vademecum 2017). Als Dilution in D8 wird es vor allem bei Beteiligung der unteren Luftwege eingesetzt, bei akutem Beginn mit Fieber mit starker Dyspnoe, Lungenverschleimung, Asthma, aber auch bei leichteren chronischen Verläufen. Besonders einfach ist die Verabreichung als Tropfen (bis zu 3-mal täglich 10 Tropfen).

Pulmo/Tartarus-stibiatus-I-Ampullen WALA

Das Organpräparat Pulmo/Tartarus stibiatus I enthält die Organzubereitung Pulmo Gl D5 sowie Tartarus stibiatus (Kaliumantimonyltartrat, auch Brechweinstein genannt). Bei Letzterem handelt es sich um ein Salz des Antimons, das als weiteren Ausgangsstoff Weinstein hat. Die Weinsäure in diesem anthroposophischen Arzneimittel soll das Antimon dabei unterstützen, die überbordenden Flüssigkeitsprozesse (Gewebeflüssigkeit, Lymphe, Schleim) in den Atmungsorganen zurückzudrängen. Tartarus stibiatius ist seit Jahrhunderten schon in der Homöopathie bewährt und fördert vor allem das Abhusten von Schleim. Unpotenziert ruft die Substanz Erbrechen hervor und wurde früher viel als Brechmittel eingesetzt – daher die Bezeichnung »Brechweinstein«.

Für akute Zustände gibt es zusätzlich noch Pulmo/Tartarus-stibiatus-II-Ampullen mit Pulmo Gl D16.

Fallbeispiel

Einer 64-jährigen Patientin mit einer schweren chronischen Lungenerkrankung mit Lungenüberblähung wurde von ihrem Hausarzt gesagt, sie dürfe sich auf keinen Fall mit SARS-CoV-2 infizieren, denn das käme für sie einem Todesurteil gleich. Dennoch nimmt sie weiterhin, soweit während des Lockdowns erlaubt, am Leben teil, geht viel hinaus, auch unter Leute. Wir verordnen ihr als Prophylaxe Pulmo/Tartarus-stibiatus-Ampullen, die sie einmal täglich injiziert. Kurz darauf steckt sie sich mit SARS-CoV-2 an und macht eine Covid-19-Erkrankung mit milden Symptomen durch, »wie eine ganz normale Erkältung«. Ihre Tochter, über dreißig Jahre jünger und ohne jegliche Vorerkrankungen, steckt sich bei ihr an. Sie nimmt kein Pulmo/Tartarus stibiatus, auch sonst nichts, erkrankt ebenfalls an Covid-19 und zwar deutlich schwerer als ihre Mutter.

Arnika, Bergwohlverleih: Gebirgspflanze gegen die Höhenkrankheit

Arnica montana haben wir ausführlich in unserem Buch *Arnika – Königin der Heilpflanzen* dargestellt (Wilkens/Meyer/Mandera 2018). In Zusammenhang mit SARS-CoV-2 ist die beeindruckende Wirkung von Arnica auf die Höhenkrankheit, von der Bergsteiger regelmäßig berichten, von Bedeutung. Auch der Name Bergwohlverleih sagt eigentlich schon alles.

Wie bereits dargestellt, sind gerade die schweren Verläufe von Covid-19 durch die Bildung eines Lungenödems charakterisiert, ähnlich wie es bei der Höhenkrankheit vorkommt. Und das ist auch ein altbekanntes Einsatzgebiet für die Therapie mit Arnica, die sich hier ebenso wie als Standardtherapie des Lungenödems bewährt hat. **Eine Indikation für Arnica ist auch die massive Schmerzempfindlichkeit (will nicht berührt werden!), ebenso ihr günstiger Einfluss auf die Neigung zu Thrombosen und Embolien. Des Weiteren bestehen gute Erfahrungen mit Arnica bei Geruchs- und Geschmacksstörungen.**

Insofern wäre bei Covid-19 Arnica D12 bis D30 als Injektion oder Infusion sicherlich eine zu bedenkende zusätzliche Maßnahme auf der Intensivstation, um Komplikationen zu minimieren und den Schmerzmitteleinsatz zu reduzieren.

Arnica montana
in Oberfranken
(Foto: Frank Meyer)

Nicotiana tabacum, Stärkung für die Lunge

Die Bedeutung des Virginischen Tabaks (*Nicotiana tabacum*) in der Therapie sollte eigentlich schon seit Jahrzehnten bekannt sein. *Nicotiana* ist die von Rudolf Steiner in der praktischen Anwendung am häufigsten empfohlene Heilpflanze! Obwohl der Tabakkonsum weltweit rückläufig ist, stellen nach wie vor das Lungenkarzinom oder auch die COPD den typischen Endzustand einer chronischen Nikotinvergiftung dar. Doch nicht nur dies, auch die Gefäße leiden massiv, und das führt dann schnell zu einer erhöhten Rate an Schlaganfällen (ischämisch), an Herzinfarkten, an Demenz und an einer peripheren Verschlusskrankheit (pAVK), bei der infolge fehlender Durchblutung die Beine oder Zehen absterben. Tabakmissbrauch führt nach Jahren und Jahrzehnten zu einer dann doch nicht mehr erwünschten Schlankheit, der Kachexie, einer erheblichen Abmagerung, die typisch ist für den Endzustand von zahlreichen Erkrankungen, vor allem der Krebserkrankung, aber auch der ischämischen Kolitis, an die selten gedacht wird. Das erstaunliche Phänomen ist zu beobachten, dass Abgemagerte und im Lungenbereich (z.B. durch eine COPD) erheblich geschwächte Patienten nicht selten von einer homöopathischen Therapie mit Nicotiana tabacum profitieren (Meyer 2006, Wilkens 2002a). Das ist in Hochpotenz selbst der Fall bei »Small for date«-Kindern, Säuglingen von Raucherinnen, die unter Untergewicht leiden. In

Nicotiana tabacum, Blüte
(Foto: Frank Meyer)

manchen Fällen von Magersucht kann die Gabe von Nicotiana tabacum ebenfalls von Nutzen sein.

Kurzum, eigentlich immer, wenn Abmagerung vorhanden ist und die Lungenkraft sich geschwächt zeigt, ist an den Einsatz von Tabak als Heilmittel zu denken. Insofern kann es bei und nach Covid-19-Infektionen sehr sinnvoll sein, Nicotiana tabacum einzusetzen.

Besonderer Tipp: Im höheren Alter und bei zwanghaften Patienten mit Lungenkarzinom ist die Asche von Tabak, Cinis tabaci, häufig noch besser geeignet.

Nicotiana tabacum e foliis D20, WALA, oder Tabacum,
diverse Hersteller
Dosierung: 1- bis 3-mal täglich 10 Globuli

Fallbeispiel: Tabak zur Therapie von Lungen, die kaum noch atmen können

Bei Lungenkarzinom-Patienten ist es immer wieder sinnvoll, die für Raucher zentrale Ulmenmistel (Iscador U c. Hg) mit der Asche von Tabak (Cinis tabaci), zu kombinieren sowie bei Metastasen mit Christrose, Helleborus niger D12, zu ergänzen. Manchmal erlebt man da wahre Wunder. Ein 54-jähriger abgemagerter Patient mit einem kleinzelligen Bronchialkarzinom cT4 cN3 cM1b berichtete, er sei als Lkw-Fahrer viel unterwegs gewesen und habe etwa eine Packung Zigaretten pro Tag geraucht. Nun hatte er ein Lungenkarzinom sowie eine Metastase im Kopf. Gewichtsabnahme von 9 Kilogramm. Eine Chemotherapie mit sechs Zyklen hatte er hinter sich.

Nach deren Beendigung und vor der Bestrahlung erhielt er 3-mal pro Woche die Asche von Tabak in D20 (Cinis ta-baci), Ulmenmistel Iscador U c. Hg und die Christrose (Helleborus niger aquos., D12 Helixor). Der Hinterkopf wurde mit einer Bleisalbe, Plumbum metallicum 0,4 %, abends täglich dünn bestrichen.

Unter dieser Therapie kam es drei Monate später zu heftigem Fieber ohne Erregernachweis. Seine Lunge zeigte sich so massiv verändert, dass die Lungenfachärzte nicht verstanden, warum er nicht der intensivmedizinischen Beatmung bedurfte.

Wenige Wochen danach habe er plötzlich angefangen zu essen ohne Unterlass, habe schnell 12 Kilogramm Gewicht zugenommen und sich in seinem Körper wieder richtig wohl gefühlt. Bei der CT-Kontrolle drei Monate später konnte weder im Kopf noch in der Lunge irgendein Hinweis auf einen Tumor gefunden werden. Lediglich narbige Veränderungen. Ein Jahr später – der Patient kommt gerade vom Holzhacken aus dem Wald – zeigen sich das Wohlbefinden und der CT-Befund unverändert.

Fallbeispiel: Rauchen macht schlank

Ein 55-jähriger ausgemergelter Patient mit einer gesicherten Diagnose von Demenz, Morbus Binswanger mit Hirnatrophie, zahlreichen Infarkten nach intensivem Nikotinabusus über Jahrzehnte sowie COPD klagt nun und verstärkt nach der Versorgung des Herzens mit Stents über deutliche Defizite in der zeitlichen und örtlichen Orientierung. Teilweise bestehen Verwirrtheitszustände, Verlangsamung der Sprache, Wortfindungsstörungen.
An einer Universitätsklinik wurde eine demenzielle Entwicklung bestätigt.
Unter einer Therapie mit Nicotiana e foliis D20 morgens und abends ließen sich schon nach zwei Monaten deutliche Besserungen erzielen, nach einem halben Jahr der Therapie konnte er wieder Auto fahren, den Haushalt selbstständig führen und Termine wahrnehmen. Keinerlei zeitliche Verwirrtheit mehr. Mehrstündige Wanderungen sind wieder möglich geworden. Die Atemnot ist wesentlich gebessert, das Gewicht um etliche Kilos gestiegen.

Helleborus niger – das »pflanzliche Cortison«

Die RECOVERY-Studie (Randomised Evaluation of COVid-19 Therapy)[59] ist die bisher weltweit größte klinische Studie zur Behandlung von Covid-19. In dieser Studie ließ sich zeigen, dass der Einsatz von Dexamethason sinnvoll war und ist, wenn die Patienten beatmet oder mit Sauerstoff behandelt werden.

Die Behandlung mit Dexamethason reduzierte die Sterblichkeit nach einem Monat bei beatmeten Patienten um 35 Prozent, und selbst in der zweiten Gruppe der nur mit Sauerstoff behandelten Patienten sank die 28-Tage-Sterblichkeit um 20 Prozent. Bei den Patienten, die keine Unterstützung der Atmung benötigten, war Dexamethason ohne Wirkung.

Eine Pflanze, die tief in den Nebennieren- und den Nierenbereich eingreift, ist die Christrose, *Helleborus niger*. Früher galt die Christrose als spezifisch in der Behandlung der akuten Nephritis, besonders nach Scharlach oder allgemein nach einer Angina. Sie wirkt in den tiefen Potenzen ähnlich konstruktiv aufbauend wie Cortison (Wilkens 2014) und vermag schwerwiegende Lungen- und Hirnprozesse nachdrücklich zu beeinflussen. Spezifisch ist die Wirkung auf die Sinnesorgane. So äußert sich schon Hahnemann, der Begründer der Homöopathie, folgendermaßen: »Abstumpfung

59 https://www.nejm.org/doi/10.1056/NEJMoa2021436

Helleborus niger,
die Schwarze Nieswurz,
Nationalpark Triglau,
Slowenien
(Foto: Frank Meyer)

des inneren Gefühls, wo man bei guter Sehkraft nur unvollkommen sieht und das Gesehene nicht achtet; bei guten Gehörwerkzeugen nichts deutlich vernimmt; bei guten Geschmackswerkzeugen an nichts Geschmack findet; immer oder oft gedankenlos ist, sich des Vergangenen oder kurz vorher Begegneten weniger oder nicht erinnert; an nichts Freude hat, nur leicht schlummert, ohne fest und erquickend zu schlafen; arbeiten will, ohne Aufmerksamkeit oder Kräfte dazu zu haben.« (Hahnemann 2001)

Die Christrose wirkt aber nicht nur auf die Sinnesorgane und die geschwächte Wachheit, sie mindert nach unseren Erfahrungen bei Patienten, die unter größeren Ängsten leiden, in einem erstaunlichen Maße Atemnot mit stetem Druck auf der Brust. Überhaupt sind die Wirkungen auf multiple Erkrankungen der Lunge erstaunlich und rechtfertigen ihren Einsatz als Cortisonersatz.

Wenn sich bei/nach einer Covid-19-Infektion Atemnot, Depression und/oder Demenz sowie eine Abstumpfung der Sinne finden, dann ist regelmäßig die Christrose in Betracht zu ziehen. Abstumpfung der Sinne und Depression sind typische Folgen der Covid-19-Infektion. Insofern lieber öfter als seltener verwenden!

Sie hat sich in unserer Klinik sehr bewährt als Injektion in D12, 3-mal pro Woche.

Da die Christrose in der Regel bei Menschen über achtzig Jahren fast nur positive Wirkungen zeigt und sich eine Demenz dadurch in der Regel bessert, kann sie als das große prophylaktische Mittel der Wahl (ausführlich bei Wilkens, Die Heilkraft der Christrose, AT Verlag) auf der Demenzstation gelten. Ebenso kann sie auch vielen Zeitgenossen helfen, die sich in Ängsten wegen Corona verlieren.

Die Schlangengifte und Equisetum arvense, der Ackerschachtelhalm

Neben der Lunge sind die Nieren ein entscheidendes Organ, das durch Covid-19 schwer geschädigt werden kann (Rohn/Feldkamp/Witzke 2020): »In Beobachtungsstudien entwickeln 5 bis 36,6 Prozent der hospitalisierten Covid-19-Patienten ein akutes Nierenversagen unterschiedlichen Schweregrads. In einer multizentrischen Kohortenstudie aus den USA lag der Anteil der Patienten mit dialysepflichtigem akutem Nierenversagen bei 5 Prozent. Dabei ist der Anteil an akutem Nierenversagen bei beatmungspflichtigen Patienten mit fast 90 Prozent signifikant höher als bei nichtbeatmeten Patienten (ca. 21 Prozent). Laut einer aktuellen Umfrage der Deutschen Gesellschaft für Nephrologie (DGfN) im April 2020, an der 52 nephrologische Kliniken teilnahmen, wurden 504 Covid-19-Patienten auf Intensivstationen behandelt, von denen 161 ein dialysepflichtiges akutes Nierenversagen hatten (32 Prozent).«

Obduktionsstudien konnten zeigen, dass die menschliche Niere ein spezifisches Ziel bei einer SARS-CoV-2-Infektion darstellt. SARS-CoV-2-Antigene akkumulieren in den Nierentubuli. Eine SARS-CoV-2-Infektion kann neben der Lunge und der Niere auch das Endothel, das Herz und das Hirn schädigen. Morphologisch zeigt sich eine prominente Endothelitis der Blutgefäße. Dies könnte erklären, wie SARS-CoV-2 über eine generalisierte Endothelentzündung und damit verbundene Gefäßverengung mit reduzierter Blutversorgung des betroffenen Organs ein tödliches Organversagen auslöst. CT-Untersuchungen der Nieren zeigten zudem eine verminderte Dichte des Nierengewebes, was indirekt auf eine Entzündung und ein Ödem hindeutet.

Damit wird die Wichtigkeit einer Stärkung der Nieren bei beatmeten Patienten deutlich. In der anthroposophischen Medizin und interessanterweise sogar mehr noch in der Tierheilkunde hat sich hier das Präparat Renes/Equisetum comp. bewährt. Renes/Equisetum comp. enthält neben Schachtelhalm auch Weißen Germer, Apfelmistel und Bienengift. Das Präparat wird bei akuten und chronischen Niereninsuffizienzen als tägliche bis 2-mal pro Woche durchzuführende Injektion gegeben. In schweren Verläufen mit der Ausbildung von massiven Gerinnungsstörungen sollten Schlangengifte ergänzend oder alternierend verwendet werden. Benutzt wird hier in der Regel entweder Naja comp. Weleda Ampullen (enthält Crotalus terrificus D20, Lachesis mutans D12, Naja D10 und Vipera D30) oder auch Lachesis D12.

Vonseiten der Pharmakologie, aber auch vonseiten der klassischen Homöopathie und der anthroposophischen Medizin wird auf die zentrale Bedeutung der Schlangengifte auf die Gerinnungskaskade hingewiesen (Wilkens 2013, Wilkens et al. 2002b, Wilkens et al. 2008). Damit ist eine Störung der Gerinnung in der Regel immer schon ein Hinweis für den Einsatz eines Schlangengiftes. In regelmäßigem Gebrauch sind die Gifte der Buschmeister-, der Klapperschlange sowie der Kreuzotter und der Kobra. Das homöopathische Arzneibild von Lachesis (Buschmeisterschlange) ist dadurch charakterisiert, dass Störungen in der Funktionalität der linken Seite wie auch die Symptome Dysphagie (Schluckstörung) und Dysphasie (Sprachstörung) zentral sind; das Arzneimittel Crotalus (Klapperschlange) hingegen bezieht sich auf Funktionsstörungen der rechten Seite einschließlich Dysphagie und Sprachstörungen. Naja zeigt eher neurotoxische Züge, wirkt also eher direkt im Nervensystem und im Kopfbereich, und Vipera, die Kreuzotter, schließlich eher direkt auf das venöse System, den

Stoffwechsel und die unteren Gliedmaßen und dort speziell auf Thrombosen (Wilkens 2010, Wilkens 2005).

Damit lässt sich vereinfacht das rote Kreuz der Schlangengifte bilden:

Einmal verstanden, lässt sich mit den Schlangengiften ganz wunderbar arbeiten und das auch bei Covid-19, wenn es denn nötig wird.

Renes/Equisetum comp., Globuli velati
Dosierung: 3- bis 4-mal täglich, in akuten Fällen stündlich 5–10 Globuli

Renes/Equisetum comp., flüssige Verdünnung zur Injektion (Ampullen)
Dosierung: 1- bis 3-mal wöchentlich, in akuten Fällen mehrmals täglich 1 ml subkutan injizieren

Naja comp. Mischung (Tropfen)
Dosierung: 1-mal täglich, in akuten Fällen mehrmals täglich 10–15 Tropfen

Naja comp., flüssige Verdünnung zur Injektion (Ampullen)
Dosierung: 1- bis 3-mal wöchentlich, in akuten Fällen mehrmals täglich 1 ml subkutan injizieren

Ackerschachtelhalm,
Equisetum arvense
(Foto: Olaf Rippe)

Fallbeispiel
Ein 65-jähriger Patient hatte über drei Tage hohes Fieber, das mit schmerzhaftem Husten einherging. Er konnte nur schwer atmen und nicht mehr aufstehen. Gefühl, als ob er jede Struktur in der Lunge und die Lungenumrisse spüren könnte. Er wurde extrem empfindlich für Geschmack und Geruch. Die Augen entzündeten sich. Im rechten Bein konnte eine tiefe Beinvenenthrombose gesichert werden. Beginn einer antithrombotischen Therapie.
Die steten Schmerzen im Bein ließen nach Injektionen von Vipera-berus-D12-Ampullen Weleda schnell nach. Spätere weitere Schwellungszustände wurden deutlich gelindert durch tägliche feuchte Umschläge mit Borretsch-Essenz (Borago-Essenz WALA)

Pulmonaria officinalis, das vergessene Lungenkraut

Das Lungenkraut gehört zur Familie der Raublattgewächse *(Boraginaceae)*. Zu dieser Pflanzenfamilie gehören mit dem Beinwell *(Symphytum officinale)* oder dem Borretsch *(Borago officinalis)* auch zwei Vertreter, die sich zur Heilung von Knochenverletzungen (Beinwell) oder zur Stärkung geschwächter Venen (Borretsch) den hervorragenden Ruf erworben haben, bis in die Physis hinein tiefgreifend zu heilen. Man darf daher annehmen, dass das auch für *Pulmonaria officinalis,* das Lungenkraut gilt. Sowohl Paracelsus als auch Hildegard von Bingen wussten um die Heilwirkung dieses Lungenmittels, das traditionell unter anderem bei Tuberkulose und Bronchitis gegeben wurde. Der Name zeugt von seiner Popularität in der Volksheilkunde. All das ist in Vergessenheit geraten, und obwohl die Pflanze in Europa weit verbreitet und sogar in vielen Vorgärten zuhause ist, ist sie aus dem Bewusstsein der Menschen verschwunden. Ihr Rhizom verläuft waagerecht, die Blätter und die Stiele sind behaart, die Blätter mit weißen Flecken besetzt. Vor der Blüte könnte sie mancher flüchtige Zeitgenosse leicht mit der Schlüsselblume verwechseln. Mit der Blüte jedoch verfärben sich die anfänglich rosaroten Kronblätter im Laufe etwa einer Woche ins Violett-Blaue. In diesem merkwürdigen Wechsel der Farbgebung, der auch noch durch eine pH-Wert-Änderung im Zellsaft hervorgerufen wird, erinnert sie dramatisch an die Änderung der Hautfarbe beim Abfall des Blutsauerstoffs bei schwer erkrankten Covid-19-Patienten. Aber auch die mit weißen Flecken besetzten Blätter, die fast schon die Signatur der wie Milchglasgetrübten Lunge in sich tragen, bestätigen den Eindruck, dass hier eine Pflanze gefunden ist, die bei Covid-19 doch recht vielen Menschen wird helfen können. Interessant ist das Vorhandensein von Allantoin, einem Stoff, der schon beim Beinwell eine wichtige Funktion einnimmt. Auch die Larven von Lucilia sericata, einer Goldfliegenart, geben Allantoin ab und können so die Wundheilung unterstützen. Daneben finden sich Saponine, Schleimstoffe, Kieselsäure und Flavonoide, die bei Erkrankungen der Atemorgane eine wichtige Rolle spielen. In früheren Zeiten wurde das Lungenkaut gegen Tuberkulose genutzt. Heute spielt es kaum noch eine Rolle. Entsprechend hatte in Deutschland die für die phytotherapeutischen Arzneimittel zuständige Kommission C ein negatives Votum zu Pulmonaria gefällt. Die Wirksamkeit von Lungenkraut-Zubereitungen bei den beanspruchten Anwendungsgebieten sei nicht ausreichend belegt. Pflanzen haben ihre Zeiten, und uns scheint, dass Covid-19 auch der Behandlung mit einer neuen, beziehungsweise einer bisher nicht wirklich beachte-

Pulmonaria officinalis
(Foto: Olaf Rippe)

ten Pflanze bedarf. Da die Pflanzenfamilie der Boraginaceen eine enorme, bis ins Physische gehende Kraft auf bestimmte Organsysteme hat, darf angenommen werden, dass es bei *Pulmonaria officinalis* die Lunge ist. Das scheint in der Tat der Fall zu sein, wenngleich bisher gute konkrete Kasuistiken fehlen.

Auf unsere Anregung hin hat sich die anthroposophische Ärztin D. Oertel dieser Fragestellung angenommen, einen frischen Presssaft erstellt, 3-mal täglich eingenommen und an mehreren Tagen hintereinander reproduzierbar über Stunden folgende Symptome an sich wahrgenommen:

- Zungenbrennen
- Mehrmaliges tiefes Atmen aufgrund eines Gefühls, nicht genug Luft zu haben. Der Atem ging tief in den Thorax hinein.
- Gefühl von unendlicher Schwäche in den Beinen, vor allem in den Oberschenkeln und in den Waden – ein Empfinden wie Ohnmacht und Schwindel.
- Gefühl von allgemeiner Schwäche, verbunden mit Zittern und Frieren, einem verstärkten Blutandrang zum Herzen sowie der Neigung zu Extrasystolen.
- Mit dem Absinken der Kräfte ging ein seelisches Absinken parallel: schwere, traurige Gedanken, lange anhaltend, mit Verzweiflung.

Es ist damit die Kombination aus seelischer tiefer Trauer und einer Lungenschwäche, die an das Lungenkraut denken lässt, und so eben auch in Long-Covid-Fällen sinnvoll einsetzbar erscheint.

Das Lungenkraut ist in verschiedenen Potenzen und als spezielle anthroposophische Arzneikomposition mit Wein erhältlich bei: NID Sapientia, Vesna Forštnerič Lesjak, vesna.forstneric@gmail.com, www.nid-sapientia.com.

Hedera helix, der Efeu: Brüder, zum Lichte empor

Es gibt eine Pflanze, welche die Nähe des Menschen besonders dann sucht, wenn dieser ein »altes Haus« geworden ist oder schon auf dem Friedhof ruht: der Efeu. Er ist also besonders mit der Hauptrisikogruppe der Corona-Kranken intensiv verbunden, dem alten Menschen.

Der Efeu entstammt der Familie der Araliengewächse *(Araliaceae)*, einer Pflanzenfamilie, die an sich in den Tropen und Ostasien beheimatet ist. *Hedera helix* ist ihr einziger mitteleuropäischer Vertreter. Der Efeu ist eine immergrüne, mehrjährige Pflanze, die mit bis zu 500 Jahren sehr alt werden kann. Dabei schafft er es aufgrund von Haftwurzeln, bis zu 20 Meter an Bäumen und Mauern hoch emporzuranken. Er kann mit Wurzeln klettern! Ein sehr merkwürdiges Phänomen. Nur die Wurzeln im Boden bilden Nährstoffe, hingegen versuchen die Haftwurzeln ein Höchstmaß an Stabilität zu bilden. Der Efeu ist damit kein Schmarotzer. Eher hat man den Eindruck, dass er den umrankten Baum oder das umrankte Haus neu einkleidet und wärmt.

Der Efeu ist durch zwei weitere botanische Besonderheiten gekennzeichnet, den sogenannten Sprossdimorphismus, zwei unterschiedliche Wachstumsformen, und die Heterophyllie, zwei unterschiedlichen Blattformen. In jungen Jahren wächst er gerne im Schatten und am Boden, kann sich dann aber mit im Wege stehenden Mauern und Bäumen mit Haftwurzeln verbinden und so zum Licht emporsteigen. Die jugendlich schattige Efeuform ist Träger der bekannten drei- bis fünflappigen Blätter (Schattenform). Im Erwachsenenalter, ab circa dem 20. Jahr, verzweigen sich die Seitentriebe, und es entwickeln sich Blühsprosse mit gänzlich anderen, der Sonne zugewandten eiförmigen Blättern. Die doldenartigen Blütenstände erblühen im Oktober und reifen über den Winter zu schwarzen Beeren aus. Ähnlich der Herbstzeitlosen geschieht die Reifung im Zeichen des untergehenden Lichtes und der Kälte.

Wir sehen zahlreiche sehr merkwürdige Gesten wie eben die Verbundenheit mit dem Schatten in der kriechenden Bewegung, andererseits das Hinwenden zum Licht mit Ausbildung der Aufrichte in der adulten Form. In gewisser Weise wird man dabei an eine am Erdboden kriechende Schlange erinnert, die sich dann sekundär emporzuheben vermag.

Andererseits erinnert dieses Verhalten an die Funktion von Jod (*Hedera helix* ist jodhaltig!) bei der Metamorphose der Kaulquappe zum Frosch, von der wässrig dunklen Phase hin zur Entwicklung der Landatmung, die jodabhängig und vom jodhaltigen Schilddrüsenhormon gesteuert geschieht. Mythologisch wird der Efeu gerne mit dem Gott Dionysos verbunden. Kein Wunder, steht doch auch er als nach Griechenland eingewanderter kleinasiatischer Gott für die dionysische Ausgelassenheit der Triebe, die mehr und mehr apollinisch geläutert werden wollen[60].

Eine besondere Affinität besteht bei *Hedera helix* zur Schilddrüse, einem schmetterlingsartigen Organ, in dem noch die alten Griechen den Sitz der Seele vermuteten, und das sich wie das Efeu um den Baum beim Menschen um den Kehlkopf rankt.

Hedera helix löst krampfhaften trockenen Husten und andere Krankheitsbilder mit krampfbetonter Komponente.[61] So ist es recht oft in der Kindheit bei Keuchhusten und Asthma bronchiale ange-

60 Nietzsche, F., Die Geburt der Tragödie aus dem Geiste der Musik, Frankfurt 1987
61 Kalbermatten, R., Wesen und Signatur der Heilpflanzen, Aarau 2002

zeigt.[62] Im Alter kann Efeu von besonderer Bedeutung sein und die Leistungsfähigkeit verbessern, wenn Schilddrüse und Lunge Erkrankungen aufweisen.

Je älter wir werden, desto mehr Schatten bilden wir aus und desto mehr bedarf es einer Lichtung. Efeu, *Hedera helix,* ist ein Heilmittel zur Integration des eigenen Schattens nach C.G. Jung[63], also all den Ängsten und unbewussten Anteilen in uns, die nicht vom Licht der Selbsterkenntnis besehen werden wollen. Das können unterdrückte oder gestaute Gefühle wie Zorn, Ärger und Ängste oder unverarbeitete seelische Verletzungen sein. Besonders sind es aber Ängste, die die Atmung massiv verändern und so mit dem Organ Lunge verbunden sind.

Bei einer Covid-19-Erkrankung sollte an *Hedera helix* besonders bei einem langanhaltenden krampfartigen trockenen Husten gedacht werden, oder auch dann, wenn sich in der Long-Covid-Phase ein Asthma bronchiale oder eine Schilddrüsenstörung entwickelt. Es ist für uns immer wieder faszinierend zu erleben, welche Hilfe bei einer so gefürchteten und schwer zu verstehenden Krankheit wie Covid-19 selbst scheinbar banale und einfache Mittel wie Efeu leisten können. Es muss nicht immer Hightech sein!

Bewährte Arzneien:
Hedera Helix Urtinktur von Ceres: 3-mal täglich 3 bis 5 Tropfen
Prospan (pflanzenheilkundlicher Efeu-Spezialextrakt), verschiedene Darreichungsformen, Dosierung nach Packungsbeilage

62 Mezger, J., Gesichtete homöopathische Arzneimittellehre, Heidelberg 1995
63 Kaden, M., https://www.natuerlich-online.ch/fileadmin/Natuerlich/Archiv/2007/01-07/46-49_efeu.pdf

Sticta pulmonaria, die Flechte für den reinen Atem

Corona ist vielleicht eine der ersten Erkrankungen, die den veränderten Umweltbedingungen für Pflanze und Tier zu verdanken ist. Covid-19 hat sehr viel mit Umweltverschmutzung zu tun – das zeigt sowohl die Karte von Wuhan als auch von Italien (siehe folgende Seite). Ohne die massive Umweltverschmutzung und die Verdrängung der Tierwelt wäre es vermutlich nicht zu Covid-19 gekommen.

Da ist es kein Zufall, dass eine Pflanze Hilfestellung geben kann, die als Indikator für gute Luftqualität gilt, die Lungenflechte (*Sticta pulmonaria*). Diese wächst gerne auf Bergahorn oder auf der Rinde von anderen Laubbäumen und auf Felsoberflächen.

Sticta pulmonaria

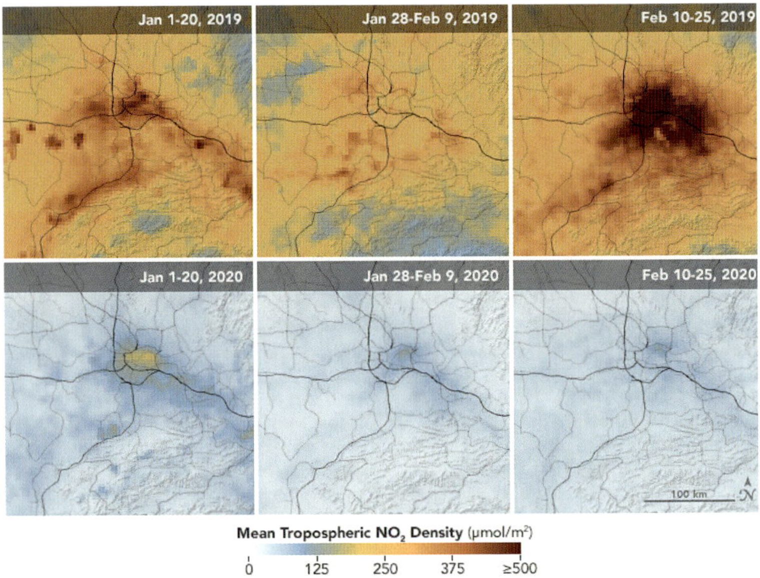

Corona hat sehr viel mit Luftverschmutzung zu tun. Das zeigt diese Karte von Wuhan 2019 und beim Lockdown 2020 im Vergleich deutlich. Ein ähnliches Bild zeigte sich 2019 und 2020 in Norditalien.

Aus der Lungenflechte wird die homöopathische Arznei Sticta pulmonaria gewonnen. Sie bewährt sich bei absteigenden Infekten der Atemwege. Sehr häufig ist sie bei Kindern angebracht, die erst über einen Schnupfen klagen und bei denen der Infekt dann im Anschluss über den Hals in die Bronchien wandert und dort regelmäßig in einer Bronchitis oder schweren Atemwegserkrankung endet. Typisch ist ein schmerzhafter Husten, der von der Produktion zähen Schleims begleitet wird.

Sticta pulmonaria ahmt also exakt den häufigsten Weg der Erkrankung von Covid-19 nach und kann so eine sehr wichtige Arznei sein.

Sticta pulmonaria D4–D12 Globuli
Dosierung: 1- bis 3-mal täglich 5–10 Globuli

Zincum metallicum, wenn die reale Welt zum Computer geworden ist

Zink ist in den Lagerstätten der Erde häufig unter den Bleivorkommen zu finden. Paradoxerweise liegt das schwerere Blei also häufig über dem leichteren Zink. »Der Bleiimpuls verliert sich oft als Zink in die Tiefe.« (Pelikan 1981) Daneben hat Zink aber auch zum Schwefel eine direkte Beziehung, am häufigsten kommt es in Form von Zinksulfiderzen vor. Sphalerit, auch Zinkblende genannt, hat die Formel ZnS. Es ist das wichtigste unter den Zinkerzen. Zink verbindet sich gerne mit allen Erdenprozessen wie Sauerstoff und Kohlensäure oder auch anderen Säuren. Reines Zink wird in der Natur nicht gefunden, es muss erst vom Menschen durch Röstung aus Zinkerz gewonnen werden. Es ist ein bläulich-weißes, sprödes Metall.

Bestimmte Pflanzen enthalten viel Zink (wie zum Beispiel das Galmei-Veilchen) und sind Zinkanzeiger. Zink ist für tierische Lebewesen essenziell und Bestandteil zahlreicher Enzyme. Es ist Bestandteil der RNA-Polymerase. Daneben hat es eine große Bedeutung im Zuckerstoffwechsel (im Insulin finden sich etwa 0,5 % Zink) und bei der **Kohlensäureanhydrase. Diese bewirkt die Ausscheidung der Kohlensäure aus dem Organismus und ist für die bei Covid-19 so essenzielle Stabilität der Atmung zuständig.**

Zink

Zinkreich sind die Organe, die reich an Phosphatiden und Nukleoproteiden sind, und es hat auch viel mit der Fähigkeit der Fortpflanzung zu tun. Heringe verdoppeln ihr Zink im Körper während der Befruchtungszeit, Hoden und Sperma sind sehr zinkreich, besonders auch das Sperma des Stiers mit 2000 mg/kg. Doch auch im Sperma des Mannes wird es gefunden. »Sehr charakteristisch ist, dass sich im Schlangenkörper in den Giftdrüsen Zink stark anreichert. Man vermutet, dass es die eiweißzerstörenden Wirkungen des Schlangengiftes unterstützt, das ja durch den Biss gewissermaßen eine außerleibliche Verdauung einleiten möchte. Es werden also starke Abbauprozesse in das Eiweiß hineingetragen.« (Pelikan 1981)

Schon diese wenigen Hinweise mögen in diesem Zusammenhang genügen, um dem Zink eine wichtige Rolle auch im Rahmen der Covid-19-Pandemie einzuräumen. Tatsächlich konnte nachgewiesen werden, dass Zink die Virensynthese vermindert.[64]

Doch auch Zink in homöopathischer Dosierung ist durchaus bedenkenswert (Gawlik 1990). Bei Zincum metallicum scheint der gesamte Atemprozess gestört zu sein. Statt ruhiger entspannter Atmung treten blitzartige Bewegungen und Atemzüge auf.

Bewährt hat sich Zink in der Behandlung des Restless-Legs-Syndroms. Doch es hilft auch bei vielfältigen Schädigungen des Nervensystems mit Neigung zu Zuckungen. Von Homöopathen wird es als das Heilmittel für das Computerzeitalter gesehen, da es besonders oft Menschen hilft, die viel am Computer sitzen und dadurch unruhig werden. Menschen, die leicht aus der Haut fahren, unruhig und hektisch sind und »wie ein Blitz aus heiterem Himmel« reagieren. Weitere Covid-19 nahe Symptome sind: Konstriktionsgefühl um die Brust, wie ein Band, mit Atemnot und Verschlimmerung im Ruhezustand.

Zink ist in Fällen von Covid-19 dann angezeigt, wenn sich im langfristigen Verlauf **Nervenschädigungen zeigen mit Teilleistungsstörungen** beim Schreiben oder Lesen und einem schwachen Gedächtnis. Wichtigstes Heilmittel bei allgemeiner Tendenz zum Zittern. Bei deutlicher Verschlechterung gegen 11 Uhr und Unverträglichkeit von Alkohol.

Zincum metallicum D12 diverse Hersteller
Dosierung: 1- bis 3-mal täglich 10 Globuli

64 https://www.frontiersin.org/articles/10.3389/fpls.2020.01270/full

Nachwort

Der Universalienstreit der Moderne und seine Konsequenzen für die Therapie von Covid-19

Wir haben Covid-19 aus zweierlei Perspektiven betrachtet: aus der Perspektive der »Unterwelt« und den untersinnlich-technischen Erfahrungen und dann aus der Perspektive der Erweiterung der Sinne und der Medizin, die fast schon »über-sinnlich« erscheint. Was ist nun wahr?

Merkwürdigerweise steckt hinter dieser Fragestellung eine Art moderner »Universalienstreit«. C. F. von Weizsäcker zitierten wir anfänglich mit der Aussage, dass das Mittelalter alles andere als dunkel gewesen sei und zu der Zeit heftige philosophische Auseinandersetzungen tobten. Diese fanden vor allem im 12. und 13. Jahrhundert zwischen den Schulen der Realisten und der Nominalisten statt.

Der Streit befasste sich mit der Frage, ob es die Idee eines Begriffes wirklich gibt oder ob allgemeine Begriffe (Universalien) wie Zahl und Relation oder der Begriff Mensch Konstruktionen des menschlichen Geistes sind. Ist der Begriff des Menschen nur ein allgemeiner Name für je einzelne Menschen, oder hat der Begriff des Menschen selbst schon eine reale Existenz? Der Realismus sieht in den Ideen reale Gebilde, der Nominalismus sieht diese nur als bloße Namen ohne jeglichen Gehalt. In diesem über Jahrhunderte ausgefochtenen Streit behielten letztlich die Nominalisten die Oberhand. Daraus hat sich unsere moderne Weltanschauung mit ihren drei großen Dogmen gebildet.

Die drei großen Dogmen der Wissenschaft lauten nach Kienle (1996) wie folgt:

1. Es gibt kein Schöpferprinzip in der Natur.
   Daher gibt es keine ganzheitlich gestaltbildenden Kräfte. Alle Naturgebilde sind von unten her aufgebaut, das heißt durch Wechselwirkungen ihrer Teilchen (Moleküle, Atome, subatomare Partikel). Dies ist das Dogma des Partikularismus.

2. Es gibt keinen Geist in der Natur.
   Damit wird eine übergreifende weisheitsvolle Naturordnung negiert. Es sind Zufallsmutationen, die die Naturphänomene ausreichend erklären. Dies ist das Dogma des Darwinismus.

3. Es gibt keinen wahrhaft erkenntnisfähigen Geist im Menschen.

> Der einzelne Mensch kann nur bloße Erfahrungen sammeln, ohne echten Erkenntnisgehalt. Deshalb sind statistisch auswertbare Experimente unabdingbar. Nur diese sind zielführend. Dies ist das Dogma der Statistik.

Bezogen auf Covid-19 heißt das sehr klar: Covid-19 ist sinn-los, hemmt nur unsere wirtschaftliche Kraft und das gesellschaftliche Gemeinwesen und sollte so schnell wie möglich »ausgerottet« werden. Helfen können uns allein eine Impfung oder Arzneien, die die beste evidenzbasierte Datenlage zur Verfügung halten.

Die Vertreter des Ideenrealismus haben sich im Mittelalter nicht durchsetzen können. Sie kamen »zu der Anschauung, es gebe die Universalien in dreierlei Form: nämlich *ante rem*, *in re* und *post rem*. Dabei heißt *ante rem* ursächlich vor den Dingen als Schöpfungsgedanke Gottes, *in re* bedeutet in den Dingen als deren gestaltbildende Ursache, und mit *post rem* schließlich war gemeint: nach den Dingen im Fassungsvermögen des einzelnen Menschen.

Bezogen auf die Medizin und die Moderne, lautet dann die Aussage eines Vertreters des Ideenrealismus:

1. Der Mensch hat die Fähigkeit, aus Einzelfällen zu lernen. Dieses entspricht den *universalia post rem*.
2. Der Mensch kann eine Heilmittelidee am einzelnen Menschen entwickeln. Dies entspricht den *universalia in re*.
3. Der Mensch kann zu einem Verständnis der Idee der Covid-19-Erkrankung kommen und damit die Erkrankung als Ausdruck einer geistigen Ordnung sehen. Dieses entspricht den *universalia ante rem*.

Unser Vorgehen wollte sich im Sinne des Ideenrealismus den Fragestellungen nähern. Wir haben versucht, den einzelnen Fall genauso ernst zu nehmen wie die Statistik, auch aus dem individuellen Verlauf verallgemeinerbare Schlüsse zu ziehen und den Spieß umzudrehen, nicht länger das Virus nur als Feind zu betrachten, sondern auch zu fragen, was will Covid-19 eigentlich von uns. Es wird spannend bleiben, welche Denkart die bessere Hilfestellung für die Patienten zu leisten vermag. Wir sind zutiefst überzeugt, dass es Zeit für eine Synthese der beiden durchaus berechtigten Strömungen ist.

Bibliografie

Al-Aly, Z., Xie, Y., Bowe, B.: High-dimensional characterization of post-acute sequelae of COVID-19. Nature (2021). doi: https://doi.org/10.1038/s41586-021-03553-9

Aristoteles: Philosophische Schriften, Band 2, Darmstadt 1995

Ayoubkhani, D., Khunti, K., Nafilyan, V. et al.: Post-covid syndrome in individuals admitted to hospital with covid-19: retrospective cohort study, British Medical Journal 2021:372; doi: https://doi.org/10.1136/bmj.n693. PMID: 33789877

Buber, M.: Ich und Du, Gerlingen 1997

Dumke, K.: AIDS, die tödliche Befruchtung, Stuttgart 1988

Engel, W.: Metallspiegel. In: Meyer, U., Pedersen, P. A. (Hg.): Anthroposophische Pharmazie. Grundlagen, Herstellprozess, Arzneimittel. Korrigierter Nachdruck. Berlin 2017, S. 437–459

Engel, W.: Die Besonderheiten des Antimons und seine Differenzierung in Pharmazie und Medizin, in: Der Merkurstab, Zeitschrift für Anthroposophische Medizin 2019, 72 (2): 111–122

Freud, S.: Schriften über Kokain, Frankfurt 1996

Gawlik, W.: Arzneimittelbild und Persönlichkeitsportrait, Stuttgart 1990

Glöckler, M., Neider, A., Ram H.,: Corona – eine Krise und ihre Bewältigung. Verständnishilfen und medizinisch-therapeutische Anregungen aus der Anthroposophie, Books on Demand, 16.06.2020, Kindle-Ausgabe Pos. 98

Hahnemann, S.: Reine Arzneimittellehre (RAML), Bd. 3; ebenso in seiner Habilitationsschrift »Dissertatio historico-medica de Helleborismo Veterum« (1812), lateinisch-deutsch in: Gesammelte Kleine Schriften, hrsg. von Schmidt, J. M. und Kaiser, D., Heidelberg 2001, S. 552–637

Hahnemann, S.: Die chronischen Krankheiten, fünfter und letzter Theil, Düsseldorf 1839, Reprint Berg am Starnberger See 1983

Haller, Albrecht von: Onomatologia medica completa oder Medicinisches Lexicon das alle Benennungen und Kunstwörter welche der Arzneywissenschaft und Apotheckerkunst eigen sind deutlich und vollständig erkläret, Ulm/Frankfurt/Leipzig 1755/56; http://mdz-nbn-resolving.de/urn:nbn:de:bvb:12-bsb10085789-4

Hardtmuth, T.: Die Rolle der Viren in Evolution und Medizin. Versuch einer systemischen Perspektive, in: Jahrbuch für Goetheanismus 2019, Dornach 2019, S. 125–184

Hildebrandt, G.: Zur Physiologie des rhythmischen Systems, Beiträge zu einer Erweiterung der Heilkunst nach geisteswissenschaftlichen Erkenntnissen, 1986

Janzen, W.: Arsenicum album, in: Beiträge zu einer Erweiterung der Heilkunst nach geisteswissenschaftlichen Erkenntnissen, Heft 5, 1982

Kienle, H.: Der Universalienstreit in Biologie und Medizin, in: Wege zur Erkenntnis der Heilpflanze, Stuttgart 1996

Kükelhaus, H.: Die Entfaltung der Sinne, Wiesbaden 2008

Kujawska, M., Svanberg, I.: From medicinal plant to noxious weed: Bryonia alba L. (Cucurbitaceae) in northern and eastern Europe, in: Journal of Ethnobiology and Ethnomedicine 15, 22 (2019); https://doi.org/10.1186/s13002-019-0303-6

Kunz, C.: Arsen – Gift und Heilmittel, in: Der Merkurstab. September/Oktober 2020

Madaus, G.: Lehrbuch der biologischen Heilmittel, Band 4, Ravensburg 1988, S. 735

Matthes, H.: Vom Katastrophenmodus der Politik zum risikostratifizierten Handeln, in: Erziehungskunst Oktober 2020
Menni, C. et al.: Real-time tracking of self-reported symptoms to predict potential COVID-19, in: Nature Medicine 26 (2020) 1037–1040; https://doi.org/10.1038/s41591-020-0916-2
Meyer, F./von Löwensprung, S.: Dorone und andere spezifische Weleda-Arzneimittel, Schwäbisch Gmünd 2010
Meyer, F.: Das Geheimnis der Metalle, Frankfurt 2012
Meyer, U.: Solanaceen bei Atemwegserkrankungen. Pharmazeutische Gesichtspunkte zu Nicotiana, Dulcamara und Hyoscyamus, in: Der Merkurstab 59 (4) 2006: 342–351
Meyer, U.: Die Gerbstoff-Therapie des Asthma bronchiale. Pharmazeutische Gesichtspunkte zu Quercus, Salix, Juglans und Salvia, in: Der Merkurstab 60 (2) 2007: 131–137
Mezger, J.: Gesichtete homöopathische Arzneimittellehre, Heidelberg 1993
Pelikan, W.: Sieben Metalle, Dornach 1981
Rabe, A.: Symptomatische Behandlung akuter grippaler Infekte. Homöopathikum und konventionelle Therapie im Vergleich, in: Der Allgemeinarzt 20, 2003: 1522–1523
Rispens, J.: Bäume sprechen lassen. Zwischen Esche und Eiche – die Walnuss Juglans regia, Stuttgart 2019
Rohen, J. W.: Morphologie des menschlichen Organismus, Stuttgart 2000
Rohn, H., Feldkamp, T. und Witzke, O.: Covid-19 und die Niere, in: Der Nephrologe 15 (2020): 210–215; https://doi.org/10.1007/s11560-020-00444-4
Scheidt von, J.: Freud und das Cocain. Die Selbstversuche Freuds als Anstoß zur Traumdeutung, München 1973
Sheldrake, R.: Das Gedächtnis der Natur, München 1993
Simon, L.: Der Merkurstab, Sonderheft Rheumatologie, 2001, S. 32–59
Simon, L.: »Unerkannte Perlen« im anthroposophischen Arzneischatz. Einige selten verwendete Metallpräparate, in: Der Merkurstab 58 (2) 2005: 133–139
Slavin, S.A., Goldwyn, R.M.: The cocaine user: the potential problem patient for rhinoplasty. Plast Reconstr Surg. 1990, 86(3):436–442. PMID: 2385660.
Soesman, A.: Die zwölf Sinne, Tore der Seele, Stuttgart 1995
Soldner, G., Stellmann, H. G.: Individuelle Pädiatrie, Stuttgart 2011
Spyridon, G. et al: Effect of Colchicine vs Standard Care on Cardiac and Inflammatory Biomarkers and Clinical Outcomes in Patients Hospitalized With Coronavirus Disease 2019 The GRECCO-19 Randomized Clinical Trial. JAMA Network Open 3, 6 (2020): e2013136. doi: https://doi.org/10.1001/jamanetworkopen.2020.13136.
Steiner, R.: Das Faust-Problem, die romantische und die klassische Walpurgisnacht, GA 273, Band II, Dornach 1981a, S. 67f.
Steiner, R.: Natur und Mensch in geisteswissenschaftlicher Betrachtung, GA 352, Dornach 1981b
Steiner, R.: Geisteswissenschaftliche Behandlung sozialer und pädagogischer Fragen, GA 192, Dornach 1991
Steiner, R.: Der Mensch als Zusammenklang des schaffenden, bildenden und gestaltenden Weltenwortes, GA 230, Dornach 1993
Steiner, R.: Anthroposophische Menschenerkenntnis und Medizin. GA 319. Dornach 1994

Steiner, R.: Geisteswissenschaft und Medizin, GA 312, Vortrag vom 08.04.1920, Dornach 1999, S. 353

Steiner, R.: Die zwölf Sinne des Menschen in ihrer Beziehung zu Imagination, Inspiration, Intuition, Dornach 2017

Tardiff, J.C., et al.: Efficacy of Colchicine in Non-Hospitalized Patients with COVID-19, https://www.medrxiv.org/content/10.1101/2021.01.26.21250494v1.full-text

Vademecum Anthroposophische Arzneimittel, Bd. 1, München 2017

Vithoulkas, G.: Essenzen homöopathischer Arzneimittel, Grenzhausen 1990

Walbaum, D.: Therapiemöglichkeiten der Hyperlipidämie und Hyperurikämie, in: Beiträge zu einer Erweiterung der Heilkunst nach geisteswissenschaftlichen Erkenntnissen 35 (4) 1982: 154–158

Wang, E. Y., Mao, T., Klein, J. et al.: Diverse Functional Autoantibodies in Patients with COVID-19, in: Nature (2021); doi: https://doi.org/10.1038/s41586-021-03631-y

Wang, Y. et al.: Remdesivir in adults with severe Covid-19. A randomised, double-blind, placebo-controlled, multicentre trial, in: Lancet 395, 2020: 1569–1578

Wegman, I., Steiner, R.: Grundlegendes für eine Erweiterung der Heilkunst nach geisteswissenschaftlichen Erkenntnissen, GA 27, Dornach 2014

Weizsäcker, C. F. von: Die Tragweite der Wissenschaft, Stuttgart 1976

Wilkens, J.: Nikotiana tabacum in homöopathischer Potenzierung in seinen praktischen Möglichkeiten, in: Der Merkurstab 55 (5) 2002a: 393–403

Wilkens, J. et al.: Vergleichende Untersuchung zur Behandlung des Schlaganfalls mit homöopathischen und anthroposophischen Arzneimitteln in einer geriatrischen Reha-Klinik, in: Erfahrungsheilkunde 6, 2002b, S. 397–404

Wilkens, J.: Die Kreuzotter, in: Erfahrungsheilkunde 54 (12) 2005: 787–795

Wilkens, J. et al.: Eine nicht-randomisierte Studie zur Behandlung des apoplektischen Insults mit einem anthroposophischen Kompositionsmittel Naja comp., in: Der Merkurstab, Heft 2008, S. 54–62

Wilkens, J.: Vipera berus, in: Der Merkurstab, Heft 3, 2010

Wilkens, J.: Stannum metallicum, in: Allgemeine Homöopathische Zeitung 256 (03) 2011: 16–20

Wilkens, J.: Ulmenmistel, Tabakasche und Zinn: das Trio der Zukunft für die effektive Bronchialkarzinomtherapie, in: Erfahrungsheilkunde 61 (4) 2012: 230–237; doi: https://doi.org/10.1055/s-0032-1314682

Wilkens, J.: Schlangengifte in der Behandlung des Schlaganfalls bei geriatrischen Patienten in der Rehabilitationsphase, in: Naturheilkunde 4, 2013

Wilkens, J.: Die Heilkraft der Christrose, Aarau 2014

Wilkens, J.: Realgar. Ein Spezifikum für die Atherosklerose, in: Der Merkurstab 70 (6) 2017: 498–501

Wilkens, J., Meyer, G., Mandera, R.: Arnika – Königin der Heilpflanzen, Aarau 2018

Wilkens, J.: Realgar – das Sulfur des Alters, in: Allgemeine Homöopathische Zeitung 263 (01) 2018: 9–11

Wolff, G. G.: Influenza and respiratory virus interference among Department of Defense personnel during the 2017–2018 influenza season, in: Vaccine 38 (2) 2020: 350–354; doi: 10.1016/j.vaccine.2019.10.005

Wolf, O.: Die Heilquelle des Levico-Wassers, in: Der Merkurstab, Heft 3 1995

Wurster, J.: Homöopathie – Behandlungserfolge bei Covid-19, in: Natur & Heilen, Oktober 2020

Zimmer, C.: Rabbits with Horns and Other Astounding Viruses, Chicago 2012

Bildnachweis

Bei Internet-Quellen in Klammern das Datum des Abrufs.

Seite 2: Luc Viatour, https://Lucnix.be, https://commons.wikimedia.org/wiki/File:Solar_eclipse_1999_4.jpg; CC BY-SA 3.0: https://creativecommons.org/licenses/by-sa/3.0/legalcode
Seite 18: https://commons.wikimedia.org/wiki/File:Mysterium_Cosmographicum_solar_system_model.jpg (8.12.2020)
Seite 24: Gleiberg, https://commons.wikimedia.org/wiki/File:Adenovirus_Kapsid_01.jpg (8.12.2020); CC BY-SA 2.0 DE, https://creativecommons.org/licenses/by-sa/2.0/de/legalcode
Seite 25: Public Health Image Library (PHIL), https://phil.cdc.gov/Details.aspx?pid=15908 (9.12.2020)
Seite 28: shutterstock.com, vitstudio
Seite 31: Leonardo da Vinci, Der vitruvianische Mensch (1492). iStock.com/Vaara, grafisch bearbeitet
Seite 55: Modifiziert nach: Hierarchisierung von Risikofaktoren für schwere COVID-19-Erkrankungsverläufe im Kontext der COVID-19-Schutzimpfungen. Eine gepoolte GKV-Routinedatenanalyse basierend auf 30 Mio. Versicherten, in: Epidemiologisches Bulletin 19 (2021); https://www.rki.de/DE/Content/Infekt/EpidBull/Archiv/2021/Ausgaben/19_21.pdf?__blob=publicationFile
Seite 80, oben: Patrick J. Lynch, https://upload.wikimedia.org/wikipedia/commons/0/0f/Bronchial_anatomy.jpg (8.12.2020); CC BY 2.5, https://creativecommons.org/licenses/by/2.5/legalcode
Seite 80, unten: https://upload.wikimedia.org/wikipedia/de/e/e1/Sinusrhythmus.svg (8.12.2020)
Seite 83: Modifiziert nach: https://www.wissenschaftlichemusikmedizin.de/01/07_Artikel/07_Chronomedizin/0702_Periodendauern.php
Seite 126: Foto Jan Albert Rispens
Seite 128: Michael Maier, Atalanta Fugiens, Ein alchemistisches Emblemwerk (1617), Emblem 23
Seite 130: Foto Olaf Rippe
Seite 142: Rijksmuseum, https://commons.wikimedia.org/wiki/File:Jupiter_Juppiter_(titel_op_object)_Acht_klassieke_goden_(serietitel),_RP-P-OB-10.354.jpg (8.12.2020); CC0 1.0 Universal (CC0 1.0), https://creativecommons.org/publicdomain/zero/1.0/legalcode
Seite 158: Illustration Jan Albert Rispens
Seite 159: Foto Jan Albert Rispens
Seite 162: https://upload.wikimedia.org/wikipedia/commons/6/66/Sigmund-freud-400399_1280.jpg (10.12.2020), Public Domain
Seite 165: Foto Ruth Mandera
Seite 190: Levico-Wasser, Bild zur Verfügung gestellt von Dr. Manfred Schleyer, Institut für Strömungswissenschaften, Herrischried
Seite 210: Foto Olaf Rippe
Seite 212: Foto Olaf Rippe
Seite 217: Foto Jason Hollinger, https://en.wikipedia.org/wiki/File:Sticta_fragilinata_(4752114181).jpg (8.12.2020), CC BY 2.0, https://creativecommons.org/licenses/by/2.0/legalcode
Seite 218: Nasa, https://earthobservatory.nasa.gov/images/146362/airborne-nitrogen-dioxide-plummets-over-china (8.12.2020)
Seite 220: Zink mine nugget, iStock.com/bagi1998
Seite 222/223: iStock.com/Joshua Hicks

Illustrationen auf den Seiten 20, 21, 22, 34, 58, 77, 78: Lea Wolfram
Fotos auf den Seiten 27, 109, 111, 116, 132, 154, 156, 176, 184, 186, 194, 199, 201, 205: Frank Meyer

Stichwortverzeichnis

Arzneimittel

Personen

Danksagung

Für kritisches Korrekturlesen und Ermutigung zu so einem Projekt waren wir auf die Hilfe zahlreicher Menschen angewiesen. Zunächst geht der Dank an unsere Frauen und Kinder, die uns in diesen schwierigen Zeiten unterstützt haben. Wir haben von ihnen viel Zuspruch erfahren, aber zum Teil auch Kritik, die wir hoffentlich konstruktiv in das Buch einzubauen vermochten.
Lea Wolfram danken wir für die das Textverständnis erleichternden Grafiken, die sie extra für dieses Buch angefertigt hat.
Ruth Mandera, Dr. Wolfram Engel und Jan Albert Rispens verdanken wir viele gute Hinweise. Olaf Rippe und Michael Straub haben uns tatkräftig bei der Verbreitung unserer Ideen unterstützt. Ruth Mandera und Olaf Rippe stellten uns zudem einige wunderbare Fotos zur Verfügung.
Dr. Reinhard Schwarz und Gert Böhm danken wir für die Korrekturen, Georg Soldner und Prof. Dr. Branko Furst für die Ermutigungen.

Die Autoren

Dr. med. Johannes Wilkens
Ärztlicher Direktor der geriatrischen Rehabilitationsklinik Alexander von Humboldt in Bad Steben sowie in Privatpraxis tätig. Forschungsarbeiten im Bereich der Homöopathie und der anthroposophischen Medizin. Zahlreiche Artikel zu homöopathischen Arzneimitteln sowie Buchveröffentlichungen zu zentralen gesundheitlichen Themen wie der Krebstherapie, zu Schlaganfall, Demenz, Morbus Parkinson, Rückenschmerzen und der Wundheilung.

Dr. med. Frank Meyer
Facharzt für Allgemeinmedizin, Naturheilverfahren, Akupunktur, Anthroposophische Medizin (GAÄD). Seit über 33 Jahren ärztlich tätig, als Hausarzt niedergelassen in Nürnberg. Zahlreiche Fachartikel und Buchpublikationen zu Themen der Integrativen Medizin, Fortbildungs- und Vortragstätigkeit im In- und Ausland.

Im AT Verlag sind von ihnen folgende Bücher erschienen:

Johannes Wilkens
Die Heilkraft der Christrose

Johannes Wilkens, Gert Böhm
Misteln
Kraftvolle Krebsheiler aus der Natur

Johannes Wilkens, Frank Meyer,
Ruth Mandera
Arnika
Königin der Heilpflanzen

3., aktualisierte und erweiterte Auflage, 2021

AT Verlag AG, Aarau und München
Lektorat: Asta Machat
Grafische Gestaltung und Satz: AT Verlag
Druck und Bindearbeiten: Firmengruppe APPL, Wemding

ISBN 978-3-03902-116-1

www.at-verlag.ch

Der AT Verlag wird vom Bundesamt für Kultur
für die Jahre 2021–2024 unterstützt.

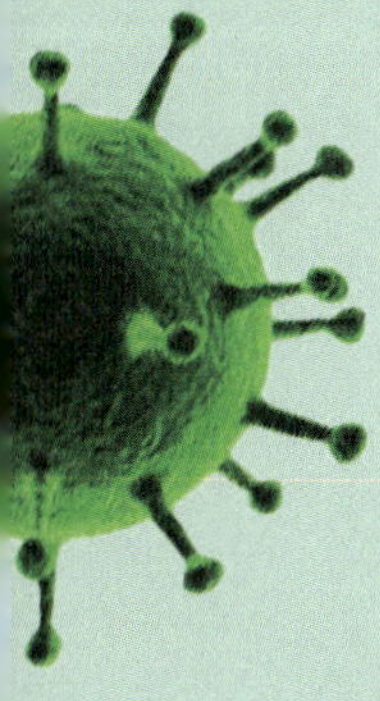